Omarosa Manigault Newman
ENTGLEISUNG

Omarosa Manigault Newman

ENTGLEISUNG

Eine ehemalige Mitarbeiterin
von Donald Trump packt aus

*Aus dem Amerikanischen von
Martin Bayer, Helmut Dierlamm, Karsten Petersen
und Thomas Pfeiffer*

PIPER

Mehr über unsere Autoren und Bücher:
www.piper.de

Die Originalausgabe erschien 2018 unter dem Titel »Unhinged«
bei Gallery Books, Simon & Schuster Inc., New York

ISBN 978-3-492-05960-2
© Omarosa Manigault Newman 2018
© der deutschen Ausgabe:
Piper Verlag GmbH, München 2018
Satz: Satz für Satz, Wangen im Allgäu
Gesetzt aus der Adobe Garamond Pro
Litho: Lorenz & Zeller, Inning am Ammersee
Druck und Bindung: GGP Media GmbH, Pößneck
Printed in Germany

Meiner liebenden Mutter
Theresa Manigault

Inhaltsverzeichnis

Prolog: »Der Stab arbeitet für mich,
nicht für den Präsidenten.« 9
Einleitung: Loyalität vor Logik 25

Erster Teil: Die Apprentice-Jahre

Kapitel eins: »Mach uns stolz!« 35
Kapitel zwei: Alles abgeräumt 53
Kapitel drei: Die ultimative Fusion 69
Kapitel vier: Am Boden zerstört 83

Zweiter Teil: Der Wahlkampf

Kapitel fünf: Das Frauenproblem 103
Kapitel sechs: Stimmen gewinnen und Gegner besiegen 123
Kapitel sieben: Unkonventionelle Verhaltensnormen 147
Kapitel acht: Trump gegen Clinton 167
Kapitel neun: Der Wahltag 193

Dritter Teil: Das Weiße Haus

Kapitel zehn:	Der Übergang	213
Kapitel elf:	Von der eigenen Mannschaft gefoult	243
Kapitel zwölf:	»Ich glaube, der Präsident verliert den Verstand!«	279
Kapitel dreizehn:	Die Entzauberung	315
Kapitel vierzehn:	Der Absturz	337
Nachwort		365
Danksagung		373

Prolog

»Der Stab arbeitet für mich, nicht für den Präsidenten.«

Am Dienstag, den 12. Dezember 2017, saß ich an meinem Schreibtisch im Eisenhower Executive Office Building (EEOB) im Komplex des Weißen Hauses, als meine Assistentin Alexa Pursley verwirrt hereinkam.

»Ich habe gerade eine E-Mail von General Kellys Assistentin bekommen«, sagte sie. »Er will Sie um fünf im Konferenzraum treffen.«

»Echt?«, wunderte ich mich. Seit General John Kelly Ende Juli Stabschef geworden war und Reince Priebus abgelöst hatte, hatte er kaum einmal zwei Minuten für mich übrig. Und plötzlich wollte er ein Treffen? Und das auch noch im *Situation Room*? Es war höchst ungewöhnlich, in diesen besonderen Raum im Westflügel gerufen zu werden, in dem sonst nur Dinge stattfinden, die höchster Geheimhaltung bedürfen. Ex-Präsident Barack Obama arbeitete dort die Strategie zur Tötung Osama bin Ladens aus, Präsident Donald Trump plante hier nach dem Einsatz chemischer Waffen in Syrien den amerikanischen Vergeltungsschlag, und jeder andere Präsident seit John F. Kennedy führte dort streng geheime Gespräche mit führenden Persönlichkeiten der Welt. Warum wollte Kelly sich nicht in seinem Büro mit mir treffen?

Zur angegebenen Zeit gingen Alexa und ich also zum *Situation Room*. Wir setzten uns an den großen Besprechungstisch. Als Nächstes betraten mehrere Anwälte des Weißen Hauses den Raum, darunter Uttam Dhillon, der stellvertretende Anwalt des Präsidenten, und Stefan Passantino, der für *Compliance* zuständige stellvertretende Anwalt des Weißen Hauses. Als Letzter kam General Kelly herein.

Kelly, ein ruppiger Mann, sah Alexa an und fragte: »Wer sind Sie?«

»Omarosas Assistentin«, sagte sie.

»Könnten Sie uns alleine lassen?«

Alexa packte ihre Sachen und ging.

General Kelly setzte sich und begann: »Unser Gespräch betrifft Ihr Ausscheiden aus dem Weißen Haus. Wie mir zu Ohren gekommen ist, hat es mit Ihnen signifikante Integritätsprobleme gegeben, die wir sehr ernst nehmen. Beim Militär müssten wir in einem solchen Fall sogar Rechenschaft vor einem Kriegsgericht ablegen. Wir schlagen aber keine rechtlichen Schritte vor, auch wenn es sich um ein ziemlich ernstes Vergehen handelt. Ich möchte, dass es ein freundlicher Abschied wird. Dennoch müssen wir über einige sehr heikle juristische Angelegenheiten sprechen, die für Sie hoffentlich nicht mit zu großen Unannehmlichkeiten verbunden sein werden. Sollte uns ein gütlicher Abschied gelingen, werden Sie Ihre Zeit hier im Weißen Haus als ein Jahr des Dienstes an Ihrem Land in Erinnerung behalten können. Ihre weitere berufliche Laufbahn und Ihr Ruf werden nicht darunter leiden. Aber es ist sehr wichtig, dass Sie verstehen, dass es ernsthafte rechtliche Punkte gibt, die verletzt worden sind, und dass Ihnen womöglich rechtliche Schritte drohen, die wir hoffentlich noch kontrollieren können.«

Ich fragte, ob der Präsident davon wüsste.

»Dieses Gespräch ist leider nötig und nicht verhandelbar.«

»Ich möchte nur gerne die Gelegenheit erhalten, es zu verstehen«, versuchte ich es erneut.

»Es hat schwere Integritätsverletzungen gegeben«, wiederholte er.

Warum war er so vage? Was für Verstöße?
»Der Stab arbeitet für mich, nicht für den Präsidenten. Also werde ich ihn nach Ihrem Ausscheiden in Kenntnis setzen. Das ist alles, was ich Ihnen sagen kann.«
Wovon redete er? Woher kam das alles?
Schnell zählte ich eins und eins zusammen.
Es musste um das N-Wort-Tape gehen.

*

Das erste Mal hörte ich von dem N-Wort-Tape während des Wahlkampfs. Am Tag nachdem das berüchtigte *Access Hollywood*-Tape herauskam, stellte ein ehemaliger *Apprentice*-Produzent namens Bill Pruitt einen provokativen Tweet ins Netz, laut dem »es weitaus schlimmere« Aufnahmen von Donald Trump am Set gab; im Oktober 2017 erzählte Pruitt auf *NPR*, dem *National Public Radio*, dass die Tapes unfassbar verachtenswerte Worte unter anderem über Afroamerikaner und Juden enthielten. Zu dieser Zeit hatte Pruitt mehrere Leute in der *Trumpworld* kontaktiert, darunter Lynne Patton, damals Eric Trumps langjährige persönliche Assistentin, die in New York und New Jersey Programme des Ministeriums für Wohnungsbau und Stadtentwicklung leitete, um dem Tape mehr Aufmerksamkeit zu verschaffen. Jason Miller, der Kommunikationsdirektor der Wahlkampagne, hatte ebenfalls vorab einen Hinweis erhalten, demzufolge jederzeit mit der Veröffentlichung des N-Wort-Tapes zu rechnen sei. Bei einer Telefonkonferenz sprach ich mit Miller, Patton und Sprecherin Katrina Pierson über die Möglichkeit, dass Trump diese Dinge wirklich gesagt hatte – und falls ja, wie wir sie handhaben müssten. Doch das Tape kam nie heraus. Mir kam es so vor, als ob irgendetwas oder irgendjemand das verhindert hatte. Wir schafften es durch die Wahl und hatten seither keinen Mucks mehr davon gehört.

Bis jetzt.

Die Spekulationen über das N-Wort-Tape nahmen wieder Fahrt auf, und jetzt war ich entschlossen, der Sache auf den Grund zu gehen. Als ich ein Jahr zuvor zum ersten Mal von der Möglichkeit eines Tapes von Trump mit dem N-Wort gehört hatte, war ich, was seine Existenz anging, höchst skeptisch. Mein erster Gedanke war, den Kandidaten vor falschen Anschuldigungen zu schützen. Aber im Laufe des Jahres hatten sich meine Gedanken immer wieder um diesen Mann gedreht, den ich fast fünfzehn Jahre lang einen Freund genannt hatte. Ich war ihm gegenüber die ganze Zeit loyal gewesen, aber sollte ich irgendeinen Beweis für die Existenz dieses Tapes finden, würde ich mein Büro leerräumen und auf der Stelle meinen Rücktritt einreichen.

Seit August 2017, seit dem Fiasko mit der »*Unite the Right*«-Demonstration in Charlottesville, Virginia, hatte ich einen Fuß in der Tür nach draußen stehen. Im Oktober gab es dann Trumps unsensiblen Kondolenzanruf bei der Witwe eines in Niger getöteten Soldaten der *Army Special Forces*, gefolgt von Trumps und Kellys rassistisch aufgeladenem Angriff auf die Abgeordnete Frederica Wilson, die den Anruf bei der Witwe mitgehört und der Presse davon erzählt hatte. Dass Trump sich offiziell hinter die Bewerbung von Roy Moore als Senator für Alabama stellte, eines Mannes, den mehrere Frauen des sexuellen Missbrauchs beschuldigt hatten, setzte dem Ganzen nur noch die Krone auf.

Die Existenz des N-Wort-Tapes wäre für mich der Tropfen, der das Fass zum Überlaufen bringen würde. Bei so vielen Spekulationen musste ich davon ausgehen, dass seine Veröffentlichung unmittelbar bevorstand, und angesichts der Tatsache, dass Trumps Bemühungen, seine Verwendung *dieses Wortes* zu verteidigen, seit Wochen auf jedem Nachrichtenkanal wiederholt wurden, wollte ich *nicht* im EEOB sitzen, wenn die Geschichte herauskam.

Ich hatte Hope Hicks, der damaligen Kommunikationsdirektorin des Weißen Hauses, mitgeteilt, dass die Gerüchteküche um das N-Wort-Tape wieder am Brodeln war. Da die Äußerung direkt die

Rassenbeziehungen betraf, fiel schon die bloße Tatsache, dass Gerüchte darüber kursierten, in meinen Zuständigkeitsbereich. Ich hatte ihr vor einem unserer täglichen Kommunikationstreffen gemailt, dass eine Quelle von *The Apprentice* mich kontaktiert hatte und behauptete, im Besitz des Tapes zu sein.

Zu diesem Zeitpunkt hatten drei Quellen in drei getrennten Gesprächen den Inhalt des Tapes beschrieben. Sie alle sagten mir, dass Präsident Trump darin nicht nur eine N-Wort-Bombe abgeworfen hatte. Er hatte es im Laufe der Aufnahmen der Show *mehrmals* in später herausgeschnittenen Szenen fallen lassen, insbesondere während der ersten Staffel von *The Apprentice*.

Ich war in der ersten Staffel dabei gewesen. Ich war die einzige afroamerikanische Frau, und Kwame Jackson war der einzige schwarze Mann in einem sechzehnköpfigen Cast. Jetzt fragte ich mich, ob sich Trump, sollte er das N-Wort in dieser Staffel tatsächlich so häufig verwendet haben, sich damit entweder auf Kwame oder mich bezog? Ich würde wie der größte Schwachkopf dastehen, wenn ich einen Mann unterstützte, der dieses Wort im Mund führte. Und falls er es auf mich bezogen hatte, wäre der Verrat nur umso schlimmer. Ich kannte ihn seit dem ersten Drehtag von *The Apprentice* im September 2003, und seitdem waren wir uns immer vertrauter geworden. Ich musste einfach wissen, ob er dieses abscheuliche Wort auf mich oder sonst jemanden gespuckt hatte.

»Ich *muss* es selbst hören«, sagte ich zu Hope. »Wie sieht Ihr Plan aus?«, fragte sie. »Was werden Sie tun?« Seit diesem Treffen war sie sehr interessiert und fragte mich wiederholt nach meinen Fortschritten in dieser Sache.

Was ich vermutet hatte, war eingetreten: Hope Hicks hatte John Kelly gesteckt, dass ich *kurz* davorstand, das Tape in die Hände zu bekommen. Wie vielfach berichtet, war Kelly seit seinem ersten Tag darauf aus, mich loszuwerden. Jetzt hatte er einen Grund. Ich war mir nicht sicher, wie er es rechtfertigen würde, aber ich war mir sicher, dass das Tape der eigentliche Grund für meinen Rausschmiss war.

Nachdem Kelly den *Situation Room* verlassen hatte, wandte ich mich an die Anwälte, um zu erfahren, was denn nun meine schwerwiegenden Verstöße waren. Einer von ihnen sagte: »Wir haben herausgefunden, dass Sie den Fahrdienst zu Unrecht in Anspruch genommen haben.«

»Den Fahrdienst?« Als offizielle Beraterin des Präsidenten hatte ich die Möglichkeit, den Fahrdienst für amtliche Anlässe zu nutzen. Außerdem wohnte ich im Penn Quarter, das zehn bis fünfzehn Minuten zu Fuß von meinem Büro entfernt lag. Für den Weg zur Arbeit und zurück nutzte ich fast jeden Tag *Uber* oder ging zu Fuß – und besaß die entsprechenden *Uber*- und *Fitbit*-Protokolle, die das beweisen.

»Unseren Angaben zufolge haben Sie den Fahrdienst für den persönlichen Gebrauch zu einem Spiel der *Washington Nationals* in Anspruch genommen«, verkündete einer der Anwälte und wirkte dabei so selbstgefällig, als wäre ich gerade verhaftet worden.

»Welches Datum war das?«

»Der 15. Juni«, sagte er.

Ich checkte meinen Kalender. »Das war das Baseballspiel des Kongresses. Das war mit Sicherheit eine offizielle Angelegenheit.« Bei dem Spiel handelte es sich um eine jährliche Wohltätigkeitsveranstaltung, die in diesem Jahr von besonderer Bedeutung war, weil am Vortag ein geistig verwirrter Mann beim Baseball-Training den Einpeitscher der Mehrheitsfraktion im Haus, Steve Scalise, und drei weitere Personen mit Schüssen schwer verletzt hatte und wir uns zu Scalise' Ehren und um den Zusammenhalt zwischen den Parteien zu demonstrieren, dort in großer Besetzung zeigen wollten. Die Hälfte des Weißen Hauses war in Regierungsautos zum Stadion gefahren! Darunter Kellyanne Conway, Steven Mnuchin, Gary Cohn und Ivanka Trump samt Kindern. Ich war seit meiner Rückkehr nach Washington nicht mehr bei einem *Nationals*-Spiel gewesen, und der Besuch an diesem 15. Juni war überhaupt das einzige Mal, dass ich je das *Nationals*-Stadion besuchte.

Die Anwälte des Weißen Hauses saßen da wie die »*Three Stooges*« und sahen sich immer wieder rat- und ahnungslos an.

»Das ist das erste Mal, dass ich davon höre.« Der Vorwurf ergab einfach keinen Sinn. Ich hatte deswegen nie eine Verwarnung, geschweige denn eine Abmahnung erhalten. Während meiner gesamten Amtszeit im Weißen Haus unter Trump hatte ich noch nie von jemandem gehört, der wegen der Benutzung des Fahrdienstes zur Rede gestellt worden wäre, und schon gar nicht im *Situation Room* im Beisein des Stabschefs!

»Ich habe eine fortlaufende Liste aller Fälle, in denen ich den Fahrdienst für offizielle Geschäfte benutzt habe; ich kann sie Ihnen geben, und dann können wir unsere Einträge vergleichen«, sagte ich. Sie können mir glauben, dass ich über solche Dinge penibel Buch geführt habe. Als einzige afroamerikanische leitende Mitarbeiterin machte ich meine Hausaufgaben mehr als genau. Ungläubig schüttelte ich den Kopf und dachte: *Das kann nicht die einzige Sache sein, die ihr euch aus den Fingern saugen konntet, um meinen Rauswurf zu rechtfertigen.*

Aber sie hatten nichts anderes! Es ging hin und her. Immer wieder sagten sie: »Wir wissen von einigen schweren Verstößen!«

»Dann sagen Sie mir doch einfach, welche das sind!«

»Nun, Sie haben Ihren Mann im Auto mitfahren lassen.«

»Wir dürfen unseren Ehepartner im Auto mitnehmen, wenn wir an derselben offiziellen Veranstaltung teilnehmen.« Die Richtlinien waren klar, ich kannte sie auswendig. Das war schließlich mein zweiter Einsatz im Weißen Haus. Ich hatte ein Jahr lang in Al Gores Büro gearbeitet, als er Vizepräsident war, und dann in Bill Clintons Personalbüro während des letzten Jahres seiner Präsidentschaft.

Passantino zuckte mit den Achseln und warf mir einen Blick zu, der besagte: *Ja, wir greifen nur nach Strohhalmen.*

Waren sie wirklich hinter mir her wegen einer völlig legitimen

Autofahrt? Hatte der Generalinspekteur des Finanzministeriums nicht gerade sein »Okay« für die Flüge von Finanzminister Steven Mnuchin mit Privatjets gegeben – deren Kosten sich auf eine Höhe von fast einer Million Dollar an Steuergeldern summierten? Scott Pruitt, der Leiter der *Environmental Protection Agency* (EPA), hat über 3 Millionen Dollar für ein 19-köpfiges Sicherheitsteam ausgegeben, und der hat seinen Job immer noch. Und ein paar Monate nach meinem Abschied durfte Ben Carson seinen Job behalten, obwohl er auf Staatskosten ein 31 000 Dollar teures Speiseservice bestellt hatte.

»Ich sehe eine lange Schlange von offiziellen Fahrzeugen des Weißen Hauses auf den gleichen Veranstaltungen, und ich verstoße gegen die Vorschriften, aber niemand sonst? Deshalb habe ich über jede Dienstreise und jedes Treffen Buch geführt und bei Dienstreisen vorab um Rat gefragt. Ich will das Punkt für Punkt durchgehen. Ich führe detaillierte Protokolle. Legen Sie los. Ich bin vorbereitet.«

»Wir gehen das nicht einzeln durch«, erklärte Uttam Dhillon, derselbe Anwalt, der Trump angeblich über die Entlassung des FBI-Direktors James Comey in die Irre geführt hatte. »Das ist kein Kampf, der gewonnen werden kann.«

Mein Temperament flammte auf. »Ich werde hier über den Tisch gezogen.«

»Diese Diskussion ist vorbei. Lassen Sie uns die Personalabteilung hinzuziehen«, sagte Dhillon.

Irene Porada, die seit zwanzig Jahren in der Personalabteilung des Weißen Hauses arbeitete, gab mir ein Glas Wasser und sagte: »Ich weiß, das ist ein schlechter Tag.« Wir diskutierten meinen Abschied und verhandelten darüber, wie ich das Weiße Haus verlassen würde. Schließlich sagten sie, ich müsse meinen Rücktritt sofort einreichen, würde aber bis zum 20. Januar bezahlt werden. Sie bestanden darauf, mein Büro für mich auszuräumen und mir die Sachen zu schicken, aber in diesem Punkt blieb ich hart. Ich bat außerdem darum, dass der Präsident sofort eine Erklärung abgab, und fragte, was mit meiner Assistentin passieren würde. Sie sagten, sie würden mir all diese Fragen noch beantworten.

Alles, was sie interessierte, war ein unaufgeregter, stiller Abgang, damit sie die Nachricht in den Medien »kontrollieren« konnten – so als ob es keine sozialen Medien gäbe, als ob die Leute nicht tage- oder wochenlang in jedem Nachrichtensender darüber diskutieren würden. Sie gaben sich Illusionen hin.

Ich leide unter Asthma, und jetzt spürte ich eine Enge in meiner Brust heraufziehen. Ich musste mich beruhigen, sonst riskierte ich einen Asthmaanfall. Ich fragte, ob ich meine Handtasche holen könnte, in der ich meinen Inhalator aufbewahrte, aber sie erlaubten mir nicht, den Raum zu verlassen. Ich fragte, warum ich nicht kurz hinausgehen durfte, und sie erwiderten, Kelly habe das so angeordnet. Schließlich ließen sie meine Assistentin, die draußen saß, meine Handtasche holen. Mein Asthma wird durch Stresssituationen ausgelöst, und das hier war definitiv eine. Ich fragte noch einmal, ob ich das Zimmer verlassen oder mit meinem Mann sprechen dürfe, und wieder lehnten sie ab. Ich wurde gegen meinen Willen in einem gesicherten, von bewaffneten Männern bewachten Raum festgehalten.

Irene erzählte mir, dass sie in ihrer gesamten Karriere in der Personalabteilung des Weißen Hauses noch nie im *Situation Room* gewesen sei, und schon gar nicht, um einen Rauswurf über die Bühne zu bringen.

Nach einiger Zeit erlaubten sie mir zu gehen und stimmten zu, dass ich einige Dinge in meinem Büro abholen durfte, aber erst nachdem sie sich vergewissert hatten, dass der Weg zu meinem Büro im EEOB frei war, damit ja niemand Zeuge dessen wurde, was sich da gerade abspielte. Alle anderen waren, wie sie zweifelsohne wussten, bereits zur Weihnachtsfeier in den *West Wing* gegangen.

Ich stand auf, meine Beine überraschend ruhig, und lief direkt zu meinem Büro, Passantino und Irene im Schlepptau.

Die einzigen Leute, denen wir begegneten, waren mein Mann, John, der mich zur Weihnachtsfeier begleiten wollte, Alexa, und mein Praktikant, Dexter Taylor. Kaum dass ich meinen Mann sah, ging ich zu ihm und erklärte in aller Kürze, was passiert war.

»Schatz, du siehst nicht gut aus«, sagte er. Passantino und Irene warteten hinter mir. »Holen wir meine Sachen und gehen. Wir können zu Hause reden.« John, der die Situation und meine Stimmung sofort richtig einschätzte, nickte nur. Wir packten rasch meine Aktentasche, meinen Mantel und ein paar Kartons mit persönlichen Gegenständen zusammen. Irene bat mich, ihr meine Marke und meinen Laptop auszuhändigen. John, Alexa und Dexter luden die Kartons in Alexas SUV, und wir verließen das Gelände.

*

Am Abend meines Abschieds fuhren wir auf direktem Weg vom Weißen Haus nach Hause. Dort angekommen, luden mein Mann und ich meine Sachen aus Alexas SUV. Alexa zitterte und war offenkundig sehr mitgenommen von der ganzen Sache. Ich sagte ihr, dass wir am nächsten Tag reden würden, dass sie sich keine Sorgen machen müsste und sich alles klären würde, sobald ich mit dem Präsidenten gesprochen hätte. John fragte mich, ob er unsere Verabredung für diesen Abend absagen sollte. Wir hatten Freunde aus Jacksonville zur Weihnachtsfeier des Weißen Hauses eingeladen und waren uns einig, dass wir nun lieber mit ihnen essen gehen sollten. Nachdem ich meine Atmung halbwegs unter Kontrolle gebracht hatte, fuhren wir los, um unsere Freunde zu treffen. Beim Abendessen fragten sie, warum ich die Party verpasst hatte, und ich antwortete, dass ich bei der Arbeit aufgehalten wurde. Mir drehte sich der Kopf, und wir gingen früh.

Mein vorherrschendes Gefühl? Erleichterung. Ich war *raus*. Kein Ankämpfen gegen den Strom mehr, tagein, tagaus. Kein hektisches Rumeiern mehr in dem Versuch, nach irgendwelchen wilden Tweets Schadensbegrenzung zu betreiben. Kein N-Wort mehr, das mich jeden Tag verfolgte.

Ich nahm an, dass das Weiße Haus am nächsten Morgen eine Erklärung herausgeben würde, in der es mir für meine Dienste und so weiter dankte, und damit wäre die Sache durch. Ich war nicht die Erste, die ging, und ich hoffte, dass die Bekanntgabe meines Rücktritts keine große Sache sein würde.

»Omarosa Manigault Newman ist gestern zurückgetreten, um andere Karrierechancen zu verfolgen«, verkündete die Pressesprecherin des Weißen Hauses, Sarah Huckabee Sanders, am nächsten Tag vom Podium im Pressekonferenzraum aus. »Wir wünschen ihr alles Gute für die Zukunft und sind dankbar für ihre Dienste.«

Genau wie ich es erwartet hatte.

Was ich nicht erwartet hatte: *Innerhalb weniger Stunden* kursierte in den sozialen Medien eine von A bis Z erfundene und völlig übertriebene Story über meinen Abgang. Und nicht viel später griffen die Nachrichtenagenturen die Geschichte auf. Angeblich hatten John Kelly und ich uns auf der Weihnachtsfeier vor den sechshundert geladenen Gästen gestritten, und er hatte mir ein »Sie sind gefeuert!« ins Gesicht geschleudert. Woraufhin ich völlig die Beherrschung verloren, mit Obszönitäten um mich geworfen und versucht hätte, mir an den Sicherheitskräften vorbei einen Weg in Trumps Dienstwohnung freizukämpfen, bis ich schließlich vom Secret Service weggeschleppt werden musste und dabei unablässig schrie, dass ich mit dem Präsidenten sprechen wollte.

Ich hätte nie gedacht, dass diese lächerliche Geschichte – reiner Klatsch – so explodieren und tagelang die Berichterstattung in den Nachrichten dominieren würde.

Eine Produzentin bei *ABC* sagte mir ins Gesicht, sie habe mehrere Quellen, die meinen Zusammenbruch bei der Weihnachtsfeier bestätigen. Komisch nur: Nicht einer der Anwesenden soll ein Foto von der Szene gemacht haben? Ich war seit fünfzehn Jahren auf keiner Veranstaltung mehr, bei der nicht *irgendjemand* ein Bild von mir geschossen hätte. In den sozialen Medien und von den Nachrichtenagenturen wurden Tausende von Fotos und Videos der Veranstaltung veröffentlicht, aber nicht ein einziges von mir, wie ich laut fluchend Tische umwarf? Irgendjemand hätte das garantiert getwittert. Ein Video oder Foto meines angeblichen Ausrasters wäre viel Geld wert gewesen. Aber das gab es nicht. Es ist nicht passiert. Ich war nicht dabei.

Den ganzen Tag lang schickte ich Hope Hicks und Sarah Huckabee Sanders Textnachrichten: »Wo bleibt die Richtigstellung?« Wann wollten sie sagen, was wirklich passiert war?

Um 15:08 Uhr am 13. Dezember twitterte der Secret Service die Wahrheit. Es. Ist. Nicht. Passiert. »Meldungen über die physische Entfernung von Omarosa Manigault Newman aus dem @WhiteHouse-Komplex sind falsch.« In einem weiteren Tweet vier Stunden später hieß es: »Der Secret Service war weder am Kündigungsprozess von Frau Manigault Newman noch daran beteiligt, sie aus dem Komplex zu geleiten. Wir waren nur daran beteiligt, den Pass der betreffenden Person zu deaktivieren, der den Zugang zum Komplex ermöglicht.«

Ich bin dem Secret Service auf ewig dankbar, dass er mich unterstützt hat. Gott sei Dank haben sie diese Aussage gemacht, denn es wurde immer verrückter!

Der Präsident, alias *Twitter Fingers*, twitterte erst knapp eine Stunde nach dem Secret Service und fast einen ganzen Tag nach meinem Treffen mit Kelly. Um 15:58 Uhr schrieb er: »Danke Omarosa für Ihren Dienst! Ich wünsche Ihnen weiterhin viel Erfolg.« Der Tweet war schwach. Als die Presse ihm ein paar Tage später eine Frage über mich zurief, sagte er: »Ich mag Omarosa.« Vage. Schwaches Lob. Er hat mich überhaupt nicht verteidigt. Nach über vierzehn Jahren war dies das Beste, was er für mich tun konnte? Woher kam die hysterische, hasserfüllte Geschichte? Jemand musste diese fiktive Story lanciert haben.

Ich vermute, dass sie aus dem Büro des Stabschefs kam. Er drohte mir im *Situation Room*, dass es hässlich werden und sich »Schwierigkeiten« für meinen Ruf ergeben könnten, und genauso kam es. Das würde auch das heimliche Treffen erklären. Niemand sonst sollte sehen, wie die Sache wirklich gehandhabt wurde. In ihrem Bemühen, zu diskreditieren, abzulenken und abzustreiten – ihr übliches Muster –, wollten sie mich zusätzlich auch noch verrückt aussehen lassen, um so die anonyme Quelle für das N-Wort-Tape zu verschrecken. General Kelly hatte versucht, Rufmord an mir zu betreiben. Ich fragte mich: *Warum?* Angesichts der Umstände und des Zeitpunkts musste ich annehmen, dass der Zweck der Übung darin bestand zu verhindern, dass ich an das N-Wort-Tape kam, von dem ich nun logischerweise überzeugt war, dass es echt sein musste. Während all das passierte, rief ich meine Quellen für das Tape an, konnte aber keine von ihnen erreichen. In dem Moment, in dem die erfundene Story in die Nachrichten kam, wurde die Spur kalt. Eiskalt.

Am Donnerstagmorgen versuchte ich die Vorgänge bei *Good Morning America* ins rechte Licht zu rücken. Moderator Michael Strahan und ich führten ein sehr höfliches Gespräch. Ich brachte meine Argumente vor, fragte, warum es keine Fotos davon gab, wie man mich angeblich wegschleppte, und diskutierte die Absurdität der Vorstellung von einer rasenden Frau, die versuchte, im sichersten Gebäude der Welt in die privaten Wohnräume des Präsidenten vorzudringen. Michael erinnerte mich an etwas, was ich einmal darüber gesagt hatte, weshalb ich in Trumps Weißem Haus arbeitete: »Entweder Sie sitzen dort mit am Tisch – oder Sie werden den Herrschaften zum Fraß vorgeworfen.« Dann fragte er mich, wo ich jetzt, da ich nicht mehr mit am Tisch saß, meinen Platz sah.

In Anbetracht dessen, was vor sich ging, würde ich sagen, dass mein Platz auf dem Speisezettel ziemlich offensichtlich war. Ich konnte mich nicht mit dem Weißen Haus anlegen, solange ich noch auf seiner Gehaltsliste stand, also blieb ich in meiner Beschreibung der Vorgänge bewusst vage und bot auch keine neuen Informationen an.

Am Samstag parodierte mich dann Leslie Jones auf *Saturday Night Live*, wie ich vor dem Weißen Haus stand und Alec Baldwin als Trump beschimpfte und verlangte, mich wieder reinzulassen. Die Geschichte der enttäuschten Trump-Anbeterin taugte für ein paar gute Lacher, aber weiter von der Wahrheit entfernt hätte sie nicht sein können.

*

Nach meinem Ausscheiden aus dem Weißen Haus erhielt ich viele Jobangebote, aber ich entschied mich für *Celebrity Big Brother*, weil das schon immer eine meiner Lieblingssendungen war, die Sache sofort begann und ich wusste, dass ich im Rampenlicht stehen würde. Ich dachte, falls jemand droht, mir zu schaden, würde wenigstens die Welt dabei zusehen. Im Schatten, im Dunkeln, können einem üble Dinge passieren, ganz besonders, wenn man von einer der mächtigsten Figuren in der US-Regierung bedroht wird. Aber bei *Big Brother* wäre ich in drei Livesendungen pro Woche im Fernsehen präsent. Plus 24-Stunden-Live-Feed. Alles, was sie zu tun versuchten, würde vor dem Gericht der öffentlichen Meinung verhandelt werden.

In einer Episode der Show sagte ich einige Dinge, die für den Präsidenten wenig schmeichelhaft waren. Am Tag nach dieser Episode stand Raj Shah, der stellvertretende Pressesprecher, auf und widersprach dem, was Sarah Huckabee Sanders zuvor vom Podium aus behauptet hatte. »Omarosa wurde bei *The Apprentice* dreimal gefeuert, und das ist das vierte Mal, dass wir sie entlassen. Sie hatte in ihrer Zeit hier nur begrenzten Kontakt zum Präsidenten, jetzt hat sie gar keinen mehr.«

Also, was jetzt? Hatte ich gekündigt, oder wurde ich gefeuert? Hatte ich meine Zutrittsprivilegien ausgenutzt und zu viel Zeit mit dem Präsidenten verbracht – das war die häufigste Beschwerde anderer Berater in den ersten sechs Monaten meiner Amtszeit –, oder hatte ich im Widerspruch zu den Hunderten von Videos und Fotos unserer oft täglichen Treffen im Weißen Haus überhaupt keinen Zugang und keine Zeit mit ihm verbracht?

Dieses Weiße Haus hat ein Problem mit der Wahrheit. Aber wenigstens sind die Leute dort konsequent – und nur zu vorhersehbar – mit den Lügen, die sie erzählen.

Ich verließ das Weiße Haus unter einer Flut von Drohungen seitens John Kellys Mitarbeitern. Sie beschuldigten mich, meinen Dienstcomputer aus dem Weißen Haus mitgenommen zu haben. Wohlgemerkt, als Passantino und Irene mich beim Packen beaufsichtigten, gaben sie mir eine Checkliste, die ich unterschreiben musste und laut der ich ihnen alle meine elektronischen Geräte und meinen Hausausweis ausgehändigt hatte. Das war das Standardprozedere für Entlassungen. Hätte ich irgendetwas davon noch bei mir gehabt, ich hätte den Komplex nicht verlassen dürfen.

Meiner Assistentin Alexa wurde jeglicher Kontakt zu mir untersagt, sie war nach meinem Abgang praktisch von allen Abteilungsbesprechungen und jeglicher Korrespondenz ausgeschlossen. Sie quälten sie täglich, bis sie einige Monate später das Handtuch warf und in einen neuen Job wechselte. In der Eile, nach dem Treffen mit Kelly aus dem Weißen Haus zu kommen, hatte ich einige sehr persönliche Dinge zurückgelassen: Finanzunterlagen, eine Festplatte mit meiner Hochzeitsurkunde, Fotos, Geschenke, Karten und vor allem mein Abschlussdiplom von der Uni. Laut einer E-Mail vom Büro des Rechtsberaters des Weißen Hauses würde ich meine zurückgelassenen persönlichen Gegenstände nur wiederbekommen, wenn ich eine sehr weitreichende Geheimhaltungsvereinbarung, ein sogenanntes NDA (*Nondisclosure Agreement*), über meine Zeit im Weißen Haus unterzeichnete.

Wie ich gelesen hatte, versuchte der Rechtsberater des Weißen Hauses auch andere Mitarbeiter während und nach ihrer Amtszeit im Weißen Haus zur Unterzeichnung einer Geheimhaltungsvereinbarung zu bewegen – einige wurden dazu gezwungen –, aber ich lehnte ab. Zum Zeitpunkt, da ich dieses Buch schreibe, hält General John Kelly immer noch meine persönlichen Gegenstände in Geiselhaft und drängt das Büro des Rechtsberaters, mir weiter wegen einer Geheimhaltungsvereinbarung die Hölle heiß zu machen.

Ein normaler Mensch wäre angesichts der Panikmache und des Drucks, den sie auf mich ausübten, eingeknickt. Aber ich bin nun mal kein Durchschnittstyp. Und schon gar nicht bin ich leicht einzuschüchtern. In meiner ersten Runde im Weißen Haus unter der Clinton-Administration hatte ich gesehen, was passieren kann, wenn Leute Macht missbrauchen und wie das schließlich zu ihrem Sturz führt.

Dieses Erlebnis, eingesperrt im *Situation Room* zu sitzen, war für mich in höchstem Maße traumatisch, aber es war keineswegs das Schlimmste, was ich in meinem turbulenten Leben erlebt hatte. – Glauben Sie mir, ich bin wirklich hart im Nehmen.

Einleitung

Loyalität vor Logik

Seit ich in jener Nacht nach meinem Rauswurf aus dem Weißen Haus durch die Tore des West Executive Drive hinausfuhr, habe ich viel Zeit gehabt, über die Geschehnisse der letzten fünfzehn Jahre nachzudenken. Die folgenden Monate waren sehr emotional und anstrengend, aber auch läuternd.

Im Nachhinein wird mir klar, dass es viele Gründe gegeben hatte, weshalb ich die *Trumpworld* hätte verlassen können – und vielleicht auch sollen. Aber jedes einzelne Mal entschied ich mich dafür zu bleiben. Viele Leute haben sich gefragt, warum ich Präsident Trump fast fünfzehn Jahre lang unterstützte. Die einfache Antwort auf diese sehr komplexe Frage lautet: Ich blieb aus Loyalität.

Loyalität ist ein Reizthema, was Donald Trump betrifft. Seine fast schon mafiaartigen Loyalitätsanforderungen sind umfassend, in Stein gemeißelt und hin und wieder unethisch – wie im Fall von James Comey. Aber für die Menschen in der *Trumpworld* ist bedingungslose Loyalität eine absolute und unerschütterliche Notwendigkeit, ähnlich der Hingabe von Mitgliedern einer Sekte.

Meine Mitgliedschaft in der *Trumpworld* begann 2003, als ich in meinen Zwanzigern war. Er war einer der berühmtesten Männer in Amerika, ein Geschäftsmann, den ich bewunderte und dem ich nacheifern wollte. Ich bin in Armut und mit Sozialhilfe aufgewachsen, und ich schaute zu wohlhabenden Persönlichkeiten wie ihm auf. Ich wollte seinen außergewöhnlichen Erfolg selbst erleben, ein Leben in Wohlstand und Luxus führen wie er. Donald Trump war unheimlich intuitiv und äußerst scharfsinnig. Er schien es zu spüren, wenn bestimmte Personen anfällig dafür waren, von seiner Macht beeinflusst zu werden und sich seinen Loyalitätsansprüchen zu beugen – wie man später bei Leuten wie seinem langjährigen Anwalt Michael Cohen, seinem ersten Wahlkampfmanager Corey Lewandowski und Hope Hicks sehen konnte. Seine Forderungen stiegen mit der Zeit, ebenso wie die Loyalität seiner Anhänger.

Selbst wenn jemand aus der *Trumpworld* verbannt wird, ist es meist nur vorübergehend. Niemals geht man so ganz. Sobald man sie verlässt, holen sie einen zurück, wie den abgesägten Berater Steve Bannon (jetzt zurück in einer inoffiziellen Funktion), den hinausgeworfenen Wahlkampfmanager Lewandowski (jetzt für Mike Pences Lobbygruppe PAC, das *Political Action Committee*) oder Trumps persönlichen Assistenten John McEntee (jetzt Mitarbeiter der Wiederwahlkampagne).

Nur wenige Tage nach meinem Abschied aus dem Weißen Haus erhielt ich einen Anruf von Eric Trump und seiner Frau Lara. Sie riefen mich gemeinsam aus Mar-a-Lago an, um sich nach mir zu erkundigen. Lara sagte: »Sie wissen, wie sehr wir Sie lieben, wie sehr DJT Sie liebt. Das Erste, was er am Donnerstagabend zu mir sagte, war: ›Wo ist Omarosa? Geht es ihr gut?‹ Er will sichergehen, dass es Ihnen gut geht und man sich um Sie kümmert. Ich würde Sie gerne an Bord der Kampagne haben.«

Sie rief im Namen des Präsidenten an, der mir eine leitende Position für seine Wiederwahlkampagne 2020 anbieten wollte. Ich bedankte mich bei Lara und bat sie, mir die Details des Angebots in einer E-Mail zu schicken, die ich kurz darauf auch erhielt. Ich rief John an und erzählte ihm von der Nachricht. Er konnte es nicht fassen.

Jemanden nach einem Missbrauch mit Liebe und Freundlichkeit zu behandeln ist eine klassische Taktik von Sekten. Ich fühlte mich manipuliert, weigerte mich aber, das zuzulassen.

Bevor sie auflegte, erwähnte Lara noch einen kürzlich in der *New York Times* von Katie Rogers und Maggie Haberman verfassten Artikel über meine Entlassung, in dem unter anderem Folgendes zu lesen war: »Mrs. Newman sagte im *Good Morning America*-Interview: ›Ich habe Dinge gesehen, die mich beunruhigt haben, die mich verärgert haben, die mich tief und emotional berührt haben, die meine Community und mein direktes Umfeld beeinflusst haben. Es ist eine tiefgründige Geschichte, von der ich weiß, dass die Welt sie hören will‹ ... [Mrs. Newman] hatte versucht, ›ernste Bedenken‹ über ein Thema zu äußern, das ›den Präsidenten in hohem Maße betreffen würde‹. Ehemalige und aktuelle Mitarbeiter des Weißen Hauses sagten, sie seien sich unsicher, worauf sie sich bezog ... Die Frau, die einen Ruf als ultimativer TV-Bösewicht pflegte, drängt die Zuschauer, dranzubleiben und herauszufinden, warum sie wirklich gegangen ist.«

»Das ist etwas, das man den Leuten nicht erzählen sollte«, fuhr Lara fort. »Wenn Sie wieder an Bord kommen, dürfen solche Dinge auf keinen Fall erwähnt werden.«

Im ersten Moment nahm ich an, dass sie sich damit vor allem auf das N-Wort-Tape aus der Zeit von *The Apprentice* bezog. Oder waren es die fast fünfzehn Jahre voller Insider-Informationen aus der *Trumpworld*, in die ich eingeweiht war?

Ich habe das Angebot des Präsidenten abgelehnt, für seine Wiederwahlkampagne 2020 zu arbeiten. In meiner Antwort, in der ich die Stelle ablehnte, erklärte ich, dass ich nicht daran interessiert sei, in irgendeiner Funktion für seine Kampagne, sein Unternehmen, seine Familie oder für ihn direkt zu arbeiten. Mein Bruch mit Donald Trump war nicht nur eine Reaktion auf den Groll darüber, wie John Kelly und das Team von Anwälten mich in jener Nacht im *Situation Room* eingesperrt und gekündigt hatten. Die Veränderung in meinem Denken und Fühlen rührte von einer Kombination verschiedener Faktoren her, ausschlaggebend war aber meine wachsende Einsicht, dass Donald Trump wirklich ein Rassist, Fanatiker und Frauenhasser war. Meine Gewissheit über das N-Wort-Tape und seine häufige Verwendung dieses Wortes waren die Spitze eines hohen Berges wirklich abstoßender Dinge, die ich mit ihm erlebt hatte, insbesondere in den letzten beiden Jahren. Letztendlich hatte ich begriffen, dass der Mann, den ich so lange so gut zu kennen glaubte, in Wahrheit ein Rassist war. Die Verwendung des N-Wortes zeigte nicht nur die Art und Weise, wie er sprach, sondern – und das war noch verstörender – auch, wie er über mich und generell über Afroamerikaner dachte.

*

Einige Leute könnten jetzt einwenden, dass sie Trumps wahres Gesicht seit Langem kannten, warum also nicht ich? Ich bin mir nicht sicher, ob ich dazu in Anbetracht unserer langen gemeinsamen Geschichte und der langen Zeit, in der unsere Verbindung gewachsen war, in der Lage gewesen wäre.

Von allen ehemaligen *Apprentice*-Kandidaten war ich die Erste, die Donald Trump unter seine Fittiche nahm, in die er Geld investierte, die er in seine Kampagne und ins Weiße Haus holte. Bei unserem ersten Treffen ging es ihm darum, dass seine Show hohe Einschaltquoten erzielte und ein durchschlagender Erfolg wurde. Ich war darauf aus, den Job zu bekommen, eines seiner Unternehmen zu leiten und von einem der, wie er sich selbst beschrieb, »erfolgreichsten Geschäftsmänner aller Zeiten« zu lernen. Und sollte ich auf diesem Weg zu Ruhm und Reichtum gelangen, umso besser.

Immer wieder wurde uns gesagt, wie glücklich wir uns schätzen durften, aus 215 000 Bewerbern für die erste Staffel der Show ausgewählt worden zu sein. Und ja, ich fühlte mich sehr glücklich, zu den Auserwählten zu gehören, da es den Verlauf meiner Karriere und meines Lebens radikal veränderte. Unsere Beziehung war symbiotisch, wir haben uns gegenseitig ausgenutzt. Trump und *NBC* benutzten mich, um für die Show zu werben, sich für einen Emmy in Position zu bringen und ein breiteres Publikum anzusprechen. Ich benutzte den Erfolg der ersten Staffel, um meine Hollywood-Karriere mit mehreren Shows, Filmen, einem Buch-Deal und Promi-Auftritten zu pushen. Damals war es höchst lukrativ, Teil der *Trumpworld* zu sein.

Auch gesellschaftlich zahlte sich die Verbindung aus. Die Leute fanden es unglaublich cool, dass ich Donald Trump persönlich kannte. Ich weiß gar nicht mehr, wie oft jemand zu mir kam und sagte: »Wow, du kennst ihn! Wie ist er denn wirklich? Ist sein Haar echt?« Sie waren fasziniert von ihm – und von mir, weil ich ihn kannte.

Der Donald Trump von 2018 ist nicht mehr derselbe Mann, der er 2003 war. Als ich ihn traf, stimmten wir in vielen unserer Überzeugungen überein. Er identifizierte sich mit den Demokraten und war für eine vernünftige Waffenkontrolle, etwa für das Verbot von Angriffswaffen. Er unterstützte die Legalisierung von Marihuana, die Einführung einer allgemeinen Krankenversicherung und sogar eine Steuererhöhung für Reiche. Er hielt Hillary Clinton für eine »großartige« Senatorin und spendete Geld für ihre Kampagnen und mindestens 100 000 Dollar an die Clinton-Stiftung. Zwischen damals und seinem Einstieg ins Präsidentschaftsrennen wechselte er seine Parteizugehörigkeit mehrmals und landete schließlich bei den Republikanern. Als er auf *CNN* bei *Larry King Live* die Einsetzung eines Sondierungskomitees für eine mögliche Präsidentschaftskandidatur ankündigte, sagte er: »Ich bin registrierter Republikaner. Ich bin ein ziemlich konservativer Typ. Ich bin etwas liberal in sozialen Fragen, vor allem im Gesundheitswesen und so weiter und so fort ... Ich denke, dass es niemand wirklich draufhat. Die Demokraten sind zu weit links ... Die Republikaner sind zu weit rechts.«

Ich könnte nicht behaupten, dass ich anderer Meinung war. Zu Beginn seiner Kampagne erhielt ich Anrufe und Nachrichten von

Freunden und Vertrauten, die mich warnten, ich solle mich nicht benutzen oder gar ausnutzen lassen – eine Besorgnis, die mich irritierte. »Donald und ich kennen uns seit Jahren«, antworte ich dann meist, »und ich bin ihm gegenüber absolut loyal.« Meine Loyalität war zu diesem Zeitpunkt fest in mir verankert. Und vergessen wir nicht, im Sommer 2015 nahm niemand seine Kampagne ernst oder dachte auch nur, dass er jemals gewinnen könnte. Was konnte es schaden, einem alten Freund zu helfen, vor allem nachdem ich einen Monat zuvor von der Clinton-Kampagne verraten worden war? Dazu etwas später noch mehr.

Dieser schicksalhafte Abend, als ich im *Situation Room* eingesperrt war, entpuppte sich als einer der wichtigsten Momente in meinem Erwachsenenleben. Als die Leute am nächsten Tag vor lauter Schadenfreude über meinen Rauswurf hämisch lachten, war ich nicht überrascht. Sie fanden, ich hätte es verdient. Das wäre vielleicht sogar in Ordnung gewesen. Ich bin bekannt dafür, dass ich austeilen kann, aber ich kann auch einstecken. Außerdem glaube ich, dass es ihnen in ihrem Spott über mich auch darum ging, Trump herabzusetzen. Donald Trump, der Präsident der Vereinigten Staaten, war unerreichbar für sie, aber ich war ein kleiner Fisch und somit ein leichtes Ziel. Wenn die Geschichte, die berichtet wurde, wahr war, bestätigte sie das in ihrem Verdacht, dass Trump mich nur benutzte, um mich bei der erstbesten Gelegenheit wieder loszuwerden. In meinen zwanzig Jahren in der Politik habe ich diese Art von miesem Verhalten auf beiden Seiten des Flures gesehen. Ich habe im Weißen Haus von Clinton *und* im Weißen Haus von Trump gearbeitet. Ich habe für die Demokratische Partei *und* die Republikanische Partei gearbeitet. Ich habe auf beiden Seiten Medien- und Wählermanipulationen, Lügen, Korruption und Skandale beobachtet. In Anbetracht der Tatsache, dass die Boshaftigkeit in der Politik alle und jeden treffen kann, habe ich es nie persönlich genommen. Stattdessen habe ich ihren Spott und ihre Gemeinheit dazu genutzt, meine Comeback-Pläne voranzutreiben.

Diesen Job zu verlassen oder in den Medien verspottet zu werden ist lange nicht das Schlimmste, was mir je zugefügt worden ist. Die außerordentlich schwierigen Dinge, die ich im Leben durchgemacht habe, haben mich abgehärtet. So schwer die Zeiten auch gewesen sein mochten, mein Leben ist ein Beispiel dafür, wie groß und lebendig der amerikanische Traum immer noch ist. Ein Mädchen aus dem Westlake-Terrace-Wohnprojekt in Youngstown, Ohio, ein Mädchen, das in bitterer Armut aufwächst, kann so weit aufsteigen, dass es – nicht einmal, sondern gleich zweimal – als politische Angestellte für zwei US-Präsidenten arbeitet. Ich habe das ungeachtet aller bestehenden rassistischen Vorurteile gegenüber starken schwarzen Frauen geschafft. Sie können darüber, dass ich zu lange bei Trump geblieben bin – was ich inzwischen genauso sehe! –, sagen, was Sie wollen, es ändert nichts an der Tatsache, dass ich die einzige afroamerikanische Frau in der *Trumpworld* war, die sich für eine Community engagierte, die im Weißen Haus von Donald Trump keine andere Stimme hatte.

Ich bin seit meinem ersten Tag im Fernsehen als Bösewicht gecastet worden, und ich habe dieses Image gehegt und gepflegt, weil es für meine Hollywood-Karriere gut funktioniert hat. Für einen Reality-TV-Star war das in Ordnung. Aber die Leute wollten keinen Reality-TV-Star im Weißen Haus sehen – außer Trump, versteht sich.

Es ist an der Zeit, meine Geschichte zu erzählen.

Es ist eine gute Geschichte. Doch ohne jeden Zweifel werden Sie dieses Buch mit Vorurteilen darüber aufgeschlagen haben, wer ich wirklich bin. Alles, worum ich Sie bitte, ist deshalb, dass Sie mir zuhören.

Erster Teil

Die *Apprentice*-Jahre

Kapitel eins

»Mach uns stolz!«

In den Momenten vor meinem ersten persönlichen Treffen mit Donald Trump war ich mir sicher, dass die nächsten vierundzwanzig Stunden mein Leben verändern würden. Ich stand im Trump Tower und sah mich um. Es war warm, sämtliche Produktionslichter strahlten auf uns sechzehn Kandidaten herab. Hinter der ausladenden Rezeption saß Robin Himmler, eine von Trumps Assistentinnen. Robins Stimme unterbrach meine Träumerei. »Mr. Trump wird Sie jetzt empfangen. Sie können da drüben reingehen.«

Mit »da drüben« meinte sie den *Apprentice-Boardroom*, in dem Donald Trump mit seinen beiden Beratern George Ross und Carolyn Kepcher saß. Sobald wir durch diese Türen gingen, würde unser großes Abenteuer wirklich beginnen.

Die sechzehn Kandidaten der ersten Staffel von *The Apprentice*, einschließlich mir selbst, waren vor Drehbeginn eine Woche lang isoliert worden. Wir durften uns weder treffen noch miteinander sprechen und waren in verschiedenen Hotels untergebracht. Als wir schließlich in die Fifth Avenue zum Trump Tower gebracht wurden, konnten wir die Konkurrenz zum ersten Mal in Augenschein nehmen.

Trump bat uns, um den Tisch zu gehen und uns vorzustellen, eine gescriptete Wiederholung unserer Show-Intros: »Mein Name ist Omarosa Manigault Stallworth. Ich komme von ganz unten, aber jetzt bin ich Doktorandin und arbeite als Politikberaterin. Vor vier Jahren habe ich im Weißen Haus für den Präsidenten der Vereinigten Staaten gearbeitet.«

Ich wusste nicht, ob Trump mit einer ausführlichen Biografie gebrieft worden war. Ich nahm an, er wüsste etwas über meine Herkunft, aber nicht die ganze Geschichte.

*

Als meine Mutter, Theresa Walker, meinen Vater, Jack Manigault, einen Fernfahrer traf, verliebten sie sich, heirateten, und in schneller Folge kamen mein Bruder Jack Jr., gefolgt von meiner Schwester Gladys, und schließlich ich auf die Welt. Ich wurde 1974 geboren, im Jahr des *Super Outbreak*, als Ohio von der heftigsten bis dahin je in den USA aufgezeichneten Serie von Tornados heimgesucht wurde: einunddreißig Wirbelstürme, mich mit eingerechnet.

Wir wohnten in Westlake Terrace, einem barackenartigen Apartmentkomplex mit vierhundert Einheiten in Youngstown, Ohio. Erbaut in den 1940er-Jahren, war Westlake landesweit eines der ersten staatlichen Wohnprojekte und lag in der Nähe des Mahoning River, einer Autobahn und einem Werk der *U. S. Steel*. Zu seinen Glanzzeiten war Youngstown eine boomende Stahlstadt, doch als die Stahlindustrie kollabierte, ging auch die Stadt vor die Hunde. Die Arbeit wurde knapp, und Gangs und Gewalt hielten Einzug. Eine meiner frühesten Erinnerungen ist ein Nachmittag, an dem meine Schwester Gladys und ich auf dem Spielplatz schaukelten, als wir plötzlich Schüsse hörten. Ein Mann rannte quer über den Spielplatz und verschwand zwischen zwei Gebäuden. Ihm auf den Fersen ein Polizist, der alle paar Sekunden auf den Mann feuerte.

Meine Mutter rannte von der Hintertür unserer Wohneinheit auf uns zu und schrie: »Runter, runter!«

Sie packte uns beide, zog uns durch die Tür zurück ins Haus und schob uns zwischen Kühlschrank und Herd, wo wir auf dem Boden kauerten, bis der Tumult draußen vorüber war. Hätten wir es nicht rechtzeitig zur Tür geschafft, wären wir vielleicht über den Haufen gerannt oder erschossen worden. Szenen wie diese häuften sich in Westlake, wir wollten irgendwann einfach nur noch von hier wegziehen.

Eines Abends schliefen meine Geschwister und ich bei meiner Großmutter in der 1050 ½ Wilson Avenue, als ein Kabelbrand ausbrach. Im Haus befanden sich vier Erwachsene – meine Großmutter Betty, meine Tanten Mary und Evelyn sowie mein Onkel Carl – und mit mir neun Kinder: Gladys, mein älterer Halbbruder Lester und Jack Jr. sowie meine Cousinen und Cousins Belinda, James, Gerald, Lydia und Tanressa.

Ich weiß noch, dass ich vom lauten Bellen der Hunde und den »Feuer!«-Rufen der Erwachsenen aufwachte und wir von meiner Oma auf das Flachdach der Veranda gebracht wurden. Dort schnappte mich meine Tante Evelyn und ließ mich von der Veranda im zweiten Stock in den Garten fallen. Mein Onkel Carl fing mich sicher auf, stellte mich in den Schnee und sagte mir, ich solle in dieselbe Richtung laufen, in der auch die anderen davonrannten. Aber meine Füße waren kalt und nass, und der Schnee kam mir so tief vor. Stattdessen wollte ich, wahrscheinlich getrieben von Neugier und der Kälte, zurück in Richtung des brennenden Gebäudes rennen. Doch mein Onkel packte mich und zog mich wieder weg. Das ist so bezeichnend für mein Leben: Immer laufe ich auf das Feuer zu, ohne Angst vor irgendetwas.

Meine dreijährige Cousine Tanressa schlief auf der anderen Seite des Hauses, und so sehr er es auch versuchte, mein Onkel konnte nicht zu ihr vordringen. Schließlich kamen die Feuerwehrleute und trugen sie aus dem Haus. Sie führten eine Mund-zu-Mund-Beatmung durch, konnten sie aber nicht wiederbeleben. Tanressa hatte keine Brandwunden am Körper, der Rauch hatte sie überrascht und umgebracht. Ihre Mutter Brenda war in dieser Nacht nicht im Haus; sie war im Krankenhaus und brachte an diesem Morgen ein gesundes Mädchen namens Mildred zur Welt. Meine Mutter musste mit ihren Schwestern ins Krankenhaus gehen und Brenda die Nachricht überbringen, dass zu Hause ein Feuer ausgebrochen und Tanressa dabei ums Leben gekommen war.

In diesem zarten Alter lernte ich diese bittersüße Komplexität des Lebens kennen, dass Freude und Schmerz zwei Seiten derselben Medaille sind.

Die Aufräumarbeiten nach dem Brand und der tragische Verlust von Tanressa schweißte unsere Familie zusammen und machte uns stärker. Wir verbrachten die meisten Wochenenden zusammen und ließen keine Gelegenheit aus, die Meilensteine des Lebens, wie Geburtstage und Abschlussfeiern, gemeinsam zu feiern. Um uns über die Trauer hinwegzuhelfen, überhäuften meine Mutter und mein Vater uns mit Aufmerksamkeit und Liebe. Als Lastwagenfahrer war mein Vater viel unterwegs, aber wenn er zu Hause war, machten wir Ausflüge zum Mill Creek Park oder gingen zum Angeln an den Eriesee. Er genoss es, mit uns in seinem über alles geliebten Cadillac durch die Stadt zu fahren und Freunde und Verwandte zu besuchen.

Einige Jahre später geriet mein Vater mit einem Freund in einen Streit über etwas, was der Mann meinem Vater gestohlen hatte. Der Streit eskalierte, und es kam zu einem Kampf, nach dem mein Vater schwer verletzt liegen gelassen wurde. Später wurde er gefunden und in ein Krankenhaus gebracht, wo er zwei Wochen mit dem Tod kämpfte, bevor er seinen Verletzungen erlag. Der Täter wurde gefasst und wegen Mordes vor Gericht gestellt.

Ich erinnere mich noch an die Totenwache, wie ich mit meiner Schwester und einer Cousine an meiner Seite zum Sarg ging und den Körper meines Vaters vor mir liegen sah.

»Er schläft«, sagte meine Cousine.

»Nein«, sagte ich, »er wird nicht mehr aufwachen. Mami sagt, er kommt jetzt in den Himmel.«

Mit sieben verstand ich die Endgültigkeit des Todes, und dass ich meinen Vater nie wiedersehen würde.

Meine Mutter nahm einen Job in einer Kunststofffabrik an, und wir sahen sie nicht mehr oft. Sie arbeitete von 15 bis 23 Uhr, machte eine kurze Pause und arbeitete dann eine zweite Schicht bis 7 Uhr in der Frühe. Danach kam sie nach Hause, half uns beim Anziehen, machte uns fertig für die Schule und schlief dann bis zu ihrer nächsten Schicht am Nachmittag. Mein ältester Bruder, Lester, war dafür zuständig, uns mit Essen zu versorgen, bei den Hausaufgaben zu helfen und uns fürs Bett vorzubereiten. Die meiste Zeit verbrachten wir in Omas neuem Haus auf der Nordseite oder bei irgendeinem Verwandten aus unserer großen Familie. Ich hatte sechs Tanten und drei Onkel, zwei Großelternpaare und zweiundsechzig Cousinen und Cousins ersten Grades.

Wir besuchten alle dieselbe Kirche, die *New Grace Missionary Baptist Church*, wo wir gut die Hälfte der Gemeinde stellten. *New Grace* war wie ein zweites Zuhause für mich, ein sicherer, glücklicher Ort, geleitet von einem wunderbaren Pastor, Reverend Albert Ross Sr.

Wie Sie sich vorstellen können, musste sich unsere fünfköpfige Alleinerziehende-mit-Mindestlohn-Familie sehr strecken, um irgendwie über die Runden zu kommen, und wir waren auf öffentliche Hilfe wie Essensmarken und *Section Eight* angewiesen, ein Programm, bei dem der Staat Bedürftigen Zuschüsse für die Miete in Sozialwohnungen zahlt.

Wenn in den USA heutzutage jemand staatliche Lebensmittelbeihilfe bezieht, erhält er eine EBT-Card (*Electronic Benefit Transfer*), eine Karte, auf die sämtliche Sozialleistungen gebucht werden. Aber in meiner Kindheit waren Lebensmittelmarken tatsächlich noch farbige Briefmarken mit unterschiedlichen Nennwerten. Ich erinnere mich, wie ich immer um den Lebensmittelladen kreiste und wartete, bis die anderen Kunden verschwunden waren, damit sie nicht sahen, wie ich die Essensmarken auf den Tresen legte, um zu bezahlen. Die Blicke waren vernichtend und die Stigmatisierung nicht bloß Einbildung. Meines Wissens sind die Vereinigten Staaten das einzige Land der Welt, das eine eigene Währung für seine Armen geschaffen hat. Manchmal frage ich mich, ob es sich dabei um eine Form der absichtlichen Beschämung der Bedürftigen handelt. Nach dem Tod meines Vaters hätten wir ohne diese Hilfe nicht genug zu essen gehabt. Das war die neue Realität meiner Mutter als Witwe, die vier Kinder großziehen musste, so gut ihr das eben möglich war. Sie tat, was sie tun musste, um das Beste aus der schwierigen Situation zu machen, in der wir uns damals befanden.

Ohio war und ist immer noch ein politischer »Schlachtfeldstaat«, ein *Swing State*, der mal republikanisch, mal demokratisch wählt, und so touren alle vier Jahre viele Politiker auf Stimmenfang durch den Staat. 1984 kam Reverend Jesse Jackson mehrmals nach Ohio, und ich weiß noch, wie unser Pastor, Reverend Ross, eine kleine Gruppe von uns zu einem von Jacksons Auftritten mitnahm. Ich war gerade einmal zehn Jahre alt, aber der demokratische Präsidentschaftskandidat und Prediger beeindruckte mich sehr. Ich erinnere mich an seine kraftvollen Worte: »Ich bin jemand, ich mag arm sein, aber ich bin jemand! Ich bin vielleicht Sozialhilfeempfänger, aber ich bin jemand! Das muss ich sein, denn ich bin ein Kind Gottes! Ich muss respektiert und geschützt werden! Ich bin schön und schwarz, und ich bin jemand!«

Ich hing an seinen Lippen, an jedem seiner Worte. Ich hatte das Gefühl, als würde er direkt zu mir sprechen und genau über meine Situation. Das war ein entscheidender Moment in meinem Leben, und ich glaubte jedes Wort, das er sagte! Danach stand ich mit den anderen in der Schlange vor dem Absperrband und durfte ihm die Hand schütteln. Er war der erste berühmte Mensch, den ich traf. Es fühlte sich an wie ein Treffen mit einem großen Filmstar oder einem berühmten Sportler. Reverend Jacksons Wahlkampf zum ersten schwarzen Präsidentschaftskandidaten in den USA war ein historisches Ereignis. Unser Pastor versprach, dass er und die gesamte Gemeinde alles tun würden, um ihm zum Sieg zu verhelfen. Wir stellten Schilder in der Gemeinde her und verteilten sie in der Nachbarschaft. Ich erinnere mich, dass ich Reverend Ross fragte, ob er dachte, Reverend Jackson könnte wirklich der erste schwarze Präsident werden. Reverend Ross sah mir direkt in die Augen und sagte: »Mit Gott ist alles möglich!« Zu sagen, dass die Erfahrung einen Eindruck auf mich gemacht hat, wäre eine große Untertreibung. Ich hatte übrigens das Glück, Reverend Jackson Jahre später an der Howard University und noch einmal im Weißen Haus unter Clinton zu begegnen, und sagte ihm, wie viel mir seine Rede bedeutet hatte. Bis dahin war mein Leben nicht gerade von Hoffnung und Träumen erfüllt. Aber als ich Jesse Jackson sprechen hörte, ging ein kleines Licht an.

Etwa zur gleichen Zeit keimte in mir ein Interesse für Politik und öffentliche Reden von Politikern auf, insbesondere nachdem ich in den frühen Achtzigerjahren eine inspirierende Rede von Les Brown, dem Mitglied des Repräsentantenhauses in Ohio, gehört hatte. Parallel dazu entwickelte ich ein starkes Interesse an Nachrichtensprechern. Mein absoluter Favorit war einer aus den Lokalnachrichten namens Ode Aduma. Aduma war dynamisch vor der Kamera, besaß eine melodische Stimme und hatte wie ich einen afrikanischen Namen. Ich bewunderte die Autorität der Nachrichtensprecher und die Art, wie sie sprachen und würdevoll in die Kamera sahen. Ich begann meine Haltung und Redeweise nach der ihren zu verändern. Frauen wie Barbara Walters und Connie Chung zu beobachten war für mich prägend. Ich war zwölf, als Oprah Winfreys Show 1986 landesweit im Fernsehen debütierte, und völlig hingerissen. Nie im Leben hätte ich gedacht, dass ich Jahre später von Barbara Walters auf dem roten Teppich der Emmys interviewt werden oder mit Oprah und Donald Trump auf der berühmten gelben Couch sitzen und ein Interview darüber führen würde, wie ich den Durchbruch zum Star von *The Apprentice* erlebte.

Als Teenager nutzte ich jede Gelegenheit, mich von der Masse abzuheben und mir einen Namen zu machen. Meine Schulzeit war geprägt von Wettbewerb und Leistungsdruck. Ich spielte Volleyball unter Trainer Paul Oakes. Ich war im Debattier- und im Schachteam mit Jocelyn Dabney und mit Henrietta Williams in der Leichtathletikmannschaft. Und außerdem noch mit sechs meiner Cousinen und Cousins in der Marschkapelle.

Dank meiner großartigen Mentorin Ms. Dabney, die auch die Bibliothekarin unserer Schule war, begann ich an Schönheitswettbewerben teilzunehmen. Der erste Titel, den ich gewann, war der zur *Miss Buckeye Elk*. Später im selben Jahr wurde ich zur *Miss Youngstown* gekrönt und ließ meine Highschool-Abschlussfeier sausen, um an der *Miss-Ohio*-Wahl teilzunehmen, einer Vorausscheidung für die Wahl der *Miss America*. Es war eine sehr aufregende Zeit. Ich fing an, mehr an mich selbst und meine Fähigkeiten zu glauben, etwas aus meinem Leben machen zu können.

Über meine Wahl zur *Miss Youngstown* wurde in den lokalen Fernsehnachrichten und Tageszeitungen berichtet. An diesem Tag war ich in meiner Heimatstadt berühmt. Ich hatte meine Familie und meine Community stolz gemacht, und das gab mir ein gutes Gefühl. Ich war mit vielen Etiketten aufgewachsen – ein Kind aus einer armen, von Sozialhilfe abhängigen Familie, ein Kind aus Westlake Terrace. In dieser Nacht bekam ich ein neues Etikett verpasst: Beauty Queen.

Auszeichnungen und Stipendien für das College gaben mir weitere Hoffnung und halfen mir, einige der negativen Etiketten, die mir angehängt worden waren, vergessen zu machen. – Jetzt war ich *jemand*.

Während sich das Leben für mich im Großen und Ganzen zum Besseren entwickelte, ging es für meinen Bruder Jack Jr. in die entgegengesetzte Richtung. Jack hatte angefangen, mit Gangs rumzuhängen, und geriet fast zwangsläufig immer wieder in Schwierigkeiten. Eines Abends in meinem letzten Schuljahr schoss jemand auf unser Haus. Eine Kugel flog durch das vordere Fenster, durchschlug die Rückseite der Couch und traf den Kamin. Gott sei Dank wurde niemand verletzt. Ich musste dringend raus hier.

Die späten Achtzigerjahre waren eine lebensgefährliche Zeit in Youngstown. Die Gewalt auf den Straßen kostete viele meiner Klassenkameraden das Leben. Die Gefahr war nicht einfach nur nahe an unser Zuhause gerückt. Sie betraf inzwischen auch direkt meine Familie. Mein Bruder hatte seit Jahren immer wieder Ärger mit der Polizei und regelmäßig Kontakt mit dem Jugendstrafvollzugssystem, einmal saß er sogar längere Zeit in der *Cuyahoga Hills Juvenile Correctional Facility* außerhalb von Cleveland. An zwei Wochenenden im Monat fuhren wir jeweils eine Stunde mit dem Auto, um ihn dort zu besuchen. Ich liebte meinen Bruder und machte mir Sorgen um ihn. Unsere Familie hatte schon genug Gewalt erlitten. Meinen Vater hatte sie das Leben gekostet. Ich war entschlossen, mich vor demselben Schicksal zu bewahren.

Der Sport hat mich gerettet. Volleyball brachte mir ein Vollstipendium an der Central State University (CSU) ein, einem seit jeher afroamerikanisch geprägten College in Wilberforce, Ohio.

Meine Großeltern väterlicherseits fuhren mich die 230 Meilen von Youngstown nach Wilberforce. Meine Großmutter umarmte mich herzlich, steckte mir einen kleinen Zettel zu, und dann gingen sie. Wie ich so zwischen meinen Koffern stand, realisierte ich schmerzhaft, dass ich noch nie auf mich alleine gestellt gewesen war. Ich öffnete Großmutters Brief und las ihn laut vor. »Wir lieben dich, Onee, und wir glauben an dich. Vergiss nicht, deine Bibel zu lesen, und mach uns stolz!« Tränen liefen mir über die Wangen, als ich sah, wie ihr Auto wegfuhr. Ich war fest entschlossen, genau das zu tun, ich wollte meine Familie sehr stolz machen.

Nach ein paar harten ersten Tagen freundete ich mich mit meinen Teamkollegen an, die ebenfalls in meinem Wohnheim untergebracht waren, und wir wurden zu einer verschworenen Truppe. Ich freundete mich auch mit der Trainerin unseres Teams an, Rosie Turner. Sie lehrte mich, dass nichts wichtiger ist, als zu gewinnen. Ihr Coaching-Stil war der Grund, warum ich mich für die Central State und nicht für eines der anderen Colleges entschieden hatte, die Studienpakete anboten. Ich hatte in meinem noch jungen Leben schon zu viele Verluste hinnehmen müssen. In Zukunft wollte ich nur noch gewinnen.

Der Wunsch, ein traditionell afroamerikanisches College zu besuchen, ging auf zwei meiner absoluten Lieblingssendungen zurück, *The Cosby Show* und *A Different World*. Wie das fiktive Hillman College aus den Shows – das auf dem echten Stillman College basierte – bot die Central State University eine Umgebung, die afroamerikanische Kultur und Spitzenleistung miteinander verband. Hier war so viel kultureller Stolz zu spüren und gab es so viele Möglichkeiten der Führung und Förderung. Nachdem ich jetzt endlich Zugang zu den Werkzeugen hatte, die ich brauchte, um in den Seminarräumen erfolgreich zu sein, entwickelte ich eine ganz neue Idee davon, was ich aus meinem Leben machen konnte.

Ich hatte meinen Vater sehr jung verloren, aber ich verband mich mit drei Mentoren am College, die ich meine CSU-Väter nannte. Donald K. Anthony war der Leiter der Alumni-Abteilung und brachte mich mit Menschen und Möglichkeiten in Kontakt, die meine Ausbildung und Karriere in Cincinnati, wo er lebte, voranbringen sollten. Dr. Emil Dansker war mein Journalismusprofessor und half mir, meine vorhandenen schriftstellerischen Fähigkeiten weiter zu verbessern. Dr. John »Turk« Logan war der Leiter des Radio- und Fernsehsenders auf dem Campus. Dr. Logan half mir, meine eigene On-Air-Persönlichkeit zu entwickeln und das »Showbusiness« zu verstehen. Dr. Logan wählte mich als Moderatorin für eine Early-Morning-Show auf WCSU 88.9, die ich *Jazz Awakening* nannte und die mir Gelegenheit gab, an meiner Nachrichtensprecherstimme zu arbeiten.

Dr. Dansker leitete ein Programm, das er das *National Conventions Project* nannte und das Journalismusstudenten die Möglichkeit eröffnete, über Parteitage und Präsidentschaftseinführungen zu berichten. Ich bewarb mich für das Programm und war begeistert, als ich ausgewählt wurde, im Pressebüro der *Atlanta Journal-Consti-*

tution über die Olympischen Sommerspiele in Atlanta zu berichten. Später im selben Sommer berichtete ich für die *Dayton Daily News* über den Nominierungsparteitag der Republikaner in San Diego und dann über den Nominierungsparteitag der Demokraten in Chicago. Ich arbeitete als *Film Runner*, als Mädchen für alles, für *Associated Press*, was wortwörtlich bedeutete, dass ich Filmmaterial vom Boden aufhob und in den Schneideraum trug. Außerdem durfte ich über die Amtseinführung von Präsident Bill Clinton im Januar 1997 berichten.

Diese hochkarätigen Veranstaltungen bestärkten mich nur noch mehr in meinem Entschluss, eine Karriere in den Medien anzustreben. Nachdem ich mein Studium an der Central State University mit einem Bachelor in Rundfunkjournalismus abgeschlossen hatte, setzte ich meine Ausbildung an der Howard University, dem renommierten afroamerikanischen College in Washington, D. C., fort, um einen Master in Massenkommunikation mit Schwerpunkt Telekommunikation und Politik zu erwerben.

Die Howard Universität ist ein besonderer Ort. Sie gehört zu den wichtigsten Ausbildungsstätten für schwarze Fachleute in den USA und hat mehr afroamerikanische Doktoren (PhDs), MBAs, Anwälte, Ärzte und Zahnärzte als jede andere traditionelle Universität hervorgebracht. Das Vermächtnis dieser Uni ist unglaublich, und ich empfand es schon als eine Ehre, dort überhaupt angenommen zu werden.

Vielleicht das Beste an Howard war für mich der Standort – Washington, D. C. Die Arbeit auf den Parteikonventen 1996 und Clintons zweite Amtseinführung Anfang 1997 hatte mich mit der Welt der Politik und des politischen Journalismus bekannt gemacht, und ich schätzte die Rolle, die Journalisten dabei spielten, Politiker zur Ehrlichkeit anzuhalten.

Ich lernte im Handumdrehen, dass sich in der Politik alles um Beziehungen dreht. Während meines Studiums an der Howard University nahm ich einen Job in einem luxuriösen Apartmenthaus namens Lansburgh an. Dort traf ich viele mächtige Leute, darunter Janet Reno, Mary Landrieu und vor allem Doris Crenshaw, eine Lobbyistin, die mich anheuerte, um nebenberuflich in ihrem Büro zu arbeiten, und jeden in DC kannte. Nachdem ich im Mai 1998 meinen Master in der Tasche hatte, stellte sie mich einigen Leuten vor, die mir halfen, einen Job im Büro des damaligen Vizepräsidenten Al Gore im Weißen Haus zu ergattern. Als Terminplanerin und Vorkoordinatorin half ich bei der Bearbeitung der eingehenden Korrespondenz und Anfragen und koordinierte die Logistik im Vorfeld seiner Reisen.

In Gores Büro – einer progressiven, liberalen, angeblich vielfältigen Verwaltung – war ich eine von gerade einmal einer Handvoll Afroamerikanern.

Es waren turbulente Zeiten im Weißen Haus. Sonderermittler Kenneth Starr führte wegen des Skandals um Monica Lewinsky seit einiger Zeit eine Untersuchung gegen Präsident Bill Clinton durch. Als die Behauptungen zum ersten Mal aufkamen, dachte niemand in der Regierung, dass viel dabei herauskommen würde. Aber jeder Tag brachte eine neue Offenbarung. Aufgenommene Gespräche zwischen Lewinsky und Linda Tripp, ihrer Kollegin im Pentagon. Das blaue Kleid. Fotos. Dementis. Zeugenaussagen vor den Senatsausschüssen. Ich sah zu, wie seine Leute die Anschuldigungen dementierten, abstritten und ablenkten. Und dann, als das alles nicht funktionierte, gingen sie zum Angriff über und verunglimpften die Ermittler. Ich wusste es damals nicht, aber ich sollte zwanzig Jahre später einen anderen Mann im Oval Office mit derselben Taktik arbeiten sehen.

Gore und seine Leute konzentrierten sich auf seine bevorstehende Präsidentschaftskandidatur. Die große Frage war, ob er etwas Abstand zwischen sich und Clinton bringen oder sich weiter loyal zum Präsidenten stellen sollte? Ich hatte von einer Stelle gehört, die in Bill Clintons Büro für das letzte Jahr seiner zweiten Amtszeit zu besetzen war, und ich nahm sie an, obwohl meine Familie mich wegen der ganzen Untersuchungen und der allgemein giftigen Atmosphäre im Weißen Haus zum Aufhören drängte. Als ich in Clintons Büro anfing, bekam ich gleich das Etikett »Gore-Person« angehängt, weil ich abends nach Büroschluss weiterhin ehrenamtlich für seine Kampagne tätig war.

Ich war begeistert, als Gore Donna Brazile zu seiner Kampagnenmanagerin wählte. Sie war klug, einflussreich, selbstbeherrscht und selbstbewusst. Ich liebte es, mit ihr zu arbeiten. Und vor allem war sie eine starke schwarze Frau, die zu ihrem Schwarzsein stand. Viele schwarze Politiker versuchten sich einen »weißeren« Touch zu geben, indem sie zum Beispiel ihren Akzent und typische kulturelle Charakteristika ablegten. Aber Donna trug ihre Louisiana-Wurzeln wie ein Ehrenzeichen.

Ich erledigte weiterhin Logistikaufgaben für das Vorausbüro, und dabei ergab sich auch die Gelegenheit, zusätzlich Vorarbeiten für Hillary Clinton zu übernehmen. Vor der Einleitung des Amtsenthebungsverfahrens war ich absolut fasziniert von Mrs. Clinton. Sie war wirklich außergewöhnlich. Als starke Frau mit eigener Stimme hatte sie eine klare Vision für unser Land und die Richtung, die sie einschlagen wollte. Sie war die erste First Lady seit Eleanor Roosevelt, die die Innenpolitik mitgestaltete.

Meine Gefühle für sie änderten sich jedoch etwas, nachdem die Affäre ihres Mannes und die nachfolgenden Lügen ans Licht kamen: Der Präsident war nicht der erste Politiker und Ehemann, der sich in ein solches Drama verstrickte. Ähnliches hat sich schon unzählige Male abgespielt, und das wird es auch in Zukunft wieder. Der Mann gesteht, einen Fehler gemacht zu haben; die gute Frau steht neben ihm und vergibt ihm. Der Mann hat nur selten die Konsequenzen seines Verhaltens zu tragen.

Ich dachte, die Szene würde dieses Mal ausnahmsweise ein anderes Ende nehmen. Bestimmt würde Hillary Clinton es nicht hinnehmen, sich in der Öffentlichkeit so demütigen zu lassen. Sie war zu stark und zu brillant, eine unabhängige Frau, eine Anwältin.

So viele Frauen im Weißen Haus und überall auf der Welt hofften, dass Mrs. Clinton die chronische Betrügerei ihres Mannes nicht tolerieren würde. Immer mehr Frauen wagten sich aus der Deckung und beschuldigten Bill Clinton der ganzen Bandbreite von sexuellem Missbrauch. Und was tat Hillary? Sie stand nicht nur zu ihrem Gatten, sie griff auch die Frauen an und sprach sogar von einer »Tussenexplosion«. Ich weiß noch, dass ich extrem enttäuscht war. Ich hatte geglaubt, sie wollte den Menschen wirklich helfen, dabei war sie unfähig, sich selbst zu helfen. Als ich Doris von meinen Eindrücken erzählte, sagte sie: »Omarosa, Politiker sind nur Menschen. Man muss ihre guten Werke von ihren persönlichen Schwächen trennen.«

Ich verließ das Weiße Haus mit den Clintons und nahm einen Job an, bei dem ich gemeinsam mit meinem Howard-Klassenkameraden Cleve Mesidor in der *CNN*-Nachrichtenredaktion arbeitete. Als Redaktionsassistentin lieferte ich Drehbücher aus, recherchierte Archivmaterial und führte alle Aufgaben aus, die Greta Van Susteren, Judy Woodruff und Bernard Shaw mir zuwiesen. Es war ein aufreibender Job während einer schweren Zeit für *CNN*. Sie hatten erst unlängst viele Mitarbeiter entlassen, und es war zu dieser Zeit kaum möglich, eine Festanstellung zu bekommen. Also bat ich die Arbeitsvermittlung der Howard University Graduate School um Unterstützung. Der Leiter des Büro erzählte mir von einer Stellenausschreibung für eine Direktorenstelle für Forschung und Entwicklung am *National Visionary Leadership Program* (NVLP), einer Stiftung für traditionell afroamerikanische Colleges. Ich war überrascht, dass die Stiftung von keinem Geringeren als Bill Cosby und seiner Frau Camille ins Leben gerufen worden war.

Ich wurde zu einem Vorstellungsgespräch eingeladen und bekam den Job. Ich arbeitete für Camille, mit Bill Cosby sprach ich in dem ganzen Jahr, das ich für die Stiftung tätig war, nur ein paarmal.

Als Direktorin für Forschung und Entwicklung war es meine Aufgabe, Programme und Personen an traditionell afroamerikanischen Colleges und Universitäten ausfindig zu machen, die für Stipendien und Zuschüsse infrage kamen. Es war ein perfekter Job für mich! Während dieser Zeit half ich, ein riesiges Videoarchiv von Bürgerrechtlern, Aktivisten und anderen bemerkenswerten Menschen zusammenzustellen.

Während meines Jahres bei der Stiftung nahm ich mir eine Woche frei, um an der Wahl zur *Mrs. United States* in Hawaii teilzunehmen – ich war damals mit meinem Freund von der Howard University verheiratet und amtierende *Mrs. D. C.* Eines Morgens während des Wettbewerbs wachten wir auf und erfuhren, dass Flugzeuge in die Twin Towers in New York City und das Pentagon in Washington geflogen waren und ein weiteres Flugzeug in Pennsylvania abgestürzt war. Sämtliche Flüge nach D. C. wurden für eine Woche gestrichen. Ich saß im Paradies fest ... und fühlte mich elend. Ich weiß noch, dass ich mich danach sehnte, gemeinsam mit meiner Familie und meinen Freunden in meiner neuen Heimatstadt zu trauern und, wie wir es alle taten, darüber nachzudenken, was im Leben wirklich zählte. Ich war stolz auf meine Arbeit beim NVLP und wollte wieder mehr in die Politik einsteigen. Einer meiner engsten Freunde in Washington war Kevin L. Jefferson, der im *Democratic National Committee* (DNC) arbeitete. Als Kevin Unterstützung für den *African American Leadership Council* (AALC) benötigte, rief er mich an, und ich sah darin eine Chance, wieder in die politische Arena zurückzukehren und etwas zu bewegen.

Zusammen mit einem anderen guten Freund, Ervin Bernard Reid, wurde ich eine der stellvertretenden Vorsitzenden des AALC. Der Vorsitzende des DNC war damals Terry McAuliffe, der viele Jahre lang Bill Clintons Hauptgeldbeschaffer gewesen war und einen guten Draht zu den Clintons hatte. Über das DNC kam ich wieder in Kontakt mit Donna Brazile, die dort nach Gores Niederlage bei der Präsidentschaftswahl 2000 gegen George W. Bush gelandet war. Die Niederlage war verheerend gewesen, und nun versuchte der DNC, aus den Trümmern wieder etwas Neues aufzubauen und herauszufinden, was schiefgelaufen war. Eine von McAuliffes Initiativen während meiner zwei Jahre beim DNC war es, eine auch als »Demzilla« bezeichnete Datenbank mit 170 Millionen Amerikanern zu erstellen, die bei den kommenden Wahlen aller Voraussicht nach für die Demokraten stimmen würden.

Kevin Jefferson, Ervin Bernard Reid, ein politischer Mitarbeiter in D. C. und ich reisten durch das Land und sammelten Spenden für das DNC. Eine denkwürdige Veranstaltung, die ich mit organisierte, fand in einem Privathaus in der South Side von Chicago statt: Maurice und Vietta Johnson empfingen in ihrem Hinterhof zweihundert Gäste, darunter einen jungen Senator namens Barack Hussein Obama. Er fiel mir sofort auf, als er mit einer meiner Mitstudentinnen von der Howard University, Vera Baker, hereinkam. Während sich Obama unter die Menge mischte und sich mit Leuten unterhielt, sagte sie mir, er sei ein aufstrebender politischer Star, den wir unterstützen müssten. In seinem Buch *What a Party! My Life Among Democrats* erzählt Terry McAuliffe, wie Obama auf ihn zutrat, ihm die Hand reichte und erklärte: »Ich werde der nächste US-Senator aus Illinois sein.« McAuliffe war beeindruckt vom Auftreten und der Intelligenz des jungen Politikers und dachte: *Warum nicht?* Obwohl er noch nicht der Barack Obama war, den wir heute kennen – er trug einen zerknitterten Anzug und schien sehr darauf zu drängen, mit den DNC-Schwergewichten ins Gespräch zu kommen –, besaß er eine starke Präsenz.

2003, nach fünf Jahren in der Politik, war ich desillusioniert. In meine Zeit im Weißen Haus fielen die Amtsenthebungsklage gegen Bill Clinton und Gores schmerzhafte Niederlage an den Wahlurnen. Beim DNC hatte ich miterlebt, wie abhängig die Politik in den USA vom Fundraising war, was die ganze Sache in meinen Augen schon suspekt machte. Wo ich hinsah, sah ich Korruption, schlechtes Benehmen, Verrat und Machtmissbrauch. Ich war bereit, einen weiteren Schritt zu machen, aber ich wusste nicht, wo oder wohin.

Mit anderen Worten, ich war bereit für eine Veränderung, als Kevin eines Tages ins Büro kam und mich fragte, ob ich den Casting-Hinweis für eine Reality-TV-Show namens *The Apprentice* gesehen hätte, die von seinem Business-Hero Donald Trump moderiert wurde. »Du solltest dich bewerben und versuchen zu gewinnen, dann könntest du für Trump arbeiten«, drängte Kevin.

Alle in D. C. sprachen darüber. Die Show sollte von Mark Burnett, dem Erfinder von *Survivor*, einem echten kulturellen Phänomen, produziert werden. Wir lebten schon damals in einer geteilten Nation, aber es schien, als würde sich wirklich jeder einzelne Mensch in Amerika brennend dafür interessieren, wer allwöchentlich beim Stammesrat von der Insel gewählt wurde.

Während meine männlichen Kollegen darüber sprachen, was sie mit dem *Apprentice*-Preisgeld in Höhe von 250 000 Dollar machen würden, ging ich online und recherchierte. Ich hatte mich mit Donald Trump in den Business-Seminaren an der Central befasst und war vage an ihm interessiert, weil ich als begeisterte Golfspielerin wusste, dass er eine Handvoll Luxus-Golfplätze besaß – und als ehemalige Schönheitskönigin wusste ich natürlich, dass er der Mann hinter der *Miss-USA*-Wahl war.

Die Bewerbungsfrist lief in einer Woche ab, an einem Freitag, aber aufgrund meiner vielen Verpflichtungen – Ehe, Job, Kirche – konnte ich mein Bewerbungs-Tape erst am Donnerstag aufnehmen. Ein Freund von Howard half mir beim Drehen, und ich schaffte es gerade noch so über Nacht, das Tape fertig zu machen und die Frist einzuhalten.

Der Schwerpunkt meines Videos lag auf meiner Karriere in der Politik. Ich sagte so etwas wie: »Die Regierung ist das größte Business von allen. Niemand bringt mehr Geschäftssinn mit an den Tisch als jemand, der für den größten Arbeitgeber des Landes gearbeitet hat!« Die Betonung meines politischen Lebenslaufs war Teil meiner Strategie. Wie viele der anderen Bewerber hatten Erfahrung im Weißen Haus? Ich nahm an, dass die Mehrheit der Bewerber *Ivy*

Leaguers, also Absolventen einer der Eliteuniversitäten, *Wall Streeters*, Immobilien- oder PR-Leute sein würden.

Je mehr ich über die Show erfuhr, desto sicherer fühlte ich mich mit meiner Bewerbung. Ich besaß die Stimme einer Nachrichtensprecherin und das Auftreten einer Schönheitskönigin, beides Dinge, die ich mir seit früher Jugend angeeignet hatte, Disziplin hatte ich beim ROTC, dem Ausbildungsprogramm des US-Militärs an Hochschulen für angehende Offiziere, gelernt und gutes Timing von der Schauspielerei an der High School und am College. Der Sport hatte mich gelehrt, eine harte Wettkämpferin zu sein. An diesem Punkt in meinem Leben konnte ich auf eine solide Karriere zurückblicken und hatte aus jedem Job Lektionen über Büropolitik, schwierige Kollegen sowie logistische und organisatorische Fähigkeiten mitgenommen.

Von dem Moment an, als ich mein Tape einreichte, war ich mir sicher, dass ich für ein Vorsprechen ausgewählt werden würde. Als ich schließlich den Anruf bekam, dass ich die erste Hürde genommen hätte, wäre mir beinahe herausgerutscht: »Warum hat das so lange gedauert?«

Kapitel zwei

Alles abgeräumt

Donald Trump sprach über den Auswahlprozess, darüber, wie er und *Mark Burnett Productions* die sechzehn Kandidaten für die erste Staffel von *The Apprentice* besetzten. Er behauptete, es hätten sich 215 000 Leute beworben, echte Killer, *Ivy Leaguers*, durch die Bank »fantastisch«, die Besten, die Klügsten und so weiter. Mein erstes Treffen mit den Casting-Direktoren von *The Apprentice* fand in Washington, D. C. statt. Das Casting-Team durchkämmte das Land auf der Suche nach den perfekten Kandidaten für die Show. Für das Vorsprechen in dem Downtown-Hotel, wo das Team sein Equipment aufgebaut hatte, entschied ich mich für einen der schicken Hosenanzüge aus meiner Zeit im Weißen Haus. Nachdem ich ein paar Wochen zuvor mein Tape eingesendet hatte, hatte man mich angerufen und mir einen Termin für ein Interview zugeteilt, verbunden mit dem Hinweis, dass ich frühzeitig dort sein müsste. Als ich das Hotel erreichte, war ich nicht wenig überrascht, eine endlos lange Schlange von hoffnungsvollen Bewerbern, samt und sonders in Anzügen und Kostümen, zu erblicken, die sich um den gesamten Block wand.

Ich betrat die geschäftige Lobby, steuerte den Check-in-Tisch an und stellte zu meiner großen Erleichterung fest, dass dort ein Schild mit einer Liste fest vereinbarter Interview-Termine hing. Ich nannte meinen Namen und wurde in einen anderen Raum begleitet, wo ich warten sollte, bis ich an der Reihe war. Als ich das Zimmer betrat, stellte sich ein streberhaft aussehender Typ mit Brille vor. »Hi, ich bin Rob LaPlante«, sagte er.

»Hi, ich bin Omarosa.«

»Omarosa was?«

»Nur *Omarosa*!«, entgegnete ich knapp und keck.

Während meines Interviews, das ursprünglich nur auf zehn Minuten angesetzt war, sprach ich über alles, von der Arbeit im Weißen Haus bis zu den Narben und Stichwunden an meinen Armen und am Kopf von den Kämpfen, die ich in meiner Jugend in Westlake durchgestanden und überlebt hatte. Das Casting-Team zeigte sich sehr angetan, und als das Interview fast eine Stunde später vorüber war, begleitete mich ein Mädchen hinaus und sagte: »Halten Sie sich definitiv für einen Rückruf bereit!«

Der Anruf kam in der darauffolgenden Woche. Das Casting-Team lud mich nach Los Angeles zu einer weiteren Aufnahme ein. Ich hatte den Cut geschafft!

Trump erzählte Oprah in ihrer Sendung, dass sein Team wegen der großen Zahl von Bewerbern teilweise auf das Losverfahren angewiesen sei. Oprah beschrieb, wonach sie suchte, wenn sie selbst Bewerbungs-Tapes durchsah: »Es gibt da eine Energie, einen Funken, eine Essenz, ein Leben, die sich binnen Sekunden vermitteln«, sagte sie. »Und innerhalb von fünf Sekunden fällt die Entscheidung, ob du überhaupt irgendetwas hast, was hörenswert ist … Es gibt da ein nicht in Worte fassbares ›gewisses Etwas‹, das man meiner Meinung nach nicht lehren kann und das sie einem auch an der Wharton School of Business nicht beibringen.«

Mr. Trump sagte dann weiter: »Und ich werde Ihnen jetzt etwas sagen. Ich war an der Wharton School of Finance, und ich sage Ihnen, dass ich neben diesem ›gewissen Etwas‹ sitze«, und damit deutete er auf Oprah. »Es gibt niemanden, der mehr von diesem ›gewissen Etwas‹ besitzt [als Oprah].« Offenbar hielt er sie damals nicht für »unsicher«, wie er sie letztes Jahr nannte, als *#Oprah2020* hoch im Kurs lag. Anscheinend besaß ich das, was Oprah das »gewisse Etwas« nennen würde.

Diejenigen, die den Cut geschafft hatten, etwa einhundert Leute, wurden für die nächste Runde Interviews nach Los Angeles geflogen. Der erste Schritt war ein extrem gründlicher Hintergrundcheck der kriminellen Vergangenheit, der sich mit dem vergleichen ließ, den das FBI bei mir durchgeführt hatte, bevor ich im Weißen Haus anfing! Als Nächstes wurden wir einer körperlichen Untersuchung unterzogen, die eine demütigende Vaginaluntersuchung und einen Pap-Abstrich umfasste, gefolgt von Tests auf sexuell übertragbare Krankheiten. Anschließend durchliefen wir eine Reihe von psychologischen Untersuchungen, darunter einen IQ- und Persönlichkeitstest.

Ich fragte die Ärztin nach dem Sinn und Zweck dieser Untersuchungen, und sie antwortete, dass sie nach Ausschlusskriterien wie Depressionen oder Verwundbarkeit suchten, danach, wie jemand unter extremen Bedingungen reagierte und wie er mit dem Druck und den Anforderungen eines rund um die Uhr arbeitsintensiven Produktionsplans umgehen würde. In einer Sitzung stellte mir die Psychologin wegen der widersprüchlichen Ergebnisse mehrerer Tests einige zusätzliche Fragen. Ich bat sie, das zu erläutern. Sie erklärte, ich hätte eine ungewöhnliche Balance von Weiblichkeit und Männlichkeit in meiner Einstellung am Arbeitsplatz. In meinem Stil sei ich extrem feminin, aber meine Testergebnisse zeigten, dass ich wie Männer strategisch vorging und mein Konkurrenzverhalten eher entlang traditioneller männlicher Perspektiven ausgerichtet war. Denk wie ein Mann, benimm dich wie eine Frau!

Sie hielten uns stundenlang in unseren Hotelzimmern eingesperrt, ohne Telefon, Computer oder Kontakt zur Außenwelt. Mir war das recht, für mich war die Zeit in L.A. eine dringend benötigte Pause. Für die Zeit der Interviews hatte ich mir eigentlich vorgenommen, die Konkurrenz zu bewerten, aber die Produzenten achteten penibel darauf, dass sich die Kandidaten nicht über den

Weg liefen. Ein Schleier der Geheimhaltung umwehte den gesamten Prozess, und ich verstand ihn als ein Element der erfolgreichen Reality-TV-Formel.

Ein paar Wochen später rief die Produktionsfirma an und eröffnete mir, dass ich es in den Cast geschafft hatte, schwor mich aber zugleich darauf ein, über meine Teilnahme strengstes Stillschweigen zu halten. Sie bombardierten mich mit logistischen Infos – Termine, eine Packliste –, doch ich hörte nur mit halbem Ohr zu. Dazu war ich viel zu aufgeregt. Ich war überzeugt, dass dieser Moment der Beginn von etwas ganz Großem in meinem Leben war, meine Eintrittskarte in die New Yorker Geschäfts- und Entertainmentwelt. Der Donald Trump von 2003 wurde als Immobiliengenie, als Immobilienmogul präsentiert. Ich war mir sicher, jede Menge von diesem Mann lernen zu können. Natürlich, sollte ich gewinnen, gäbe es da auch das Preisgeld von 250 000 Dollar. Aber was auch immer sonst passieren würde, der Auftritt in der ersten Staffel von *The Apprentice* wäre eine Chance, meinem Leben eine neue Wendung zu geben. Niemals hätte ich mir damals vorstellen können, dass meine Mitwirkung in einer Realityshow mich am Ende in die Position der ranghöchsten afroamerikanischen Beraterin eines Präsidenten katapultieren würde, der selbst ein Reality-TV-Star war. Ich glaube, niemand hätte sich das damals vorstellen können.

Mir blieb eine kurze Vorbereitungszeit, bevor die Dreharbeiten zu der Show in New York begannen. Kevin und Ervin freuten sich so sehr für mich, dass sie sich zu meinen *Drill-Sergeants* kürten und mir bei der Vorbereitung auf den Wettbewerb halfen. Sie kauften Bücher für mich und recherchierten alles, was sie über Donald Trump finden konnten. Ich ging Trumps *Die Kunst des Erfolges* und *The Art of the Comeback* gleich mehrmals durch. Ich las jedes Zeitschriftenprofil und Interview von ihm und sah mir Videos von seinen TV-Auftritten an. Ich war mir sicher: Gewinnen würde derjenige, der Trumps Geschäftsstil, seinen Verhandlungsstil, seinen Machismo, seine Kühnheit, seine Frechheit verstand. Um das zu tun, musste ich zum Spiegel werden und eine weibliche Version von ihm reflektieren. Schließlich ist Nachahmung die aufrichtigste Form der Schmeichelei.

Ein Freund, der in der Produktion für mehrere Realityshows arbeitete, gab mir vor Beginn der Aufnahmen einige höchst hilfreiche Ratschläge. Zuerst sagte er: »Du kannst gewinnen, ohne zu gewinnen, indem du dafür sorgst, dass die Leute deinen Namen nicht vergessen.« Mein Vater hatte mir den Gefallen getan, mir den einzigartigen nigerianischen Namen Omarosaonee zu geben, was »Mein schönes Wunschkind« bedeutet. In der Schule hatte ich ihn auf Omarosa verkürzt, und natürlich war er nicht so einfach auszusprechen wie Jill oder Becky, dafür blieb mein Name im Gedächtnis haften.

Der zweite Ratschlag meines Freundes lautete: »Beim Reality-TV geht es um Konflikte und Spannungen.« Er schlug vor, dass ich entweder (1) einen Kampf beginnen, (2) einen provozieren oder (3) einen schlichten sollte. »Was immer du auch tust, sei da, wo die Action ist.«

Zuletzt, und das war das Wichtigste, ermutigte er mich, eine Fernsehrolle zu kreieren und mit Leben zu füllen. Ich wollte mich selbstbewusst und entschlossen präsentieren, wie Trump selbst das tat, gleichzeitig aber als eine starke schwarze Frau voller Stolz auf ihre Herkunft meine Community gut vertreten. Ich nahm mir vor, meine Vision von Erfolg würdig und selbstsicher umzusetzen.

Die Vermarktung von *The Apprentice* war spektakulär und begann kurz nach dem Shooting. Die Produktionsfirma und der Sender scheuten keine Kosten, um sicherzustellen, dass jeder Amerikaner von der Show erfuhr – und von uns sechzehn Kandidaten. Da meine Strategie darin bestand, Trump nachzuahmen, antwortete ich, als sie ein Promo-Video von mir drehten, auf die Frage: »Glauben Sie, dass Sie gewinnen werden?«, voller Überzeugung: »Natürlich! Ich werde die Konkurrenz vernichten!« Meine Transformation in die weibliche Version von Trump war in vollem Gange.

Realistisch betrachtet, war mir klar, dass die Chancen, dass der allererste *Apprentice*-Gewinner eine schwarze Frau sein würde, minimal waren. Nicht, dass mir das Selbstvertrauen für einen Sieg gefehlt hätte; ich wusste einfach nur, wie solche Dinge funktionierten. Aber obwohl die Erfolgsaussichten gegen mich sprachen, wollte ich gewinnen. Die Frage war nur, wie ich die Show gewinnen konnte, ohne der eigentliche Gewinner zu sein?

Uns wurde gesagt, dass wir nur eine begrenzte Anzahl von Gepäckstücken für das vierzigtägige Shooting mitbringen sollten. Nachdem ich mein ganzes Leben lang an Schönheitswettbewerben teilgenommen hatte, wusste ich, das würde nicht reichen. Da die meisten Leute mit dem Flugzeug nach New York City kamen, blieb ihnen nichts anderes übrig, als sich auf zwei Koffer zu beschränken. Ich dagegen reiste aus D. C. mit der *Amtrak* an, und in Zügen gab es keine Gepäckbeschränkungen. Am Ende tauchte ich mit sieben prall gefüllten Koffern auf. Niemand verlor ein Wort darüber. Sie brachten meine Sachen ins Hotel und auf mein Zimmer.

Alle Teilnehmerinnen waren jung, schlank, attraktiv und hatten lange und/oder blonde Haare. Ich war natürlich die einzige Afroamerikanerin unter ihnen. Die Männer waren in Bezug auf den Körperbau unterschiedlicher, nicht aber in Bezug auf ihre ethnische Herkunft. Kwame Jackson war der einzige Afroamerikaner und trug wie ich einen afrikanischen Namen. Wann immer Leute in den ersten Aufnahmen meinen Namen falsch aussprachen, sagte ich sehr betont, »Es heißt Oh-mah-roe-sah«, und impfte auf diese Weise den Sound meines Namens in die Köpfe der Zuschauer ein.

Ich konnte Trumps Haltung widerspiegeln, aber seine persönliche Ästhetik konnte ich nicht kopieren. Meine schärfsten Konkurrenten vermutete ich in Amy Henry und Bill Rancic, weil sie aus dem gleichen Holz geschnitzt waren wie Trump, der bei ihrem Anblick ständig von »wie aus dem Bilderbuch« schwärmte. Amy war sein Typ Frau und Bill sein Typ attraktiver Mann.

In der ersten Staffel konnte ich mit vielen eingängigen Sprüchen glänzen. Zum Beispiel war ich die erste Person, die in einer Reality-TV-Show sagte: »Ich bin nicht hier, um Freunde zu finden.« Mein Ziel bestand darin, methodisch jeden einzelnen Teilnehmer zu eliminieren, warum also sollte ich eine emotionale Bindung zu einem von ihnen wollen? Sollte ich Trump im landesweiten Fernsehen vor Millionen von Zuschauern dazu bringen, meinen »Freund« zu feuern? Unmöglich!

Ziemlich am Anfang des Wettbewerbs hatte ich ein verwirrendes Gespräch mit meiner Zimmergenossin Katrina Campins, die darauf bestand, dass sie Erfolg haben würde, wenn sie sich als möglichst nette Person gab und die anderen dazu brachte, sie zu mögen. Ich sah sie nur an und dachte: *Viel Glück dabei*. Aber es war nicht meine Aufgabe, ihr eine bessere Strategie beizubringen.

Obwohl ich, wie geplant, im Mittelpunkt der meisten Konflikte in der Show stand, erhob ich niemals meine Stimme oder beschimpfte die anderen. Ich nahm nie Körperkontakt auf und wurde nie aggressiv, anders als manche, die mich alles Mögliche nannten. Ich blieb kühl, ruhig und fokussiert. Und doch fühlten sich die anderen Frauen von mir bedroht. Wenn ein Mann zuversichtlich ist und sich für sich selbst einsetzt, nennt man ihn hart und stark. Hält ihn für einen guten Geschäftsmann. Aber wenn eine Frau auf Sieg spielt, wird sie als Bösewicht oder Schlimmeres bezeichnet. Ich *spielte* auf Sieg. Ich wollte den Job als Boss einer Trump-Firma – in Wirklichkeit würde der Gewinner nie eine Trump-Firma leiten; das Beste, was wir erwarten durften, war ein Posten als Projektmanager bei einem kleinen Unternehmen –, und ich wollte den damit verbundenen Ritterschlag. Ich musste gewinnen, und ich schäme mich auch heute nicht, das zu sagen. Viele der anderen *Apprentice*-Kandidaten taten so, als befänden sie sich auf einer Missionsreise. Ich machte keinen Hehl aus meiner Haltung, und das schüchterte die Leute ein.

Provokativ zu sein war gutes Fernsehen und bescherte dem Sender fantastische Einschaltquoten. Viele Zeitungen und Zeitschriften nannten mich den »Newcomer-Star« der Show. Trump mochte, was ich tat. Woche für Woche erzielten wir in unserem Zeitfenster die höchsten Einschaltquoten. Wir räumten *alles* ab! Bei privaten Telefonaten mit mir und in vielen Medieninterviews schrieb Trump mir den Erfolg zu.

Gewinnen ist eine Grundvoraussetzung für den Eintritt in Trumps Orbit, der fast ausschließlich von Leuten wie ihm bevölkert wird, von Entertainern, die Dinge vor allem sagen, um damit eine Reaktion zu provozieren oder Aufmerksamkeit zu erregen. Er förderte diese Menschen und ermutigte sie, diese Seite an sich zu übertreiben und den Hype weiter zu füttern. Er sah den Wert in Dramen, Ästhetik, Konflikten und Theatralik und darin, eine persönliche Marke zu kreieren. Eben deshalb sprach er so oft in der dritten Person von sich selbst: um den Namen seiner Marke zu verstärken. Auch darin fing ich an, ihm nachzueifern.

The Apprentice war für Trump vor allem eine Möglichkeit, seine eigene Marke zu stärken, und fast jede Aufgabe, die uns gestellt wurde, war eine Form von Eigenwerbung. Der hauptsächliche Drehort war natürlich der Trump Tower, in dem alle Kandidaten untergebracht waren und die *Boardroom*-Meetings der Show stattfanden. Direkt hinter dem Schreibtisch einer Sekretärin warb ein riesiges Schild für die TRUMP ORGANIZATION. Und dem Siegerteam wurde ein Rundflug über Manhattan mit dem Privathubschrauber von Trump versprochen, der auch in den Eröffnungsszenen zu sehen ist. Üblicherweise lief es so ab, dass wir uns an einem Ort in New York versammelten und dort eine Aufgabe von Trump erhielten, wobei er etwas in der Art sagte wie: »Heute steht ihr vor meinem fantastischen *Trump SoHo*. Es ist das größte Trump-Hotel der Welt. Ihr werdet Eigentumswohnungen in diesem Gebäude verkaufen, dem großartigsten Bauwerk der Welt!« Oder wir versammelten uns vor einem Lieferwagen, und er hob die Seitenplane an, hinter der Kisten von *Trump Ice*, seiner Wassermarke, gestapelt standen, die wir dann verkaufen sollten.

An den Tagen der »*task delivery*« bemühten wir uns alle, einen möglichst positiven Eindruck zu hinterlassen, aber dazu kam es selten. Die einzige Chance, mit Trump ins Gespräch zu kommen, war im Sitzungssaal, dem sogenannten Boardroom. Alle anderen wollten möglichst *nicht* in den Sitzungssaal, damit sie nicht gefeuert werden konnten. Ich ging den entgegengesetzten Weg und versuchte *in* den Boardroom zu kommen. Je öfter ich mit ihm sprach, so meine Annahme, umso häufiger würde er mich in Aktion sehen, meinen Wert erkennen und meine Stärken schätzen lernen. Die anderen Frauen nominierten mich wiederholt für den Boardroom, was mir dabei half, mehr Zeit mit ihm zu verbringen. Ich ging damit ein großes Risiko ein, aber es zahlte sich aus.

Im *Boardroom* setzte ich meine Trump-Studien fort und beobachtete dabei insbesondere seine nonverbalen Signale. Wann immer es zum Beispiel eine Meinungsverschiedenheit oder einen Streit gab, leuchteten seine Augen auf. Er liebte Konflikte, Chaos und Verwirrung, überhaupt mochte er es, wenn Kandidaten aneinandergerieten. Wenn dabei jemand seine Position mit einem starken Argument verteidigte, richtete er sich sogar in seinem Stuhl auf. Entsprechend passte ich meine *Boardroom*-Strategie an. Manchmal machte ich meinen Mitstreitern hintersinnige Komplimente – und Trump ging voll darauf ein. Wenn ich sie offen kritisierte, lächelte er.

Dass ich mich von Autoritäten nicht so leicht einschüchtern ließ, verschaffte mir gegenüber den anderen Teilnehmern einen Vorteil. Wenn ich mit Trump den *Boardroom* betrat, war das für mich ein Kinderspiel im Vergleich zur Arbeit mit den einflussreichen Politikern, Strafverfolgern, Kabinettssekretären, Kongressabgeordneten und Staatschefs, die ins Weiße Haus kamen. Ich war darauf konditioniert, mit den Egos und Eigenheiten sehr starker und mächtiger Menschen umzugehen und keine Angst vor ihnen zu haben. Mächtige Menschen mögen Individuen, die im Umgang mit ihnen nicht überfordert oder nervös erscheinen. Trump verlangte Respekt und

Demut, aber sobald man Angst zeigte, konnte er diesen Respekt nicht mehr erwidern. Meine Gelassenheit half mir im *Boardroom*.

Die Drehs dort waren gnadenlose Marathons. Sie dauerten stundenlang, ohne jede Pause für einen schnellen Gang auf die Toilette oder einen kurzen Imbiss. Es war wie bei einem Verhör. Ich erinnere mich besonders an eine Kandidatin, die einmal die Toilette benutzen wollte – und gesagt bekam, sie solle »es einfach zurückhalten«. Wir alle gewöhnten uns schnell an, vor den Aufnahmen im Sitzungssaal noch auf die Toilette zu gehen und auf keinen Fall während des Drehs um eine Pause zu bitten.

Fünf Stunden sind eine lange Zeit, und früher oder später ging allen die Kraft aus – allen bis auf Trump. Sein Energielevel blieb oben und sein Fokus scharf. Er brachte sich fortdauernd auf hohem Niveau ein und hatte die Regeln und Parameter jeder Aufgabe voll im Griff. Er kannte jeden unserer Namen und Auftrittsgeschichten, Show für Show. Er sprach mit einem breit gefächerten Vokabular, nahm immer wieder Blickkontakt auf und saß manchmal auch einfach still da. Dabei analysierte er in einem fort unsere Leistungen und Argumente und hielt ohne jedes Anzeichen von Müdigkeit oder Stress alle diese Bälle gleichzeitig in der Luft. Trump legte auch selten Essens- oder Toilettenpausen ein. Er redete nicht wild drauflos oder verlor den Faden. Er prahlte, natürlich, aber was er sagte, war stets relevant für die Diskussion, und die Gespräche mit ihm waren produktiv. Kurz gesagt, er war in höchstem Maße beeindruckend. Der Donald Trump von 2003 war so klug und scharfsinnig, wie er das von sich behauptete.

Die Aufgabe in Folge vier war es, das Planet-Hollywood-Restaurant in New York während des abendlichen Dinner-Ansturms zu managen. Die Frau aus dem Restaurant-Team führte die Bar und flirtete mit den Kunden, um sie dazu zu verleiten, weitere Getränke zu bestellen. Die anschließende Diskussion im *Boardroom* drehte sich vor allem darum, ob es sich auszahlte, wenn Frauen ihren Sex-Appeal einsetzten, um den Verkauf anzukurbeln. Im Fernsehen wurde eine abgemilderte Version gezeigt, die *Outtakes* und *Off-Camera*-Momente waren für eine Familienshow definitiv nicht geeignet. Trump stellte den Kandidatinnen sehr persönliche Fragen, etwa: »Wie, glauben Sie, ist sie im Bett?«, oder: »Finden Sie sie sexy?« Dann wandte er sich an die männlichen Teilnehmer und fragte: »Wer von den beiden wäre Ihrer Meinung nach besser im Bett?«, und: »Bewerten Sie, wie sie Ihrer Meinung nach im Bett wäre.«

Damals dachte ich mir nicht viel bei diesem Geplänkel. In dem Gespräch ging es um die Marktfähigkeit von Sexualität, und seine Fragen zielten auf das diesbezügliche Potenzial der Kandidatinnen. Ich sah in Trumps provokativer Art einfach einen Teil der Show. Heute weiß ich es besser.

In der sechsten Folge ging es darum, Prominente für eine Wohltätigkeitsauktion bei *Sotheby's* zu gewinnen. Ich wurde als Projektleiterin ausgewählt, und unser Team konnte die Aufgabe nicht erfüllen. Hinterher brannte ich darauf, Trump und den Beratern im *Boardroom* meine Sichtweise vorzutragen. Als Managerin des Verliererteams musste ich entscheiden, wen aus meinem Team ich mit in den *Boardroom* nahm, und wählte Heidi Bressler und Jessie Conners aus. Prompt fragte Trump mich: »Wie hat sich Heidi geschlagen?«

»Heidi war fantastisch«, sagte ich. »Und ich sage Ihnen, dass ich zuerst kein großer Fan von Heidi war. Ich habe sie weder für sonderlich professionell gehalten noch fand ich, dass sie viel Klasse oder Finesse hatte.«

»Das ist das schlimmste Kompliment, das ich je gehört habe«, sagte Donald. An Heidi gerichtet, fragte er: »Hat Omarosa Ihrer Meinung nach Klasse?«

»Wissen Sie, am Anfang dachte ich, sie hätte nicht viel Klasse«, sagte Heidi.

»Mögen Sie sie jetzt?«

»Ja, ich mag sie.«

»Sie meinen, jetzt, nachdem sie das gesagt hat, mögen Sie sie?«, hakte Trump nach. »Wenn das jemand über mich sagen würde, würde ich ihn nicht mögen. Es ist mir egal, was Sie tun. Und jetzt gerade – sie verpasst Ihnen einen Tiefschlag, und Sie erzählen mir, wie sehr Sie sie mögen. Da stimmt doch etwas nicht.«

Dann ging er zu Jessie und fragte sie, ob sie mich mochte, obwohl ich so mit ihr sprach. Wie Heidi sagte Jessie, dass sie mich »mochte«.

»Wie können Sie sie mögen, wo sie doch so mit Ihnen redet?« Und wieder an Heidi gerichtet: »Sie hat Sie mit einem Kompliment vernichtet.« Dann zu Jessie: »Sie verpasst Ihnen eine, und Sie sagen, dass Sie sie mögen ... Entweder sagen Sie nicht die Wahrheit, oder Sie sind nicht allzu klug.«

Er war fassungslos, dass sie sich nicht verteidigten. Vor Konflikten zurückzuschrecken war in seinen Augen schlimmer, als eine schlechte Leistung bei der Aufgabe abzuliefern. Ich hatte die beiden beleidigt, und Trump attestierte mir »eine sehr scharfe Zunge«. Jessie feuerte er.

Sein Lob bedeutete mir viel. Ich hatte das Gefühl, dass meine Bemühungen, ihm meinen Wert und meine Härte zu demonstrieren, tatsächlich griffen. Er schien mich mit Fragen und Komplimenten vor den anderen hervorzuheben, und ich genoss es.

*

Anfang November 2003 schlossen wir die Dreharbeiten zu der Staffel ab. Über Thanksgiving, während ich zu Besuch bei meiner Familie in Youngstown war, fing *NBC* an, die Werbespots auszustrahlen. Alle waren begeistert von mir. Es war das erste Mal seit dem Ende der Show, dass ich die Aufnahmen sah. Mein Slogan war so etwas wie »Omarosa kommt aus dem Haifischbecken der Politik«. Sie waren bereits dabei, uns zu positionieren und unsere Charaktere der amerikanischen Öffentlichkeit vorzustellen. Ich wurde als die knallharte politische Beraterin mit einer rücksichtslosen Einstellung verkauft. Alle, die ich kannte, waren fasziniert, mich mit dem Milliardär Donald Trump im Fernsehen zu sehen. Ich bekam Anrufe und Nachrichten von vielen meiner alten Freunde, die sagten: »Ich wusste, dass du ein Star werden würdest«, oder: »Ich wusste, dass du groß herauskommen würdest«. Ich war seit jeher ehrgeizig, und jetzt schienen sich all die Jahre harter Arbeit endlich auszuzahlen.

Die Show wurde Ende Januar 2004 ausgestrahlt, und über Nacht wurde ich berühmt. *The Apprentice* war ein Mega-Hit, den über 20 Millionen Zuschauer sahen, und kluger Schnitt sorgte dafür, dass sich meine Rolle als Superschurke festigte, als die Kandidatin, die zu hassen die Leute liebten. Und ehrlich gesagt, das beunruhigte mich ein wenig. Ich wollte eine starke schwarze Frau sein, keine wütende schwarze Frau. Das ist ein *großer* Unterschied. Einer meiner ehemaligen Kollegen von *CNN* meinte, ich solle mir deswegen keine Sorgen machen. Es wäre sogar von Vorteil, die Böse zu sein. »Ich bin ein großer Wrestling-Fan«, erklärte er mir, »und man muss bedenken, dass es immer einen Helden und einen Bösewicht gibt – und der Bösewicht ist der populärste und verkauft die meisten Fanartikel. Außerdem bekommt er die höchsten Einschaltquoten und die ganze Aufmerksamkeit.«

Ich ging zum Times Square, um mir die Werbung anzusehen, die *NBC* auf den Jumbotron-Bildschirmen laufen hatte. *The Apprentice* war im Big Apple allgegenwärtig: auf den Seitenwänden der Busse, auf Reklametafeln, auf Taxis, in der U-Bahn und in Anzeigen in Zeitungen und Zeitschriften. Es war fast schon surreal. Mein ganzes Leben lang hatte ich mich nach dem Erfolg und dem Rampenlicht gesehnt, und es gab kein helleres, größeres Rampenlicht als die Premierenstaffel von Donald Trumps Realityshow, produziert von Mark Burnett, dem König des Reality-TV und ausgestrahlt auf dem damaligen Sender Nummer eins, *NBC*.

In Folge neun trafen sich die Teams vor dem *Metropolitan Museum of Art*, um ihre Aufgabe zu erfüllen: Wir sollten »aus einer Gruppe junger, aufstrebender, brillanter Künstler« einen auswählen und versuchen, seine Arbeiten in einer der privaten Galerien der Stadt zu verkaufen. Das Team, das am meisten Geld einnahm, würde gewinnen; eine schwierige Aufgabe, da Kunst subjektiv ist und es keinen festen Marktwert gibt. Am Ende verkauften wir nur ein Bild für 869 Dollar, das andere Team dagegen brachte acht Kunstwerke für mehrere Tausend Dollar unters Volk. Trump sagte mir, ich sei extrem reizbar, würde immer Ausflüchte machen und hätte eine »furchtbare Einstellung«. Am Ende der Folge wurde ich gefeuert, kehrte aber zum Finale zwischen Bill Rancic und Kwame Jackson zurück. Ich half Kwame bei der Organisation eines Jessica-Simpson-Konzerts. Aber wie ich vorhergesagt hatte, wurde Bill Rancic als erster *Apprentice* eingestellt.

Schätzungsweise 27,6 Millionen Zuschauer sahen mit an, wie Trump im Saisonfinale zu Rancic sagte: »*You're hired!*« Rancic mochte die Staffel gewonnen haben, aber ich hatte mir laut *Today* »die ultimative Popkultur-Ehrenauszeichnung« verdient: Ich wurde auf *Saturday Night Live* parodiert. Mein Name wurde zum Synonym für die Marke Trump und *The Apprentice*. Kaum war die letzte Sendung ausgestrahlt, bot mir *NBC* einen Vertrag an, um eine Talkshow zu kreieren und in Seifenopern und Sitcoms aufzutreten.

Die Böse zu sein hat für mich ganz gut funktioniert.

In Interviews zollte mir Trump weiterhin viel Anerkennung für den Erfolg der Show. Er war mit seinem Lob überaus großzügig, und ich reagierte darauf. Ich war dankbar für alles, was er für mich getan hatte, ein Gefühl, das jedes Mal stärker wurde, wenn er mir einen Anteil am Erfolg seiner Show zuschrieb.

Die erste Staffel von *The Apprentice* eröffnete mir eine ganz neue Welt, eine Karriere in der Unterhaltungsbranche. Im Jahr 2004 zog ich von Washington nach Los Angeles, um sie hauptberuflich zu verfolgen.

Trump und ich blieben über *NBC* in Kontakt. Im Wettbewerb um einen Emmy warb der Sender weiterhin mit mir für *The Apprentice*, und ich erschien auf dem Cover von *Variety*, *TV Guide* und

Hollywood Reporter, gewissermaßen meine ersten Übungen darin, in der Öffentlichkeit im Namen einer Person oder Einrichtung zu sprechen.

Für das *TV-Guide*-Cover saßen Ereka Vetrini und ich mit Trump zwischen uns auf den Lehnen eines vergoldeten Stuhls. Ereka und ich trugen kurze Röcke und Brioni-Krawatten zu offenen Hemden, Trump, wie immer, einen Anzug. Zu der Zeit war er mit dem Model Melania Knauss liiert, doch bei dem Shooting hatte er vor allem Augen für eine ganz bestimmte Mitarbeiterin des Magazins.

Trump erzählte der Mitarbeiterin von *TV Guide*, wie attraktiv er sie fand, und lächelte sie auf eine Weise an, die unmöglich falsch interpretiert werden konnte. Es war das erste Mal, dass ich dieses Verhalten bei ihm sah, aber es sollte nicht das letzte Mal sein. Damals entschied ich mich, es zu ignorieren. Sein Privatleben ging mich nichts an. Die *TV-Guide*-Frau tat so, als fühlte sie sich geschmeichelt.

Als ich Dutzende von Promo-Terminen und Events mit Trump im Namen des Franchise durchgeführt hatte, bemerkte ich ein Muster. Trump machte kein Geheimnis aus seiner Wertschätzung schöner Frauen. Und den Frauen schienen seine Avancen zu gefallen.

The Apprentice wurde für einen Emmy nominiert, und ich wurde zur Show eingeladen. Ich glänzte auf dem roten Teppich in einem orangefarbenen Fushá-Kleid der haitianischen Designerin Marie Claudinette Pierre Jean, der Frau des Musikers Wyclef Jean. Wir traten in der Kategorie Reality-TV gegen *The Amazing Race*, *American Idol*, *Survivor* und *Last Comic Standing* an – und verloren gegen *The Amazing Race*. Trump saß mit Melania im Publikum. Ich erhaschte einen Blick auf ihn, als er auf dem Weg aus dem Auditorium den Gang hinaufging. Ganz offenkundig war er wütend. »Wir sind des Sieges beraubt worden! Sie haben uns betrogen«, sagte er mit lauter Stimme. »Ich bin so sauer, Omarosa. Sie haben uns betrogen!« Und damit war er weg. Diese Niederlage, gefolgt von zwei weiteren in den Jahren 2005 und 2006, und die Schmach, danach nicht einmal mehr nominiert zu werden, macht ihn bis heute wütend.

Ich selbst war nicht verärgert. Ich war ein großer Reality-TV-Fan. Ich wusste, dass *The Amazing Race* im Jahr zuvor gewonnen hatte. Und auch wenn mir das jetzt keiner glauben mag, für mich war es schon eine Ehre, nominiert worden und bei der Preisverleihung mit dabei gewesen zu sein.

Ich hatte mit *The Apprentice* den Jackpot geknackt. Trump und ich, wir beide. Unsere Verbindung zur Show und zueinander war besiegelt.

Kapitel drei

Die ultimative Fusion

Ich habe mehr Zeit mit Trump verbracht als die anderen *Apprentice*-Ehemaligen, um jede Menge Promotion und Fotoshootings mit ihm zu machen, privat dagegen hatten wir keinen Kontakt. Obwohl ich glaube, dass ich sein Liebling war, blieb unser Umgang stets auf das Berufliche beschränkt.

Als er und Melania im Januar 2005 heirateten, lud er keinen der Kandidaten zur Hochzeit ein, aber ich las alles über die Veranstaltung. Ich erinnere mich, dass ich mich für die beiden freute und hoffte, dass ihre Ehe halten würde. Bei Veranstaltungen hatte ich oft die Gelegenheit, ihren Umgang miteinander zu beobachten. Melania betete Donald geradezu an. Und sie liebte ihn. Davon war ich überzeugt. Vor der Beziehung zu ihm hatte sie als Model gearbeitet, jetzt war sie die dritte Frau eines Milliardärs. Was hingegen seine Gefühle anging, war ich mir längst nicht so sicher.

Im März 2006 kam Barron zur Welt, Donalds fünftes Kind. Ob Melania etwas von seinen außerehelichen Aktivitäten ahnte, wusste ich nicht, und es ging mich auch nichts an. Ich habe ihn bei zahlreichen Anlässen erlebt, bei denen Melania nicht anwesend war – bei Geburtstagsfeiern, bei Benefizveranstaltungen in Mar-a-Lago und bei Golfturnieren –, und jedes Mal benahm er sich wie ein von der Leine gelassener Hund. Aus seiner Wertschätzung für schöne Frauen machte er niemals ein Hehl. Wir alle wissen von Stormy Daniels, die er 2006 bei einem Charity-Golf-Event in Lake Tahoe traf, und vom Playmate Karen McDougal. Aber wir können getrost davon ausgehen, dass es noch viele andere gab.

Nur Melania kennt die Abmachung, die sie mit sich selbst getroffen hat und die es ihr ermöglicht, das Verhalten ihres Mannes zu tolerieren. Ich würde sagen, dass sie eine unglaublich gute Mutter ist. Sie geht zu allen Aktivitäten und Schulveranstaltungen von Barron und hält Kontakt zu jedem einzelnen seiner Lehrer. Ich habe die beiden zusammen in Mar-a-Lago gesehen und ihre bewundernswerte Aufmerksamkeit und Zuneigung zu ihrem Sohn bemerkt. Sie sieht ihm zu, wenn er mit seinen Freunden herumtollt, wischt den Schmutz von seiner Stirn, zieht ihn zu sich heran und umarmt und küsst ihn. Die Welt bekommt diese Seite von ihr nicht zu sehen, aber ich schon, und dafür respektiere ich sie sehr.

Die Trumps waren noch frisch verheiratet, als meine Scheidung rechtskräftig wurde und ich endlich frei war, mich mit aller Kraft meiner Karriere zu widmen. Die übliche Flugbahn für einen Reality-Star sieht so aus, dass er etwa fünf Minuten lang heiß und hell brennt und dann verglüht. Aber meine sollte anders verlaufen.

So oft ich konnte, buchte ich Shows, suchte aber parallel dazu auch nach einem Ausgleich. Ausgestattet mit einem Master, hielt ich Vorlesungen an Hochschulen und leitete Seminare. Zuhauf ergaben sich Gelegenheiten für öffentliche Auftritte, und ich hielt Vorträge über Führung in der Wirtschaft und im Leben. Während meiner gesamten Karriere im Entertainment hatte ich mich darauf konzentriert, Beziehungen zu knüpfen. In Washington hatte ich gelernt, dass Karrieren in der Politik von Verbindungen lebten. Warum sollte es in der Unterhaltungsbranche anders sein? Als ich mit einer Produktionsfirma eine Show machte, baute ich mein Netzwerk gezielt aus, freundete mich mit den Produzenten, den Tonleuten, den Kameraleuten und den Showrunnern an. Wenn sie dann in einen anderen Job wechselten und jemand fragte: »Wen sollten wir für diese Show holen?«, sagten dieselben Leute Dinge wie: »Omarosa ist klasse, mit ihr kann man gut arbeiten. Die hat's drauf.«

Mein Name besaß einen hohen Wiedererkennungswert. Ich erwarb mir den Ruf eines Vollprofis. Die Beziehungen, die ich mit Produzenten, Verantwortlichen bei den Sendern, Besetzungen und Angehörigen der Crew knüpfte, ermöglichten es mir, von einem Gig zum nächsten zu gehen. Meine fünf Minuten des Ruhmes erstreckten sich über Jahre. Einige von Trumps erfolgreichen Branding-Geheimnissen – von sich selbst in der dritten Person und nur mit einem Namen, in seinem Fall Trump, reden – färbten auf mich ab. Zum Beispiel bestand ich darauf, dass die Leute mich nur mit meinem Vornamen ansprachen.

Ich war nach wie vor eng mit *The Apprentice* verbunden und wurde oft zu Werbeveranstaltungen für Staffeln hinzugezogen, mit denen ich ansonsten nichts zu tun hatte. Als aufmerksame Beobachterin hatte ich ein Auge darauf, wie die Show bei den Einschaltquoten abschnitt. Donald war *besessen* von den Quoten. Wann immer die Zuschauerzahlen sanken, reagierte er dem Vernehmen nach regelrecht panisch. Dann gab er ein Interview, in dem er behauptete, die Show sei immer noch die Nummer eins. Kommt Ihnen das bekannt vor?

Jahr für Jahr büßte die Show an Popularität ein. Bei der Erstausstrahlung der ersten Staffel im Januar 2004 hatten wir über 20 Millionen Zuschauer. Die fünfte Staffel hatte im Februar 2006, also nur zwei Jahre später, Premiere und kam nicht einmal mehr auf 10 Millionen Zuschauer. Ab der sechsten Staffel musste *NBC* nach Mitteln und Wegen suchen, die Quoten wieder zu pushen, oder eine Absetzung der Show in Erwägung ziehen.

Zuerst verlegten sie den Drehort von New York nach Los Angeles. Der Trick schlug fehl. Lockte der Staffelauftakt noch mehr als 9 Millionen Zuschauer vor die Fernseher, fielen die Einschaltquoten bis zur zweiten Folge auf 7,3 Millionen. Während dieser Staffel wurde eine Episode in der Playboy Mansion in Holmby Hills, L. A., gedreht, dem Haus von Trumps langjährigem Freund Hugh Hefner. Bei diesen Dreharbeiten begegnete Trump dem Playmate Karen McDougal. Es gibt ein Foto von Karen McDougal mit den Trumps – Ivanka, Melania und Donald –, die zusammen mit einigen anderen Bunnys vor der Kamera posieren, der verrückteste Familienschnappschuss aller Zeiten.

Laut einer schriftlichen Erklärung von McDougal, die im *New Yorker* teilweise abgedruckt wurde, beglückwünschte Trump McDougal, schwärmte ihr vor, wie schön sie sei – seine übliche Vorgehensweise –, und bekam prompt ihre Nummer. Bald schon telefonierten sie häufiger miteinander, und nicht viel später arrangierten sie ein Treffen in einem privaten Bungalow im Beverly Hills Hotel, wo sie eine Affäre begannen, die etwa zehn Monate dauerte, bis April 2007, kurz nach Barrons erstem Geburtstag.

Die Geschichte von Karen McDougal führte schließlich zu einem weiteren von Trumps langjährigen Kumpeln, David Pecker, Besitzer des *National Enquirer*, ein Mann, mit dem ich ebenfalls zu tun hatte. Aber ich möchte nicht vorgreifen.

Nach der Staffel in Los Angeles drohte *NBC* damit, *The Apprentice* abzusetzen. Die rettende Idee bestand darin, die Show in *The Celebrity Apprentice* umzutaufen und berühmte Persönlichkeiten für wohltätige Zwecke statt um einen Job in der *Trump Organization* kämpfen zu lassen. Trump rief mich an und bat mich, dem Ensemble beizutreten. »Du hast die Show zu einem Hit gemacht«, sagte er. »Du kannst es wieder tun.«

Zusammen mit einigen der Kandidaten der neuen Staffel, Managern des Senders, Produktionsleuten, Mitgliedern der Trump-Familie und vielen nackten Frauen war ich im Januar 2007 Gast auf einer Party für die erste Staffel von *The Celebrity Apprentice* in der *Playboy Mansion*. Die Bekleideten wanderten umher und gesellten sich mal hier, mal da zu einer Gruppe, schlürften ihre Cocktails und knabberten an Hors d'œuvres, so als wäre es das Selbstverständlichste der Welt, dass die Hälfte der Anwesenden so gut wie oder komplett nackt war. Ich erinnere mich an ein Playmate, das am ganzen Körper nichts trug ... außer Farbe.

Welche andere Primetime TV-Show würde auf die Idee verfallen, ihre Launch-Party in der *Playboy Mansion* auszurichten? Wer könnte damit durchkommen? Nur Donald Trump, denn nur er würde auf den Gedanken kommen oder den Wunsch verspüren, so etwas zu tun, und niemand würde es wagen, ihm zu sagen, dass das keine gute Idee wäre.

Während des Wahlkampfs 2016 und seiner Präsidentschaft warnten viele Experten vor den Gefahren einer »Normalisierung« von Trumps beleidigenden, unangemessenen, provokativen Kommentaren und Verhaltensweisen. Aber seit ich den Mann kenne, ist es für ihn *normal*, sich beleidigend, unangemessen oder einfach nur daneben zu verhalten. Je länger man in der *Trumpworld* lebt, desto selbstverständlicher erscheinen einem Dinge wie eine Arbeitsparty im *Playboy Mansion*. Die *Apprentice*-Veranstaltungen waren immer mit Prominenten und Models und seiner Familie besetzt. Von da war es gar nicht so weit bis zu der Idee, auch Nacktmodels und Pornostars einzuladen. Ich drehte an dem Abend meine Runden, wobei ich einen Bogen um die berüchtigte Grotte machte, in der weiß Gott was vor sich ging, und unterhielt mich mit jedem, der mehr als einen Tanga am Leib trug.

Ich hatte immer einen guten Draht zu Melania Trump und legte Wert darauf, mit ihr zu sprechen, wann immer ich sie sah. Bei Veranstaltungen trauten sich viele Leute nicht, auf sie zuzugehen, weil sie ihre Schönheit als einschüchternd empfanden. Zudem umgab sie eine Aura, die sagte: *Bleibt zweihundert Fuß zurück!* Ich dagegen hatte kein Problem, mich ihr zu nähern, und stellte meine üblichen Fragen. »Wie geht es Ihnen? Wie geht es dem Baby?« Wenn sie über Barron sprach, blühte sie förmlich auf. Er war unser übliches Gesprächsthema und an diesem Tag das einzige. Melania hält die Dinge stets an der Oberfläche. In der Playboy-Villa war uns sowieso nicht danach, über Kunst, Religion oder Philosophie zu plaudern.

Direkt gegenüber von uns, in voller Sicht, posierte Donald mit mehreren Damen in Unterwäsche für Fotos. Melania starrte ihren Mann und die Bunnys an, während wir uns über ihren fast einjährigen Sohn unterhielten. Sie zuckte mit keiner Wimper. Sie stand einfach da, mit stoischer Eleganz. Ihr Mann tummelte sich mitten im Geschehen, während sie ihm zusah und darauf wartete, zu ihrem Sohn nach Hause zu gehen.

Er hatte die ganze Macht und sie keine. Das sollte sich nach ihrem Aufstieg zur First Lady ändern. Aber in den ersten Jahren ihrer Ehe war es nicht gerade das, was man eine gleichberechtigte Beziehung nennen würde. Die Tatsache, dass Melania ihm ein Kind geschenkt hatte, machte aus ihm eben keinen vernarrten Ehemann. Trumps erste Frau, Ivana, hatte mehr als einmal gesagt, dass er keine Beziehung zu Kindern aufbauen konnte und sich kaum mit Don Jr., Ivanka und Eric abgab, bis sie erwachsen waren. Wenn die kleine Ivanka ihn während seiner Geschäftstreffen anrief, stellte er, wie allgemein bekannt ist, das Telefon einfach auf laut – was im Übrigen einen guten Eindruck von seinem Erziehungsstil vermittelt: Erziehung per Telefon.

Don Jr. war auch auf dieser Party, und er schien die Gesellschaft der nackten Frauen ebenso zu genießen wie sein Vater, obwohl er in Begleitung seiner Frau Vanessa gekommen war, die mit ihrem ersten Kind schwanger war und sich ganz offenkundig wünschte, sie wäre unsichtbar. Gegenüber Adam Carolla, der seine Radiosendung live von der Party übertrug, bemerkte Don Jr.: »Kannst du glauben, durch welche Hölle ich gehe? Ich bin in der Playboy-Villa mit einer schwangeren Frau! Viel schlimmer als das kann man es kaum erwischen, oder? Ich liebe meine Frau, aber das ist hart. Und ich werde für das, was ich jetzt gerade sage, heute Abend noch bezahlen müssen. Teuer bezahlen.« Ich hoffe doch sehr, dass er das musste.

Ich erinnere mich nicht, Eric Trump auf dieser Veranstaltung gesehen zu haben. Er könnte zu dieser Zeit in Washington an der

Georgetown University gewesen sein. Ivanka war definitiv da. Ich weiß noch, wie ich einen Moment nutzte, um die Dynamik der Trump-Familie zu studieren. In der einen Ecke flirtete Donald mit den Bunnys. Don Jr. trieb sich in seiner Nähe herum und hielt ein wachsames Auge auf seinen Vater, gleichermaßen von Ehrfurcht erfüllt wie auch aus Angst vor ihm. Quer durch den Raum starrte Melania ihren Mann an, mysteriös und voller Intensität, während Ivanka viel lachte und jeden in ihrer Nähe bezauberte. Donald sah nie zu seinem Sohn oder zu seiner Frau hinüber. Aber er warf Ivanka immer wieder Blicke zu.

Don Jr. und Ivanka sollten in der nächsten Staffel von *The Celebrity Apprentice* als Berater auftreten und auf beiden Seiten ihres Vaters im *Boardroom* sitzen, um unsere Arbeit an den Aufgaben zu bewerten. Damals war Ivanka 26 Jahre alt. Sie hatte einen Job bei *Forest City Enterprises*, bevor sie 2005 ihren Platz in der *Trump Organization* einnahm. Don Jr. war gerade dreißig Jahre alt und hatte nur für die Firma seines Vaters gearbeitet, abgesehen von einer Tätigkeit als Barkeeper in Aspen.

Trump war es egal, dass seine Kinder keine erfahrenen Profis waren. Er schätzte Loyalität mehr als Erfahrung; Don Jr. und Ivanka waren nichts, wenn sie ihrem Vater nicht ergeben waren. Seine Kinder würden *nie im Leben* sein Urteilsvermögen infrage stellen oder versuchen, ihn als Star der Show zu überschatten.

*

Die Dreharbeiten für *The Celebrity Apprentice* begannen Ende 2007. Meine TV-Persönlichkeit war zu diesem Zeitpunkt fest etabliert, und ich war ein Profi, der ohne Skript arbeitete. Ich hatte die geheime Formel geknackt, wie man hohe Einschaltquoten erzielte und Szenen inszenierte, die Schlagzeilen machten und über die in den Kaffeeküchen geredet wurde. In der Show gereichte mir jedes Argument, jede Konfrontation, jeder Konflikt, den ich schuf, zum Vorteil. Ich wusste, dass die Produzenten bei der Besetzung nach dramatischen Spannungen suchten. Sie brauchten das, um die Show zu retten.

Ein Teil dieser Spannung war sexueller Natur. Eine der Kandidatinnen war Tiffany Fallon, ein Playmate, die in der ersten Episode – in der es einen Cameo-Auftritt von Pornostar Jenna Jameson gab – heftig kritisiert und gefeuert wurde, weil sie nicht genug Sex-Appeal einsetzte, um Hotdogs auf der Straße zu verkaufen. Im Sitzungssaal sagte Donald: »Ich kenne viele Playmates des Jahres ...«, worauf Tiffany Fallon entgegnete: »Da bin ich mir sicher.«

Ein weiterer Kandidat – und enger Freund von Donald –, der *KISS*-Bassist Gene Simmons, entpuppte sich als der widerlichste Frauenhasser, der mir je untergekommen ist. Gleich am ersten Tag spazierte er geradewegs auf eine Mitkandidatin zu, Carol Alt, ein Model und ehemaliges *Playboy*-Covergirl, brüstete sich vor ihr auf abstoßende Weise mit seiner berühmt-berüchtigten lang gestreckten Zunge und steckte sie ihr dann in den Mund. Carol würgte vor meinen Augen. Als er daraufhin mit ausgestreckter Zunge auf mich zukam, ergriff ich die Flucht. Irgendwann wurde Simmons aus dem Männerteam genommen und ins Frauenteam gesteckt, obwohl sich fast alle Frauen in der Show bei den Produzenten über sein unsägliches Verhalten beschwert hatten. Was ihnen, soweit ich das beurteilen konnte, egal war. Die Produzenten fanden es witzig. Und Trump auch.

Mein letzter Auftritt in der Show lag fast drei Jahre zurück, und auch nach dieser langen Zeit waren die *Off-Camera-Outtakes* aus dem *Boardroom* immer noch höchst aufschlussreich. Einmal unterhielten sich Gene und Donald während einer langen Pause in einer Sprache, die so gottlos war, dass sie selbst im Knast für hochgezogene Augenbrauen gesorgt hätte. Donald fragte Gene: »Was hältst du von Ivanka? Wie geht es ihr wohl?« Was folgte, war ein abscheulicher Austausch, direkt vor Ivanka, in einem Raum voller Menschen und einem Gene Simmons, der beim Reden unverhohlen auf ihre Brüste starrte. »Sie ist«, antwortete er, »eine sehr, sehr sexy, begehrenswerte junge Frau, die ich gerne sehr viel besser kennenlernen möchte, wenn du, bei allem Respekt, weißt, was ich meine.« Während Ivanka abfällig stöhnte und versuchte, die beiden zu einem Themenwechsel zu bewegen, stachelte ihr Vater ihn weiter an. Ivanka musste sich mit so etwas schon ihr ganzes Leben herumschlagen und schien daran gewöhnt zu sein, anders konnte ich mir ihr Verhalten nicht erklären. Alle anderen im Raum waren schockiert, nicht von Genes Sprache – wir wussten, dass er ein ekelhaftes Schwein war –, sondern von Trumps offensichtlichem Vergnügen daran. Er hatte die absolute Kontrolle über den *Boardroom* und hätte Gene jederzeit das Wort verbieten können. Aber das tat er nicht.

Gene war ein großer Star, und Stars können sagen und tun, was sie wollen. Eben das hatte Trump auf dieser berüchtigten Busfahrt zu Billy Bush gesagt: Wenn du ein Star bist, kannst du tun, was du willst, dann kannst du sie an der Du-weißt-schon-was packen.* Genes jahrzehntelanger Rockstar-Ruhm und Trumps Jahrzehnte als Amerikas vergoldeter Dealmaker hatten für sie die sexistische Behandlung *aller Frauen* alltäglich gemacht.

Inklusive Trumps eigener Tochter. Seit ich Trump kannte, hatte ich beobachtet, wie er Ivanka umarmt, berührt und küsst – und die Art und Weise, wie sie ihn *Daddy* nennt. Basierend auf meinen Beobachtungen, geht ihre Beziehung bis zur Grenze dessen, was im Verhalten zwischen Vater und Tochter angemessenen ist, und durchbricht sie dann. Meiner Meinung nach begehrt er seine Tochter. Es ist mir unangenehm mit anzusehen, wie sie damit weitermachen, was besonders für diese Staffel von *Celebrity Apprentice* gilt, als sie noch so jung war. Was Ivanka angeht, glaube ich, weiß sie ganz genau, dass sie Papas kleiner Goldschatz ist und seine Fixie-

---

* Originalwortlaut Donald Trumps: »Grab them by the pussy. You can do anything.« (Anm. der Übersetzer)

rung auf sie ausnutzt, um ihren Willen durchzusetzen. Und ganz nebenbei: Ivanka hat selbst ein überaus schmutziges Mundwerk, was in krassem Gegensatz zu ihrer völlig kontrollierten, gehobenen Außendarstellung steht.

Auch Don Jr. musste sich den Schikanen seines Vaters unterwerfen. Wenn Donald die Einschätzung von Don Jr. im *Boardroom* nicht mochte, putzte er ihn vor allen herunter und benutzte dabei Worte wie *falsch* und *dumm*. Don Jr. hatte ganz offenkundig Angst vor seinem Vater. Die Leute interpretierten seine Angst als vollsten Respekt und reinste Demut. Ich eingeschlossen. Heute jedoch sehe ich in den Beschimpfungen ein Kontrollinstrument. Je übler ihr Vater sie behandelte, umso mehr versuchten sie, ihm zu gefallen, um eine weitere Demütigung zu vermeiden.

Bei einem *Boardroom-Outtake* in dieser Staffel kam heraus, dass Donald Trump und Carol Alt in den 1990er-Jahren etwas miteinander gehabt hatten. Donald sagte so etwas wie: »Ja, das waren die guten alten Zeiten.« Dann wandte er sich an Don Jr. und sagte: »So ein Weib wie die musst du aufreißen. Irgend so ein Weib musst du aufreißen.« Alt saß, ganz Ivanka Trump, einfach da und nahm es hin. Ich weiß noch, dass ich angewidert war und dachte, *Donald, wovon redest du? Dein Sohn ist verheiratet. Seine Frau ist schwanger.*

Wie wir alle wissen, folgte Don Jr. dem Rat und dem Beispiel seines Vaters. Im Jahr 2011 hatte er angeblich eine Affäre mit der *Celebrity-Apprentice*-Kandidatin Aubrey O'Day. Aubrey und ich kannten uns aus L. A., und als sie die Show machte, rief sie mich an und bat um Rat. Das nächste Mal hörte ich von ihr, als sie anfing, mit Don Jr. auszugehen. »Er verlässt seine Frau«, sagte sie zu mir. »Sie verbringen praktisch keine Zeit mehr miteinander. Sie sind getrennt.« Ich war anderer Ansicht. »Don Jr. verlässt Vanessa nie im Leben«, warnte ich sie. Wie der Vater, so der Sohn.

Das nächste Mal, als ich Aubrey in einem Diner in L. A. sah, zeigte sie mir sehr intime Fotos, die Don Jr. ihr gesendet hatte, und jede Menge schmutziger Textnachrichten, die sie sich zugeschickt hatten. Hätte sie mir diese Fotos und Textnachrichten nicht gezeigt, ich hätte ihr nicht geglaubt. Ich speicherte ihre Affäre unter »*not my business*« ab, ein Ordner, der jeden Tag dicker wurde, aber mein Mitleid galt Vanessa. Während sie ein Kind nach dem anderen zur Welt brachte und in New York die Stellung hielt, jettete Don Jr. um den Globus und betrog sie dem Vernehmen nach mit einer Arbeitskollegin.

*

Meine Staffel von *The Celebrity Apprentice* wurde im Oktober und November 2007 aufgezeichnet und von Januar bis März 2008 ausgestrahlt.

Wie Sie sich vielleicht erinnern, war in diesem Zeitraum noch etwas anderes im Gange: Praktisch mit unserem ersten Drehtag hatte das Land in den Wahlkampfmodus für die nächste Präsidentschaftswahl geschaltet. Im Vorfeld der demokratischen Vorwahlen im Januar 2008 in Iowa und New Hampshire hatten Barack Obama und Hillary Clinton den Wahlkampf eingeläutet und würden sich auch in den kommenden Monaten weiter beharken.

In den *Boardroom-Outtakes* ließ sich Trump oft über Obama aus. Er hasste ihn. Er erklärte nie, warum, aber inzwischen bin ich überzeugt, dass es daran liegt, dass Obama ein Schwarzer ist. Irgendwann während der Dreharbeiten sagte er: »Ich muss diese Sitzung zu Ende bringen, weil ich gleich auf einer Pressekonferenz eine wichtige Ankündigung machen werde.« Er sagte, seine Ermittler wären auf entscheidende Informationen gestoßen, die definitiv beweisen würden, dass Barack Obama nicht in Amerika geboren worden war.

Wie bereits erwähnt, war ich Barack Obama zum ersten Mal 2003 bei einer DNC-Spendenaktion in Chicago begegnet und wusste, dass er ein Mann ist, den man im Auge behalten sollte. Ich hatte mich immer über die Vorgänge in der Demokratischen Partei auf dem Laufenden gehalten, Barack und Michelle Obama über die

Jahre hinweg mehrmals getroffen und beide schätzen gelernt. Und nun saß ich da bei meinem Job, und mein Chef plante, einen Mann zu vernichten, den ich kannte und zutiefst respektierte.

Wenn Ihr Chef politische Ansichten äußerte, die sich von Ihren unterschieden, würden Sie dann protestieren und Ihren Job kündigen? Ich überlegte mir, dass er ein Recht auf seine Meinung hatte, ebenso wie ich auf meine. Der Unterschied lag darin, dass mein Boss über quasi unbegrenzte Geldmittel und ein großes Megafon verfügte und diese, sollte sich ihm die Gelegenheit dazu bieten, auch einsetzen würde, um Obama daran zu hindern, von seiner Partei als Präsidentschaftskandidat nominiert zu werden.

Ich erinnere mich noch, dass ich dachte: *Hält er wirklich Beweise in der Hand?* Zu dieser Zeit war Trump bereits für seine Tricks bekannt, man konnte sich nie sicher sein, ob er nicht doch nur bluffte. Gut möglich, dass er ein paar Informationen ausgegraben hatte, von denen er glaubte, dass die Welt sie hören müsste. Doch dann fiel die Pressekonferenz ins Wasser, und Trump drehte seine *Birther*-Rhetorik herunter – *Birther* nannten sich mehrere Gruppierungen, die Obama die Wahlvoraussetzung absprachen, ein *natural born citizen* der Vereinigten Staaten zu sein –, bis er sie ein paar Jahre später wieder auf volle Lautstärke stellte.

Lassen Sie mich das klarstellen: Wir waren nicht auf Augenhöhe. Donald Trump war der Star des Senders. Er diktierte das Gespräch. Wir sprachen bei der Arbeit oder anderweitig nie über Politik, also hatte ich keine Ahnung, dass er sich von den Demokraten losgesagt hatte, bis er dann anfing, über Obamas Geburtsurkunde zu sprechen. Trump wurde vorgeworfen, sich gegenüber Obama rassistisch zu verhalten. Seine Fürsprecher behaupteten wiederum, er sei politisch motiviert, nicht rassistisch. Zu diesem Zeitpunkt kannte ich Donald Trump schon seit Jahren und hatte bis zur *Birther*-Debatte noch keinen einzigen Rassismusvorwurf gegen ihn gehört.

Im Nachhinein halte ich es für denkbar, dass er beschloss, eine engere Beziehung zu mir aufzubauen, weil ihn die Presse als Rassist titulierte. Er profitierte davon, als wir *The Ultimate Merger* kreierten, eine TV-Show mit einer schwarzen Frau als Hauptdarstellerin und einer schwarzen Besetzung, die auf *TV One*, einem schwarzen Sender, ausgestrahlt wurde. Vielleicht fürchtete er, er könnte nach der schwierigen letzten Staffel von *The Celebrity Apprentice* meine Sympathie verlieren, und spekulierte darauf, mich durch unsere neue Partnerschaft bei *The Ultimate Merger* als loyales Mitglied in der *Trumpworld* zu halten. Ich sollte nicht nur in der Show mitspielen, sondern sie auch mit Trump koproduzieren. Als er mir das Angebot unterbreitete, nahm ich es nicht auf die leichte Schulter. Trump fing nichts an, von dem er nicht überzeugt war, dass er damit Erfolg haben würde. Er wusste, wie er mich anpacken musste; sein Angebot bedeutete, dass er an mich glaubte, ein Gefühl, das meine Loyalität zu ihm stärkte und erneuerte.

The Ultimate Merger war eine Datingshow, eine afroamerikanische Version von *The Bachelorette* mit einem *Apprentice*-Twist. Männer würden um meine Zuneigung konkurrieren und ich würde jede Woche einen aus der Show werfen. In der Aufstellung meiner zwölf Verehrer waren die *R&B*-Sänger Al B. Sure! und Ray Lavender vertreten, darüber hinaus ein Anwalt, ein Devisenhändler, ein ehemaliger NFL-Spieler und ein Schriftsteller.

Wir logierten und drehten die Show im Trump International Hotel in Las Vegas. Im Laufe der Produktion filmten wir eine Szene am Swimmingpool des Hotels, und dabei gingen ein paar Möbel zu Bruch. Keine große Sache, dachte ich. Doch dann bekam ich einen Anruf von Trump aus New York.

»Omarosa, was zum Teufel ist da unten los?« Sein Ton war aggressiv.

»Wir drehen die Show.«

»Ich habe vom Manager gehört, dass du die Kontrolle verloren hast! F**k, du kannst diese Leute nicht einfach tun lassen, was sie wollen! Was ist mit denen los? Sie haben keinen Respekt vor meinem Eigentum. Das ist mein verdammtes Hotel! Zeigt etwas f**king Respekt!«

Ich hatte Trump dieses Wort häufig benutzen gehört, mit mir jedoch hatte er so noch nie gesprochen. Er war fuchsteufelswild. »Es tut mir leid, Mr. Trump«, sagte ich. »Es wird nicht wieder vorkommen.«

»Besser nicht, Omarosa. Sonst komme ich da runter und kläre den Scheiß selbst. Glaub mir, du willst nicht, dass das passiert.«

Damit legte er auf. Das Telefon in meiner Hand zitterte. Ich war nicht mal am Pool, als die Szene gedreht wurde. Er hätte seine Wut beim Produktionsteam oder beim Sender abladen sollen. Herumbrüllen und über »diese Leute« herziehen und dass sie ihm gefälligst den Respekt erweisen sollten, den er verdiente, wäre bei den schwarzen TV-Bossen womöglich gar nicht gut angekommen. Trump konnte so nicht mit Leuten sprechen, die er nicht kannte, sonst würden sie noch denken, er hätte völlig den Verstand verloren. Eben diesem Verhalten sollte ich Jahre später im Weißen Haus wieder begegnen, als ich mir angewöhnte, von »atombombenhaften« Ausbrüchen zu reden, wenn sich Trump wieder einmal jemanden auf diese Weise zur Brust nahm.

Als die Show ein Hit zu werden versprach, änderte Trump den Namen kurzerhand von *The Ultimate Merger* in *Donald J. Trump Presents The Ultimate Merger*. Seinen Namen darauf zu schreiben, schien mir für einen schwarzen TV-Sender nicht gerade passend, aber ich sagte kein Wort. Die Show debütierte im Juni 2010 und kam halbwegs gut beim Publikum an. Wir gingen davon aus, dass wir eine weitere Staffel produzieren und ich meine Suche nach der großen Liebe in der Show fortsetzen würde. Doch dann begegnete ich einem wunderbaren Mann und verliebte mich bis über beide Ohren. Jetzt war ich nicht mehr darauf angewiesen, in einer Realityshow nach der großen Liebe zu suchen. Ich hatte sie im echten Leben gefunden.

Kapitel vier

Am Boden zerstört

Michael Clarke Duncan und ich begegneten uns 2009 im Biosupermarkt bei *Whole Foods* in Los Angeles. Er kam auf mich zu und fing direkt an zu reden. Ich erkannte ihn sofort von seiner für einen Oscar nominierten Rolle aus *The Green Mile*. Er sagte mir, dass er ein *Apprentice*-Fan sei und mich gerne näher kennenlernen würde. Nachdem ich von einer schon länger geplanten Reise an die Ostküste zurückgekehrt war, hatten wir unser erstes Date.

Nach ein paar Monaten, in denen wir miteinander ausgingen, waren wir wahnsinnig ineinander verliebt und unzertrennlich. In Michael fand ich die Liebe, die ich mein ganzes Leben lang gesucht hatte, eine Liebe zu einem Mann, den ich respektieren und verehren konnte. Aber nichts im Leben ist zu 100 Prozent perfekt. Michaels Stimmungen waren unberechenbar, und er neigte zum Jähzorn. Er war ein riesiger Mann, zwei Meter groß und 150 Kilo schwer. So einen Mann zu sehen, wenn er wütend war, konnte einem ziemlich einschüchtern.

Er bestand darauf, dass ich zu ihm nach Kalifornien in sein Haus in Woodland Hills zog, und er bat mich, ihn zu seinen Drehs zu begleiten. Ich half ihm bei der Auswahl von Filmprojekten, las Drehbücher und verfasste Zusammenfassungen für ihn. Schließlich begleitete ich ihn so oft wie möglich auf seinen Reisen, was ihm sehr gut gefiel.

Ich beschloss, dass *The Ultimate Merger* meine letzte Reality-TV-Show sein würde. Ich hatte bis dahin sechs oder sieben Jahre lang in dichter Folge an Shows teilgenommen und war mehr als bereit für eine Pause. Ich unterrichtete mehr und engagierte mich in der Missionsarbeit. Unter anderem besuchte ich ein Waisenhaus in Westafrika und machte dabei eine lebensverändernde Erfahrung – eine Erfahrung, durch die ich meine wahre Berufung fand und die mich dazu bewegte, meinem Leben eine neue Richtung zu geben. Nach meiner Rückkehr in die Staaten legte ich alle anderen Projekte auf Eis und schrieb mich am United Theological Seminary in Dayton, Ohio, ein mit dem Ziel, Religionswissenschaften zu studieren und mich als Pastorin ordinieren zu lassen. Es gab einigen Widerstand von Leuten, die der Meinung waren, ein ehemaliger Reality-TV-Star würde nicht zur Geistlichen taugen, doch ich bewies meine Hingabe an den Dienst, den Glauben und meine Studien und brachte die Zweifler damit zum Schweigen. Voraussetzung für das Studium war, dass ich jeden Monat rund eine Woche vor Ort in Ohio verbrachte, die einzige Zeit, in der Michael und ich getrennt waren.

In dieser Phase meines Lebens ließ ich den Kontakt zu Donald Trump etwas schleifen. Als wir 2010 ein paar Pressetermine für *The Ultimate Merger* machten und die Show schließlich auf *TV One* ihre Premiere feierte, berührte mich der Erfolg nicht weiter. Ich konzentrierte mich auf andere Dinge. Eine zweite Staffel der Show folgte, diesmal mit dem Model Toccara Jones, aber ich war nicht mehr an der Produktion beteiligt. Trump und ich hatten uns über meine Hauptrolle in der zweiten Staffel unterhalten, eine Option, die er bevorzugt hätte, aber mein Leben hatte eine Wendung genommen, und ich war nicht mehr an Reality-TV interessiert. Ich konzentrierte mich auf mein Studium, meinen Glauben und meine Beziehung.

Auch Donald Trump hatte eine neue Leidenschaft in seinem Leben entdeckt: die *Birther*-Bewegung. Der Funke eines Interesses an

Barack Obamas Herkunft, den ich 2007 bei ihm hatte aufblitzen sehen, hatte sich zu einem Feuer der Unzufriedenheit ausgewachsen. In Interviews für Formate wie *The View*, *Fox News* oder die *Today-Show* sagte er Dinge wie: »Warum zeigt er uns nicht seine Geburtsurkunde?«, »Ich fange an, mich ernsthaft zu fragen, ob er in diesem Land geboren wurde oder nicht« oder »Wenn er tatsächlich nicht in diesem Land geboren wurde, was eine ernst zu nehmende Möglichkeit ist, dann hat er eines der größten Betrugsmanöver in der Geschichte der Politik abgezogen.«

Im Juni 2008 veröffentlichte Obamas Wahlkampfteam eine Kopie seiner Geburtsurkunde, die hieb- und stichfest bewies, dass er im *Kapiolani Maternity & Gynecological Hospital* in Honolulu auf die Welt gekommen ist. Im März 2011 meldete Trump, der wieder einmal eine Präsidentschaftskandidatur in Erwägung zog, »Zweifel« an der Echtheit von Obamas Geburtsurkunde an. Mehr als jeder andere hielt er unverdrossen die Fackel der *Birther*-Bewegung in die Höhe.

Barack Obamas Präsidentschaft versetzte Donald Trump in Rage. Für ihn war Obama nicht nur schwarz, er war, mit einem Vater aus Kenia, darüber hinaus ein Ausländer. Trump misstraute Obamas Andersartigkeit, seiner *Otherness,* ein tatsächlich in der Theorie der »*Whiteness*« – des »Weißseins« – verwendeter Begriff. Obamas *Otherness* betraf nicht nur sein Schwarzsein, sondern bestand auch darin, dass er afrikanisch war. Ausländisch. Exotisch. Anders eben. Als Barack Obama Präsident wurde, ließ er Donald Trump wie einen Narren aussehen. Trump nahm es persönlich, dass die Nation Obama über ihn stellte, dabei hatte er gar nicht kandidiert.

»Warum propagieren Sie diesen *Birther*-Schwachsinn?«, fragte ich ihn irgendwann.

»Das ist nur Politik«, sagte er, »nur Politik.« Es gehörte, behauptete er, zu seinen Nachforschungen über die Opposition, und das würden alle betreiben – *opposition research* ist in den USA tatsächlich nichts Besonderes. Da er ernsthaft über eine Kandidatur bei der Präsidentschaftswahl 2012 nachdachte – genau, wie er es schon vor den Wahlen von 2004 und 2008 getan hatte –, betrachtete er das als faires Spiel, als etwas, was man einfach tun musste, wenn man mit der Konkurrenz mithalten wollte.

Fünf Jahre später, als Don Jr.'s Treffen mit diesem russischen Anwalt im Trump Tower ruchbar wurde, nachdem man ihm in einer E-Mail »offizielle Dokumente und Informationen, die Hillary und ihren Umgang mit Russland belasten und für Ihren Vater sehr nützlich sein würden« versprochen hatte, fiel mir dieses Gespräch wieder ein. Lief so etwas ebenfalls lediglich unter *opposition research*? War das nur ein weiteres Beispiel dafür, was man eben tun musste, wenn man mit jemandem in den Ring steigen wollte?

*

Beim Dinner der Korrespondenten des Weißen Hauses 2011 im Washingtoner *Hilton* trat Obama auf das Podium und fing – Trump war selbstredend anwesend – sofort an, ihn wegen der *Birther*-Sache zu grillen. Ich selbst saß ein paar Tische von Trump entfernt beim Abendessen. Zuerst machte sich Obama über seine »Referenzen und die Bandbreite seiner Erfahrungen« lustig, dann sagte er: »In der Folge von *Celebrity Apprentice* im Steakhouse haben sich die Juroren von Omaha-Steaks von den Leistungen des Männerkochteams wenig beeindruckt gezeigt. Und es gab eine Menge Schuld zu verteilen, aber Sie, Mr. Trump, haben sofort erkannt, dass das eigentliche Problem in einem Mangel an Führung lag. Und so haben Sie schlussendlich nicht Lil Jon oder *Meat Loaf* die Schuld gegeben, Sie haben Gary Busey gefeuert, und das ist genau die Art von Entscheidungen, die mich nachts um den Schlaf bringen würden.« – Ich sah den Ausdruck in Donald Trumps Gesicht: Er war außer sich vor Wut.

Obamas Vortragsweise, seine Worte, seine Stärke waren nicht einfach lustig, sie waren wirkungsvoll. Sein Witz über *The Appren-*

tice ließ die Leute an meinem Tisch verstohlene Blicke in meine Richtung werfen, während sie lachten. »Gut gemacht, Sir. Gut gemacht«, rief er vom Podium und wandte sich an die Menge: »Sie können über Mr. Trump sagen, was Sie wollen, er würde ohne jeden Zweifel etwas Abwechslung ins Weiße Haus bringen. Mal sehen, was wir da oben haben.« Mit diesen Worten erschien auf dem Bildschirm hinter ihm ein Bild des Weißen Hauses mit einem dicken Trump-Schild, wie am Trump Tower.

In diesem Moment, in diesem Saal traf Donald Trump nicht nur die Entscheidung, sich 2016 um das Präsidentenamt zu bewerben, sondern auch, sich für die Demütigung, die Obama ihm vor all diesen einflussreichen Leuten zugefügt hatte, zu rächen. Ich war da, ich kann es bezeugen. Nicht allzu viele Leute können diesen Bogen schlagen, aber ich weiß, was ich damals gesehen habe. Als Schauspieler und Comedian Seth Meyers das Mikro übernahm und die Vorstellung einer Trump-Präsidentschaft als »einen Witz« verspottete, konnte ich über ein paar Tische hinweg Trumps Gedanken fast hören: *Lacht, solange ihr noch könnt, der Witz wird schneller, als ihr glaubt, auf eure Kosten gehen.*

Sollte Trump, gegen jede denkbare Wahrscheinlichkeit, tatsächlich Präsident werden, wäre der einzige Punkt auf seiner To-do-Liste, das Vermächtnis von Barack Obama auszumerzen und dessen Politik rückgängig zu machen. Das mag jetzt oberflächlich klingen, dumm und sogar zerstörerisch, aber von meiner Warte aus gesehen ist das die Wahrheit – und ich konnte in den folgenden Jahren von einer ganz einzigartigen Warte aus zusehen, wie die Dinge sich entfalteten.

Sechs Monate später, im Oktober 2011, wurde mein Bruder Jack ermordet. Er schlief zu Hause in Youngstown in seinem Bett, als der Ex seiner Freundin ins Haus einbrach und ihn kaltblütig erschoss. Mein Bruder hatte als Jugendlicher und junger Mann viele Probleme gehabt und gemacht, aber er hatte sein Leben geändert, eine Arbeit gefunden und uns alle mit Stolz erfüllt. Wie Sie sich denken können, erschütterte diese neuerliche Tragödie unsere Familie zutiefst. Zuerst wurde mein Vater ermordet, und jetzt mein Bruder. Die Beerdigung war eine einzige Qual. Ich sprach bei dem Gottesdienst und ehrte Jacks kurzes Leben.

Wir wussten nicht, dass der *National Enquirer* einen Reporter geschickt hatte, eine Schwarze, die vorgab, mit zur Trauergemeinde zu gehören. Sie nahm die Worte aus meiner Grabrede, konstruierte daraus einen mit Zitaten gespickten Artikel und behauptete, mich interviewt zu haben, während wir vor dem Sarg meines Bruders standen. Die Zeitung nannte es ein »Exklusivinterview«.

Ich heuerte die besten Anwälte an, und binnen eines Monats ließ ich das Klatschblatt wissen, dass ich eine Klage gegen sie vorbereitete, so wütend war ich, dass sie meine Trauer ausgenutzt und mir falsche Aussagen in den Mund gelegt hatten. Ihr Verhängnis war, dass sie es ein »Exklusivinterview« genannt hatten. Damit stand der Erfolg meiner Klage fest. Es ist unethisch, ein solches Wort zu benutzen, es sei denn, der Interviewte hat sich ausdrücklich dazu bereit erklärt.

Kurze Zeit später rief mich Donald Trump an. Wir hatten seit dem Abendessen der Korrespondenten im Weißen Haus nicht mehr miteinander gesprochen. Wir brachten uns schnell auf den neuesten Stand, dann ließ er die Katze aus dem Sack: »Omarosa, du musst diese Klage gegen den *Enquirer* fallen lassen. Ich bin eng mit David Pecker befreundet. Ich habe mit ihm gesprochen, und er ist bereit, die Sache mit dir zu regeln. Was verlangst du?«

Wie sich herausstellte, hatte Pecker Trump angerufen und gesagt: »Ist Omarosa nicht einer deiner Schützlinge? Kannst du ihr nicht sagen, dass sie die Klage fallen lassen soll?« Als persönlichen Gefallen für Pecker erklärte sich Trump bereit, mich anzurufen und von der Klage abzubringen, aber ich war dermaßen aufgebracht darüber, dass sie mich als eine Frau dargestellt hatten, die den aufgebahrten Leichnam ihres Bruders für Publicityzwecke benutzte, dass ich mich lange dagegen sträubte, die Klage zurückzuziehen.

Trump rief Pecker zurück und handelte mit ihm einen Deal für mich aus: Im Austausch für einen Vergleich mit der *American Media, Inc.* (AMI), der Muttergesellschaft des *National Enquirer*, boten sie mir den hochkarätigen Job und Titel des *West Coast Editors* an, der verantwortlichen Redakteurin für die Westküste.

Damit hatte Donald Trump mir zum ersten Mal eine leitende Position vermittelt, wenn ich im Gegenzug meine Klage fallen ließ. Die Parallelen zwischen diesem Deal und dem, den sie mir nach meinem Rauswurf aus dem Weißen Haus anboten – mein Schweigen gegen einen Job –, lassen sich nicht leugnen. Das Muster war sechs Jahre zuvor genau dasselbe. Kein Wunder, dass sie dachten, ich würde auch ein zweites Mal zulangen.

Ich dachte immer noch über Trumps Deal nach, als David Pecker anrief, um sich bei mir persönlich zu entschuldigen. »Die ganze Sache war die Schuld dieser dummen Reporterin«, sagte er. »Sie hat das alleine durchgezogen. Es tut uns so leid. Sie sind großartig. Wir würden uns freuen, wenn Sie dem Team beitreten würden. Es geht um Reality-TV, und Sie sind die Reality-Queen.«

Pecker wusste, wie er mich locken konnte. Der Job umfasste Reisen, ein Büro sowie ein eigenes Team von Fotografen und Reportern. Aber was schlussendlich den Ausschlag gab, war, dass Trump mich persönlich bat, den Deal zu akzeptieren. Er hatte großen Einfluss auf mein Leben gehabt, und ich war ihm gegenüber loyal und unendlich dankbar für alles, was er für mich getan hatte. Wenn er mich bat, ihm zu Gefallen meine Klage gegen einen seiner Freunde fallen zu lassen, dann blieb mir keine Wahl.

Je mehr ich darüber nachdachte, desto besser gefiel es mir. Es war eine große Chance. AMI war auch die Muttergesellschaft und Herausgeberin der Celebrity-Zeitschriften *Us Weekly*, *OK!* und *Star*. Ich hatte einen Abschluss in Journalismus, den ich bislang mehr oder weniger hatte brachliegen lassen. Und ich würde einen Einblick in das Innenleben der Maschinerie bekommen. Meine Logik lautete: *Wenn du sie nicht schlagen kannst, schließ dich ihnen an.*

Ich blieb zwei Jahre bei AMI und lernte das Magazingeschäft von innen heraus kennen. Ich bekam alle ihre schmutzigen Tricks zu sehen. Natürlich wissen wir jetzt, im Nachhinein, um die schäbigere Seite der Freundschaft zwischen David Pecker und Donald Trump. In zwei Fällen ist klar, dass der *National Enquirer* Exklusivrechte an Geschichten über Trump erwarb – eine von Karen McDougal und eine von einem Portier im Trump Tower, der behauptete, Beweise dafür zu besitzen, dass Trump ein Kind der Liebe mit seiner ehemaligen Haushälterin hatte. Anschließend ließ die Boulevardzeitung die Geschichten in der Versenkung verschwinden, eine Praxis namens »*Catch and Kill*«. Im Juni 2018 wurde David Pecker von der Bundesanwaltschaft im Rahmen ihrer Ermittlungen gegen Michael Cohen wegen der Unterlagen über die Zahlung an Karen McDougal vorgeladen. Man vermutet, dass Cohen auch diesen Deal für Trump eingefädelt hat.

Wenn ich mir diese Dinge heute ansehe, bin ich entsetzt, dass ich in derart zwielichtige Geschäfte verwickelt war. Aber damals war ich nach fast einem ganzen Jahrzehnt im Trump-Kult eine tiefgläubige Jüngerin, und genau diese Art von Hinterzimmer-Deals hatte ihm zu seinem großen Erfolg verholfen.

*

Meine Beziehung zu Michael Clarke Duncan war stark, und das Leben schien sich in die richtige Richtung zu bewegen.

Am 18. Februar 2012 wurde ich offiziell als baptistische Pastorin ordiniert. Ich musste zur Prüfung vor einen Ordinationsrat, und ich bestand mit Bravour. Es war der bisher größte Moment meiner kirchlichen Laufbahn. Im gleichen Monat verkündete Trump, dass er nicht als Unabhängiger antreten würde, wenn die Republikaner Mitt Romney als Kandidaten nominieren würden. Doch auch nachdem er aus dem Rennen ausgeschieden war und Präsident Barack Obama im April endlich seine Geburtsurkunde in aller Ausführlichkeit veröffentlichte, hörte Trump nicht auf, Zweifel an Obamas Geburtsort zu schüren. Im Mai etwa sagte er auf *CNN*: »Ein Haufen Leute glaubt nicht, dass es ein authentisches Zertifikat war.«

Rückblickend denke ich, dass Trump experimentierte und die Leichtgläubigkeit des Stimmvolks testete. Wenn er immer wieder sagte und twitterte, dass die Geburtsurkunde »ein Schwindel« sei, wie er es noch jahrelang tun sollte, würden die Leute ihm dann irgendwann glauben? Konnte die Wiederholung einer Lüge sie in die Wahrheit verwandeln? Wenn er immer wieder sagte, was ein bestimmter Teil der Bevölkerung hören wollte, würden sie dann irgendwann nach seiner Pfeife tanzen?

Die *Birther*-Bewegung war die erste Phase seiner politischen Kampagne, die im November 2007 begann und erst im November 2016 endete.

Während Trump in den Nachrichtensendungen der Kabelsender die Legitimität des ersten schwarzen Präsidenten infrage stellte, hielt ich mich im Ausland auf, genauer gesagt war ich mit Michael in Schottland für seinen Spot in der *Late Late Show* mit Craig Ferguson. Wir nutzten die Gelegenheit, die Highlands zu bereisen. Bei einem Besuch in einem prachtvollen schottischen Schloss überraschte Michael mich mit einem Heiratsantrag. Ich nahm an. Nach unserer Rückkehr nach L. A. begann ich sofort mit der Planung unserer Hochzeit. Was viele Menschen – selbst meine Familie – nicht wussten, war, dass ich damals im zweiten Monat schwanger war.

Im Juli, zwei Monate nach unserer Verlobung, ging es mir sehr schlecht. Zwei Tage lang hatte ich starke Schmerzen. Ich wurde ins Krankenhaus gebracht und erfuhr, dass ich eine Fehlgeburt erlitten hatte und sofort operiert werden musste, um ein großes Fibrom in meiner Gebärmutter zu entfernen. Nach der Operation kehrte ich nach Hause zurück, um mich zu erholen. Aufgrund der Lage des Fibroms schied eine laparoskopische Operation, das heißt, ein minimalinvasiver Eingriff, aus. Die Schnittwunde zog sich quer über meinen Bauch. Ich lief tief vornübergebeugt umher, hatte große Schmerzen und konnte nichts hochheben, was mehr als ein Kilo wog.

In der Nacht vom 13. Juli, mehrere Tage nach der Operation und immer noch von Schmerzen geplagt, immer noch in Trauer um das verlorene Kind, lag ich neben Michael im Bett, als ich eine Veränderung in seiner Atmung bemerkte. Sein leises Schnarchen setzte immer wieder aus und hörte schließlich ganz auf. Ich legte meine Hand auf seine Brust und merkte, dass er nicht mehr atmete. Voller Panik wählte ich den Notruf und erklärte dem Telefonisten, was passiert war, dass mein Verlobter nicht mehr atmete und womöglich einen Herzinfarkt hatte. Der Mann erklärte mir, wie man eine Herz-Lungen-Wiederbelebung durchführt, was ich – man hatte uns das bereits im College beigebracht – dann auch tat, bis die Sanitäter eintrafen und Michael ins Krankenhaus brachten.

Er war noch am Leben – nach Aussage der Sanitäter wäre er ohne meine Bemühungen schon vor ihrem Eintreffen gestorben –, aber die Ärzte der Notaufnahme sagten mir, sie müssten ihn in die sechs Meilen entfernte, besser ausgestattete Herz-Trauma-Einheit im *Cedars-Sinai Medical Center* verlegen. Ich rief einen privaten Krankenwagen und fuhr, Michael hinter mir auf der Liege, mit ins *Cedars-Sinai*. Meine Bauchschmerzen hatte ich völlig vergessen.

Michael lag wochenlang im Krankenhaus. Hin und wieder erlangte er das Bewusstsein, aber er wusste nie genau, wo er sich befand oder was passiert war. Ich saß an seiner Seite und betete jeden Tag für ihn – und konnte nicht verhindern, mich daran zu erinnern, wie ich am Bett meines Vaters gesessen hatte, als er zwei Wochen lang gegen den Tod ankämpfte und schließlich verlor.

Ich konzentrierte mich auf das, was hier und jetzt getan werden musste. Was hatten die Ärzte gesagt? Welche Freunde kamen zu Besuch? Welche Formalitäten mussten erledigt werden? Ich gestattete mir nicht, etwas anderes als seine völlige Genesung in Erwägung ziehen. Die Gefühle, die in mir tobten, hielt ich fest in mir verschlossen, ein Bewältigungsmechanismus, den ich bereits in meiner Kindheit gelernt hatte. Aber ich verlor die Kontrolle, jedes Mal wenn ich unser Haus verließ.

Michael starb am 3. September 2012. Bei der Beerdigung eine Woche später ging ich hinter seinem Sarg, völlig am Boden zerstört. Ich weinte in einem fort, gebrochen und verzehrt von einer so intensiven Trauer, wie ich sie noch nie zuvor erlebt hatte. Der Gedenkgottesdienst war wunderschön und unerträglich traurig. Seine Familie und Freunde, darunter Tom Hanks und Jay Leno, hielten zu Herzen gehende Grabreden. Nach dem Gedenkgottesdienst erhielt ich einen Brief von Trump. »Es tut mir leid wegen deines Verlustes«, schrieb er. »Wie ich hörte, war Michael ein guter Kerl.«

Nach der Trauerfeier ging ich nach Hause – und entdeckte, dass seine Fans vor unserem Tor einen Schrein errichtet, Kerzen angezündet und Blumen niedergelegt hatten. Mein Kummer und meine Verzweiflung waren so groß, dass ich sie kaum ertragen konnte. Ich setzte mich auf unsere Couch, immer noch unter Schock stehend, dass sein Leben und unsere gemeinsame Zukunft auf einen Schlag einfach weg waren, zusammen mit unserem Baby, meinem Bruder und meinem Vater. Ich hatte so große Verluste in meinem Leben erlitten, und ich weiß nicht, wie ich diese Zeit ohne meinen Glauben und meine Familie hätte überstehen können.

Michael und ich hatten zwei Hunde, einen Shar-Pei und einen Rottweiler, dazu noch Fische und zwei Katzen. Michael und ich waren die Eltern einer glücklichen kleinen Menagerie gewesen, und jetzt starrten die Tiere mich an, wie ich auf der Couch saß und weinte. Sie konnten nicht wissen, was geschehen war, spürten aber ganz offenkundig den Verlust. Er füllte jeden Zentimeter unseres Hauses aus und alles, was darin lebte.

Einen Monat später besuchte mich eine liebe Freundin. »Irgendwann«, sagte sie, »wirst du den Schrein vor dem Haus wegräumen müssen.« Ich stimmte ihr zu, konnte mich aber einfach nicht dazu durchringen. Seine Fans liebten ihn, und ich auch. Ihre Karten und

Kerzen zu entfernen wäre für mich eine einzige Tortur geworden. Es war alles viel zu viel für mich. Tag für Tag beschwor ich mich, einfach nur diesen einen Tag zu überstehen. Am Ende schnappte ich die Hunde und fuhr für zwei Tage an unseren Lieblingsort am Meer, wo wir oft die Wochenenden verbracht hatten. Bei meiner Rückkehr war der Schrein verschwunden. Meine Freunde hatten die Sache in die Hand genommen und sogar das Wachs vom Zement gekratzt. Dafür werde ich ihnen ewig dankbar sein.

Meine Familie und Freunde halfen mir, aber allein in einem so großen Haus zu leben und in dem Bett zu schlafen, in dem er seinen Herzinfarkt erlitten hatte, war qualvoll für mich. Außerdem tauchten plötzlich viele entferntere Familienmitglieder Michaels und deren Partner auf und forderten Geld und einen Teil des Erbes. Seine Anwälte und die Vollstrecker seines gewaltigen Nachlasses arbeiteten die Erbforderungen einzeln durch, bis alles geklärt war. In all dem Stress fühlte ich, dass ich im Begriff war, mich zu verlieren, durchzudrehen. Ich war in einem Zustand tiefer Trauer gefangen und kämpfte gegen eine Depression an. Ich musste meinem Leben dringend eine neue Richtung geben, bevor alles völlig außer Kontrolle geriet.

Die Wahl im November verfolgte ich wie durch einen Nebel. Obama besiegte Romney, und Trump ließ eine klassische Twitter-Kanonade über die »manipulierte Wahl« vom Stapel. Ich hatte Obama unterstützt und war froh über seinen Wahlsieg, aber ich steckte so tief in meiner Trauer, dass ich kaum etwas davon wahrnahm. Nach Michaels Herzinfarkt hatte ich mich von meinem Magazinjob beurlauben lassen, eine Entscheidung, die ich nun bereute. Die Arbeit hatte mich schon immer mit Haut und Haar verschlungen, und irgendwie musste ich den Schmerz verarbeiten.

Noch vor Winterbeginn rief Donald Trump mich persönlich an. »Wie geht es dir, Omarosa?«, wollte er wissen. »Nicht so gut, Mr. Trump.« Jeden Tag versank ich tiefer in der Depression. Die Schwärze schien bodenlos. »Tut mir leid, das zu hören. Pass auf, ich brauche deine Hilfe bei etwas. Ich drehe eine weitere Staffel der Show. Du musst wirklich noch einmal zurückkommen.«

Schon wieder? Ich wusste nicht, ob ich dazu in der Lage wäre. »Ich fühle mich geschmeichelt …«

»Ich kann das nicht ohne dich machen. Ich brauche dich für eine *All-Star-Show*.«

In meinem Zustand würde ich ganz sicher nicht bei einer TV-Show mitmachen. Aber er ließ nicht locker. »Schau, es wird dir guttun, aus dem Haus zu kommen, und außerdem kannst du Geld für wohltätige Zwecke sammeln. Wie heißt Michaels Wohltätigkeitsorganisation gleich noch mal? Du kannst es für ihn tun, ihm zu Ehren.«

Ein Teil von mir wusste nur zu gut, dass Trump ausschließlich Dinge tat, die seiner eigenen Agenda dienten. Er wollte mich in seiner Show, und er würde meine Trauer benutzen, um mich herumzukriegen. Andererseits hatte er ja recht: Ich musste aus dem Haus und über etwas anderes nachdenken, als immer nur darüber, wie ich mich aus dem immer größer und immer tiefer werdenden Loch der Trauer herauskämpfen konnte.

»Ja, es wäre toll, etwas für Michaels Wohltätigkeitsprojekt zu tun«, sagte ich. Ich sprach vom *Sue Duncan Children's Center* in Chicago. Ms. Duncan – die nicht mit Michael verwandt war, obwohl sie denselben Namen trug – war die Mutter eines Freundes aus Michaels Kindheitstagen, US-Bildungsminister Arne Duncan, und leitete ein Zentrum für Kinder von der South Side in Chicago. Michael hatte dem Zentrum in seinem Testament eine beträchtliche Summe vermacht, und ich konnte diese Summe in der Show noch erhöhen. Allein der Gedanke daran erleichterte meine Trauer.

»Großartig! Ich lasse dich von den Produzenten anrufen.« – Er war selbstsüchtig, ja. Aber diesmal half er mir mit seiner Selbstsucht.

Die Kandidaten der Show wurden im klassischen, konfliktschürenden Stil in zwei Teams aufgeteilt, eines überwiegend weiß (Trace Adkins, Gary Busey, Dee Snider, Penn Jillette, Marilu Henner, Lisa Rinna und Stephen Baldwin), das andere Team überwiegend schwarz und liberal (ich selbst, Lil Jon, La Toya Jackson, Dennis Rodman und andere). Irgendjemand machte einen Witz darüber, dass wir das schwarze Team wären und das andere Team ein Abbild des Republikanischen Nationalkonvents.

Zum Zwecke der Quotensteigerung wurden die Rassenspannungen in den USA in der Show hochgespielt. Produzent Mark Burnett verstand sich perfekt darauf, Konflikte zu provozieren. Er hatte beim britischen Militär gedient und dort verschiedene Taktiken zum Schüren von Konflikten gelernt, um den Feind zu spalten und dann zu erobern. Ich war von Anfang an in die Show involviert und konnte sehen, wie er die Teams gezielt nach Geschlecht, Klasse und Rasse aufteilte. Er hatte seine beim Militär erworbenen Fertigkeiten bei der Realityshow *Survivor* perfektioniert und brachte diese natürlich auch zu *The Apprentice* mit.

Gary Busey, der Schauspieler, war nervig, aber unterhaltsam. Er hatte einen üblen Körper- und einen schlimmen Mundgeruch und keinerlei Vorstellung vom Konzept des persönlichen Raums. In seiner ersten Staffel in der Show hatte er eine durchgeknallte, aber gut verkäufliche TV-Persönlichkeit etabliert, die hübsch verpackt einem begeisterten Publikum präsentiert wurde. Nach seinen Possen zu urteilen, hatte er sich entschieden, diesmal sogar noch eine ordentliche Schippe draufzulegen.

La Toya Jacksons Energie war sehr düster. Wann immer jemand den Tod meines Michaels erwähnte, brachte sie den Tod ihres Bruders zur Sprache, der 2009 gestorben war, und wie sein Geist sie nachts besuchte.

Dennis Rodman, der ehemalige Basketballstar, hatte so seine Probleme mit dem Nüchtern-Bleiben. Sein Apartment im *Trump International* lag nur ein paar Türen von meinem entfernt, und ich konnte buchstäblich durch den Türspion sehen, wie er mit Leuten, die wie Obdachlose, Dealer und Prostituierte aussahen, aus dem Aufzug stieg. Die gesamten Dreharbeiten hindurch wirkte er mindestens die Hälfte der Zeit betrunken.

Ich bemerkte einen Widerspruch in Trumps Geduld und Toleranz gegenüber Rodman, dem zukünftigen Ad-hoc-Diplomaten für Nordkorea, und seiner Sucht. Für Khloé Kardashian hatte Trump nicht das gleiche Mitgefühl aufgebracht. Er hatte sie 2009 in der achten Staffel gefeuert, weil sie früher einmal wegen Trunkenheit am Steuer verhaftet worden war. 2016 machten Berichte die Runde, denen zufolge er sie in Wahrheit wegen ihres Gewichts gefeuert hatte. Laut anonymen Quellen aus den Reihen der *Apprentice*-Mitarbeiter hatte er sie ein »fettes Ferkel« genannt und beklagt, dass sie nicht »die Heiße« gebucht hätten, womit er sich dem Vernehmen nach auf Khloés Schwester Kim bezog. Dennis Rodmans Trinkverhalten sah er ihm jedenfalls nach, während er Khloé vor laufender Kamera wegen ihrer Trunkenheitsfahrt an den Pranger stellte und sie dann rausschmiss. Ich glaube, Sexismus spielte dabei eine gewisse Rolle, aber gleichzeitig war Trump wohl auch ein wenig eifersüchtig auf den Erfolg der Kardashians. Deren Reality-TV-Franchise *Keeping Up with the Kardashians* legte einen kometenhaften Aufstieg hin, während *The Apprentice* sich kaum noch halten konnte. – Heute fällt es mir leicht, ihn als das zu sehen, was er immer schon war: kleinkariert. Ich sehe einen kleinen Mann hinter dem Vorhang. Aber all die Jahre hindurch habe ich ihm seine Unsicherheiten verziehen. Sie ließen mich Mitgefühl für ihn empfinden, ein Gefühl, das meine Loyalität ihm gegenüber nur noch weiter verstärkte.

Während der Dreharbeiten zur dreizehnten Staffel kündigte das TV-Nachrichtenmagazin *Inside Edition* an, eine Aufnahme meines Notrufs aus der Nacht von Michaels Herzinfarkt zu veröffentlichen. Jeder, der den Link anklickte, würde die Verzweiflung in meiner Stimme hören, mit der ich ihn anflehte, am Leben zu bleiben, alles, was ich tat, alles, was der Telefonist mich anwies zu tun. Ich kann mir nichts Persönlicheres, Intimeres vorstellen als das, was auf dem Band zu hören war. Die Vorstellung, dass jemand die Aufnahme geleakt hatte, fühlte sich an wie eine körperliche Verletzung. Eine emotionale war es auf jeden Fall. Und es würde gerade in dem Moment passieren, wenn ich die Show drehte, alles im Fernsehen. Ich musste für ein paar Tage eine Pause einlegen und versuchen, die Veröffentlichung der Aufnahme zu stoppen.

Als ich in der fünften Folge gefeuert wurde, war ich erleichtert. Ich hatte 40 000 Dollar für das *Sue Duncan Children's Center* gewonnen, und das war die Hauptsache. Ein weiterer positiver Aspekt kam hinzu, als Trump zu mir sagte: »Kann ich ehrlich sein? Ich betrachte dich fast als eine Freundin.« Als ich antwortete, dass wir diese Show auf Platz eins gebracht hätten, antwortete er: »Das haben wir. Mag ich Omarosa? Ich liebe Omarosa, okay?«

Als die Show Anfang 2013 ausgestrahlt wurde, wusste ich nur, dass die Zeit für die Serie abgelaufen war. Es folgte zwar noch eine weitere Staffel mit Trump, aber dann war es vorbei. Ich betrachtete meine drei Staffeln von *The Apprentice* als lebensverändernde und, zum größten Teil, positive Erfahrungen. Was meine Freundschaft mit Donald Trump anging – eine einzigartige Art von Arbeitsfreundschaft, die zu diesem Zeitpunkt schon seit zehn Jahren bestand –, so empfand ich für ihn auch großen Respekt.

Wer die Dynamik zwischen Donald und mir begreifen will, muss verstehen, dass sie mit einem gemeinsamen Triumph begann. Trump mag Gewinner. Er mag Leute, die ihm Geld einbringen und ihm Aufmerksamkeit und Schlagzeilen verschaffen. Das alles habe ich für ihn und die Show getan. Die *Apprentice*-Begeisterung in dieser ersten Staffel war so gewaltig, so prägend für unser beider Karrieren, dass wir dadurch für immer verbunden sind. Wie gesagt, Donald Trump und mich verband eine symbiotische Beziehung. Ich verschaffte ihm Quoten, und er verschaffte mir, einer schwarzen Frau, immer wieder neue Chancen, was wiederum ihm jemanden gab, auf den er deuten und sagen konnte: »Ich bin kein rassistischer Frauenhasser! Schaut her, was ich alles für Omarosa getan habe!«

Zu keinem Zeitpunkt während unserer wechselseitig gewinnbringenden und loyalen Verbindung hörte ich auf, mich zu fragen: »Benutzt er mich?«

Wir hatten beide enorm davon profitiert, dass wir über lange Zeit hinweg im Leben des anderen präsent waren, sowohl persönlich als auch beruflich. – Ich konnte mir nicht vorstellen, dass sich daran jemals etwas ändern würde.

Zweiter Teil

Der Wahlkampf

Kapitel fünf

Das Frauenproblem

Seit Anfang 2013 sah es so aus, als ob Hillary Clinton bei der Präsidentschaftswahl 2016 die Kandidatin der Demokratischen Partei werden würde. Sie würde dann Obamas zwei Amtszeiten abgewartet haben und selbst an der Reihe sein. Die Vorstellung, dass Hillary die gläserne Decke durchbrechen und zur ersten Frau im Präsidentenamt werden könnte, war beinahe so aufregend wie die Tatsache, dass Barack Obama zum ersten schwarzen Präsidenten geworden war. Obwohl es mich enttäuscht hatte, wie sie in den Neunzigerjahren mit den Seitensprüngen ihres Mannes umgegangen war, war mir bewusst, dass sie eine starke und kluge Frau mit Grundsätzen und eine inspirierende Persönlichkeit war.

Tatsächlich hielt die damalige First Lady Hillary Clinton die Festrede auf der Abschlussfeier, als ich 1998 mit einem Master von der Howard University abging, und an Teile ihrer Rede erinnere ich mich auch heute noch sehr gut. Im Jahr 2013 fühlte ich mich von ihrer Rede stärker angesprochen als jemals zuvor, in Anbetracht all der erstaunlichen Wendungen, die mein Leben genommen hatte. »Ich glaube, Sie können ein guter Bürger sein, indem Sie die vorherrschende Meinung infrage stellen«, hatte sie damals gesagt, »und helfen, die Stereotypen zu erkennen, die uns in unseren kleinen Welten gefangen halten. Ich bin sicher, dass Sie alle es schon erlebt haben, dass Ihre Erwartungen, wie eine bestimmte Person sei – aufgrund ihres Aussehens oder ihrer Herkunft –, sich als falsch erwiesen haben, weil Sie sich die Zeit nahmen, sich mit ihr zusammenzusetzen und sich zu unterhalten, oder zusammen zu essen, oder ein von ihr empfohlenes Buch zu lesen. Sie hatten die Gelegenheit, die vergangenen vier Jahre in einer der ethnisch vielfältigsten Umgebungen zu verbringen, die man sich vorstellen kann – aber trotzdem würde ich wetten, dass es Ihnen nach wie vor schwerfällt, den ersten Schritt zu tun und die eigene Komfortzone zu verlassen.«

Zweifellos war ich schon oft mit Vorstellungen kollidiert, die andere sich wegen meiner Herkunft, meines Geschlechts, meiner Hautfarbe oder meiner Berufswahl von mir gemacht hatten. Ich habe schon immer gewusst, dass solche Vorurteile sich in nichts auflösen, wenn die betreffende Person sich einfach nur mit mir zusammensetzt und sich mit mir unterhält. Im Laufe der vorangegangenen zehn Jahre hatte ich fast täglich gegen das Stigma anzukämpfen, aus sehr armen Verhältnissen zu stammen und die Tochter einer alleinerziehenden Mutter zu sein. Jetzt wollte ich mich wieder aus meiner Komfortzone hinauswagen und in die Politik gehen, um eine Frau zu unterstützen, die ich zutiefst bewunderte.

Quentin James, mein Kommilitone an der Howard University, war mittlerweile politischer Influencer, *Community Organizer* und Mitglied des Verwaltungsrats der *National Association for the Advancement of Colored People* (NAACP). Außerdem war er der Vorsitzende des Afroamerikanischen Finanzkomitees für das *Political Action Committee* (PAC) namens *Ready for Hillary*. Ich freute mich darauf, mit ihm und seinem Team zusammenzuarbeiten. Wir gingen fest davon aus, dass die Mitglieder des Afroamerikanischen Finanzkomitees zu gegebener Zeit zu einem Teil ihrer offiziellen Wahlkampagne werden würden, doch bevor sie ihre Kandidatur ankündigte, durfte sie mit dem PAC nichts zu tun haben. Von einem Kandidaten wird erwartet, dass er gebührenden Abstand zu einem PAC hält, obwohl es für alle klar zu sein schien, dass *Ready for*

Hillary die Grundstruktur bildete, auf der ihre offizielle Kampagne aufbauen würde.

In dieser Zeit nahm ich zu Minyon Moore, der langjährigen politischen Beraterin von Clinton, Kontakt auf, um herauszufinden, wie die Gesamtstrategie für Clintons Präsidentschaftswahlkampf aussah. Moore versicherte mir, das beste Vehikel, um Clinton zu unterstützen, sei das *Ready for Hillary* PAC. Also verstärkte ich meine Anstrengungen, um für Hillary Spenden und Unterstützung einzuwerben. Da ich prominent war, hatte ich ein ausgedehntes Beziehungsnetzwerk und konnte dafür sorgen, dass die Events, die ich für *Ready for Hillary* organisierte, sehr gut besucht waren.

Bei einem Fundraiser, den Quentin am 7. November 2013 in einem Nachtklub in Los Angeles organisiert hatte, war ich die Gastrednerin. Ein Teil meiner Rede wurde am nächsten Tag in der *Los Angeles Times* zitiert: »Wir müssen alle zusammenhalten und diese *Sister* unterstützen. Ich kann euch sagen, als ich im Weißen Haus war, hat sie sich um jeden Einzelnen von uns gekümmert und dafür gesorgt, dass wir die Probleme im Blick behielten, die wirklich wichtig waren.« Jedes meiner Worte war ernst gemeint. Ich glaube, dass die afroamerikanische Community Hillary Clinton wirklich am Herzen lag.

Moore sagte uns, dass man in der Chefetage mit den Beiträgen unseres Komitees sehr zufrieden sei. »Ihr werdet im Wahlkampf eine Rolle spielen«, meinte sie. Das ergab ja auch Sinn: Wir alle hatten zusammengearbeitet, um die Infrastruktur aufzubauen, und so war es nur logisch, dass die Leute, die das Fundament gelegt hatten, auch das Haus bauen würden.

Als Hillary am 12. April 2015 ihre Kandidatur ankündigte, wurde das *Ready for Hillary* PAC aufgelöst und seine gesamten Ressourcen für den Präsidentschaftswahlkampf an das offizielle *Ready* PAC übertragen. Wir alle brannten darauf, diesen Übergang zu vollziehen und bei einem Wahlkampf mitzumachen, der sicherlich historisch werden würde. Ich kann mich noch gut erinnern, dass ich damals das Gefühl hatte, zu etwas Bedeutendem zu gehören.

Aber wir hörten nichts von ihnen. – Also warteten wir. – Und warteten noch länger.

Am 29. Mai schickte Quentin uns eine E-Mail, mit der er uns mitteilte, dass er nun doch nicht als Direktor für afroamerikanische Öffentlichkeitsarbeit der *Hillary-for-America*-Kampagne arbeiten und stattdessen jemand anderes diese Aufgabe übernehmen würde.

Ich war schockiert und rief ihn sofort an. Er war ebenso wütend und aufgewühlt wie ich. Wir fühlten uns getäuscht und gedemütigt. Die Frau, die sie an seine Stelle gesetzt hatten, hatte nichts mit *Ready for Hillary* zu tun gehabt. Später hörte ich, dass sie nur engagiert worden war, um Clinton die wichtige Unterstützung des Mentors dieser Person zu sichern, der für einen *Swing State* im Repräsentantenhaus saß – so etwas nennt man auch »Sumpf-Politik«.

Ich hatte für *Ready for Hillary* zwei Jahre meines Lebens gegeben. Quentin auch. Nach dieser unsanften Zurücksetzung war meine Unterstützung für sie nur noch halbherzig.

Von da an verließ Hillarys Wahlkampagne sich hauptsächlich darauf, Daten zu sammeln und zu analysieren – die Demokraten lieben ihre Daten –, statt auf persönliche Wählerkontakte und zwischenmenschliche Beziehungen zu setzen. Diese Strategie sollte sie letztlich den Wahlsieg kosten.

Seit ich Trump kenne, hat er schon immer davon gesprochen, bei Präsidentschaftswahlen antreten zu wollen: 2003 redete er von 2004, 2007 von 2008, 2011 von 2012. Es hatte viel Zuspruch gegeben, um ihn zum Antreten zu motivieren, aber bis jetzt war nie etwas daraus geworden. Bei jeder Wahl fragten mich Reporter, ob Donald Trump jemals antreten werde; ich beantwortete solche Fragen stets Trumplike mit »Sag niemals nie«.

Am 16. Juni 2015, also zwei Wochen nachdem ich von der Clinton-Kampagne enttäuscht worden war, belehrte er viele Skeptiker eines Besseren. Trump und seine Frau glitten die berühmte goldene Rolltreppe im Trump Tower herab und verkündeten seine Präsidentschaftskandidatur.

Ich sah mir die Ankündigung zu Hause in Los Angeles an, und als ich seine Bemerkungen zu mexikanischen Immigranten hörte – »Wenn Mexiko seine Leute herschickt, dann schicken sie nicht die Besten. … Sie schicken Leute, die jede Menge Probleme haben, und die bringen dann diese Probleme zu uns. Sie bringen Drogen. Sie bringen Verbrechen. Sie sind Vergewaltiger. Und ein paar von ihnen sind gute Leute, nehme ich an« –, dachte ich: *Die Sache ist schon vorbei, bevor sie überhaupt begonnen hat.* Bei einer ritualisierten politischen Verlautbarung wie dieser werden nicht so provozierende Aussagen gemacht. Aber Trump war kein konventioneller Kandidat, und er wusste, dass er sich durch das Ansprechen dieses speziellen Problems bei einer bestimmten Gruppe der amerikanischen Bevölkerung beliebt machen konnte, nämlich beim sogenannten »vergessenen Mann«.

Seine Aussagen waren auf strategische Weise kontrovers, und tatsächlich hatte er die Medien in der Tasche. Wieder einmal war er selbst das wichtigste Thema im ganzen Land. Ich erinnere mich, dass ich eine Flut von Texten und Anrufen von den unterschiedlichsten Leuten erhielt, die mir allesamt die gleiche Frage stellten: »Was hältst du davon?«

Ich war mir nicht sicher, was ich davon halten sollte.

Ich war – wie viele andere Amerikaner auch – verwirrt von dem Spektakel einer Kandidatur Trumps. Ein Teil von mir glaubte, dass er keine Chance hatte; ein anderer Teil wusste, dass man nie gegen Donald Trump wetten sollte. Ich dachte mir: *Wir werden es abwarten müssen.*

Bis zu dem Tag, an dem er antrat, hatte ich noch nie jemanden sagen gehört: »Donald Trump ist ein Rassist.« Er war ein Popkultur-Superstar, Dutzende von Rappern bezogen sich in ihren Texten auf ihn. Er war gut befreundet mit schwarzen Künstlern und Unternehmern wie P. Diddy, Russell Simmons und Don King. In Donald Trumps diversen Unternehmen werden Menschen mit einer anderen Hautfarbe nicht diskriminiert; ich hatte ein Dutzend seiner Immobilien besucht, selbst in seinem Unternehmen gearbeitet und gesehen, dass seine Belegschaften ethnisch vielfältig sind, auf allen Ebenen.

Allerdings dachte ich damals, er sei *racial*, also »rassebewusst«, da er Rassenmerkmale und die Beziehungen zwischen Rassen nutzte, um Menschen zu manipulieren. Ich glaube, das ganze *Birther*-Zeugs sei auf normale *opposition research* zurückzuführen, wie Trump es behauptete, aber darüber hinaus wollte er damit die weiße Wählerbasis der Republikaner aufstacheln. Dass Trump illegale Immigranten zu einem Rassenthema machte und sein Gerede, »eine Mauer bauen« zu wollen, hatten den gleichen Zweck. Ich glaubte damals, dass Trump die verschiedenen ethnischen Gruppen gezielt gegeneinander ausspielte, um sich politische Vorteile zu verschaffen – ganz so, wie er in *The Apprentice* Teilnehmer verschiedener Hautfarben gegeneinander ausgespielt hatte, um höhere Einschaltquoten zu erreichen.

Im Rückblick sehe ich die Fehler in meinen Einschätzungen. Und sein Verhalten hätte mich wahrscheinlich mehr stören sollen, als es der Fall war. Aber wie erwähnt hatte ich einen blinden Fleck, wenn es um Trump ging. Wegen meiner Nähe zu ihm konnte ich ihn aus einem bestimmten Blickwinkel nicht so sehen, wie alle anderen es taten. Als ich ihn kennenlernte, war er ein berühmter Milliardär und ich eine junge, aufstrebende und ehrgeizige Geschäftsfrau, die ihn beeindrucken wollte. Durch *The Apprentice* änderte sich mein Leben: Ich trat aus der anonymen Masse heraus und wurde berühmt und wohlhabend. Als Mädchen, das in extremer Armut aufgewachsen war, hielt ich Wohlstand für gleichbedeutend mit Sicherheit. Doch ich sollte lernen, dass Geld einen nicht vor Verletzungen schützt. Ich verband Trumps Lebensstil mit Sicherheit und Freiheit. Wenn man ihm vorwarf, intolerant zu sein, konnte ich das einfach nicht nachvollziehen.

Einer der frühesten Wahlkampfauftritte von republikanischen Bewerbern bei diesen Vorwahlen war die Debatte am 6. August 2015, die von *Fox News* ausgestrahlt wurde. Ich und 24 Millionen andere Zuschauer verfolgten die Debatte vor den Fernsehschirmen – mehr als jemals zuvor bei einer Debatte im Rahmen von Vorwahlen. Zu diesem Zeitpunkt war ich noch kein Mitglied der Kampagne, sondern lediglich eine außenstehende Beobachterin, die Trump persönlich kannte. Zehn Kandidaten drängten sich auf der Bühne, aber Donald Trump, der umstrittenste von ihnen, zog alle Blicke und die meisten Fragen auf sich. Megyn Kelly, die Moderatorin der Debatte, fragte ihn ganz direkt: »Sie haben Frauen, die Sie nicht mögen, als ›fettes Schwein‹, ›Hündin‹, ›Schlampe‹ oder ›widerliches Tier‹ bezeichnet ...« Trump erwiderte: »Nur Rosie O'Donnell.« Das Publikum tobte.

Es passte ihm nicht, wie sie ihn in die Enge getrieben hatte. Am nächsten Tag beschwerte er sich bei *CNN*-Moderator Don Lemon darüber, wie Megyn Kelly ihn behandelt hatte: »Man konnte sehen, dass ihr Blut aus den Augen lief. Blut lief ihr sonst wo raus.« Damals glaubte auch ich, dass der »Krieg gegen Frauen«, wie Kelly sein Verhalten genannt hatte, eigentlich nur ein Krieg gegen Rosie O'Donnell war. Ich glaubte nicht, dass er einen Krieg gegen alle Frauen führte, sondern vielmehr nur persönliche Auseinandersetzungen mit bestimmten Frauen hatte, ebenso wie er persönliche Auseinandersetzungen mit bestimmten Männern hatte. Heute sehe ich die Lücken in dieser Sicht der Dinge. Rückblickend kann ich bei ihm ein Muster von sexistischem Verhalten und abfälligen Bemerkungen über Frauen erkennen, das bis in meine erste Staffel von *The Apprentice* zurückreicht.

Aber noch mal: Ich hatte diesen blinden Fleck. Ich konnte nicht sehen, was ich hätte sehen sollen. Ich hatte das Gefühl, ich müsste diesen Mann in Schutz nehmen, der noch nie etwas Unangemessenes zu mir gesagt hatte – oder auch über mich, soweit ich das wusste.

Aber auch früher schon hatte es Gerüchte über ihn gegeben. Harry Hurt III zitiert in seinem Buch *Lost Tycoon: The Many Lives of Donald J. Trump* aus Ivana Trumps seit 1990 unter Verschluss gehaltener Scheidungsklage, in der sie ihren Ex-Mann eines gewaltsamen sexuellen Übergriffs bezichtigte, den sie »Vergewaltigung« nannte. Im Juli 2015 ließ Ivana Trump dann mitteilen: »Die Geschichte [über diesen Übergriff] ist völlig gegenstandslos.« Sie sagte, das sei eine Übertreibung gewesen, zu der sie sich im Eifer des Scheidungsgefechts habe hinreißen lassen. Aber auch andere Frauen – von einem aufstrebenden Model bis hin zu einer ehemaligen Rezeptionistin – erhoben Vorwürfe wegen sexueller Belästigung gegen Trump. Jill Harth, eine Frau aus Florida, die zusammen mit ihrem Lebenspartner eine geschäftliche Partnerschaft mit Trump anstrebte, verklagte Trump 1997 wegen sexueller Belästigung. In ihrer Klageschrift führte sie zahlreiche Vorfälle auf, die sich über einen Zeitraum von sechs Jahren ereignet hätten: Trump habe ihr angeblich zwischen die Beine gefasst, sie in Mar-a-Lago gegen eine Wand gedrückt und festgehalten. Das Paar reichte darüber hinaus eine Klage wegen Vertragsverletzung ein, die mit einem Vergleich beigelegt wurde – allerdings nur unter der Bedingung, dass Harth die Klage wegen sexueller Belästigung zurückzog. Das tat sie dann auch. – Wie für seinen angeblichen Rassismus ließen sich auch für seinen Sexismus plausible Erklärungen oder Rechtfertigungen finden, wenn man ihm denn einigermaßen wohlgesonnen war – so wie ich damals.

Trumps Frauenproblem von 2015 schien Erinnerungen zu wecken an das, womit Bill Clinton in den späten Neunzigerjahren konfrontiert war, und beschränkte sich hauptsächlich auf Streitereien mit Megyn Kelly und Rosie O'Donnell. Es sollte noch vierzehn Monate dauern, bis sein Frauenproblem von 2016 zutage trat, mit dem *Access-Hollywood*-Tape und Beschuldigungen von über einem Dutzend Frauen wegen sexueller Belästigung. Und sein Frauenproblem von 2017 würde dann natürlich Schweigegeldzahlungen an Pornosternchen und Playmates mit sich bringen.

Wer weiß, was der Rest des Jahres 2018 bringen würde?

Ich hatte das Weiße Haus unter den Clintons erlebt und war daher abgestumpft für – begründete oder unbegründete – Vorwürfe gegen Politiker, die sich schlecht benahmen. In einem politischen Umfeld war es gang und gäbe, dass einem Mann Fehlverhalten vorgeworfen wurde.

Zusammen mit Katrina Campins, meiner Zimmergenossin während der ersten Staffel von *The Apprentice*, trat ich am 9. August in der *CNN*-Sendung *Reliable Sources* mit Brian Stelter auf, um über Trumps schlechte Einstellung zu Frauen zu sprechen. Ich sagte: »Donald Trump hat kein Frauenproblem. Ich glaube, das ist das Gleiche, als wenn man im Müll von jemandem herumwühlt und sich daraus die Dinge herauspickt, von denen man glaubt, dass sie seinen Wahlkampf zunichtemachen könnten. Die Äußerungen durchzugehen, die Donald Trump in den letzten dreißig Jahren gemacht hat, ist die niedrigste Form von Journalismus. ... Nur weil er Rosie O'Donnell nicht mag, bedeutet das noch lange nicht, dass er alle Frauen hasst. ... Er hat kein Frauenproblem. ... Für mich ist völlig klar, dass Megyn Kelly mit Donald Trump ein Hühnchen zu rupfen hat. Alle haben das gesehen. ... Ich nenne das sehr, sehr persönlich. Donald Trump kann sehr gut erkennen, was ein Mensch will, und sie wollte ihm nicht die Chance geben zu zeigen, wie er zu den Anliegen von Frauen steht.«

Mein nächster Medienauftritt war am 10. August auf *CNN*, in einem Interview mit Don Lemon, der mich ebenfalls zu Trumps Frauenproblem befragte. Ich antwortete ihm: »Wir haben ein ganzes Wochenende damit verschwendet, darüber zu spekulieren, ob er über Hormone spricht oder nicht. Stattdessen hätten wir über das Lohngefälle zwischen Männern und Frauen reden können, über die reproduktive Gesundheit von Frauen, über Bewilligung oder Entzug von öffentlichen Geldern für gemeinnützige Einrichtungen wie *Planned Parenthood.* Die Presse, die Medien, all die Leute, die die Zeit von Frauen verschwenden, sollten sich schämen. Wir müssen wissen, wie die Kandidaten zu diesen ernsten Fragen stehen.«

Das muss Trump und seinem Wahlkampfteam, das sich noch im Aufbau befand, gefallen haben. Ein paar Tage später, am 15. August, rief mich Michael Cohen an, damals der Vizepräsident und Justiziar der *Trump Organization.* Er arbeitete daran, Trumps Frauenproblem zu lösen.

Michael Cohen ist ein Mensch von der Sorte »*What you see is what you get*«. Auf den ersten Blick wirkt er ein bisschen gewöhnlich, ungehobelt und draufgängerisch, und genauso ist er auch. Außerdem ist er sehr witzig und mit allen Wassern gewaschen. Nichts anderes würde man auch erwarten: Er hat seinen Abschluss an einer eher durchschnittlichen juristischen Fakultät gemacht und es trotzdem geschafft, Mandanten an Land zu ziehen und Karriere zu machen. Vom unteren Ende der Nahrungskette arbeitete er sich immer weiter nach oben, bis er zum persönlichen Rechtsanwalt des Präsidenten der Vereinigten Staaten wurde. Dafür brauchte er eine Menge Vorstellungskraft, taktisches Gespür, gesunden Menschenverstand und Problemlösungsfähigkeiten, ganz zu schweigen von moralischer Flexibilität – alles Eigenschaften, die den meisten Menschen fehlen.

Ich mochte Cohen. Er kam ein paar Jahre nach mir in die *Trumpworld*, und wir schätzten uns gegenseitig als geradlinig und direkt ein. Er hielt mich für eine Rebellin, für eine Frau, die sich nicht über seine derbe Ausdrucksweise wunderte und sich nicht einschüchtern ließ durch die Drohungen, die er gegen jeden ausstieß, der Trump herabsetzte oder respektlos behandelte. Da er mich mochte, war er mir gegenüber immer höflich, entspannt und nett. Dagegen verhielt er sich gegenüber allen, denen er nicht über den Weg traute – also fast dem gesamten Rest der Menschheit –, aggressiv, aufdringlich, schroff und ohne Rücksicht auf Verluste unverschämt.

Trump seinerseits begegnete Cohen nicht immer mit Respekt; er machte sich häufig über ihn lustig oder behandelte ihn herablassend. Trump hatte spitzgekriegt, dass Michael umso härter arbeiten würde, um gelobt zu werden, je seltener das geschah. Cohen begann unser Telefonat mit der Bemerkung, wie lächerlich es doch sei, wenn irgendjemand Trump vorwerfe, sexistisch zu sein. Die Personalliste der *Trump Organization* sei voller weiblicher Manager. Dann fing er an, ganz aufgeregt darüber zu reden, wie ich das, was ich bisher getan hatte, in offizieller Funktion fortsetzen könnte, um die öffentliche Wahrnehmung von Trumps Einstellung gegenüber Frauen und Afroamerikanern positiv zu beeinflussen. »Und dieser Bursche, der eine Kirche voller Schwarzer zusammengeschossen hat, hilft uns auch nicht gerade weiter«, sagte Cohen dann. Damit meinte er Dylann Roof, den 21-jährigen »white supremacist«, wie sich die Verfechter der angeblichen Überlegenheit der weißen Rasse nennen, der kurz zuvor während eines Gottesdienstes in einer Kirche in Charleston, South Carolina, das Feuer eröffnet und neun Menschen getötet hatte. Hillary Clinton hatte am Tag nach dem Massaker dem Fernsehsender *Nevada PBS* gesagt: »Wir müssen uns gegen [Hass und Vorurteile] aussprechen. So hat zum Beispiel ein vor Kurzem aufgestellter Präsidentschaftskandidat der Republikaner einige sehr hetzerische Dinge über Mexikaner gesagt. Wir sollten alle aufstehen und sagen, dass so etwas nicht akzeptabel ist.«

Das Team der Kampagne muss mich als zweifache Lösung gesehen haben: Ich bin schwarz und eine Frau. Ich antwortete Cohen, ich wolle mich gern darüber unterhalten. Dann beendete er das Gespräch sehr schnell, nachdem er mir versprochen hatte, mit dem Wahlkampfleiter Corey Lewandowski darüber zu sprechen. »Gib mir eine Stunde Zeit!«, meinte er. Die Clinton-Kampagne hatte keinen Wert auf meine Unterstützung gelegt, doch jetzt schien es so, als werde mir bald eine Position im Team Trump angeboten. Zu diesem Zeitpunkt waren seine politischen Standpunkte – abgesehen von Immigration und Außenhandel – noch sehr unklar, und ich kannte ihn von früher als sozialliberal. Ich war gespannt, was sie mir anbieten würden, hatte aber noch nicht entschieden, ob ich mitmachen wollte. Lewandowski und Cohen riefen zurück. »Wir würden uns freuen, wenn Sie uns helfen würden«, sagte Lewandowski. Er hatte ein kleines Team, zu diesem Zeitpunkt waren es nur 25 Leute. Ich war nach wie vor interessiert und fragte sie, welchen Plan sie hätten, um Bürger der afroamerikanischen Minderheit zu erreichen, die von der *Democratic National Convention* enttäuscht waren. Ich wusste ja, dass es da draußen mehr als genug von ihnen gab, da ich kurz zuvor bei *Ready for Hillary* mit vielen von ihnen gesprochen hatte. Ich schlug vor, dass ich gezielt auf schwarze Religionsführer und Wirtschaftslenker zugehen könnte.

»Das wäre toll!«, antwortete Lewandowski. »Sie sind doch eng eingebunden in die sozialen und beruflichen Netzwerke von Schwarzen. Wie können wir uns das alles zunutze machen?« Dann meldete sich Michael Cohen zu Wort. »Es ist ein Trugschluss, dass alle Afroamerikaner unweigerlich Demokraten wählen. Sie sind doch die Idealbesetzung, um ihnen zu sagen, dass Trump wirklich die Person ist, die sie wollen und brauchen sollten, um dieses Land wieder nach vorne zu bringen. Er inspiriert die Menschen und schafft Arbeitsplätze. Er kann unser Land zu wahrer Größe führen. Alle wünschen sich eine echte Führungspersönlichkeit. Ich habe Ihre Auftritte im Fernsehen und im *Boardroom* gesehen. Sie könnten seine Fürsprecherin sein. Sie können seine Botschaft besser rüberbringen als sonst jemand.«

Cohen neigte dazu, in solch einem Singsang zu sprechen, mit hingebungsvoller Schwärmerei über die Vorzüge von Donald Trump. Lewandowski und ich machten einfach Sendepause und warteten ab, bis er fertig war.

»Der *Congressional Black Caucus* [Fraktionsausschuss der schwarzen Kongressabgeordneten] kommt direkt nach der nächsten Fernsehdebatte zusammen«, sagte ich. »Trump sollte dort erscheinen und die wichtigen Leute kennenlernen.« Lewandowski und ich dachten uns einen Plan aus, wie ich am besten die öffentliche Debatte in den Medien in Gang bringen und mithilfe meines Netzwerks eigene Auftritte im Wahlkampf organisieren konnte. Das Wahlkampfteam war sehr klein, hatte keinerlei Infrastruktur, kein eigenes Gebäude und arbeitete von einem Büro im *Trump Tower* aus.

Als am 9. September die aktuelle Ausgabe des *Rolling Stone* erschien, war darin zu lesen, dass Trump sein »Frauenproblem« noch verschärft hatte, indem er gegenüber einem Reporter des Blattes die republikanische Bewerberin und ehemalige Chefin von *Hewlett-Packard* Carly Fiorina verunglimpft hatte: »Sehen Sie sich nur ihr *Gesicht* an! Würde irgendjemand das *wählen*? Können Sie sich das vorstellen, das Gesicht unseres nächsten *Präsidenten*? Ich meine, sie ist eine Frau. Und ich soll ja nichts Schlechtes sagen, aber echt jetzt, Leute – soll das ein *Witz* sein?« – Als ich das las, kamen mir Zweifel, ob ich wirklich in den *Trumptrain* steigen sollte.

Aber dann, als ob er meine Bedenken über Zeit und Raum hinweg gespürt hätte, rief mich der Kandidat selbst an. Das war am 13. September 2015 – wir hatten schon eine ganze Weile nicht mehr miteinander gesprochen.

»Hi, honey. Ich vergesse meine Freunde nicht. Was hältst du davon, dass in Zukunft Arnold [Schwarzenegger] *The Apprentice* macht? Die Show gehört mir, also muss ich zustimmen. Ich finde die Idee gut.«

Sein Optimismus war übrigens kurzlebig. Am 2. Februar 2016 sagte Trump beim *National Prayer Breakfast*: »Sie haben einen großen, großen Filmstar engagiert, um meinen Platz einzunehmen, und wir wissen ja, wie das gelaufen ist. Die Einschaltquoten stürzten ab, es war ein totales Desaster ... Und ich möchte einfach nur für Arnold beten, mit euch zusammen, für seine Quoten, okay?« Daraufhin verschickte Arnold über Twitter ein Video von sich selbst, in dem er sagte: »Hey Donald, ich habe eine prima Idee. Warum tauschen wir nicht einfach die Jobs? Du übernimmst den Job im Fernsehen, weil du ja so ein Experte für Einschaltquoten bist, und ich übernehme deinen Job, damit die Menschen endlich wieder ruhig schlafen können?«

Zurück zu Trumps Anruf. Ich antwortete ihm: »Ich hatte nicht die Chance, mir das anzusehen.«

»Wie geht es dir?«

»Alles gut, Mr. Trump.«

»Hast du einen neuen Freund? Wahrscheinlich fressen sie dir aus der Hand.«

»Ich bin immer noch Single«, sagte ich, ohne mich daran zu stören, dass er nach meinem Sexleben fragte. Das war normal für ihn und daher auch normal für unser Gespräch. »Mr. Trump, ich bekomme begeisterte Reaktionen von Leuten, die Ihnen helfen wollen. Es wäre toll, mehr schwarze Wähler zu erreichen.«

»Du weißt ja, was passiert ist: 25 Prozent der Afroamerikaner unterstützen mich. Bis jetzt hatte noch niemand mehr als 9 Prozent. – Tatsächlich haben bei den Präsidentschaftswahlen seit 1980 bis zu 12 Prozent der Schwarzen für den republikanischen Kandidaten gestimmt. – Für mich ist das keine Überraschung – 25 Prozent Zustimmung für einen Republikaner, das ist noch nie da gewesen, so hoch wie noch nie in der Geschichte der Politik. Ich finde es toll, dass du mitmachen willst.«

»Ich habe mit Michael Cohen und Corey Lewandowski darüber gesprochen.«

»Du hast in einer Sendung gesagt, dass du dich noch nicht entschieden hast. Du hast gesagt, du gehörst zu den Demokraten oder irgend so einen Mist. Melania findet dich toll. Dadurch hast du ein großartiges Interview versaut. Hoffentlich kannst du dich entscheiden. Es tut mir weh, dass du mich nicht wählen willst.«

Nun, ich könnte bei einer Vorwahl ohnehin keinen Republikaner wählen. »Ich bin ein registriertes Mitglied der Demokratischen Partei. Ich müsste mich als Republikanerin registrieren lassen, um Sie wählen zu können.«

»Okay, I love you. Pass auf dich auf.«

Trump beendete oft seine Telefonate mit »I love you«.

Kaum hatte ich aufgelegt, rief mich Michael Glassner an, Trumps geschäftsführender Kampagnenleiter, und ermutigte mich, nach New York zu kommen und Trump zu unterstützen. Er sagte, Trump habe ihn angerufen und ihm gesagt, er solle mich darin bestärken, an Bord zu kommen. Nach langem Nachdenken und Beten beschloss ich mitzumachen. Niemand – wirklich *niemand* – glaubte, dass er auch nur die geringste Chance hatte, die Vorwahlen zu gewinnen. Das Bewerberfeld war voller Politveteranen wie Jeb Bush, Ted Cruz und Marco Rubio. Ich dachte, es könnte eine interessante Erfahrung werden, auf hoher Ebene bei einem Wahlkampf mitzuarbeiten. Ich hatte ja auch längst geplant, genau das zu tun, wenn auch für eine andere Kandidatin und eine andere Partei. Und da Trump kaum Gewinnchancen hatte, würde es keinen Unterschied machen, wenn ich für seine Kampagne arbeitete, solange es sie denn gab.

An dem Tag, nachdem ich an Bord gekommen war, kam bei einem Wahlkampfauftritt in Dallas vor dem *American Airlines Center* eine riesige Menschenmenge vor Trump zusammen – es waren 15 000 im Publikum und 1000 Demonstranten draußen vor den Absperrungen. In seiner Rede sagte er: »Wenn ich zum Präsidenten gewählt werde, dann werdet ihr wieder stolz sein auf euer Land. ... Ihr werdet euch an diesen Abend erinnern ... und sagen, ihr wart Teil einer Bewegung, um unser Land zurückzuerobern. *And we will make America great again.*«

Da ich seine Vermarktungstaktiken, mit denen er sich in einer Fernsehsendung bei einem Massenpublikum beliebt machen wollte, kennengelernt hatte, erkannte ich aus meiner persönlichen Perspektive diesen Auftritt als das, was er war: eine Gelegenheit, um für die Marke Trump zu werben. Im Vormonat hatte die *Washington Post* in einem Artikel unter der Überschrift »Was Omarosa an Trump richtig sieht und warum das beängstigend ist« Teile meines Interviews aus der *MSNBC*-Sendung *Up with Steve Kornacki* zitiert. Dort hatte ich gesagt: »Inzwischen hat Reality-TV das Fernsehen übernommen. Die Leute wollen echte Momente sehen, und sie wollen sehen, wie das echte Leben sich vor ihren Augen abspielt – nicht nach Drehbuch, sondern real. Wenn ein großer Reality-TV-Star der aussichtsreichste Bewerber um die Präsidentschaftskandidatur der Republikaner ist, lässt sich das nicht voneinander trennen. Das ist die neue Realität. Donald Trump ist der Favorit für die Kandidatur, und dann muss man mit allem rechnen, was das mit sich bringt … Er wird seinen Standpunkt zu schwerwiegenden Fragen erklären müssen, und vielleicht nennt er manchmal einen Menschen ›Schwein‹, aber das gehört alles zu Trump – es sind Teile des Gesamtpakets.«

Am 7. November 2015 – also fast auf den Tag genau ein Jahr vor der Wahlnacht – trat Trump bei *Saturday Night Live* auf, und zwar als er selbst. Im Eröffnungssketch wurde die Utopie einer Trump-Präsidentschaft persifliert: Die Wirtschaft brummt, der IS ist vernichtet, der Handelskrieg mit China gewonnen und laut Außenministerin Omarosa, die von Sasheer Zamata gespielt wurde, haben sich die Russen aus der Ukraine zurückgezogen. Als Ivanka für einen kurzen *Cameo* auf der Bühne erschien, klatschte niemand für sie. Zwar treten Präsidentschaftskandidaten durchaus bei *SNL* auf, doch ich hielt es für grotesk, dass er das genau dann tat, als er eine zweifelnde Öffentlichkeit von seiner Kandidatur überzeugen wollte. Doch andererseits schien die ganze Nation sich einen ungewöhnlichen – und unterhaltsamen – Kandidaten und Wahlkampf zu wünschen. Ich war von den Demokraten enttäuscht, nachdem die Clinton-Leute mich vor den Kopf gestoßen hatten, aber dieses Gefühl reichte noch weiter zurück, bis in die Zeit im Weißen Haus unter Bill Clinton und meiner Erfahrung mit dem DNC. Ich konnte klar sehen, dass Trump in einer einzigartigen Position war, viele Amerikaner für sich zu gewinnen, die sich noch nie für Politik interessiert hatten und die noch nie wählen gegangen waren. Nicht nur Weiße aus ländlichen Regionen, sondern auch junge Afroamerikaner und Latinos – jeden, der sich von seinem Nimbus als Reality-TV-Star einfangen ließ. Er konnte unabhängige schwarze Wähler und sogenannte Reagan-Demokraten für sich gewinnen, die von den Demokraten nicht überzeugt waren, obwohl sie traditionell für sie stimmten. Ich setzte mir das Ziel, solche Menschen – Trump-Demokraten – zu erreichen, indem ich Öffentlichkeitsarbeit für Frauen, unabhängige Wähler und Minderheiten machte.

Sobald ich zugesagt hatte, brachte ich mich mit vollem Einsatz ein, und ich hoffte, dass er die Vorwahlen zumindest in einigen Bundesstaaten gewinnen würde. Ich wusste, dass wir schnell sein mussten. Es war unvermeidlich, dass der afroamerikanische Kandidat Ben Carson, ein ehemaliger Neurochirurg, unter Konservativen und Minderheiten an Boden gewann. Doch aufgrund Trumps Vorgeschichte als Demokrat und Parteiloser konnte er versuchen, solche Wähler für sich zu gewinnen. In der Zeit, als ich mit ihm zu tun gehabt hatte, war er eher liberal gewesen als konservativ. Ich redete mir ein, dass meine Kenntnis seiner früheren Ansichten seinen aktuellen Positionen zu gesellschaftlichen Fragen entsprechen würde. Selbst zu Fragen der Immigration war er nicht allzu weit von Hillary Clinton entfernt: Immerhin hatte sie 2006 als Senatorin des Bundesstaates New York für den *Secure Fence Act* gestimmt, ein Gesetz, das vorsah, einen 1100 Kilometer langen Zaun an der Grenze zwischen den Vereinigten Staaten und Mexiko zu errichten.

All das könnten Gründe sein, mit denen ich meine Entscheidung vor mir selbst rechtfertigte. Aber dazu hatte ich mir keinen allzu großen Ruck geben müssen. Donald Trump, mein Mentor und Freund, hatte mich aufgefordert, ihn zu unterstützen. Sein Stab hatte mich unter Druck gesetzt. Ich war bereit gewesen für Hillary, aber letzten Endes war sie nicht bereit gewesen für mich. Team Trump *war* bereit und wollte unbedingt, dass ich mitmache.

Aber das war noch nicht alles – Donald Trump gab mir alles, worum ich bat. Im April rief ich zusammen mit Michael Cohen, Pastor Darrell C. Scott und dem Geschäftsmann Bruce LeVell aus

Georgia die *National Diversity Coalition for Trump* (NDC) ins Leben. Es gab kein Büro für multikulturelle Öffentlichkeitsarbeit, also gründeten wir die NDC, die sich um solche Angelegenheiten kümmern sollte. Unsere Mission war, die Stimmen unserer Communitys zu repräsentieren und Bürger zu rekrutieren, zu mobilisieren und zu schulen, uns dabei zu helfen, Trump zu unterstützen.

Pastor Darrell C. Scott wollte ein Treffen von schwarzen Pfarrern organisieren, die am 30. November 2015 nach New York kommen sollten, um die Gründung der NDC zu verkünden und im *Trump Tower* mit Donald Trump zu sprechen. Meine Aufgabe bei der NDC – und später als Direktorin für afroamerikanische Öffentlichkeitsarbeit und dann als Pressesprecherin des *Office of Public Liaison* im Weißen Haus – bestand darin, Mitglieder von ethnischen Minderheiten, vor allem Afroamerikaner, mit der politischen Führung an einen Tisch zu bringen, sodass sie erklären konnten, was ihnen wichtig war. Wir brachten 100 schwarze Repräsentanten verschiedener Kirchen in eine geschlossene Konferenz mit Trump. Dieses Treffen dauerte zweieinhalb Stunden, und danach sagte Trump den Reportern – annähernd 100 Medien berichteten über das Ereignis –, er wolle alles tun, was in seiner Macht stehe, um der afroamerikanischen Gemeinschaft zu helfen. Drinnen im Raum wurde lebhaft diskutiert, und dann sagte Trump, er wolle die Beschäftigungsquote unter Afroamerikanern verbessern, ihnen bessere Bildung ermöglichen und für mehr Sicherheit in überwiegend schwarzen Stadtteilen sorgen.

Es war das erste Zeichen der Diskrepanz zwischen dem, was Trump den Menschen persönlich sagte, wenn er ihnen begegnete, und dem, was er sagte, wenn er bei Wahlkampfveranstaltungen auf der Rednertribüne stand. Bei diesem ansonsten sehr positiven und erfolgreichen Treffen kam es auch zu einigen Kontroversen. Hope Hicks, die Pressesprecherin der Kampagne, hatte ursprünglich mitgeteilt, die Teilnahme der Kirchenmänner werde den Auftakt für ihre Unterstützung der Kandidatur Trumps bilden, was nicht zutraf. Also kam es statt zu Schlagzeilen über Trump, wie er einen Dialog mit schwarzen Kirchenführern eröffnet, zu Überschriften wie jener des Männermagazins *Esquire*: »Nein, 100 schwarze Priester unterstützen Donald Trump heute nicht«. Dies war das erste von unzähligen Kommunikationsproblemen, die im Wahlkampf und während meines gesamten Jahres im Weißen Haus meine Öffentlichkeitsarbeit für Afroamerikaner beeinträchtigen oder sabotieren sollten.

Ich fand Hope Hicks immer sehr nett, kompetent, sensibel und gefühlvoll. Sie hatte PR für Ivankas Modekollektion gemacht, und dann wurde sie Pressesprecherin in einem Präsidentschaftswahlkampf. Für den Job, der ihr zugewiesen wurde, verstand sie nicht genug von Politik; sie kannte nicht einmal die grundlegenden Fachbegriffe. Ich kann mich noch erinnern, dass ich einmal vor einer der Vorwahlen in einem Gespräch mit ihr die Abkürzung »GOTV« verwendete.

Sie fragte mich: »Was bedeutet GOTV?«

»*Get out the vote*«, erklärte ich ihr und war ein bisschen überrascht. Das ist ein politischer Grundbegriff, einfachster politischer Jargon für »Mobilisiere den Wähler« oder »Bring die Leute an die Wahlurne«, und sie kannte ihn nicht. Wenn wir in Meetings saßen, googelte sie ständig nach Fachausdrücken, hatte Schwierigkeiten, dem Gespräch zu folgen, und ständig Angst, sich mit ihren Wissenslücken zu blamieren. Sie war sich ihrer Unzulänglichkeiten so schmerzlich bewusst, dass sie sich weigerte, öffentlich über die Kampagne zu sprechen oder als Trumps Wahlkampfhelferin dessen Ansichten zu erläutern. Die wichtigste Aufgabe eines Pressesprechers der Wahlkampagne eines Politikers besteht darin, mit der Presse zu sprechen. Hope Hicks tat das jedoch *nie* vor laufender Kamera. Sie hatte panische Angst davor, ein Statement abzugeben oder auch nur daran zu denken. Ihr fehlte das Selbstvertrauen, weil sie wusste, dass sie nicht kompetent genug war, um sich über politische Inhalte oder Verfahren zu äußern. Weder bekam sie mit, was vor sich ging, noch verstand sie es. Daher konnte sie nicht für den Kandidaten – oder später den Präsidenten – sprechen. Warum war sie also überhaupt da? Nun, Trump hat eine Schwäche für attraktive Frauen. Er hat lieber eine hübsche Frau ohne Berufserfahrung um sich als eine qualifizierte, aber weniger attraktive.

Bei meiner Arbeit für die NDC hatte ich viel mit Michael Cohen zu tun und gewann dabei den Eindruck, dass es zwischen ihm und Lewandowski gewisse Spannungen gab. Sie gierten beide nach Trumps Aufmerksamkeit und wollten ihre Positionen in der *Trumpworld* festigen, aber sie kamen überhaupt nicht miteinander klar. Lewandowski sah nicht, wie wichtig es war, gezielt Minderheiten anzusprechen, aber Cohen, mein rebellischer Kamerad, erkannte das. Da er schon seit Langem in Trumps Gunst stand, behielt er die Oberhand. Trump ermutigte uns, die *National Diversity Coalition* als offizielle Organisation zu gründen, was wir dann ein paar Monate später auch taten.

Michael Cohen war einer der glühendsten unter den vielen Anbetern, mit denen Trump sich umgab. Die *Trumpworld* ist ein Persönlichkeitskult, der sich ausschließlich um Donald J. Trump dreht. Und wie ein Kultführer erkennt Trump in Sekundenschnelle, ob jemand verführbar ist. Seine Anhänger waren fasziniert von seinem Ruhm, seiner Macht und seinem Charisma, und sie taten alles, um ihm nahe zu sein und seine Gunst zu erringen. Michael Cohen war bereit, für ihn Schweigegeld an Pornosternchen zu zahlen und fragwürdige Deals zu machen, die ihn letzten Endes zu Fall bringen sollten. Lewandowski hält Trump nach wie vor die Treue, bis zum heutigen Tag. Und ich? Ich möchte glauben, dass ich nicht so verführbar war wie sie – aber auch ich habe mich in die *Trumpworld* hineinziehen lassen. Bis ich den Kult verließ.

Kapitel sechs

Stimmen gewinnen und Gegner besiegen

Die Markenzeichen des Kandidaten Trump waren Konfrontation und Einschaltquote, wie in den Jahren von *The Apprentice*. Konflikte bringen Aufmerksamkeit. Man könnte den gesamten Vorwahlkampf der GOP – der »Grand Old Party«, wie Republikaner ihre Partei gerne nennen – von Februar bis Juni 2016 mit einer Staffel einer (fiktiven) Reality-TV-Show *The Political Apprentice* vergleichen, in der Trump seine sechzehn politischen Gegner »feuerte«, einen nach dem anderen.

Viele von ihnen – nämlich Rick Perry, Bobby Jindal, George Pataki und Lindsey Graham – gaben schon lange vor der ersten Vorwahl auf, die am 1. Februar im Bundesstaat Iowa stattfand.

Die Ergebnisse der Vorwahl in Iowa waren demütigend für Trump. Ted Cruz gewann gegen ihn mit einem Vorsprung von über 6000 Stimmen, woraufhin Trump ihn öffentlich beschuldigte, ihm den Sieg gestohlen zu haben. Anscheinend hatte Cruz einen unzutreffenden Bericht auf Twitter gepostet, in dem es hieß, Ben Carson würde aufgeben, was zu diesem Zeitpunkt nicht stimmte, aber dazu geführt haben sollte, dass viele Carson-Unterstützer stattdessen Ted Cruz wählten. Trump schäumte vor Wut. Von da an attackierte er Cruz bei jeder sich bietenden Gelegenheit.

Einer nach dem anderen gaben sie auf: Mike Huckabee, der Gouverneur von Arkansas, zog sich aus dem Rennen zurück, sobald die Ergebnisse bekannt waren, noch am selben Abend. Rand Paul, ein Senator aus Kentucky, warf am 3. Februar das Handtuch, zwei Tage nach seinem jämmerlichen Wahlergebnis in Iowa, und stellte sich letzten Endes hinter Trump, den er zuvor bei einem Wahlkampfauftritt als »eingebildeten Narzissten und Windbeutel mit orangefarbenem Gesicht« tituliert hatte. Rick Santorum, ein Ex-Senator aus Pennsylvania, gab ebenfalls am 3. Februar auf und sagte Marco Rubio seine Unterstützung zu.

Am 9. Februar gewann Trump wieder Oberwasser, nach einem erdrutschartigen Sieg in New Hampshire. In New Hampshire fanden sie ihn toll. Er schlug den zweitplatzierten John Kasich um mehr als 19 Prozentpunkte: Trump gewann 35,3 Prozent der Stimmen, Kasich 15,8 Prozent. Chris Christie, der Gouverneur von New Jersey, beendete seine Kampagne am 10. Februar und stellte sich zwei Wochen später hinter Trump. Carly Fiorina warf am 10. Februar das Handtuch. Nach Trumps Anwurf im September – »Look at her face!« – war Fiorina, die einzige Frau im Bewerberfeld, in den Umfragen auf Platz zwei geklettert. Aber ihr Höhenflug war nicht von Dauer. Nachdem sie aufgegeben hatte, unterstützte sie Ted Cruz und wurde gegen Ende April seine Kandidatin für die Vizepräsidentschaft. Trump quittierte das mit der abfälligen Bemerkung: »Cruz kann nicht gewinnen – wozu sucht er sich also Vizepräsidenten?« Kaum eine Woche später strich auch Cruz die Segel. Im September sicherte Fiorina Donald Trump ihre Unterstützung zu, nur um sie drei Wochen später wieder zurückzuziehen, nachdem das *Access-Hollywood*-Tape aufgetaucht war. Daraufhin forderte sie ihn auf, das Rennen aufzugeben. Jeb Bush, der Ex-Gouverneur von Florida, kapitulierte am 20. Februar. Er hatte keine der Vorwahlen gewonnen und lag in den Umfragen weit hinten. Trump sagte dazu, Bush habe »wenig Energie«, er sei »leichte Beute« gewesen. Dr. Ben Carson kündigte am 2. März an, dass er am nächsten Abend an der GOP-Kandidatendebatte in seiner Heimatstadt Detroit nicht teilnehmen werde; am Tag darauf schied er aus dem Rennen aus. Ende der Woche stellte er sich hinter Trump.

Also war das Feld auf vier Bewerber geschrumpft – Ted Cruz, John Kasich, Marco Rubio und Donald Trump. Am 3. März fand die elfte GOP-Debatte in Detroit statt. Dies war die dritte Debatte, die von *Fox News* live übertragen wurde, moderiert von Bret Baier, Chris Wallace – und Megyn Kelly. Donald Trump und Megyn Kelly waren sich aus dem Weg gegangen, seit er mit seiner »Blut lief ihr sonst wo raus«-Bemerkung im August 2015 für Wirbel gesorgt hatte. An der zweiten, im Januar von *Fox News* ausgestrahlten Debatte hatte Trump übrigens nicht teilgenommen, um dagegen zu protestieren, wie er beim ersten Mal von Kelly behandelt worden war.

Da ich die Debatte persönlich miterleben wollte, flog ich nach Cleveland, um von dort aus mit einer Freundin nach Detroit zu fahren. Es schneite stark, und die Straßen waren so vereist, dass wir nicht sicher waren, ob wir es versuchen sollten. Schließlich fuhren wir doch los, und als wir nach einer grauenhaften Schlitterfahrt am *Fox Theatre* ankamen, war das Gebäude von Hunderten Demonstranten belagert, trotz des schlechten Wetters und der Kälte. Wir stellten das Auto auf einem reservierten Parkplatz ab. Trotz unserer Backstage-Pässe für den VIP-Eingang mussten wir uns erst einmal einen Weg durch die Menschenmenge der lautstarken, auf Krawall gebürsteten, vor Wut schäumenden Demonstranten bahnen. Als wir heil in der Lobby angekommen waren, traf ich dort zufällig Richard Grenell, den jetzigen US-Botschafter in Deutschland. Ric war ein alter Freund aus meiner Zeit in Los Angeles, ein Republikaner, der als Korrespondent für verschiedene Nachrichtenmedien arbeitete. Er fragte mich, ob ich später im *Spin Room*, dem Interviewbereich, sein würde, und bot mir seine Hilfe an, um nach der Debatte für TV-Interviews gebucht zu werden.

Die Zuschauer erwarteten gespannt den zweiten Schlagabtausch zwischen Trump und Kelly, doch die beiden waren von Anfang an nett zueinander. Er sagte: »Schön, bei Ihnen zu sein, Megyn. Sie sehen gut aus.«

Und sie erwiderte: »Sie auch.«

Auf meinem Sitzplatz ganz rechts vor der Bühne atmete ich einmal tief aus. Ich hatte gehofft, dass Trumps Auftritt diszipliniert und substanziell sein würde. Seine Nominierung war zum Greifen nah, und eine solide Darbietung an diesem Abend konnte womöglich die Entscheidung herbeiführen. Während der gesamten, zwei Stunden langen Debatte waren Kellys Fragen an Trump hart, aber fair. Der einzige Anflug von Spannung zwischen den beiden zeigte sich, als es um die Bewertung der Trump University durch das *Better Business Bureau*, eine gemeinnützige Verbraucherschutzorganisation, ging. Er sagte, sie sei mit der Note 1 bewertet worden; sie korrigierte ihn und sagte, es sei tatsächlich eine 4– gewesen.

Im Publikum saßen neben mir in derselben Zuschauerreihe Pastor Darrell C. Scott und seine Frau, meine oben erwähnte Freundin aus Cleveland, sowie etliche andere VIP-Trump-Unterstützer. Vor und hinter uns, rechts und links waren wir umgeben von Leuten, die Rubio, Cruz und – zum größten Teil – Kasich unterstützten. Sie waren in Scharen von Ohio über die Grenze nach Michigan gefahren.

Die Rubio-Anhänger waren mit großen Erwartungen in diese Debatte gekommen, da ihr Kandidat Donald Trump einige Tiefschläge versetzt hatte. Ich nehme an, ihre neue Strategie war: »Soll Rubio gegen Trump doch Gleiches mit Gleichem vergelten.« Ein paar Tage zuvor hatte Rubio, nachdem Trump ihn »Little Marco« genannt hatte, bei einem Wahlkampfauftritt am 28. Februar in Salem, Virginia, zurückgeschlagen: »Er schwitzt nicht, weil seine Poren verstopft sind von dem Bräunungsspray, das er benutzt. Donald wird Amerika nicht ›*great*‹ machen, er wird es orange machen! Ich gebe zu, dass er ein bisschen größer ist als ich. Er ist vielleicht 1,90 Meter groß, und darum verstehe ich nicht, warum seine Hände so klein sind wie bei jemandem, der 1,60 Meter klein ist.

Habt Ihr seine Hände gesehen? Und Ihr wisst ja, was man über Typen mit kleinen Händen sagt ... du kannst ihnen nicht trauen!« Hatte ihm ein Witzeschreiber von *Saturday Night Live* diesen Text notiert?

Rubio konnte solche Flegeleien nicht so selbstverständlich rüberbringen wie Trump. Trotzdem stürzten sich die Medien darauf, bettelten beinahe um eine Konfrontation in einer Debatte. Ich befürchtete, dass Trump nicht in der Lage sein würde, dem Köder zu widerstehen, und war daher angenehm überrascht, als er Rubio nicht unter der Gürtellinie angriff. Das hatte er auch gar nicht nötig – er war kurz davor, alles zu gewinnen. Er musste nicht mehr tun, als einfach nur aufzutreten. Und das machte er sehr gut. Es war sein bisher diszipliniertester und am besten vorbereiteter Auftritt in einer Fernsehdebatte. – Jedenfalls, bis Marco Rubio kurz vor Ende der Veranstaltung sagte: »Trump hat sich über so gut wie jeden mit persönlichen Angriffen lustig gemacht – auch über Personen, die heute hier auf der Bühne sitzen. Er hat sich lustig gemacht über behinderte Menschen und praktisch alle anderen Kandidaten in diesem Rennen. Wenn es also überhaupt jemanden gibt, der es verdient hat, auf dieser Ebene angegriffen zu werden, dann ist es Donald Trump, und zwar für die Art und Weise, wie er im Wahlkampf mit Menschen umgesprungen ist. So, nachdem das gesagt wurde, würde ich es eigentlich vorziehen, über politische Inhalte zu reden. Lasst uns eine politische Debatte führen. ... Wir sollten über Trumps Strategie und meine Strategie reden ... und über das Gesundheitssystem und andere wichtige Fragen, vor denen unser Land steht.«

Trumps Antwort: »Dazu muss ich eines sagen. Er hat sich über meine Hände lustig gemacht. Noch nie hat sich jemand über meine Hände lustig gemacht. Seht euch diese Hände an – sind das kleine Hände? ... Und er meinte, wenn meine Hände klein sind, dann muss auch noch etwas anderes klein sein. Ich garantiere euch: Damit habe ich kein Problem. Ich garantiere es.«

Ich war wie vor den Kopf gestoßen. Hatte Donald gerade eben über seinen Penis gesprochen, dort auf der Bühne in einer politischen Debatte? Meine Hoffnungen, dass er einen sachlichen Auftritt abliefern würde, lösten sich schlagartig in nichts auf. Natürlich regten sich in den nächsten Tagen allerlei Experten maßlos über seine Geschmacklosigkeit auf. Alle Trump-Anhänger im Publikum waren von diesem Austausch peinlich berührt – bis zu diesem Moment hatten wir uns alle so gefreut über seine Leistung. Da ich ihn so gut kannte, wusste ein Teil von mir, dass er dem Köder nicht hatte widerstehen können – sein Ego konnte es nicht zulassen, dass er eine Beleidigung seiner Männlichkeit unwidersprochen ließ.

Als eine der wenigen Frauen in seinem Wahlkampfteam fiel mir die Verantwortung zu, mich an diesem Abend im *Spin Room* und bei diversen Medienauftritten in den folgenden Tagen zu seiner neuesten Entgleisung zu äußern. Das Allerletzte, was ich wollte, war, Fragen über die Größe von Trumps Händen oder irgendeinen anderen seiner Körperteile zu beantworten. Ich war an diesem Abend auf *MSNBC* und einigen anderen Sendern für Interviews gebucht. Ich konnte niemanden vom Wahlkampfteam erreichen, um die Sprachregelung abzustimmen, also musste ich improvisieren.

Am 8. März, direkt nach einer Wahlkampfveranstaltung in Florida und nur wenige Tage nach »*Handsizegate*«, fasste Corey Lewandowski Michelle Fields, eine *Breitbart*-Reporterin, unsanft an. Als sie Trump eine Frage stellen wollte, zog Lewandowski sie so heftig zurück, dass er blaue Flecken an ihrem Handgelenk hinterließ. Jetzt war auch Lewandowski ein Teil von Trumps anhaltendem »Frauenproblem« – ganz zu schweigen von dem wachsenden »Gewaltproblem«. Die Stimmung bei *MAGA*-Auftritten, wie die Kurzform von Trumps Wahlkampfslogan »*Make America Great Again*« lautete, wurde ruppiger. Immer häufiger wurden Reporter und

Fotografen von Unterstützern und Security-Leuten unsanft in die Mangel genommen. Immer wieder kam es zu wütenden Zusammenstößen. Wir hatten für den 11. März einen Wahlkampfauftritt in einer großen Halle der University of Illinois in Chicago, dem UIC Pavilion, geplant, und wir alle befürchteten, dass das inzwischen eingefahrene Muster eskalieren könnte. In der Woche vor diesem Event, das ausgerechnet in Barack Obamas Heimatstadt stattfinden sollte, hatten Organisationen wie *MoveOn.org*, *Black Lives Matter* und *College Students for Bernie* ihre Anhänger dazu aufgerufen, die Universität unter Druck zu setzen, die Veranstaltung abzusagen. Und da das nicht zum Erfolg führte, tauchten sie vor der Halle mit Megafonen, Plakaten und Wut im Bauch auf. Schon am Vorabend waren Tausende von Demonstranten gekommen und hatten Nachtwache gehalten.

Ich habe mich noch nie von aggressiven Aktivisten einschüchtern lassen, da ich es mir angewöhnt habe, mich defensiv zu verhalten. Als ich durch eine Gruppe von ihnen ging, zeigte ich mich respektvoll und freundlich und ließ mich auf keine Diskussionen ein. Ich war fest davon überzeugt, dass sie jedes Recht hatten, dort zu sein. Die Demonstrationsfreiheit ist eines der fundamentalsten Rechte, das wir in einem freien Land genießen. Unsere großartige Demokratie wurde geschaffen, um Meinungs-, Demonstrations- und Versammlungsfreiheit zu gewährleisten. Ich habe *absolut nichts* gegen Anti-Trump-Proteste, aber ich habe durchaus etwas dagegen, wenn Gewalt angewendet wird, um eine freie Meinungsäußerung zu unterdrücken.

Ich zählte zu den Mitgliedern des Wahlkampfteams, die an diesem Auftritt teilnehmen sollten. Nachdem ich mich in Columbus, Ohio, um eine andere Veranstaltung gekümmert hatte, war ich am Flughafen, um nach Chicago zu fliegen. Kurz bevor mein Flug aufgerufen wurde, textete ich mit Trumps Bodyguard Keith Schiller, und er teilte mir mit, dass die Veranstaltung abgesagt worden war und Trump nicht kommen würde. Ich suchte mir sofort eine Sportsbar mit Fernseher, wo ich verfolgen konnte, was sich am UIC Pavilion abspielte. Als ich das Chaos dort sah, dachte ich zum ersten Mal, dass es für mich gefährlich werden könnte, weil ich aktiv an diesem Wahlkampf teilnahm.

Vor der Halle hatten sich Tausende von Aktivisten versammelt und schrien die Trump-Unterstützer nieder. Es wurden Plakate, auf denen Trump als Rassist und Sexist angeprangert wurde, und Fotos von Trump als Nazi hochgehalten. Ich war sehr erstaunt über die schiere Größe der Menge und das massive Aufgebot von 300 bewaffneten Polizisten in Schutzausrüstung, die sich rings um die Halle aufgebaut hatten, um die Demonstranten in Schach zu halten, viele von ihnen zu Pferd. Mehrere Straßenblöcke in der Umgebung der Halle waren für Privatfahrzeuge gesperrt worden. Die aus der Halle selbst übertragenen Bilder waren noch alarmierender. Sicherheitskräfte eskortierten einzelne Protestierende nach draußen, aber es waren zu viele, um sie unter Kontrolle zu bekommen. Über 9000 Trump-Unterstützer hatten stundenlang darauf gewartet, ihren Kandidaten zu sehen. Trump pflegte seine Auftritte erst um 21 Uhr oder später zu beginnen, und nur wenige Minuten bevor er seine Rede halten sollte, wurde durchgesagt, dass er wegen Sicherheitsbedenken nicht auftreten werde. Die Protestler in der Halle jubelten triumphierend. Die Trump-Unterstützer waren wütend und frustriert. In Sekundenschnelle – wie ein brennendes Streichholz, das schlagartig einen ausgetrockneten Wald in Brand setzt – begannen verfeindete Gruppen und Personen sich gegenseitig herumzuschubsen und anzuschreien. Sprechchöre begannen, »Bernie! Bernie! Bernie!« zu skandieren oder »Hillary! Hillary! Hillary!«. Und da es eine Trump-Veranstaltung war, war natürlich auch sein Name zu hören: »Trump! Trump! Trump!«

Die Massen in der Halle wollten nicht gehen, aber sie wurden von Polizeikräften dazu gezwungen. Die Veranstalter wurden kritisiert, weil sie Tausende von enttäuschten Trump-Unterstützern auf die Straße geschoben hatten – genau in die Arme der Protestler, die sich dort versammelt hatten. Dann brach der unvermeidliche Tumult aus. Mehrere Verhaftungen, kleinere Scharmützel auf der Straße. Aktivisten, die den Verkehr blockieren, blutverschmierte Bürger und Polizisten.

Ich konnte die gewaltsamen Ausschreitungen nicht billigen, weder vonseiten der Trump-Unterstützer noch vonseiten der Demonstranten, und ich war auch nicht damit einverstanden, wenn irgendjemandem Gewalt angedroht wurde. Aber wir hatten Gründe für die Vermutung, dass zumindest einige der feindseligen Teilnehmer sich nicht allein wegen ihrer leidenschaftlichen politischen Überzeugungen so verhielten. Auf der Basis interner Berichte, die damals nicht öffentlich gemacht wurden, schöpften wir den Verdacht, dass diese Proteste von der Opposition organisiert worden waren. Und tatsächlich wurde etwas später im selben Jahr von *Project Veritas Action* ein brisanter Ermittlungsbericht veröffentlicht, der geheime Videoaufzeichnungen enthielt von Gesprächen zwischen Scott Foval, dem Wahlkampfbeauftragten der *Americans United for Change*, sowie Bob Creamer von *Democracy Partners*, zwei Beratergruppen für Organisationen, die Clinton unterstützten. In diesen Videos schien es so, als ob Foval und Creamer damit prahlten, dass ihre Leute *Planned-Parenthood*-T-shirts getragen und »Nazi Trump«-Plakate geschwenkt hätten, um eingefleischte Trump-Fans auf Trump/Pence-Veranstaltungen zu provozieren, »sich auszukotzen« und »zuzuschlagen«. Die Ermittlungen von *Project Veritas Action* haben Hinweise ergeben, dass sowohl die Clinton-Kampagne als auch die DNC Störaktionen unterstützten, und zwar mit dem Ziel, bei Trump-Auftritten anarchische Zustände herbeizuführen und seine Anhänger vor den Medien wie gestörte Primaten aussehen zu lassen.

Haben Sie jemals gehört, dass Trump-Unterstützer Wahlkampfauftritte von Clinton oder Sanders aufgemischt hätten? Nein. Wir haben nie Agitatoren in ihre Veranstaltungen eingeschleust. Doch laut dem Ermittlungsbericht von *Project Veritas Action* wusste die

Clinton-Kampagne nicht nur von den Provokateuren, sondern hat sie sogar selbst geschickt. In der von WikiLeaks veröffentlichten E-Mail-Korrespondenz von Clinton ist angeblich von »*birddogging*« die Rede; damit ist gemeint, bei Trump-Auftritten Leute in die erste Reihe zu setzen, die Unruhe stiften sollen, direkt vor den laufenden Kameras. Wir waren davon überzeugt, dass die Clinton-Leute genau das taten, was die Clintons schon immer getan haben – mit schmutzigen Tricks arbeiten. Nachdem ich unter Bill Clinton im Weißen Haus und in der Anfangsphase für *Ready for Hillary* gearbeitet hatte, hatte ich den Eindruck, das sei ihre Arbeitsweise.

Trump hatte 2015 von einem Podium in Alabama wegen eines rüpelhaften Protestlers gerufen: »Bringt ihn verdammt noch mal hier raus, okay? Bringt ihn raus. Schmeißt ihn raus!« Und am folgenden Tag hatte er auf *Fox News* nachgeschoben: »Vielleicht hätte er ein bisschen aufgemischt werden sollen.« Trump hatte den Verdacht, dass es sich bei dieser Person um einen eingeschleusten Agitator handelte. Er machte noch ein paar andere Statements dieser Art. Im Februar in Cedar Rapids, Iowa: »Wenn ihr jemanden seht, der eine Tomate werfen will, prügelt ihn windelweich, okay? Im Ernst. Ich übernehme eure Anwaltskosten, ich versprech's euch.« Im selben Monat in Las Vegas: »Ach, wisst ihr was, ich liebe die gute alte Zeit! Aber wisst ihr auch, was ich hasse? Zum Beispiel den Burschen da, der total stört, andere Leute boxt. Wir dürfen ja nicht mehr zurückschlagen. Ich liebe die gute alte Zeit; wisst ihr, was sie früher mit solchen Leuten gemacht haben, wenn sie bei solchen Veranstaltungen erwischt wurden? Hinterher würde man sie auf einer Trage rausbringen. Ja, das stimmt.« Und kurz darauf: »Die Ordner gehen sehr sanft mit ihm um. Er geht raus mit großkotzigen *High Fives*, er lacht sich tot. Ich würde ihm ja nur zu gern die Fresse polieren, das kann ich euch sagen.«

Mit seinen Sprüchen ermutigte Trump seine Leute und gab ihnen einen Freibrief, sich genauso zu verhalten, wie die Clinton-Provokateure es erhofften. Es war nicht schwierig, die dunkleren Elemente der Gesellschaft zu reizen, die verführbaren Anbeter ihres Idols, die ihren Kandidaten oben auf der Bühne bewunderten und eine physische, wenn nicht sogar gewalttätige Ausrichtung hatten. Anhänger des *Trumpworld*-Kults würden alles tun, was er ihnen sagte oder auftrug, sei es direkt oder indirekt.

Viele Leute texteten oder riefen mich an, um mich zu fragen, wie ich einen Mann unterstützen konnte, der Protestlern Gewalt androhte. Ich hatte damals nicht die Freiheit, ihnen zu erklären, dass wir viele dieser Leute für eingeschleuste Provokateure hielten. Allerdings war ich sehr wohl der Meinung, dass Trump mit seinen Sprüchen zu weit ging. Hinter den Kulissen beschworen ihn alle aus dem Wahlkampfteam, sich zu mäßigen, und sagten ihm, dass seine Sprüche gefährlich seien. Ich erinnere mich, dass ich einmal mit Michael Cohen über meine Befürchtungen sprach und er sagte: »Die ganze Lage ist außer Kontrolle geraten. Es wird Zeit, solche Leute aufzumischen. Wenn sie ihre Leute einschleusen, sollten wir auch unsere Leute einschleusen.« Von ihm konnte ich keine Hilfe erwarten, um den Ton bei Wahlkampfveranstaltungen zu deeskalieren.

Aber ganz gleich, was Trump sagte oder tat, niemand konnte jede einzelne Person kontrollieren, die zu einem Event kam, um ihn zu unterstützen. Wir dachten alle: »*The show must go on.*« Jeder war willkommen, solange er niemanden körperlich angriff.

Es gab eine Menge Schuldzuweisungen für das Fiasko in Chicago. Wir gaben den Protestlern die Schuld. Wir machten die Polizeikräfte dafür verantwortlich, die Lage nicht unter Kontrolle gebracht zu haben. Wir machten der Stadt Chicago und ihrem Bürgermeister Rahm Emanuel, einem Obama-Gefolgsmann, Vorwürfe, keine ausreichenden Sicherheitsvorkehrungen getroffen zu haben. Wir schoben allem und jedem die Schuld in die Schuhe – nur nicht Donald Trump. Niemand sagte etwas dazu, was wir hätten tun können, um ihn oder seine Botschaft zu ändern. Die Kluft, die unsere Nation spaltete, war einfach zu groß, um überbrückt zu werden, selbst wenn der Kandidat es gewollt hätte – was er nicht tat. Er genoss den Konflikt.

Ich machte mir Sorgen, verließ mich jedoch darauf, dass er am besten wissen musste, wie die Situation zu lösen wäre. Bei der Stimmung, die damals im Team herrschte, war man entweder für oder gegen ihn. Wenn ich rückblickend überlege, wann ich für mich selbst eine »Wir gegen sie«-Haltung annahm, dann muss das an jenem Abend im März 2016 in Chicago gewesen sein. Wir entwickelten alle eine Bunker-Mentalität. Wir standen mit dem Rücken zur Wand und waren bereit, für unseren Kandidaten zu kämpfen. Ich hatte mein Team gewählt, und ich wollte, dass mein Team gewinnt. Je länger ich an Bord war, desto stärker wurde meine Loyalität für Donald Trump, und desto größer wurde mein blinder Fleck. Wie gesagt, er sucht sich Menschen, die sehr loyal sind und die sich von dem Ruhm und Charisma beeindrucken lassen, die seine Anziehungskraft ausmachen. Und ich war einer dieser Menschen.

Ich habe nie darüber nachgedacht, was all diese Konflikte für die Zukunft unseres Landes bedeuten konnten. Wenn ich mir meine Rolle bei dem, was sich abspielte, eingestanden hätte, dann hätte ich mich meinen unterdrückten Zweifeln und Befürchtungen über Donald Trump aus fast 13 Jahren stellen müssen – doch dazu war ich damals einfach nicht in der Lage. Jeden Tag musste ich einen neuen Brandherd löschen oder wegen seines neuesten Tweets oder einer seiner irren Behauptungen Schadensbegrenzung betreiben. Ständig kam es zu neuen Fiaskos, die irgendwie aus der Welt geschafft werden mussten. Ich musste meinen Verstand und meine Energie auf kurzfristige Trump-Probleme konzentrieren, wodurch ich mein eigenes langfristiges Trump-Problem verdrängen konnte, ihn über ein Jahrzehnt lang trotz meiner Zweifel unterstützt zu haben, obwohl es viele gute Gründe gegeben hatte, die gegen ihn sprachen.

Wenn du tagein, tagaus an einer Wahlkampagne mitarbeitest, denkst du immer nur an den nächsten Auftritt, die nächste Vorwahl, die nächste Fernsehdebatte. Immer geht es nur ums Gewinnen, Gewinnen, Gewinnen – Stimmen gewinnen und Gegner besiegen. Wenn das nächste Problem auftauchte, pflegten wir zu sagen: »Es ist die Opposition, die Probleme schafft. Sie sind verdorben und korrupt.« Und dann kümmerten wir uns wieder um das, was gerade anlag, oder löschten den nächsten Brandherd. Wir hatten eine Antwort auf jeden Einwand. Und diese Antwort war in neun von zehn Fällen: »Aber was ist mit Hillary Clintons E-Mails? Aber was ist mit ihrem privaten Mailserver? Aber was ist mit ihren E-Mails mit geheimen Dokumenten, die unsere nationale Sicherheit gefährden?«

Ich nannte unsere wichtigste Wahlkampfstrategie *Whataboutism*, also die Reaktion auf Kritik mit dem Hinweis, der Gegner mache es doch genauso oder schlimmer.

In allen unseren Memos und E-Mails zu den wichtigsten Diskussionen und Argumentationslinien wurden wir aufgefordert, den Skandal um ihre private E-Mail-Adresse anzusprechen. Ganz egal, was ein Reporter uns fragte, wir sollten auf dieses Thema umschwenken. Es war die einzige Sache, die wir hatten. Zu diesem Zeitpunkt hatten wir keine Plattform, keine Pläne, keine großen Ideen zu innen- oder außenpolitischen Fragen. Alles, was wir hatten, waren Trumps Prahlereien, den *MAGA*-Slogan und Hillarys E-Mails.

Der Abend der Veranstaltung in Chicago hinterließ eine tiefe Narbe in meinem Bewusstsein, obwohl ich damals nicht einmal in der Stadt gewesen war. Von meinem geschützten Platz im metaphorischen Bunker ging ich hinaus, um aggressiv unseren Kandidaten Donald Trump zu unterstützen. Ich glaube den Behauptungen, dass die Protestler die Schuld an den Krawallen hatten. Später an jenem Abend sprach ich mit Chris Matthews von *MSNBC* und sagte ihm: »In diesem Land haben wir Versammlungs- und Meinungsfreiheit. Aber wir haben nicht das Recht, in eine geschlossene, private Veranstaltung zu gehen und sie zu stören, und wenn jemand das trotzdem tut, bekommt er, was er verdient. Ich missbillige Gewalt, aber wenn Sie in eine Veranstaltung gehen und dort 13, 14 Mal stören, was erwarten Sie denn – eine Umarmung oder Respekt? Wohl kaum, Chris. Solche Protestler wissen genau, was sie erwartet. ... Trump ist aus New York, und er lässt sich nicht herumschubsen.«

Für dieses Interview wurde ich scharf kritisiert. In den Medien wurde der Clip immer wieder abgespielt, um die Behauptung zu untermauern, wir hätten die gewaltsamen Angriffe auf die Protestler gebilligt. Fast immer wurden ihre Proteste als spontan dargestellt, und kaum einmal wurde hinterfragt, ob sie vielleicht inszeniert worden sein konnten. Ich durfte nicht über die Details, die uns intern vorlagen, sprechen, weder mit Matthews noch sonst jemandem, aber ich stehe zu meiner Überzeugung, dass all dies taktische Manöver waren, die direkt aus Clintons Drehbuch stammten.

Kurz nach dieser finsteren Episode gab es wieder etwas Erfreuliches. Ende 2016 wurde ich zu einer Verwaltungsratssitzung des Vereins *Golf. My Future. My Game.* eingeladen, einer gemeinnützigen Organisation, die sich das Ziel gesetzt hat, afroamerikanischen Kindern diesen Sport beizubringen. Der Verein wurde von Craig Kirby gegründet, einem politischen Strategen der Demokratischen Partei, der wie ich aus Ohio stammte und mein Ex-Kollege aus der Zeit im Weißen Haus unter Bill Clinton war. Wir hatten verabredet, dass ich von Los Angeles nach Washington fliegen und Craig dort am Flughafen treffen sollte. Außerdem würde der Vorsitzende des Verwaltungsrats, ein Pfarrer namens John Allen Newman, mit dem Flugzeug aus Jacksonville, Florida, kommen. Mein Flug hatte Verspätung, und so wartete John zusammen mit Craig, bis ich ankam. Als er sich mir vorstellte, trug er einen dunklen Anzug und sah verdammt gut aus.

John und ich verbrachten den Tag zusammen, liefen durch die Stadt und machten Erledigungen für seinen Verein. Die Chemie zwischen uns stimmte auf Anhieb. Bei unserem ersten Rendezvous schlenderten wir über das Kirschblütenfest auf der Washington Mall und machten einen Spaziergang unter den Kirschbäumen am Wasserbecken, während rosa Blütenblätter auf uns niederrieselten. Es war unglaublich romantisch. Ich hatte mich zwar in Los Angeles hin und wieder mit einem Mann verabredet, mich aber nicht mehr auf eine ernsthafte Beziehung eingelassen, seit Michael gestorben war. Aber dieses Mal fühlte es sich anders an. John war Demokrat, ebenso wie ich es für die längste Zeit meines Lebens gewesen war. Er verurteilte mich nicht wegen meiner Unterstützung für Trump, obwohl er in Sorge war über dessen Rhetorik. Wir sprachen jedoch nicht allzu lange über Politik, da es uns wichtiger war, unsere Gemeinsamkeiten zu entdecken. Es war nicht zu bestreiten, dass wir eine tiefe Zuneigung füreinander empfanden.

John und ich begannen eine Fernbeziehung zu führen. Er war in Jacksonville, während ich kreuz und quer durchs ganze Land reiste. Einmal, als ich in Los Angeles war, bekam ich eine Textnachricht von ihm, mit der er mich zum Dinner einlud. Dann stellte sich heraus, dass er schon im Flugzeug saß und auf die andere Seite des Landes flog, nur um mich zum Abendessen auszuführen. Ich fühlte mich geschmeichelt und bezaubert, war aber noch nicht bereit, meine Freiheit aufzugeben. Ich machte ihm klar, dass ich mich auch weiterhin mit anderen Männern treffen würde, solange wir uns nicht endgültig festgelegt hätten. Davon war er nicht gerade begeistert. Ich war so beschäftigt mit dem Wahlkampf, dass ich erst einmal abwarten wollte, wie die Dinge sich zwischen uns entwickelten. Falls es ernst werden sollte mit John, würde sich das ja bald zeigen.

Senator Marco Rubio verlor die Vorwahl in seinem Heimatstaat Florida gegen Trump. Er gab am 15. März auf, und am 20. Juli stellte er sich hinter Trump. Nur noch drei Teilnehmer – ich meine natürlich *Kandidaten* – waren übrig in der Realityshow, die als GOP-Vorwahlen bekannt war, und zwar Trump, Cruz und Kasich. Es war ja durchaus schon zu persönlichen Angriffen gekommen, aber die Feindseligkeiten verschärften sich noch, als das Rennen der Kandidaten zu einem Schönheitswettbewerb ihrer Frauen mutierte. Ein Anti-Trump-Super-PAC, von dem wir vermuteten, dass es heimlich mit dem Cruz-Team zusammenarbeitete, veröffentlichte ein aufreizendes Foto von Melania, das in ihrer Zeit als Model entstanden war. Damit sollte sie verunglimpft werden, und über sie auch ihr Mann. Wie immer, wenn er sich beleidigt fühlt, reagierte Trump aggressiv und twitterte, er könne »ja mal auspacken« über Ted Cruz' Frau Heidi, die unter Depressionen gelitten hatte. Dann brachte ein Trump-Fan ein Mem in Umlauf, mit einem unvorteilhaften Foto von Mrs. Cruz auf der einen Seite und einem Porträtfoto von Melania aus einer Werbekampagne auf der anderen und mit der Bildunterschrift: »›Auspacken‹ nicht nötig, diese Fotos sagen mehr als tausend Worte.« Trump retweetete das Mem. Sofort entstand großer Wirbel in den Medien, und das Cruz-Lager warf Trump vor, ein »niveauloser Feigling« zu sein, der schon wieder eine grausame Attacke gegen eine Frau vom Stapel gelassen habe.

Am 25. März, während die beiden Männer lautstark ihre Ehefrauen verteidigten, war ich in Don Lemons Show auf *CNN* eingeladen, und zwar gemeinsam mit der politischen Strategin und Chefin des Ted-Cruz-Super-PAC, einer Frau namens Kellyanne Conway. Sie war bislang nicht gerade als Trump-Fan in Erscheinung getreten, um es mal ganz vorsichtig auszudrücken. Es fing nicht gut an. Lemon fragte mich nach meiner persönlichen Meinung über Trumps Retweet. Darauf ging ich nicht ein und begann über Anti-Trump-Super-PACs zu sprechen. Daraufhin unterbrach er mich und sagte: »So werde ich Sie nicht davonkommen lassen! Omarosa, hören Sie auf damit!« Als ich versuchte, mich zu erklären, sagte er: »Okay, hören wir auf, alle, stellt die Mikros ab, alle. So werden wir das nicht machen. Ich will, dass alle in dieser Runde meine

Fragen direkt beantworten.« Er schnitt mir das Wort ab. Er wollte mich mundtot machen. Ich war schockiert. Warum war ich denn in diese Show eingeladen worden, wenn ich nicht sagen durfte, was ich zu sagen hatte? Ich war zutiefst erbost.

Nach einer Werbepause wies ich darauf hin, dass es ehrenwert von Trump sei, seine Frau zu verteidigen. Dann unterbrach mich Kellyanne Conway, weil sie unbedingt »Trumps Frauenproblem« zur Sprache bringen wollte. »Wenn er seine Frau verteidigen will – und wir müssen ganz klar sagen, es war kein Pro-Cruz-Super-PAC oder das Cruz-Team, das dieses Foto veröffentlicht hat, sondern ein Anti-Trump-PAC. Und zweitens und noch viel wichtiger: Wenn er seine Frau verteidigen will, warum muss er dann die Frau eines anderen attackieren? Ich meine, das ist doch wirklich die entscheidende Frage hier. ... In Umfragen haben 70 Prozent der Frauen gesagt, sie hätten keine gute Meinung von ihm. Sehen Sie, es gibt ja auch Leute, die sagen, wenn man die Frau eines anderen attackiert, dann ist das kleinlich, es ist rüde, es ist armselig. ... Die Frauen da draußen sagen in Umfragen, dass sie niemanden wählen wollen, der immer das letzte Wort haben muss und bestimmte Wörter benutzt. ... Glauben Sie wirklich, dass er über das Gesundheitssystem, Bildung, Steuern, die Vernichtung des IS reden will – oder will er über Ehefrauen reden? Sagen wir doch einfach mal ganz ehrlich, wer dieses ganze Chaos angerichtet hat.« – Normalerweise fiel es mir nicht schwer, meine Gegner in Grund und Boden zu reden, aber Conway konnte sich aus jeder Debatte herauslavieren.

Am 29. März wurde angekündigt, dass Paul Manafort, ein altgedienter GOP-Wahlkampfstratege, als Manager für Wahlkampfauftritte ins Team kommen und Rick Gates, ein erfahrener politischer Berater, als sein Stellvertreter fungieren würde. Ich hatte ein ungutes Gefühl in Bezug auf Manafort. Er war das genaue Gegenteil dessen, wofür wir unseren Wahlkampf geführt hatten: Wir hatten uns gegen Lobbygruppen und Washington-Insider stark gemacht; Manafort hingegen hatte für das gesamte Establishment gearbeitet, unter anderem für Ronald Reagan, George H. W. Bush und Bob Dole. Freilich war Manafort Trump von dem New Yorker Milliardär Tom Barrack empfohlen worden, und Jared Kushner, Trumps Schwiegersohn und einer seiner engsten Berater, unterstützte das. Sie argumentierten, wir bräuchten jemanden, der das alles schon einmal gemacht hatte.

Einerseits machte ich mir Sorgen darüber, in welche Richtung er die Kampagne steuern würde. Aber andererseits hasste das GOP-Establishment Trump. Kushner sah Manafort als Brücke, um vor dem Parteitag die Partei zu vereinen. Lewandowski konnte ihn nur als Bedrohung sehen.

An diesem Tag verteidigte Trump Lewandowski gegen die kurz zuvor von Michelle Fields erhobenen Vorwürfe, er sei auf einer Wahlkampfveranstaltung gewalttätig geworden. Bei einem Wahlkampfauftritt in Wisconsin machte er sich über ihre Anschuldigungen lustig und deutete an, sie habe ihre Geschichte schon ein paarmal geändert: »Ich habe keine solche Auseinandersetzung erlebt. Abgesehen von unseren Leuten, die auch nichts von der besagten Situation wissen, hat keine einzige Kamera und keiner der über hundert Reporter, die vor Ort waren, einen solchen Vorfall gesehen.« Daraufhin riefen Menschen im Publikum, Fields' Behauptungen seien »Bullshit« und sie selbst eine »Lügnerin«. Dann sagte Trump, er sei ein loyaler Mensch und werde auch Lewandowski gegenüber loyal sein.

Ich war zusammen mit Wolf Blitzer für ein Interview in der *CNN*-Sendung *The Situation Room* gebucht, um mit ihm darüber zu sprechen, welche Rolle Lewandowski im Wahlkampf spielte. Ich lehnte es ab, mich zu den juristischen Aspekten der Angelegenheit zu äußern, sagte aber: »Sehen Sie, Trump lag bis zu diesen jüngsten Ereignissen mit großem Vorsprung in Führung. Ich sage Ihnen, wenn er Wisconsin verliert, kann ich Ihnen garantieren, dass sie sich keine Sorgen mehr um Lewandowski machen müssen, weil er dann zu einer Belastung geworden ist und Donald Trump sich von ihm trennen wird. ... Ob er recht hat oder nicht, ob er es getan hat oder nicht, darauf kommt es nicht an. Die öffentliche Wahrnehmung dieser Sache ist nicht gut, und sie wirft kein gutes Licht auf Donald Trumps Kampagne.«

Am 15. April, vier Tage vor der wichtigen Vorwahl im Bundesstaat New York, wurden wir kalt erwischt, als sechs ehemalige *Apprentice*-Teilnehmer – der Gewinner der vierten Staffel Dr. Randal Pinkett, Kevin Allen, Tara Dowdell, Marshawn Evans Daniels, James Sun und mein alter Teamkamerad Kwame Jackson, die alle schwarz sind, außer James, der asiatischstämmig ist – einen Ballsaal in New York mieteten und dort eine Pressekonferenz abhielten, um Flagge zu zeigen gegen Trumps Rassismus. Der Zeitpunkt war mit Bedacht gewählt, um Trumps Chancen bei den New Yorker Vorwahlen zu drücken. Die schrillen Schlagzeilen danach – auf *CNN*, *NBC* und in der *Vanity Fair* – waren allesamt Varianten von »*Apprentice*-Stars prangern Trump an«.

Ich war im Wahlkampfbüro im Trump Tower, als das Drama losging. Trump hörte davon und rief mich in sein Büro, um die Pressekonferenz zusammen mit mir anzusehen. Kwame Jackson machte den Anfang: »Lasst uns als führende Nation stets dem Geist von Kennedy den Vorzug geben vor ›Kardashianism‹ – immer und jedes Mal.« Ich dachte: *Das kann ja heiter werden.*

»Trump hat ein toxisches Ökosystem in unserem politischem Diskurs geschaffen«, so Kwame weiter. »Trump hat an den kleinsten gemeinsamen Nenner von Angst, Rassismus und Zwietracht in unserer Bevölkerung appelliert. ... Man muss heute niemanden mehr lynchen, man muss kein Kreuz in Nachbars Garten verbrennen, um ein Rassist zu sein. Im Jahr 2016 gibt es wesentlich subtilere Formen von Rassismus.« Mir rutschte das Herz in die Hose, während ich diese Pressekonferenz sah. Ich wusste, dass er den Finger in eine offene Wunde legte, wenn er darüber sprach, wie Trumps Sprüche die Leute zu gewaltsamen Ausschreitungen provozierten und wir uns abmühen mussten, um sein Gerede zu rechtfertigen. Hier waren sechs frühere *Apprentice*-Kandidaten, Menschen mit nicht weißer Hautfarbe, so wie ich, und sie nannten ihn einen Rassisten. Als die einzige ehemalige *Apprentice*-Teilnehmerin im Wahlkampfteam wusste ich, dass es meine Aufgabe sein würde, eine Idee zu liefern, wie wir diese Vorwürfe entkräften konnten. Neben mir sagte Trump: »Verdammt noch mal, glaubst du diesen Leuten? Dieser verdammte Kwame! Ich habe sie zu dem gemacht, was sie sind, und so danken sie es mir. Keine Loyalität! Randal hat bei *Trump* gearbeitet, und jetzt hasst er mich? Keine Loyalität! *Kein bisschen!*«

Mir kamen die Dreharbeiten zur ersten Staffel von *The Apprentice* in den Sinn, und die Gerüchte, die im Umlauf waren, seit Trump während des gesamten Drehs Kwame als »hochnäsig« bezeichnet hatte. Kwame hatte seinen MBA an der Harvard University gemacht. Die Wharton School of Business der University of Pennsylvania, die Trump besucht hatte, war ebenfalls in der *Ivy League*, aber ich hatte den Verdacht, dass er sie für weniger beeindruckend hielt als Harvard. Ich hatte schon immer den Eindruck gehabt, dass Kwames Harvard-Abschluss – wie der von Obama – Trump gegen den Strich ging. Er fragte mich, ob ich ihm helfen würde, diese Sache in Ordnung zu bringen. Ich antwortete: »Ich mache mich sofort an die Arbeit!«

Ich vereinbarte mehrere Interviews mit Nachrichtensendern, unter anderem ein Streitgespräch mit Randal Pinkett auf *MSNBC*. Meine Strategie war zu berichten, wie Trump mich in meiner Karriere unterstützt hatte. Ich wollte mich selbst als Gegenbeweis für ihre Darstellung präsentieren, nach der Devise: »Wenn er mich so gut behandelt hat, kann er kein Rassist sein.«

Unterdessen hatte Hope Hicks ein Statement für Trump geschrieben. Darin bezeichnete sie die ehemaligen *Apprentice*-Teilnehmer als »sechs gescheiterte Möchtegerne aus Hunderten von Bewerbern. Welch ein kurzes Gedächtnis sie doch haben. Ohne mich würde niemand wissen, wer sie sind. Sie wollen einfach nur zurück ins Rampenlicht – dorthin, wo sie mit Trump waren. Total unehrlich und illoyal. Sie sollten vorsichtig sein, weil ich sonst stundenlange Aufnahmen von ihnen zeigen könnte, wie jeder Einzelne von ihnen mich über den grünen Klee lobt.« Im Rückblick ist es ziemlich unwahrscheinlich, dass Trump irgendwelche alten Aufnahmen herausgesucht hätte. Die Welt wusste ja nicht, was er in diversen herausgeschnittenen Szenen gesagt hatte, aber *er* wusste es.

Ein paar Tage später waren wir bereit und sehr angespannt: Endlich war die Zeit gekommen für die Vorwahlen in New York. In seinem Heimatstaat wollte Trump unbedingt gewinnen. An diesem Abend sendete *Fox News* live vom Times Square, und ich war gebucht für ein exklusives Interview mit Greta Van Susteren.

Während wir miteinander sprachen, feierte der Rest des Wahlkampfteams auf der Party im *Trump Tower* und sah sich das Interview mit mir auf den großen Fernsehschirmen an. Sofort nach dem *Fox-News*-Interview wurde ich für einen weiteren Auftritt gebucht, mit Katie Couric für *Yahoo*. In dieser Runde war auch Kellyanne Conway dabei, die sehr unglücklich darüber zu sein schien, dass Trump kurz davor war, die Vorwahlen in New York zu gewinnen. Als ich ihn später an diesem Abend traf, sagte er: »Toller Auftritt bei Greta! Wir haben dich alle live gesehen.« Letzten Endes bekam Trump über 59 Prozent der Wählerstimmen, und wir beobachteten, wie die Beleuchtung des Empire State Building dunkelrot wurde, um Trumps Wahlsieg anzuzeigen – hätte Cruz gewonnen, wäre sie hellrot geworden.

Auch Hillary gewann, woraufhin das Empire State Building dunkelblau angestrahlt wurde, statt hellblau für Sanders.

Jetzt wussten alle, dass Trump und Clinton gegeneinander antreten würden, doch bevor wir dieses Rennen in Angriff nehmen konnten, mussten wir erst die Nominierung in der Tasche haben.

Senator Ted Cruz gab am 3. Mai auf, nach durchaus respektablen Ergebnissen; er hatte elf Vorwahlen gewonnen, einschließlich der ersten in Iowa und derjenigen in Texas, seinem Heimatstaat. Gouverneur John Kasich warf am 4. Mai das Handtuch; seinen einzigen Sieg hatte er in meinem Heimatstaat Ohio errungen. Am Ende hatte Trump die erstaunliche Anzahl von 41 Vorwahlen gewonnen. Sein Sieg war zu keiner Zeit gefährdet. Der *Trumptrain* war in voller Fahrt und nicht mehr aufzuhalten, trotz konzertierter Anstrengungen der Opposition, genau das zu erreichen.

Am 19. Mai wurde Paul Manafort zum Leiter und Chefstrategen der Kampagne befördert. Corey Lewandowski würde an Bord bleiben, teilte Hope Hicks in ihrem Statement mit, um das Tagesgeschäft zu managen, während Manafort an der übergeordneten Strategie für die Wahl arbeiten würde. Am 20. Juni wurde Corey Lewandowski bereits wieder gefeuert. Sein Abgang wurde von den Trump-Kindern angezettelt und legte die alleinige Führung der Kampagne in Paul Manaforts Hände. Ich hatte deswegen ein ungutes Gefühl. Ja, Manafort hatte zwar Erfahrung und gute Beziehungen zum Establishment; aber hätten wir nicht jemanden finden können, der nicht zum Establishment gehörte und die Kampagne und den Kandidaten besser repräsentieren könnte? Auch Trump schien ihn nicht zu mögen. Von Anfang an hatte Manafort gesagt: »Ich bin der Einzige, der ihm Zügel anlegen kann. Ich kann ihn präsidialer machen.« – Sobald irgendjemand versucht, Trump zu kontrollieren, rebelliert er dagegen. Ganz gleich, was Manafort von ihm wollte – dass er zum Beispiel einen Teleprompter benutzt –, Trump reagierte trotzig und weigerte sich.

Am 1. Juli, also zwei Monate nachdem Cruz aufgegeben hatte, heuerte Trump Kellyanne Conway für eine Position als hochrangige Beraterin an. Angesichts der Tatsache, dass sie vorher lautstark Ted Cruz unterstützt und Trump mehrfach denunziert hatte, kann man sich vorstellen, wie erstaunt ich darüber war. Ich fand diese Entscheidung ein bisschen seltsam. Kaum hatte ich mich auf *CNN* vor laufender Kamera mit ihr gestritten, weil sie rüde Kommentare über Trump abgab, stand sie am nächsten Tag vor mir – als Mitglied des Teams.

Wir hatten es geschafft. Als der Juli begann, stand Trumps Wählerschaft geschlossen hinter ihm. Die *Republican National Convention* (RNC), der Nominierungsparteitag der Republikanischen Partei, stand unmittelbar bevor, in Cleveland in meinem Heimatstaat Ohio. Ich hatte das Gefühl, dass wir über den Berg waren.

Kapitel sieben

Unkonventionelle Verhaltensnormen

Als der Anflug auf Cleveland begann, wurde mir alles erst so richtig bewusst. Dies war mein Heimatstaat, und ich kehrte triumphierend zurück zur *Republican National Convention*, die meinen Mentor zum Präsidentschaftskandidaten seiner Partei nominieren würde. Nachdem ich das Flugzeug verlassen hatte und durch den Flughafen ging, sah ich, dass ein echtes Trump-Fieber ausgebrochen war. Wohin man auch blickte, überall waren Trump-Plakate, *MAGA*-Kappen, Buttons und Trump-Puppen zu sehen. Die Spannung lag in der Luft, und ich war mittendrin, um das alles hautnah mitzuerleben.

Das Ganze erinnerte mich daran, wie wir in dem Jahr, als wir mit *The Apprentice* für den Emmy nominiert wurden, nach Los Angeles geflogen waren und gehofft hatten, dass wir ihn trotz der schlechten Prognosen gewinnen würden. Damals wurden wir enttäuscht – aber dieses Mal nicht. Im gesamten Verlauf der Vorwahlen hielt man unseren Wahlkampf und Trump selbst für einen Witz, und niemand von den Medien räumte uns Gewinnchancen ein. Als wir in Cleveland ankamen, hatten wir 16 andere Bewerber aus dem Feld geschlagen und 41 Vorwahlen gewonnen, und jetzt stand Donald Trump kurz davor, die Nominierung seiner Partei anzunehmen. Nach all den Schmerzen und Sorgen und Herausforderungen, die wir überwunden hatten, um es bis hierher zu schaffen, war ich auch deswegen so aufgeregt, weil ich dachte: *Jetzt werden die Leute uns endlich respektieren und ernst nehmen.*

Sobald ich in der *Quicken Loans Arena* angekommen war, gab ich eine Reihe von Interviews. Craig Melvin von *MSNBC* teilte mir mit, dass ich soeben zur Direktorin der Kampagne für afroamerikanische Öffentlichkeitsarbeit berufen worden sei. Obwohl ich schon seit knapp einem Jahr eine der Top-Pressesprecherinnen der Kampagne war, machte diese Nachricht eine Menge Schlagzeilen. Das Trump-Team hatte – im Gegensatz zu Hillary Clinton – Wort gehalten und mich offiziell als hochrangige Beraterin und Direktorin an Bord genommen. Ganz unabhängig davon, ob Trump ernst genommen wurde – mich nahm man ernst.

Shep Smith von *Fox News* fragte mich: »Läuft die Multikulti-Sache gut?« Als der Parteitag nach vier Tagen zu Ende ging, hatte ich mit Dutzenden von Moderatoren für Dutzende von Sendungen auf allen Nachrichtenkanälen gesprochen, mit unzähligen Reportern von den unterschiedlichsten Medien im ganzen Land. Neben meiner Öffentlichkeitsarbeit auf dem Parteitag fungierte ich auch als Gastgeberin und Rednerin für diverse Multikulti-Veranstaltungen in Cleveland: Eine Podiumsdiskussion hier, ein Lunch da, ein Meeting mit Delegationen aus verschiedenen Bundesstaaten dort – das alles zu dem Zweck, der Welt die Wichtigkeit von Vielfalt und die Anliegen von Minderheiten zu kommunizieren. Ich wusste, dass diese Arbeit wie für mich geschaffen war, und an jenem ersten Tag in Cleveland war ich bester Stimmung. Der ganze Medienwirbel, mit dem ich seit der Ankündigung seiner Bewerbung immer wieder fertig geworden war, jedes Mal, wenn ich im Fernsehen einen kontroversen Tweet oder Spruch verteidigt hatte, jeder Wahlkampfauftritt, bei dem ich vor Ort war, jede Wählergruppe, mit der ich gesprochen hatte – das alles hatte schließlich zu diesem krönenden Moment geführt.

Wir alle fühlten uns ein bisschen so, als hätten wir einen Schiffsuntergang überlebt und seien vor einem luxuriösen Resort an den

Strand gespült worden. In der Halle war es hell, bunt und aufregend, und ich erhielt ausschließlich positives Feedback. Dort traf ich zum ersten Mal viele bekannte Gesichter, etwa Ben Carson. Als Direktorin für afroamerikanische Öffentlichkeitsarbeit war es mein Job, um jede Unterstützung vonseiten prominenter Schwarzer zu werben, und Carson stand weit oben auf meiner Liste. In der Politik wird dein Gegner mit einem Wimpernschlag zum Freund.

Draußen vor der Halle tobten Hunderte wütender Protestler durch die Straßen von Cleveland, angewidert und empört, weil Donald Trump sehr bald die Nominierung seiner Partei annehmen würde. Das massive Aufgebot an Polizeikräften und Sicherheitsleuten und ihre grimmigen und entschlossenen Mienen erinnerten mich an Chicago. Wir hatten rings um die Halle Absperrgitter aufbauen lassen, woraufhin viele Leute sagten, wir hätten um Cleveland »eine Mauer gebaut«. Am größten und lautstärksten waren die Gruppen von *Black Lives Matter* (BLM). Zahlreiche Ortsverbände hatten eine Delegation nach Cleveland geschickt, und es war mein Job, ihnen zuzuhören und etwas zu ihren Anliegen zu sagen. Ich hatte schon seit geraumer Zeit versucht, mich mit Anführern der Bewegung zusammenzusetzen, aber da BLM dezentral organisiert ist – in vielen kleinen Gruppen ohne übergeordnete Führung –, hatte ich Melina Abdullah angesprochen, Professorin für Pan-African Studies an der California State University in Los Angeles und eine der dortigen BLM-Organisatorinnen. Seit Oktober 2015 hatte ich mich bemüht, sie zu treffen, um mit ihr über solche Anliegen zu sprechen und von ihr zu hören, was BLM von der Trump-Kampagne oder – für den unwahrscheinlichen Fall, dass er gewählt würde – von Trumps Präsidentschaft erwartete.

In Cleveland versuchte ich erneut, Kontakt aufzunehmen zu den Anführern verschiedener BLM-Ortsverbände, um mich mit ihnen zu treffen. Das lehnten sie allesamt kategorisch ab. Es ging ihnen nicht darum, miteinander zu reden – sie waren dort, um zu protestieren, und genau das würden sie tun. Mein Job war es, auf sie zuzugehen, und darum bemühte ich mich sehr, doch ich habe keinen Einfluss darauf, ob jemand sich mit mir treffen will oder nicht. Ich hatte gehofft, ihre Sorgen und Forderungen den zuständigen Leuten vortragen zu können, um zumindest die Möglichkeit zu eröffnen, ihre Probleme zu lösen, aber in dieser Hinsicht kamen wir keinen einzigen Schritt voran.

Ich gab alles dafür, mich mit BLM zu treffen, weil ich glaube, dass diese Bewegung gebraucht wird. Zu viele afroamerikanische Männer werden von Polizeibeamten getötet. Mein Bruder war durch Waffengewalt ums Leben gekommen. Auf jeden Fall war ich mir der Problematik um Polizeigewalt, Waffengesetze und systematischen Rassismus völlig bewusst und deswegen in großer Sorge. Ich hatte gegen die Erschießung von Trayvon Martin durch einen Nachbarschaftswachtmann protestiert und in Ferguson, Missouri, gegen den tödlichen Schuss eines Polizisten auf Michael Brown. BLM ist wichtig und lebensnotwendig für die afroamerikanische Community. Ich war enttäuscht, dass ich im Wahlkampf nicht die Gelegenheit bekam, mit BLM zu sprechen. Ich denke immer noch daran, wie viel Gutes wir hätten erreichen können, nicht nur für BLM, sondern auch für Donald Trump. Martin Luther King Jr. hatte sich schließlich auch mit Lyndon B. Johnson getroffen, und entgegen allen Erwartungen hatten sich die beiden verbündet, um die Armut in der afroamerikanischen Bevölkerung zu bekämpfen und sich in ihrem jeweiligen Einflussbereich für die Verabschiedung des *Civil Rights Act* von 1964 einzusetzen, was dann auch geschehen war.

Zwei Tage vor dem Nominierungsparteitag eröffnete die NAACP ihr 107. Jahrestreffen, ebenfalls in Ohio, und zwar in Cincinnati. Ich hatte Anfang 2016 die NAACP angesprochen, um ein Gespräch zu verabreden, aber dazu war es nie gekommen. Dann, wie der Zufall es wollte, hielten sie ihr Jahrestreffen im selben Bundesstaat ab, in dem auch die RNC tagen würde. Die NAACP hielt es für eine großartige Idee, dass Trump mit seiner Privat-Boeing, der *Trump*

Force One, nach Cincinnati fliegt und sich mit der Führung des Verbandes trifft. Ich sagte ihnen, ich wolle versuchen, das zu arrangieren. Leider luden sie ihn für denselben Abend ein, an dem Melania ihre Rede halten wollte. Er war nicht bereit, ausgerechnet zu diesem Zeitpunkt den Parteitag zu verlassen und so den großen Auftritt seiner Frau zu verpassen. Wir boten an, jemand anders zu schicken, etwa Ben Carson, Mike Pence oder mich, aber das wollten sie nicht. Die Schlagzeile am nächsten Tag lautete dann natürlich: »Donald Trump lehnt Einladung ab, vor dem NAACP-Jahrestreffen zu sprechen«, so erschienen in der *Los Angeles Times* und in ähnlicher Form in zig anderen Medien.

Wie ich schon sagte: Es war mühsam.

Innerhalb von *Trumpworld*: Unterstützung und freudige Erwartung. Außerhalb von *Trumpworld*: Hass und Spannungen. Auf den Social-Media-Plattformen floss der Hass wie ein Lavastrom auf mich zu. Wenn ich ein Foto von der RNC postete, waren die Kommentare voller rassistischer Anspielungen, Beleidigungen und Todesdrohungen: »House Nigger.« »Verräterin.« »Trump-Hure.« »Alibifrau.« »Ihre schwarze Kreditkarte sollte ihr weggenommen werden.« »Schlampe, verrecke!«

Im Verhältnis kamen etwa zehn böswillige Kommentare oder Todesdrohungen auf jede positive Äußerung. Die Todesdrohungen meldete ich an den Secret Service, an Trumps Bodyguard Keith Schiller und an die örtliche Polizei. Während ich also dafür kämpfte, eine Stimme und Anwältin der afroamerikanischen Community zu sein, versuchten externe Kräfte, mich zu attackieren. Ich lebte im Spannungsfeld zwischen Freude und Schmerz.

Am 19. Juli postete der Filmregisseur Spike Lee ein Foto von mir auf Instagram, mit einer Clownsnase und zur Seite gedreht, mit folgender Bildunterschrift: »Ms. Theresa ›Omarosa‹ Manigault ›Bild is' so, weil ich sie von der SEITE ansehe‹. Trump hat sie zu seiner

»Direktorin für afroamerikanische Öffentlichkeitsarbeit« ernannt. Vielleicht kennt ihr sie aus Trumps Reality-TV-Show The Apprentice. #Wer ist der Nächste? Stepin Fetchit? [schwarzer US-Komiker] Aunt Jemima? [schwarze Werbefigur für eine gleichnamige Lebensmittelmarke] Uncle Ben? [Comicfigur und Anspielung auf Ben Carson] Sleep N' Eat? [Willie Best, schwarzer Schauspieler] Rastus? [schwarze Werbefigur für eine Lebensmittelmarke und beleidigende Bezeichnung für einen schwarzen Mann] Lil' N----r Jim? [schwarzer Freund von Mark Twains Figur Huckleberry Finn] Wird Omarosa kostenlos Hühnchen mit Beilage von der Fast-Food-Kette *Popeye's* verteilen, um Trump die Stimmen schwarzer Wähler zu liefern? YA-DIG? [schwarzer Slang für ›Verstehst du?‹] SHO-NUFF [›Auf jeden Fall!‹]. #blacklivesmatter.«

Er hatte mich mit dem Namen meiner Mutter Theresa tituliert. Ich kann nur annehmen, dass er mich damit vor meiner Mutter blamieren wollte. Warum brachte er sie überhaupt ins Spiel? Ich antwortete ihm mit einem Tweet, der inzwischen gelöscht wurde: »Wenn du mich attackierst, kann ich das ab! Wenn du meine Mutter angreifst, ist das NICHT cool!! Wie hilft das unserer Community? Du greifst meine Mutter an?? Wow! #newLow!«. Meine Mutter Theresa wählt die Demokratische Partei und hatte mit dieser Sache überhaupt nichts zu tun. Ich war fuchsteufelswild, wenn er – oder sonst jemand – sich anmaßte, mich zu verurteilen, obwohl ich doch nichts anderes tat, als mich für die afroamerikanische Community einzusetzen.

Während der gesamten Vorwahlen führten wir einen unermüdlich aggressiven Kampf. Wir bekamen immer wieder zu hören, dass wir nie gewinnen könnten und nicht gewinnen sollten – aber dennoch siegte Trump, trotz größter Anstrengungen seiner 16 parteiinternen Gegner und der meisten Medien. Ich hätte eigentlich nur stolz und glücklich sein sollen. Aber trotzdem fühlte ich mich zerrissen. Ja, ich war Teil eines außergewöhnlichen Phänomens geworden. Ich hatte etwas Unglaubliches erreicht, was kaum jemand von den Leuten, die dort herkommen, wo ich aufgewachsen bin, jemals erreichen würde. Aber zu viele Menschen aus meiner Community nahmen mir übel, dass ich ein Mitglied des Teams war.

Zufällig traf ich Donna Brazile, als sie aus dem *CNN*-Stand auf der RNC kam. Sie beglückwünschte mich zu meiner Ernennung. Sie hatte mich immer unterstützt und war stets ehrlich zu mir gewesen. Sie erinnerte mich daran, dass wir Unterstützer in beiden Lagern bräuchten. Im Laufe der vergangenen Monate hatte sie mir ab und zu eine sanfte Warnung über meine Verbindung zu Trump und seinen extremistischen Unterstützern geschickt, etwa David Duke, den »white supremacist« und ehemaligen Grand Wizard des Ku-Klux-Klans; aber Donna hatte immer nur Anteilnahme gezeigt und mich nie verurteilt, und das tat sie auch weiterhin in den folgenden Monaten. In einer Textnachricht über meinen Wechsel von der Demokratischen zur Republikanischen Partei schrieb sie: »Wir brauchen dich dort. Es tröstet uns, dass du mit im Raum und am Tisch sein wirst – solange du da bist, wird es nicht allzu schlimm werden.« Ich werde ihr immer dankbar sein für ihren Rat in dieser Zeit.

Als hochrangige Beraterin und Direktorin der Kampagne war ich in den E-Mail-Verteilern sowohl der RNC als auch der Kampagne, und meine Mailboxen begannen sich mit den täglichen *Talking Points* – oder TPs, wie die wichtigsten Stichpunkte und Schlagworte kurz und bündig genannt wurden – zu füllen, außerdem mit Updates, Terminplänen, Listen von Medienauftritten, Schlagzeilen, Daten zu Trumps Reiselogistik und so weiter. Ich verschickte und erhielt jeden Tag bis zu 500 E-Mails. Von den Kampagnen-Memos, die mir geschickt wurden, gingen CCs an Hope Hicks, Rick Gates und den altgedienten republikanischen Wahlkampfstrategen Kevin Kellems, einen ehemaligen Assistenten Dick Cheneys, der allerdings nur zwei Wochen durchhielt. Dann wurden auch Jason Miller, der Ex-Pressesprecher von Ted Cruz, sowie Redenschreiber Stephen Miller, ein Protegé von Jeff Sessions, dem

Senator von Alabama, in den Verteiler aufgenommen. Das Tagesmemo trug oben das Trump/Pence-Logo, und dann folgte ein Betreff wie »Unsere Sprachregelung zum Brexit« oder »50 Fakten über Hillary Clinton aus Trumps Rede ›Was bei der Wahl auf dem Spiel steht‹«.

Wir hatten ein Tagesmemo bekommen, das vollständig aus »*Trump Tweet Alerts*« bestand, die Empfehlungen enthielten, wie wir auf Posts reagieren sollten, die auf seiner Lieblingsplattform auftauchten. Franklin D. Roosevelt hatte das Radio genutzt, um die Öffentlichkeit zu erreichen; Donald J. Trump verwendet Twitter. Er ist Twitter-süchtig, weil er ein Narzisst ist und es genießt, dass er dort viele Millionen Follower hat. Deren Likes und Retweets füttern sein Ego. Für ihn ist Twitter das ultimative Machtinstrument, weil er seine Inhalte kontrollieren kann – sie werden nicht zensiert, nicht einmal auf richtige Rechtschreibung geprüft. Niemand kann ihm vorschreiben, was er dort schreiben oder sagen soll. Er kann zu jedem beliebigen Thema twittern, und das tut er auch – und zwar so ungefiltert, dass er definitiv nicht als »präsidial« rüberkommt. Er genießt es, dass er mit jedem Tweet einen enormen Wirbel auslösen und seine Botschaft direkt an seine Basis schicken kann.

Unser Job war es, aus seinen Tweets zielgerichtete Botschaften zu machen. Das *Trump-Tweet-Alert*-Memo enthielt spezifische TPs, wie wir zu reagieren hätten, wenn er wieder einmal in den frühen Morgenstunden etwas getwittert hatte. Hatte er sich zur Innenpolitik geäußert, reagierte der Experte für Innenpolitik; hatte er einen Tweet zur internationalen Außenpolitik abgesetzt, reagierten die Berater zur nationalen Sicherheit. Jeder Berater der Kampagne war gehalten, auf diese alltäglichen Schrecksekunden zu reagieren und dem Rest des Wahlkampfteams zu empfehlen, wie wir am besten mit seinen Grundsatzerklärungen und Gardinenpredigten in 140 Zeichen fertig werden konnten.

Wir bekamen täglich E-Mails vom *Republican National Committee*, was ja auch nicht weiter erstaunlich war. Etwas befremdlicher war allerdings, dass ausgewählte Empfänger aus dem Trump-Wahlkampfteam jeden Tag E-Mails direkt von *Fox News* erhielten, in denen die Tagesnachrichten zusammengefasst, TPs und Argumentationshilfen geliefert und Ressourcen angeboten wurden. So konnte zum Beispiel eine typische *@foxnews.com*-E-Mail ein komplettes Transkript der letzten Rede von Hillary Clinton enthalten, mit einer sekundengenauen Aufschlüsselung und Analyse der Inhalte sowie spezifischen Vorschlägen, was man dazu sagen konnte, Zeile für Zeile.

Viele Beobachter vermuteten, dass es Kontakte zwischen *Fox News* und der Trump-Kampagne gab und dass bei *Fox News* einige Personen saßen, die sich unermüdlich dafür einsetzten, ihm zu einem Wahlsieg zu verhelfen. All den Leuten, die diesen Verdacht hegten, kann ich nur sagen: Ihr habt ja keine Ahnung, wie recht ihr damit hattet. Die tägliche Kommunikation in beide Richtungen zwischen Leuten von *Fox News* und dem Weißen Haus unter Trump setzt sich bis zum heutigen Tag fort. Hin und wieder wird gespottet, Trump würde seine *Talking Points* aus den Nachrichtensendungen bei *Fox News* beziehen – und genauso ist es, ohne jeden Zweifel. Außerdem sprechen Leute von *Fox News* mit seinem Beraterteam, jeden Tag. Dieser Fernsehkanal steht – um das Bild einmal wörtlich zu nehmen – weit offen.

Die erste Großveranstaltung des Parteitags war die Rede von Melania Trump am Eröffnungsabend. Sie hatte sich im Wahlkampf kaum öffentlich gezeigt; ich konnte an den Fingern zweier Hände abzählen, wie viele Wahlkampfauftritte sie absolviert hatte. Bei solchen seltenen Gelegenheiten unterhielten wir uns backstage in der Garderobe oder im Aufenthaltsraum, nachdem sie und ihr Mann mit der Wagenkolonne eingetroffen waren, und ich brachte sie auf den neuesten Stand der Dinge. Sie war mir gegenüber immer ausgesprochen höflich und nett. Bei solchen Gelegenheiten kam mir manchmal unsere erste Begegnung in den Sinn, während der Dreharbeiten zu meiner ersten Staffel von *The Apprentice*, als die allererste Folge der Serie aufgezeichnet wurde. Melania hatte uns, das Gewinnerteam, zu einer Besichtigung des berühmten, sich über drei Etagen erstreckenden Penthouse-Apartments der Trumps, ganz oben im Trump Tower, eingeladen. Sie schwebte die vergoldete Rolltreppe herab und begrüßte uns sehr herzlich, ganz die atemberaubende Dame des Hauses.

Als ich sie an jenem Abend bei ihrer Rede sah, war ich ungeheuer stolz auf sie. Beim Publikum kam sie gut an. Mein Lieblingssatz aus ihrer Rede: »Die Grenzen dessen, was du erreichen kannst, werden nur vom Anspruch deiner Träume und deiner Bereitschaft, für sie zu arbeiten, bestimmt.« *Amen, Sister.*

Ich dachte mir: *Wir hätten sie während der Vorwahlen häufiger einsetzen können.* Ich verstand und respektierte ihre Entscheidung, mit ihrem Sohn Barron in New York zu bleiben und sich nicht mit vollem Zeiteinsatz in den Wahlkampf einzubringen. Wir hatten ja schon eine ganze Reihe von Trumps Familienmitgliedern eingespannt – Don Jr., Eric und die großartige Lara Trump. Der beste Weg, um Trumps Frauenproblem die Grundlage zu entziehen, bestand darin, Trumps wunderschöne und kluge Ehefrau häufiger öffentlich auftreten zu lassen. Ich nahm mir vor, am nächsten Morgen, während die hymnischen Berichte über ihre Rede eintrudelten, mit ihrem Team darüber zu sprechen. – Leider wurde diese Idee von einer Eilmeldung am nächsten Morgen zunichtegemacht. Einem freiberuflichen Fernsehreporter namens Jarrett Hill waren Ähnlichkeiten zwischen Melanias Redetext und einer anderen Wahlkampfrede aufgefallen, die Michelle Obama acht Jahre zuvor auf dem Parteitag der Demokraten in Denver gehalten hatte.

Aus Michelles Rede: »Barack und mir wurden sehr ähnliche Werte vermittelt: dass du hart arbeiten musst, wenn du im Leben etwas erreichen willst; dass du Wort halten musst und tust, was du zu tun versprochen hast; dass du Menschen mit Würde und Respekt behandelst, auch wenn du sie nicht kennst und selbst wenn du anderer Meinung bist als sie. Barack und ich haben uns vorgenommen, unsere Leben an diesen Werten zu orientieren und sie an die nächste Generation weiterzugeben. *Denn wir wollen, dass die Kinder dieser Nation wissen: Was du erreichen kannst, wird nur begrenzt von der Kraft deiner Träume und deiner Entschlossenheit, sie zu verwirklichen.«*

Aus Melanias Rede: »Von Kindesbeinen an haben meine Eltern mir die Werte eingeprägt, dass du hart arbeiten musst für das, was du im Leben erreichen willst, dass du Wort halten musst und tun, was du sagst und deine Versprechen halten, dass du Menschen mit Respekt behandelst. Durch ihr Beispiel vermittelten sie mir jeden Tag ihre Werte und moralischen Grundsätze. Das sind Erfahrungen, die ich an meinen Sohn weitergeben will. Und wir müssen diese Lehren auch an die vielen Generationen weitergeben, die uns nachfolgen werden. *Weil wir wollen, dass unsere Kinder – alle Kinder dieser Nation – wissen, dass die Grenzen dessen, was du erreichen kannst, nur vom Anspruch deiner Träume und deiner Bereitschaft, für sie zu arbeiten, bestimmt werden.«*

Intern wurde hektisch zwischen Pressesprechern und Kommunikationsteam getextet. Ständig kamen E-Mails mit TPs herein, eine nach der anderen. Es wurde beschlossen, Meredith McIver die Schuld für das Plagiat in die Schuhe zu schieben, einer Redenschreiberin der *Trump Organization* und Co-Autorin zweier Bücher von Trump. Mir war es sehr unangenehm mitzuerleben, wie ihr die Verantwortung zugeschoben wurde, da sie eine der höherrangigen, nicht-weißen Angestellten in der *Trump Organization* war. Sie wurde aufgefordert, sich zu opfern, und das tat sie dann auch. In ihrer Pressemitteilung vom 20. Juli 2016 räumte sie ein, dass einzelne Passagen aus Michelles Rede tatsächlich in Melanias Text eingeflossen seien, während er entworfen wurde.

»Es war mein Fehler, und es tut mir sehr leid, dass ich ein solches Chaos für Melania und die Trumps angerichtet habe, und auch für Mrs. Obama. Ich hatte keine bösen Absichten«, sagte sie. »Gestern habe ich Mr. Trump und der Trump-Familie meinen Rücktritt angeboten, was sie jedoch ablehnten. Mr. Trump hat mir gesagt, dass ein Mensch manchmal schuldlos Fehler macht und dass wir aus solchen Erfahrungen lernen und wachsen. Ich entschuldige mich für die Konfusion und Hysterie, die ich durch meinen Fehler verursacht habe. Heute ist es mir mehr denn je eine Ehre, mit einer so großartigen Familie arbeiten zu dürfen. Auf einer ganz persönlichen Ebene bewundere ich, wie Mr. Trump mit dieser Situation umgegangen ist, und ich empfinde große Dankbarkeit für sein Verständnis.«

Sie machten McIver zum Opferlamm, mussten sie aber unter Kontrolle halten. Deswegen wurde sie nicht gefeuert. Wäre sie gefeuert worden, hätte sie die Freiheit gehabt, aus dem Nähkästchen zu plaudern und der interessierten Weltöffentlichkeit diverse Geheimnisse aus der *Trumpworld* zu präsentieren. Das Ende ihres Statements – über »Ehre« und »Dankbarkeit« – ist typisch für das, was man bei einem Treueschwur sagen würde. Viele kluge Menschen sind dahintergekommen, dass man Trumps Aufmerksamkeit und Anerkennung nur erringen kann, indem man ihn lobt.

Die negative Wirkung in der Öffentlichkeit machte alle Hoffnungen zunichte, dass Melania sich intensiver am Wahlkampf würde beteiligen können. Als Trump ein paar Tage später seine Nominierung annahm, kam sie widerwillig zu ihm auf die Bühne, aber hinter den Kulissen fühlte sie sich gedemütigt. Sie war wütend auf ihn, weil er sie gezwungen hatte, vor der Öffentlichkeit so bloßgestellt zu werden. Ich fühlte mit ihr, als sie in dieser schrecklichen Zeit mit Hohn und Spott übergossen wurde. Es muss furchtbar für sie gewesen sein. Es war ein schwerer Schlag für sie und ein Verlust für die Kampagne. Für den Rest des Wahlkampfs verschwand sie praktisch völlig von der Bildfläche.

Ich machte meine Arbeit, hielt bei einem Empfang für schwarze Republikaner eine Ansprache, nahm an *Town-Hall-Meetings* teil, trat bei großen und kleinen Wahlkampfveranstaltungen auf oder bahnte mir einen Weg durch wütende Protestler und Polizeispaliere. Es gelang mir, mich für ein paar Stunden vom Parteitag freizumachen und an einem Familientreffen teilzunehmen. Dort traf ich meinen Cousin Darian Rushton. Er ist ein Wähler der Demokratischen Partei und einer meiner Lieblingscousins. Er hatte in der Armee gedient und arbeitet jetzt beim *United States Department of Veterans Affairs* (VA) in Ohio, dem Kriegsveteranenministerium. Ich nahm ihn mit zurück zum Parteitag, wo er mich zu einigen Events begleitete.

In der für die Trump-Familie reservierten Zuschauerbox herrschte ein ständiges Kommen und Gehen von GOP-Parteigrößen, etwa Karl Rove oder den früheren Gegnern bei den Vorwahlen Chris Christie und Ben Carson. Das zukünftige *Women-for-Trump*-Team war ständig vor Ort: Lynne Patton sowie Lynnette Hardaway und Rochelle Richardson, auch als »*Diamond and Silk*« bekannt – YouTube-Stars und eingefleischte Trump-Fans.

Am zweiten Abend hielt Tiffany Trump, das einzige Kind von Trumps zweiter Frau Marla Maples, eine *Warm-up*-Rede. Ich sah ihr aus der Familybox zu, wo ich mit den drei Kindern von Trumps erster Frau Ivana saß. Es war das erste Mal, dass Tiffany in der Öffentlichkeit auftrat, und wahrscheinlich war es ein wichtiger Moment für sie. Sie war immer behandelt worden wie ein verstoßenes Kind aus Kalifornien, aber an diesem Abend war es ihre Bühne, und sie legte einen hervorragenden Auftritt hin.

Am selben Abend hielt auch Don Jr. eine Rede, eine Weile nach Tiffany. Ich kann mich gut erinnern, dass ich mir Sorgen um Don Jr. machte, weil sein Vater immer so hart zu ihm war. Falls er diese Rede vergeigte, würde es sicherlich wieder abfällige Bemerkungen geben, wie »enttäuscht« er von ihm sei – das bekam sein Erstgeborener nur allzu oft von ihm zu hören. In seiner Rede beschrieb Don

Jr. seinen Vater als Mann aus dem Volk, der »Beton gegossen und Fassaden verkleidet« habe, sprach von einem »Doktorgrad in gesundem Menschenverstand« und der »Würde seiner harten Arbeit«. Als passionierter Jäger sprach er sich außerdem sehr entschieden für das Recht der Bürger aus, Waffen zu besitzen und zu tragen. Liebend gern hätte ich Donald Trumps Reaktion auf die feurige Rede seines Sohnes gesehen, doch er war an diesem Abend nicht in der Halle. Zu meiner großen Erleichterung machte Don Jr. einen sehr guten Job. Aber ganz gleich, wie gut er sich schlug – ich war sicher, sein Vater würde irgendetwas an ihm auszusetzen haben. Don Jr. war stets verzweifelt bemüht, es seinem Vater recht zu machen, und genau dieses Bemühen führte häufig dazu, dass er Fehler machte. Ich empfand Mitgefühl für Don, wann immer ich sah, wie sein Vater mit ihm umsprang. Da ich selbst meinen Vater schon sehr früh verloren hatte, konnte ich Don Jr.'s Sehnsucht nach Anerkennung sehr gut verstehen – aber dieses Bedürfnis wurde immer wieder enttäuscht. In ihren kürzlich erschienenen Memoiren *Raising Trump* beschreibt Don Jr.'s Mutter Ivana, wie sie und ihr Mann damals überlegten, welchen Namen sie ihrem Erstgeborenen geben sollten. Sie schlug »Donald Jr.« vor, aber ihr Mann sei dagegen gewesen. Als sie wissen wollte, warum, antwortete Donald Sr.: »Was, wenn er ein Loser ist?« Sein Vater befürchtete, dass sein Sohn ihn blamieren könnte. Gegen diese negativen Erwartungen hat Don Jr. seit dem Tag seiner Geburt angekämpft.

Die Familybox war der beste Platz, um die Reden anzuhören und Fotos zu machen – ich muss wohl ein paar Hundert davon haben. Als ich sie später durchsah, war auf vielen zu sehen, wie Don Jr.'s Frau Vanessa neben ihm saß. Nie hielten sie sich bei den Händen oder berührten sich auch nur. Auf keinem dieser Fotos haben sie sich auch nur angesehen, und sie hatte die ganze Zeit einen mürrischen Gesichtsausdruck. Ich glaube, dass ihre Ehe schon im Juli 2016 – wenn nicht sogar schon früher – an einem seidenen Faden hing. Aber trotzdem kam sie auf diesen Parteitag, erschien bei Fernsehdebatten und nahm aus Respekt vor ihrem Schwiegervater ihren Platz in der Reihe der Trump-Frauen ein.

Am 20. Juni, dem dritten Abend des Parteitags, kam es mitten in Erics Rede zu einem Kurzschluss. Die Stromversorgung war lahmgelegt, und sämtliche Bildschirme fielen aus – aber nicht der Teleprompter, Gott sei Dank. Eric stand auf der Bühne, als hinter ihm die zwölf Meter breiten LED-Bildschirme erst zu flackern begannen und dann ganz ausfielen. Doch er ließ sich nicht aus der Ruhe bringen, setzte seine Rede fort und brachte sie bravourös zu Ende. An diesem Abend hatte er sich die Anerkennung seines Vaters wirklich verdient: Er hatte souverän weitergemacht, allen Problemen und Hindernissen zum Trotz – das war der Trumpsche Stil. Das Familienoberhaupt saß an diesem Abend in der Familybox, zwischen Don Jr. und Ivanka, und platzte vor Stolz über seinen Zweitgeborenen. Traditionell ist es nicht üblich, dass der Kandidat in der Familybox sitzt, um sich die Reden anzuhören. Als Trump trotzdem dort saß, um Eric zuzusehen, tat Don Jr. mir leid.

Als Mike Pence auf die Bühne kam, funktionierten die Bildschirme wieder. Ich hatte ihn erst an diesem Tag in der Familybox kennengelernt. Er war direkt auf mich zugegangen und hatte gesagt: »Omarosa! Ich habe schon viel von Ihnen gehört. Ich weiß, wie sehr Sie Mr. Trump geholfen haben, und ich freue mich auf unsere Zusammenarbeit.« Er winkte drei Männer heran, die wie seine Klone aussahen. »Ich möchte Ihnen meinen Bruder vorstellen – und hier noch einen Bruder – und noch einen.« Mir gefiel der Pence-Clan. »Wir haben schon immer gewusst, dass Mike so enden würde. Er wollte schon immer Präsident werden ... ääh, ich meine natürlich *Vize*präsident!«, sagte einer seiner Brüder mit einem vielsagenden Zwinkern. Er sah mich an, als ob er einen Witz gemacht hätte, der eigentlich gar kein Witz, sondern ernst gemeint war, und ich dachte mir: *Das muss ich im Auge behalten.*

Als Ivanka Trump am letzten Abend des Parteitags auf die Bühne kam, wurde sie von dem Beatles-Song »*Here Comes the Sun*« begleitet. Dann hielt sie ihre *MAGA-Power*-Rede. Wie alle Trump-Kinder war sie eloquent, selbstsicher und gut vorbereitet. Leider wurde jedoch ihre geschliffene Rede von einer Kontroverse am nächsten Tag überschattet. Ivanka hatte ein Selfie getwittert, auf dem ihr rosa Kleid sehr vorteilhaft zur Geltung kam, mit der Bildunterschrift »Hol dir Ivankas Outfit von ihrer Rede auf der #RNC« und einem Link auf die Bestellseite im Onlineshop der Kaufhauskette *Macy's*. Das 138 Dollar teure Kleid aus der *Ivanka Trump Collection* war schnell ausverkauft, aber die Medien überschlugen sich mit empörter Kritik, weil sie ihre Rede auf dem Parteitag als Gelegenheit genutzt hatte, um für ihre Marke zu werben. Sie war schon einmal heftig kritisiert worden, nachdem sie in dem *CBS*-Politmagazin *60 Minutes* für ein goldenes Armband aus ihrer Kollektion geworben hatte. Ich bin sicher, dass Trump es großartig fand, wie Ivanka ihr Kleid verkaufte und jede sich bietende Gelegenheit nutzte, um die Marke *Trump* voranzubringen. Aber diese Gewohnheit war schwer abzulegen. Im Februar 2017, als *Nordstrom* Ivankas Marken aus dem Sortiment nahm – entweder aufgrund schlechter Verkäufe oder wegen des politischen Drucks – je nachdem, wem man glauben wollte –, twitterte ihr Vater, die Kaufhauskette würde seine Tochter unfair behandeln. Sie sei »ein großartiger Mensch, der mich immer dazu treibt, das Richtige zu tun! So unfair! Schrecklich!« Bald darauf trat Kellyanne Conway bei *Fox & Friends* auf und sagte: »Geht los und holt euch ihre Sachen! Ich habe selbst ein paar davon. ... Ich mache hier jetzt mal einen kostenlosen Werbespot. Los, kauft ihre Sachen, gleich heute, ihr alle. Ihr könnt sie im Internet finden.« Das löste noch einen Sturm der Entrüstung aus – man regte sich darüber auf, dass es doch sehr bedenklich sei, ein öffentliches Amt zu nutzen, um private Gewinne anzukurbeln, und dass eine erfahrene Pressesprecherin wie Conway das hätte wissen müssen. Ich glaube allerdings, dass sie es *ganz genau* wusste. Diesen Auftritt hat sie für einen einzigen Zuschauer inszeniert, nämlich den Kandidaten. Es gehörte zu ihrer Rolle, stets das zu sagen, was

Trump hören wollte, und genau das tat sie – jedes Mal und immer breit grinsend.

Als Ivanka ihre Rede beendet hatte, kündigte sie dem Publikum »meinen Vater und unseren nächsten Präsidenten – Donald J. Trump!« an. Der designierte Kandidat kam auf die Bühne, ging zu seiner Tochter, legte seine Hände auf ihre bloßen Oberarme und küsste sie. Dann legte er seine Hände ziemlich weit unten auf ihre Hüften, musterte sie taxierend und tätschelte dann ihre Hüften. Von der Platzierung seiner Hände waren *alle* Zuschauer peinlich berührt. Ich hatte mich aber schon an das unbehagliche Gefühl gewöhnt, das mich beschlich, wann immer sie sich berührten oder küssten oder er ungeniert ihre Figur bewunderte. Normalerweise fand so etwas im privaten Rahmen statt, so zum Beispiel kurz vor dem Parteitag, als Trump und ich mit ein paar anderen Leuten in einem Wahlkampfmeeting saßen. Als Ivanka den Raum betrat, trug sie einen eng sitzenden Rock, und das ganze Meeting musste unterbrochen werden, damit Trump über ihre Figur schwärmen konnte: »Du siehst toll aus! Das Kleid sitzt wie angegossen! Sieht Ivanka nicht großartig aus?« Er bestand darauf, dass wir ihm alle zustimmen mussten, dass der Rock der Figur seiner Tochter schmeichelte. Ich dachte: *Warum hört ihr beiden nicht auf damit?* Ich hatte den Eindruck, dass Ivanka sich daran gewöhnt hatte, von ihm auf eine Art und Weise berührt zu werden, die andere zusammenzucken ließ – entweder fiel ihr das gar nicht mehr auf, oder sie ließ es absichtlich geschehen. Wie gesagt, Ivanka nutzt seine obsessive Zuneigung sehr geschickt zu ihrem Vorteil.

Dann hielt Trump seine von Stephen Miller geschriebene Rede. Viele Demokraten nannten sie später Trumps »*Midnight in America*«-Rede, eine düstere Anspielung auf Ronald Reagans berühmte »*Morning in America*«-Rede. Bei Trump ging es um die gefährliche Lage unserer Nation. Es würden immer mehr Morde begangen. In unseren Straßen kämen Tausende von Menschen durch Gewaltverbrechen ums Leben. Beinahe 180 000 vorbestrafte, illegale Immigranten könnten sich im ganzen Land frei bewegen. Viele Millionen Schwarze und Latinos würden in bedrückender Armut leben. Die Kriminalitätsrate steige. Polizeibeamte würden erschossen. Islamistische Extremisten würden über die Grenzen des Landes hereinströmen. Terror überall.

Trump war der *Law-and-Order*-Kandidat. Er wollte Terrorismus, Straßenkriminalität und illegale Einwanderung bekämpfen. Als ich den gedruckten Text seiner Rede las, klang er nicht so finster und bedrohlich wie die Rede, die er dann tatsächlich hielt. Er sprach nicht zu unserer Nation – er sprach zu den Anhängern seines Kults.

Obwohl Trump sagte, er wolle das Leben für alle Amerikaner verbessern, legte er die Probleme unseres Landes ausschließlich und ganz spezifisch bestimmten Bevölkerungsgruppen zur Last: den dunkelhäutigen Menschen. Die Untertöne seiner Rede waren kaum zu überhören. Wenn er über Kriminelle, Terroristen und Gangs vom Leder zog, glaubte kaum jemand, dass er damit weiße Menschen meinte. Er sagte: »Ich bin eure Stimme.« Aber mit »eure« meinte er die Stahlarbeiter und Bergleute im *Rust Belt*, der ältesten und größten Industrieregion der USA im Nordosten des Landes. Es war ein klassischer Fall von verschleiertem Rassismus.

Als ich dann die Schlagzeilen las, wusste ich, dass ich mit ihm reden musste. Ich musste ihn dazu bringen zu begreifen, dass Worte einen Unterschied machten. 13 Monate später, als »white supremacists« demonstrierend durch Charlottesville zogen, erkannte ich, dass Trump mit seiner Nominierungsrede auf dem Parteitag die Verhaltensnormen für seine Minderheiten-Agenda definiert hatte. Doch an diesem Abend versuchte ich mein Unbehagen beiseitezuschieben. Ich hinterfragte mich und meine Gedanken nicht. Ich lebte für den Augenblick, ließ mich von der Begeisterung in der Halle mitreißen. Als die Luftballons von der Decke der Halle herunterschwebten, sprach ich ein Gebet für Donald Trump und unser Land.

Nachdem Trump in seiner Rede die Nominierung offiziell angenommen hatte, fand im Penthouse des Hotels ein privater Empfang für ihn statt. Viele Großspender waren anwesend. Trump verbrachte einen großen Teil des Abends damit, sich im Fernsehen die Reaktionen auf seine Rede anzuschauen. Ich mischte mich unter die Gäste, aß eine Kleinigkeit und genoss den Abend. Irgendwann winkte Trump mich zu sich, und ich sagte ihm: »Herzlichen Glückwunsch, Sie haben es geschafft.« – Er antwortete: »Nein, Omarosa, *wir* haben es geschafft.«

Nach Cleveland hatte ich ein paar Tage frei und reiste nach Jacksonville zu John. Am Ende eines Gottesdienstes machte er mir vor der ganzen Gemeinde einen Heiratsantrag – und ich sagte Ja! Es war einer der glücklichsten Momente meines Lebens. John ist ein Mann Gottes – brillant, charmant und bodenständig.

Ich fragte ihn, wann er denn beschlossen habe, mir einen Antrag zu machen. Er antwortete, das sei gewesen, als er mich beobachtete, während ich in seiner Kirche die Predigt zum *Youth Recognition Day* hielt. Später hat er mir erzählt: »Als ich dich in meiner Kirche die Sakramente spenden sah, wusste ich, dass du meine Frau werden musst.«

Mein Kandidat hatte gewonnen. Ich war verliebt und hatte mich mit der Liebe meines Lebens verlobt.

Vier Jahre zuvor war ich nach Michael Clarke Duncans Tod in eine tiefe, finstere Depression gestürzt und hatte mir nicht vorstellen können, jemals wieder glücklich zu werden. Das Leben hält erstaunliche Wendungen bereit, um den Glauben eines Menschen herauszufordern, aber mit John hatte Gott mir einen Neubeginn geschickt.

Kapitel acht

Trump gegen Clinton

Meine Aufgabe als hochrangige Beraterin und Direktorin für afroamerikanische Öffentlichkeitsarbeit bestand darin, die Community für den Kandidaten zu begeistern und die Wahlbeteiligung unter schwarzen Trump-Wählern zu steigern. Im Jahr 2012 hatte Mitt Romney gegen Präsident Obama nur sechs Prozent der afroamerikanischen Stimmen geholt. Ich war zuversichtlich, dass wir diese Zahl erreichen oder übertreffen konnten. Die Schlagzeilen behaupteten das Gegenteil, etwa so: »Egal, was Omarosa sagt, Trump bekommt die Stimmen der Schwarzen nicht«. Es schien fast so, als habe man mich geholt, um etwas Unmögliches zu schaffen. Auf dem Parteitag im Juli wurde ich immer wieder von Reportern gefragt, was ich denn von den neuen Umfragen hielte, die besagten, Trump werde *null Prozent* der afroamerikanischen Stimmen bekommen. Kaum jemand hielt es für möglich, dass ich auch nur die geringste Unterstützung von der schwarzen Community erreichen konnte, angesichts der beeindruckenden Opposition, mit der wir es zu tun hatten. Aber ich war entschlossen, es zu schaffen. Ich bat Alan Cobb, den *Director of Coalitions* der Trump-Kampagne, ein Budget für afroamerikanische Öffentlichkeitsarbeit zu bewilligen. Er sagte mir, es sei wenig bis gar kein Geld für echte Multikulti-Wahlkampfveranstaltungen bereitgestellt worden, lediglich für Auftritte in Medien, die sich an ethnische Minderheiten wenden. Als ich das kritisierte, wurde mir gesagt, dass solche Ausgaben von Fall zu Fall bewilligt werden sollten. Also machte ich mich an die Arbeit, fest entschlossen, etwas aus dem Nichts zu erschaffen. Doch bei jeder neuen Initiative stieß ich auf neue Hindernisse. Es wäre unmöglich, jede einzelne Hürde, die sich mir in jenem Sommer und Herbst vor den allgemeinen Wahlen in den Weg stellte, ausführlich zu beschreiben; daher will ich es hier dabei belassen, nur stichwortartig einige der Höhen und Tiefen jener Tage zu skizzieren.

27. JULI

Die Gesangsband *The O'Jays* erwirkten eine gerichtliche Unterlassungsanordnung und ließen sie über ihren Anwalt dem republikanischen Kongressabgeordneten John Mica aus Florida zustellen, mit Kopie an Paul Manafort. Darin hieß es, ihre Hits »*Love Train*« und »*For the Love of Money*«, die 1972 beziehungsweise 1974 die Hitparaden erobert hatten, dürften von der Trump-Kampagne nicht mehr eingesetzt werden. Aus dem ersten Titel hatten wir »*Trump Train*« gemacht, und der zweite hatte über vierzehn Staffeln als Erkennungssong für *The Apprentice* gedient; er wurde bei jeder Wahlkampfveranstaltung für Trump oder die Republikaner gespielt. Walter Williams und Eddie Levert, zwei Gründungsmitglieder der *O'Jays*, gaben eine Pressemitteilung heraus, in der es hieß: »Wir wollen nicht, dass unsere Musik mit einer Kampagne in Verbindung gebracht wird, die vielen Menschen schadet, denen wir uns verbunden fühlen. … In unserer Musik – vor allem in »*Love Train*« – geht es darum, Menschen zusammenzubringen, und nicht darum, Mauern zu bauen.« Ich war am Boden zerstört. Die *O'Jays* waren nicht nur eine meiner Lieblingsgruppen, sondern auch alte Freunde aus Ohio, und ich hatte jedes Jahr an ihren Wohltätigkeitsveranstaltungen teilgenommen. Dieser Rückschlag ging mir sehr nahe.

4. AUGUST

In Charlotte, North Carolina, fand im *Trump National Golf Klubhouse* der erste *Women-for-Trump*-Event statt. Das Konzept dafür hatte sich Lara Trump ausgedacht. Also reisten Lara, Lynne, Katrina und ich in den Süden des Landes, um republikanische Frauen anzusprechen und sie davon zu überzeugen, Trump zu wählen. Der Event war so gut geplant und besucht, dass Lara ihr Konzept rasch weiterentwickelte. Bald entstand daraus eine *Women's-Empowerment*-Tour, für die wir hin und wieder alle zusammen in einem komplett ausgestatteten Tourbus saßen – auf einer Seite des Busses war ein großes Porträt von Donald Trump zu sehen – und für Wahlkampfauftritte von Ort zu Ort fuhren. Häufig war ich vormittags auf einer Veranstaltung für Frauen und am selben Abend auf einer für Afroamerikaner. Für die *Women-for-Trump*-Tour stand reichlich Geld zur Verfügung; mein Programm für ethnische Minderheiten hatte dagegen überhaupt kein Budget für Veranstaltungen.

Dieser Event setzte auch die Standards, wie wir uns auf späteren *Women-for-Trump*-Veranstaltungen kleiden sollten. Ob wir nun einen vornehmen Empfang wie in Charlotte organisierten oder eine Massenveranstaltung in einer großen Halle irgendwo im *Rust Belt*, Lara bestand stets darauf, dass wir im Kleid und mit High Heels erschienen. Viele von uns hätten lieber T-Shirt und Jeans getragen, aber Lara betonte immer, »Trump-Männer« würden erwarten, dass »Trump-Frauen« gut aussehen und sich entsprechend stylen, und da wir ja auf der *Women-for-Trump*-Tour waren, durften wir nicht die normalen Wahlkampf-T-Shirts tragen. Später löste der inoffizielle Dresscode in Trumps Weißem Haus – »Frauen kleiden sich wie Frauen« – einige Kontroversen aus. Hope Hicks ging dabei am weitesten und trug die gewagtesten Outfits, etwa einen Minirock mit schenkellangen Stiefeln oder ein leichtes Sommerkleidchen mitten im Winter – das genaue Gegenteil des traditionell konservativen Washingtoner Stils.

Wir wehrten uns gegen diesen Dresscode, und am Ende ließen wir rosa *Women-for-Trump*-Jacken und T-Shirts entwerfen, als eine Art Uniform für die Wahlkampfveranstaltungen. Widerwillig akzeptierte Lara dieses Outfit in den letzten zwei Wahlkampfwochen, aber nur, wenn wir bereit waren, zu der Jacke einen kurzen Rock zu tragen oder eng sitzende Jeans oder Bundfaltenhosen. Auf Fotos von solchen Auftritten sehen wir aus, als wollten wir auf eine Cocktailparty gehen, nicht auf eine Wahlkampfveranstaltung.

14. AUGUST

Manafort war seit dem Parteitag immer mehr zu einer Belastung geworden. Viele Reporter stellten Fragen zu seinen ausländischen Geschäftsbeziehungen und warum die offizielle RNC-Plattform plötzlich ihre Haltung zu Waffengeschäften zwischen den USA, Russland und der Ukraine aufgeweicht hatte. In der *New York Times* wurde enthüllt, dass Manaforts Name auf einem »schwarzen Kontenblatt« des ukrainischen Präsidenten aufgetaucht war. Anscheinend hatte Manafort über einen Zeitraum von fünf Jahren Zahlungen in Höhe von insgesamt 12,7 Millionen Dollar aus der Ukraine erhalten. Der Zusammenhang zwischen der pro-russischen Haltung der RNC-Plattform zur Ukraine und diesen neuen Enthüllungen war zu offensichtlich, um unter den Teppich gekehrt zu werden. In Verbindung mit Trumps Faszination für Wladimir Putin warfen Manaforts fragwürdige Beziehungen ein neues, trübes Licht auf die Kampagne. Er musste gehen.

17. AUGUST

Steve Bannon wurde als Wahlkampfleiter angeheuert. Ich fand diesen Neuzugang alarmierend. Steve Bannon, der Chef der Online-Nachrichtenplattform *Breitbart News*, wurde weithin für sexistisch und rassistisch gehalten. Das würde mir nicht helfen, bei Frauen und Minderheiten zu punkten.

19. AUGUST

Angesichts fallender Umfragewerte und grassierender Gerüchte über seine zwielichtigen Geschäftsbeziehungen zu pro-russischen ukrainischen Politikern wurde Manafort gefeuert, worüber ich sehr erleichtert war. Er wurde inzwischen rechtskräftig verurteilt und einigte sich mit den Sonderermittlern auf eine Kooperation.

Was mich am meisten an der Sache mit Manafort störte, war der Umstand, dass anscheinend niemand seinen Hintergrund überprüft hatte. Dies war der Präsidentschaftswahlkampf einer der großen Parteien, und es sah so aus, als ob niemand gründlich genug juristisch überprüft wurde, bevor er eine führende Rolle übernehmen durfte. Das sollte uns später immer wieder zu schaffen machen.

Dann wurde Kellyanne Conway zur Wahlkampfmanagerin befördert – die dritte Besetzung, die ich in weniger als einem Jahr erlebte, nach Corey Lewandowski und Paul Manafort. Mir war es bislang gelungen, jeden Sturm abzuwehren, und ich hoffte, dass die Personalfluktuation allmählich nachlassen würde.

Bei einem Auftritt in Dimondale, Michigan, fragte Trump schwarze Wähler: »Was habt ihr zu verlieren?«, wenn sie ihn wählten. Ich gab eine Pressemitteilung heraus, in der es hieß: »Die Demokraten gehen weiterhin ganz selbstverständlich davon aus, dass die Afroamerikaner für sie stimmen werden. Es ist irritierend, dass sie ihnen lieber Honig um den Bart schmieren, als substanzielle politische Pläne zu formulieren, um ihre Lebensbedingungen tatsächlich zu verbessern. Stattdessen wollen sie auch weiterhin den Kurs der letzten acht Jahre fortsetzen.«

3. SEPTEMBER

In Zusammenarbeit mit der *National Diversity Coalition for Trump* und Pastor Darrell C. Scott organisierten wir eine Veranstaltung in der *Great Faith Ministries Church* in Detroit, wo Trump zur Gemeinde sprechen sollte. Ben Carson begleitete uns. Von Anfang an hatten wir gewisse Schwierigkeiten mit Wayne T. Jackson, dem Pastor. Wegen der lautstarken Proteste draußen vor der Kirche zögerte er, Trump zu seiner Gemeinde sprechen zu lassen. Der rügte mich: »Warum bin ich hergekommen, wenn ich nicht sprechen soll. Bring das in Ordnung.« Zwischen dem Pastor und mir kam es zu einer heftigen Auseinandersetzung. Trump stellte sich neben uns und beobachtete, wie ich mit dem Problem umging. Es war ein bisschen seltsam, über ihn zu diskutieren, während er danebenstand. Schließlich war der Pastor einverstanden, ihn eine Ansprache halten zu lassen, und begleitete uns in den Altarraum. Ich hatte eine Menge zu erledigen und wollte gehen, um mich darum zu kümmern. Doch dann hielt mich Trump am Handgelenk fest und sagte: »Du kannst mich nicht mit diesen Leuten alleinlassen.« Er sah mich an wie ein Kind, das sich verlaufen hat. Also blieb ich bei ihm, saß während des gesamten Gottesdienstes zu seiner Linken. Als vor der Predigt eine Tanzgruppe auftrat, sagte Donald zu mir: »Wow, vor der Predigt gibt's Entertainment? Das wusste ich nicht.«

Von einem Gottesdienst, der zwei Stunden lang sein sollte, hatten wir gerade den ersten Teil hinter uns, als er sich zu mir herüberbeugte und flüsterte: »So lange bin ich noch nie in einer Kirche gewesen.« Und dann, etwas später: »Wann ist denn das endlich zu Ende?« Und noch einmal: »Mein Gott, wie lange muss ich denn hier noch rumsitzen?« Dann war es endlich so weit, dass er seine Ansprache vor der Gemeinde halten konnte. Ich hatte gehofft, dass er frei sprechen würde, doch er zog einen Zettel aus der Tasche und las einige belanglose Floskeln aus dem Baukasten für Reden vor: »Ich will euch helfen, Detroit aufzubauen und wiederherzustellen. Ich verstehe voll und ganz, dass die afroamerikanische Community unter Diskriminierung gelitten hat und dass es zahlreiche Missstände gibt, die behoben werden müssen.« Und dafür hatte ich Pastor Jackson so bedrängt! Niemand musste die Mitglieder dieser Gemeinde daran erinnern, dass sie ein hartes Leben hatten.

Als am Ende gesungen und getanzt wurde, hätte er sich entspannen können, aber er war immer noch unsicher. »Was soll ich tun?«, fragte er mich. – »Machen Sie einfach mit.« Er begann wie ein Zombie hin und her zu schwanken, sodass ich ihm am liebsten gesagt hätte: »Okay, jetzt nicht mehr mitmachen!«

Als wir gingen, schenkte ihm der Pastor eine Bibel, einige Devotionalien und legte ihm einen Gebetsschal um die Schultern. Donald bedankte sich artig, doch sobald wir draußen waren, sagte er: »Nimm mir dieses Ding von den Schultern!« Er hatte schon immer eine panische Angst davor, sich mit Krankheiten anzustecken, und war entsetzt, einen Schal tragen zu sollen, den vielleicht schon jemand anders auf den Schultern gehabt hatte.

Ihm wurde ein afroamerikanisches Baby hingehalten, und als er es nahm, fing es an zu schreien. Ich wollte auch am liebsten schreien. Vor der Kirche skandierten Protestierende in Sprechchören: »Was haben wir zu verlieren? Alles!«

Trotz aller Spannungen ging es für den Pastor letzten Endes gut aus: Trump ließ ihn bei seiner Amtseinführung ein Gebet sprechen, um sich dafür zu revanchieren, dass er ihn an diesem Tag in seiner Kirche hatte sprechen lassen.

7. SEPTEMBER

Im *Intrepid Sea, Air & Space Museum* in New York moderierte Matt Lauer eine öffentliche Diskussion mit Donald Trump und Hillary Clinton. Trump lobte ihr gegenüber Wladimir Putin als einen starken Führer, »wesentlich stärker, als euer Präsident es je gewesen ist«. Wir hatten ihn vor Putin-freundlichen Aussagen gewarnt: »Er ist ein Mensch, mit dem Sie jeden Schulterschluss vermeiden sollten.« Er verstand nicht, warum.

Es war offensichtlich, dass Trump nicht einmal ansatzweise die sehr komplizierte Beziehung zwischen den Vereinigten Staaten, der ehemaligen Sowjetunion und dem heutigen Russland verstand. Geschichte schien für ihn keine Rolle zu spielen. Er kannte sich mit Geschichte nicht aus. Er kannte sich eigentlich mit überhaupt nichts aus, außer vielleicht mit dem, was er tat und getan hatte. Er hatte auch nie viel gelesen, und es würde mich sehr wundern, wenn er jemals ein Buch über den Kalten Krieg gelesen hätte. Ich glaube, er hatte einfach nicht die Aufmerksamkeitsspanne, um auch nur eine TV-Dokumentation über Russland anzuschauen. Er versteifte sich darauf, dass Putin eine gefürchtete, respektierte und bewunderte Führungspersönlichkeit sei. Ich glaube, er beneidete Putin um die Macht, die er auf sein Volk ausübte. Trump ging nach seinem Bauchgefühl, und das sagte ihm: »Ich mag Putin, und ich will, dass er mein Freund ist.« Alles andere spielte für ihn keine Rolle.

11. SEPTEMBER

Die *Women-for-Trump*-Tour war in Cleveland angekommen, und ich hatte am Morgen an einem Gottesdienst in Darrell Scotts Kirche teilgenommen. Nachdem Lara Trump dort eine Ansprache gehalten hatte, war unsere Gruppe auf dem Weg zu den Autos, als sie plötzlich sagte: »Leute, seht euch das an.« Auf jedem unserer Smartphones waren mehrere Botschaften eingegangen. Wir blieben auf einem Treppenabsatz stehen, um uns das Video von Hillary Clinton anzusehen, wie sie nach einem Gedenkgottesdienst am Ground Zero in New York auf dem Weg zu ihrem SUV in Ohnmacht fällt. Ich sagte: »Oh mein Gott, ist sie okay?«

Lara und die anderen sagten Dinge wie: »Sie ist krank! Sie wird nicht bis zum Wahlabend durchhalten! Sie ist krank!« Sie empfanden Schadenfreude, weil Clinton sehr krank zu sein schien. Viele Leute in der *Trumpworld* glaubten, dass sie eine schwerwiegende neurologische Erkrankung vor der Öffentlichkeit verbarg – hier und da wurde über Parkinson spekuliert. Man dachte, sie könnte wegen einer unbehandelten Lungenentzündung zusammengebrochen sein, aber wenn sie wirklich eine Lungenentzündung hatte, warum würde sie dann ihre Enkeltochter besuchen, die noch ein Säugling war? Viele Beobachter hatten den Verdacht, dass noch eine andere Sache dahinterstecken könnte.

15. SEPTEMBER

Auf dem 46. Jahrestreffen der *Congressional Black Caucus Legislative Conference* kam es zu einer kurzen Begegnung zwischen Hillary Clinton und mir. Darren Peters, ein Freund aus meiner Zeit im Weißen Haus, unterstützte sie. Als sie auf uns zukam, schnappte er sich mein Smartphone und machte ein Foto von uns. Sie lächelte mich halbherzig an und sagte: »Donald? Wirklich?«

16. SEPTEMBER

Trump hielt eine Pressekonferenz im *Trump International*, seinem neuen Hotel in Washington, um eine wichtige Ankündigung über Kriegsveteranen zu machen. Er verbrachte einige Zeit damit, die

Vorzüge seines Hotels anzupreisen und einige hochdekorierte Veteranen zu begrüßen. Dann sagte er: »Hillary und ihre Kampagne von 2008 haben die *Birther*-Kontroverse begonnen. Ich habe sie beendet. Sie wissen, was ich meine. Präsident Barack Obama wurde in den Vereinigten Staaten geboren, Punkt. Jetzt wollen wir uns alle wieder der Aufgabe zuwenden, Amerika stark und ›*great*‹ zu machen.« Er wollte diese Gelegenheit nutzen, um nicht nur Werbung für sein Hotel zu machen, sondern auch allem zuvorzukommen, was Clinton in der bevorstehenden Debatte zu seinem früheren *Birther*-Gerede hätte sagen können. Er wollte das Thema »zu Bett schicken« – eine gern von ihm verwendete Floskel, mit der er meinte, etwas »zu erledigen«, es »verschwinden zu lassen«.

19. SEPTEMBER

Don Jr. verglich Flüchtlinge aus Syrien mit einer Schale bunter Bonbons, womit er der empörten Kritik neue Nahrung gab, die gesamte Trump-Familie sei rassistisch, würde Muslime hassen und sämtliche Immigranten und Asylsuchenden als Terroristen hinstellen. Trump schüttelte nur den Kopf und sagte: »Seht euch an, was er jetzt schon wieder angerichtet hat. Schon wieder hat er es vermasselt. Was für ein scheiß Versager.«

22. SEPTEMBER

Ich war bei den Dreharbeiten zu einer Episode von *Say Yes to the Dress*, einer Reality-TV-Show des Fernsehsenders *TLC*. Auch dafür musste ich einiges an Kritik einstecken, aber der Dreh dauerte nur zwei Stunden, und es war eine meiner Lieblingsshows. Außerdem war es wegen des Wahlkampfs das erste Mal seit Monaten, dass ich Gelegenheit hatte, meine Brautjungfern zu sehen, und eine der wenigen Erledigungen für die Hochzeit, um die ich mich kümmern konnte. Das Hochzeitskleid, eines der wichtigsten Teile für die Braut, lag mir sehr am Herzen. Die Show wurde bei *Kleinfeld Bridal* gedreht, dem Himmel auf Erden für eine Braut. Ich fand es toll, für zwei Stunden in die Rolle einer errötenden Braut schlüpfen zu können, bevor ich wieder in die *Trumpworld* auf der anderen Seite der Stadt zurückkehrte. Es war eine wundervolle Auszeit, und neben anderen *Goodies* bekam ich von der Produktion die gesamten Kosten für mein Hochzeitskleid und den Schleier geschenkt.

26. SEPTEMBER

Auf dem Campus der Hofstra University in Hempstead, New York, moderierte Lester Holt die erste Debatte zwischen den Präsidentschaftskandidaten. Bei den Vorbereitungen auf die Sendung versuchte das Wahlkampfteam Trump davon zu überzeugen, sich »präsidialer« zu geben und bat ihn, den Ton, den er vor den Vorwahlen angeschlagen hatte, etwas zu mäßigen – seiner Gegnerin nicht ins Wort zu fallen und sie nicht ins Lächerliche zu ziehen. Aber Trump hatte seine eigenen Vorstellungen von einem solchen Auftritt – er wollte spontan sein und er selbst bleiben.

Von Anfang an wirkte er unruhig. Hillary war bestens vorbereitet, während er nervös wirkte. Sie landete einen Treffer, als sie sagte: »Ich glaube, Donald hat mich gerade eben dafür kritisiert, dass ich mich auf diese Debatte vorbereitet habe. Ja, das habe ich. Und wissen Sie, worauf ich mich noch vorbereitet habe? Darauf, Präsidentin zu sein. Und ich glaube, das ist gut so.«

Als es um Arbeitsplätze ging, wo er eigentlich leicht hätte punkten können, fing er an, auf sehr merkwürdige Art laut zu schniefen. Er begann Hillary zu unterbrechen und sagte immer wieder: »Falsch!« – er machte also genau das, was er hätte unterlassen sollen. Ich war erstaunt, dass er dem Druck nicht standhielt. So unsicher kannte ich ihn nicht. Er war nicht er selbst. Irgendetwas stimmte nicht.

Er war lückenhaft vorbereitet; ihm fehlten die einfachsten Fakten zu den Themen, um die es ging. Er zeigte sein Alter, indem er sich über die Website der Hillary-Kampagne lustig machte. Er schien nicht zu verstehen, welchem Zweck eine Website dient.

Nach der Debatte hielten einige Mitglieder des Teams – Sarah Huckabee Sanders, Kommunikationsberater Ashley Bell, Bruce LeVell vom NDC und der republikanische Korrespondent Scottie Nell Hughes – mit Jason Miller, dem Kommunikationsstrategen der Kampagne, und seinem Stellvertreter Bryan Lanza ein Brainstorming ab, um abzustimmen, was wir in den bevorstehenden Interviews für die nächsten Nachrichtensendungen sagen wollten. Der wichtigste Punkt war sein seltsames Schniefen. Es wurde beschlossen, das mit der starken Wirkung der Klimaanlage zu erklären, mit der seine Nase zu kämpfen hatte. Wir hatten keine Ahnung, warum er so geschnieft hatte.

Das zweite Thema: Rassismus. Hillary hatte Trumps lange Geschichte von rassistischem Verhalten angesprochen, unter anderem eine Klage, die 1973 das US-Justizministerium angestrengt hatte, weil er sich damals geweigert hatte, die Wohnungen in einem seiner Wohnblocks an Schwarze zu vermieten. Hillary gegenüber verteidigte er sich unter anderem in der Form, dass er sich selbst in den höchsten Tönen dafür lobte, schwarzen Personen Zutritt zu seinem Country Klub in Palm Beach gewährt zu haben, »in der wahrscheinlich wohlhabendsten Ortschaft dieser Welt«. Ich zuckte zusammen. Trump weiter: »Ich bin so froh, dass ich das getan habe. Und es ist mir hoch angerechnet worden. Und darauf bin ich sehr, sehr stolz.« Außerdem behauptete er, die routinemäßigen Personenkontrollen der »*Stop and Frisk*«-Polizeitaktik in New York City seien ein voller Erfolg – Hillary wusste, dass das nicht stimmte. Es fiel mir schwer, diese Sendung weiter anzusehen.

Es war mein Job, ihn darauf vorzubereiten, sich den Medien

gegenüber zu seinen ethnisch unsensiblen Aussagen zu äußern. Ich drängte die Kampagne, Trump mit Fakten über rassistische Politik und Rhetorik aus der Clinton-Ära zu präparieren, als Munition für verbale Gegenschläge. Hillary hatte 1996 junge schwarze Männer als »extreme Räuber« bezeichnet. Bill Clintons »*Crime Bill*« von 1994 hatte zu der massenhaften Inhaftierung von überwiegend schwarzen Kleinkriminellen geführt. Ich hatte die Fakten und Zahlen. Die Person im Debattenteam, mit der ich darüber sprach, sagte mir: »So viele Daten kann er nicht behalten. Wir müssen es vereinfachen, in einfacher Sprache ausdrücken.«

Ich antwortete: »Na ja, ich kann zwar einfache *Talking Points* für ihn machen, aber wir müssen zurückschießen. Mit ihrer Rassismus-Keule treibt sie ihn vor sich her.« Er machte sich nie die Mühe, sich ernsthaft auf solche Themen vorzubereiten.

Noch ein Punkt zu dieser ersten Debatte: Das Frauenproblem kam erneut zur Sprache. Hillary machte sich darüber lustig, dass Trump sich gern auf Schönheitswettbewerben »herumtreibt« und Alicia Machado, die *Miss Universe* von 1996, als »Miss Housekeeping« tituliert hatte, weil sie eine Latina ist, und als »Miss Piggy«, weil er sie für fett hielt. Während Hillary ihn kritisierte, unterbrach er sie, womit er nur wieder ihren Vorwurf bestätigte, er würde sich Frauen gegenüber respektlos und herablassend verhalten. Als er begann, Machado auf Twitter zu attackieren – er nannte sie »widerlich« und »meine schlechteste Miss U« –, als er behauptete, es gebe ein »sex tape« von ihr, und ihre US-Staatsbürgerschaft in Zweifel zog, war ich entsetzt. Vielleicht gab es einfach keine Lösung für sein Frauenproblem – ganz gleich, wie viele Stationen wir mit dem *Women-for-Trump*-Tourbus auch machten.

7. OKTOBER

Trump sagte auf *CNN*: »[Die *Central Park Five*] haben gestanden, dass sie schuldig sind. Die Polizisten, die für die ersten Ermittlungen verantwortlich waren, haben ausgesagt, dass sie schuldig sind. Die Tatsache, dass ihre Urteile widerrufen wurden, obwohl es so viele Beweise gegen sie gab, ist empörend. Und die Frau wurde so schwer verletzt, dass sie nie wieder dieselbe sein wird.« Die fünf jungen Männer – vier Schwarze und ein Latino –, die für das 1989 begangene Verbrechen verhaftet und verurteilt wurden, saßen zwischen sechs und dreizehn Jahren im Gefängnis. Etliche Jahre später gestand ein anderer Mann, die Tat begangen zu haben, was durch DNA-Spuren bestätigt wurde. Die *Central Park Five* wurden 2014 rehabilitiert und erhielten Haftentschädigungen über insgesamt 41 Millionen Dollar, weil sie zu Unrecht inhaftiert worden waren.

Hope Hicks und ich tauschten uns per E-Mail über die *Talking Points* zu diesem Thema aus. Ich schrieb ihr: »Es ist zwar eine alte Geschichte, aber seine Aussage, seine Reaktion darauf, ist brisant. Ich befürchte, dass diese Geschichte während der Debatte und den anschließenden Pressekonferenzen in aggressiven Wahlspots aufgegriffen werden könnte, die in umkämpften Bundesstaaten geschaltet werden.« Das würde uns bei afroamerikanischen Wählern sehr schaden, ebenso wie seine *Birther*-Behauptungen, die er jahrelang wiederholt hatte.

Ich sprach selbst mit ihm darüber, stellte Informationen über den Fall zusammen. Ich bat ihn, sich die verfügbaren Informationen anzusehen und sich damit abzufinden, dass die jungen Männer in der Tat unschuldig waren. Er redete zusammenhangloses Zeug, wiederholte seine Fehlinformationen und weigerte sich, neue wissenschaftliche Erkenntnisse über die psychologische Situation von Menschen, die nur deswegen ein Geständnis ablegen, weil sie unter Druck gesetzt wurden, zu akzeptieren. Für ihn war es eine Frage von »Ja« oder »Nein« – sie hatten gestanden, also waren sie schuldig. Es war, als ob er sich hinter einer Mauer verschanzt hätte – er weigerte sich, seine Aussagen zurückzunehmen oder einzuräumen, dass er sich geirrt hatte. Ich sagte ihm, sein Starrsinn und seine ignorante Haltung seien irrational und würden der gemeinsamen Sache schaden, aber er bewegte sich keinen Millimeter, wodurch ich bei diesem Thema zwischen alle Fronten geriet. Ich musste ständig meinen Standpunkt zu dieser wichtigen Frage verteidigen und darum kämpfen, ihn zu korrigieren.

Das ist jetzt die große Sache, dachte ich, *schlimmer kann's nicht mehr werden.* Da hatte ich mich allerdings gründlich getäuscht.

16 Uhr
Die *Washington Post* veröffentlichte auf ihrer Website ein Video, das auf der ganzen Welt als das *Access-Hollywood*-Tape bekannt wurde. Ich befand mich am Flughafen, auf der Heimreise nach Los Angeles, als der Skandal ausbrach. Der Chat der *Women-for-Trump*-Gruppe füllte sich rapide mit empörten, gequält klingenden und ungläubigen Posts. Für mich war es der schockierendste Augenblick in meinem Leben mit Trump, dieses Video zu sehen – ich kann es nur als einen Schlag in die Magengrube bezeichnen. Ich kannte all die Leute, die mit ihm in diesem Bus waren: Billy Bush, Jim Dowd, Keith Schiller. Ich hatte auch vorher schon krude Äußerungen von Trump gehört, zum Beispiel während der Dreharbeiten für *The Apprentice*. Ich hatte bereits mitbekommen, wie er von Frauen als Sexobjekt sprach, aber *so etwas* hatte ich noch nie von ihm gehört. Ich verstand es genauso wie alle anderen: Da ist ein Mann, der mit einem sexuellen Übergriff prahlt. Aber wegen meines blinden Flecks oder meiner Geschichte mit ihm, oder vielleicht einfach nur, weil ich es auf emotionaler Ebene nicht glauben konnte, versuchte ich sein Verhalten zu rechtfertigen. Ich dachte mir: *Es ist anstößig, aber er sagt nun mal anstößige Dinge. Das ist normal für ihn. Er würde keine Frau angreifen. Er liebt Frauen! Er will nur bei den Männern im Bus Eindruck schinden.*

17:30 Uhr
Hillarys Kampagne twitterte: »Das ist entsetzlich. Wir dürfen nicht zulassen, dass dieser Mann Präsident wird.« Auf den Social-Media-Plattformen wurde sie derweil mit Hohn und Spott übergossen. Jemand schrieb: »Dein Ehemann hat sich von einer Praktikantin einen blasen lassen und eine Zigarre als Dildo benutzt. Und *das hier* soll entsetzlich sein?« Über den ganzen Nachmittag erhielt ich ständig neue Textbotschaften aus dem Team. Lara schickte uns Updates über das Hin und Her, das sich hinter den Kulissen abspielte. Anscheinend setzte sich *RNC-Chairman* Reince Priebus dafür ein, dass Trump sich aus dem Rennen zurückzieht, aber Steve Bannon wollte nichts davon hören. Lara bekam panische Nachrichten von uns allen, doch sie sagte: »Ich weiß, wie übel diese Geschichte ist, aber wir haben einen Plan.«

23 Uhr
Bei einer Krise besteht die inoffizielle Strategie der Trump-Familie normalerweise darin, für 24 Stunden von der Bildfläche zu verschwinden. Aber dieses Mal veröffentlichte Trump schon nach sieben Stunden das bekannte Video, in dem er die Szene im Bus als »Umkleideraum-Gerede« abtut, ohne sich ernsthaft dafür zu entschuldigen. Diese Strategie hatten sich Steve Bannon, Jared Kushner und Kellyanne Conway ausgedacht. Und das sollte der große Plan sein? Die Bürger erwarteten von ihm, Scham auszudrücken, aber dazu war er nicht bereit. Er war nicht in der Lage einzugestehen, dass er etwas Falsches gemacht hatte. Er empfand keine Empathie für all die Menschen, die er vor den Kopf gestoßen hatte, weil er für überhaupt niemanden Empathie empfindet. Donald Trumps größter Charakterfehler als Führungspersönlichkeit und Mensch ist sein allumfassender Mangel an Empathie.

Kurz nachdem dieses Video veröffentlicht worden war, sagte Melania in einem Interview mit *CNN*-Moderator Anderson Cooper, sie akzeptiere die Entschuldigung ihres Mannes. Für mich war es schwer zu ertragen, dieses Interview zu sehen. Während sich das alles abspielte, musste ich immer wieder an Hillary Clinton denken. Melania hatte, wie Hillary, einen untreuen Ehemann, der in aller Öffentlichkeit bloßgestellt worden war. Melania ging jedoch anders damit um, nämlich wie eine Frau, die genau weiß, was für ein Mensch ihr Mann ist und auf was sie sich einließ, als sie ihn heiratete. Immerhin hatte Donald sie in einem Klub kennengelernt, wo er zusammen mit einer anderen Frau auftauchte, während er noch nicht einmal von Marla Maples geschieden war. Ich konnte mir nicht vorstellen, dass Melania jemals wirklich geglaubt hat, dass Trump ihr treu bleiben würde. Aber ich glaubte auch nicht, dass sie seine Äußerungen auf dem *Access-Hollywood*-Tape billigte.

8. OKTOBER

Am Morgen ging ich in die Kirche eines Freundes, des Vorsitzenden des NAACP-Ortsverbands von Saint Louis, weil ich Jesus brauchte. Das ging uns damals allen so. Um 2:44 Uhr hatte Bill Pruitt getwittert: »Als einer der Produzenten der Staffeln 1 & 2 von #theApprentice kann ich euch versichern: Es gibt noch viel schlimmere #trumptapes. Dies war erst der Anfang. #justthebegininng«. Das Kommunikationsteam rief mich an, um zu hören, ob ich wusste, was Bill damit gemeint haben könnte. Im Laufe des Tages wurde heftig spekuliert, was denn wohl auf diesen *#trumptapes* zu hören sein könnte, und häufig wurde dabei das N-Wort erwähnt.

19 Uhr
Kaum zwei Stunden vor der zweiten Debatte der Präsidentschaftskandidaten in Saint Louis gab Trump zusammen mit Juanita Broaddrick, Kathleen Willey, Kathy Shelton und Paula Jones – allen Frauen, die Vorwürfe gegen Bill Clinton erhoben hatten – eine Pressekonferenz. Es war eine klassische Trump-Taktik – diffamieren

und ablenken. Ich habe keine Ahnung, ob es funktionierte, aber auf jeden Fall zeigte er damit, dass er weiter im Rennen bleiben würde. Später saßen diese Frauen in der Familybox, neben all den Frauen, die Trump vergeben und ihm die Treue gehalten hatten: Melania, Ivanka, Lara, Vanessa und ich. Ich hoffte, dass Melania sich von dem Schock erholt hatte – in dem Interview mit Anderson Cooper hatte sie völlig verstört ausgesehen.

Zu den Inhalten der Debatte kann ich nichts sagen, da ich kaum ein Wort davon registriert habe.

Danach wurde ich im *Spin Room* von einer Traube Reporter bedrängt, die wissen wollten, was ich zu dem *Access-Hollywood*-Tape und dem Schlagabtausch während der Debatte zu sagen hätte. Mitten in dieser sehr hektischen Situation begann plötzlich eine junge Frau mich anzuschreien: »Ich wurde sexuell angegriffen! Ich bin vergewaltigt worden!« Ich fragte mich: *Wer ist sie? Ist sie eine Journalistin? Wie ist sie hier reingekommen?* Ich war gerade dabei, die Fragen von Reportern zu beantworten, aber sie schrie mich immer weiter an. Ich sagte: »Es tut mir leid, was Ihnen passiert ist, aber ich habe Ihnen nichts getan.« Ich empfahl ihr dringend, sich professionelle Hilfe zu suchen, und drehte mich wieder zu den Reportern um.

Kurz darauf hörte ich, dass sich ein Video, das eine Reporterin von dieser Frau in der Damentoilette gedreht hatte, rasend schnell im Internet verbreitete. Darin weinte die Frau und berichtete, sie habe als Betroffene mit einer Trump-Sprecherin über eine *rape culture*, eine Vergewaltigungskultur, und über Trumps nonchalante Einstellung zu sexuellen Übergriffen sprechen wollen, dass jedoch die Frau, die sie angesprochen habe – »eine Afroamerikanerin« –, sie abweisend und beleidigend behandelt habe. Sie sagte außerdem, sie kenne meinen Namen nicht, obwohl der auf einer großen roten Anzeigetafel direkt über meinem Kopf zu lesen gewesen war.

Ich bin davon überzeugt, dass es sich um eine inszenierte Aktion handelte, dass sie als Provokateurin eingeschleust worden war. Warum war sie im Interviewbereich und schrie dort herum »Ich bin vergewaltigt worden«? Und warum ist sie, wenn sie denn tatsächlich so verzweifelt war, dann in die Damentoilette gerannt und hat dort einer angeblichen Reporterin erzählt, ich sei gemein zu ihr gewesen? Und warum war diese Reporterin nicht im *Spin Room* und hat dort versucht, eine echte Geschichte zu bekommen? Trump sollte jeden Moment erscheinen. Wollte sie ihm nicht selbst ein paar Fragen zu dieser Sache stellen? Kann irgendjemand ihre haarsträubende Geschichte glauben?

Die »Reporterin« postete etwas über den Vorfall auf Twitter, über einen Account, der anscheinend nur zu diesem Zweck eingerichtet worden war und später nie wieder verwendet wurde. Sie hatte nur zwei Follower. Ich machte auf Twitter meinem Ärger über diesen Vorfall Luft, der für mich ganz offensichtlich inszeniert war. Ich war, wie man sich vorstellen kann, bereits sehr angespannt gewesen – diese Sache gab mir den Rest. Ich muss wohl ein halbes Dutzend Tweets gepostet haben, wie sicher ich mir sei, dass es sich dabei um ein gezieltes Störmanöver handelte – wodurch die Geschichte natürlich nur noch größer wurde.

9. OKTOBER

Den ganzen Tag bekam ich Textnachrichten und E-Mails von Leuten aus meinem Bekanntenkreis, die mich fragten, warum ich nicht schon längst meine Sachen gepackt und mich von der Kampagne verabschiedet hätte. Lester McCorn, ein Kommilitone aus einem Studienseminar, textete mir: »Jetzt wäre ein guter Zeitpunkt für dich, um zurückzutreten und Trumps Verhalten zu verurteilen. Hier geht es nicht um dein öffentliches Ansehen. Hier geht es um einen Mann und seine feindselige Einstellung gegenüber Afroamerikanern.« Auf den Social-Media-Plattformen wurde darüber spekuliert, wen Trump auf den *Apprentice*-Tapes beleidigt hatte. So hieß es zum Beispiel in einem Tweet: »Wahrscheinlich hat Trump in den #apprenticetapes Omarosa als N****r bezeichnet, das würde mich jedenfalls kein bisschen wundern.«

Meine Mutter rief mich oft an. »Ich mache mir Sorgen um dich. Ich will sicher sein, dass du okay bist«, sagte sie, obwohl sie wusste, dass ich tun und lassen würde, was ich wollte und für richtig hielt – ganz gleich, was irgendjemand anders darüber dachte. Ich hatte mir alles angehört, mir aber dann meine eigene Meinung gebildet. Sie machte sich Sorgen, aber sie wusste, dass sie ein tapferes Kind großgezogen hatte.

Die E-Mail mit den *MAGA*-Botschaften des Tages war ziemlich lang, vermied eine Entschuldigung und beruhte auf altbewährten Taktiken. Im Folgenden einige der darin enthaltenen *Talking Points* und ausgewählte Zitate:

Ungeachtet seiner Sprüche über Frauen sollten wir in Interviews sagen: »Mr. Trump hat den allergrößten Respekt für alle Frauen in seinem Leben – für seine Ehefrau, seine Töchter, alle Frauen, die er in seinen Unternehmen gefördert hat, und die vielen Millionen Frauen, die ihn als Macher des Wandels unterstützen, den dieses Land braucht.« Uns wurde nahegelegt zu erwähnen, dass ja sogar Melania seine Entschuldigung angenommen habe und darum alle anderen das auch tun sollten.

Wann immer jemand *Access Hollywood* erwähnte, sollten wir sagen: »Mr. Trumps Worte verblassen im Vergleich zu den Worten – und vor allem den tragischen Taten – von Hillary Clinton. Sie hat zig Millionen Amerikaner als verzweifelte, bedauernswerte, unrettbar verlorene Geschöpfe bezeichnet, die bei ihren Eltern im Keller leben.« Ganz gleich, was wir gefragt wurden, sollten wir hartnäckig auf vorgegebene Stichworte und Phrasen umschwenken, zum Beispiel »E-Mails«, »privater Server«, »Hillary Clinton hat Frauen, die Bill Clinton anschuldigen, schikaniert und verunglimpft«, »Hillary träumt von offenen Grenzen«, »Hillary Clinton hat protzige Spender unter ihren Wall-Street-Buddies.«

Zu Hillary Clintons Auftritt während der Debatte sollten wir sagen, sie habe »roboterhaft«, »gestelzt« und »abgehoben« gewirkt, und Fragen zu ihrer E-Mail-Korrespondenz sei sie ausgewichen. Andererseits sollten wir Trump über den grünen Klee loben, seinen »unglaublichen Erfolg als Geschäftsmann, Problemlöser und Macher des Wandels«. Das Motto sollte sein: »Mr. Trump wird sich wieder einmal als die starke, fokussierte und energische Führungspersönlichkeit erweisen, die wir brauchen« – *to Make America Great Again.*

11. OKTOBER

Bei einer Videokonferenz mit Katrina, Lynne und mir sprachen wir darüber, welche Informationen wir über das von Bill Pruitt erwähnte Tape zusammengetragen hatten. Auch Lynne kannte Bill aus der Zeit von *The Apprentice.* Katrina hatte von einem Informanten gehört, auf dem *Tape* habe Trump das N-Wort ausgesprochen. Ein Bekannter von ihr, der wiederum den Politstrategen Frank Luntz kannte, hatte ihr erzählt, Luntz habe es selbst gehört.

Lynne berichtete, sie habe Trump deswegen während eines Flugs befragt, vor allem, ob eine solche Aufzeichnung existieren könnte, was er verneint habe. Dann hätte sie ihn gefragt, was sie denn in der Angelegenheit tun solle, und er habe geantwortet: »Lass es in der Versenkung verschwinden.«

Katrina fluchte und meinte: »Er hat es tatsächlich gesagt.« Ich war im Panikmodus und konnte nur noch fragen: »O nein! Was machen wir denn jetzt?« Ich hatte gehofft, dass es nicht wahr ist, aber wahrscheinlich stimmte es. Ich wusste nicht, was ich glauben sollte. Wenn er dieses Wort damals benutzt hatte, konnte es gut sein, dass er damit mich gemeint hatte. Diese Möglichkeit war zu schrecklich, um darüber nachzudenken. Ich verdrängte sie, was ich mittlerweile sehr gut beherrschte. Jason Miller schaltete sich in unsere Videokonferenz ein, und alle zusammen besprachen wir die nächsten Schritte. Mir fiel auf, dass niemand schockiert zu sein schien; niemand sagte: »Das würde er nie sagen.« Er war so unberechenbar, und niemand konnte wissen, was er vor 13 Jahren gesagt oder nicht gesagt hatte.

14. OKTOBER

Wir waren wieder in North Carolina, wo die *Women-for-Trump*-Tour begonnen hatte. Ich saß mit Lara, Katrina, Lynne, Diamond und Silk in einem Bus, der auf einer Seite mit Trumps Gesicht beklebt war. Wir machten Station und teilten Wasserflaschen und Essenspakete und Windeln an Bürger aus, als Nothilfe für den Fall eines Hurrikans. Ich war zwar körperlich bei der Sache und machte eine gute Show, aber mein Elan ließ zu wünschen übrig.

Aus Loyalität blieb ich im Trump-Team. Ich war in die Kampagne geholt worden, um etwas gegen das stetig zunehmende Frauenproblem zu tun, und konnte ihn jetzt nicht im Stich lassen. Das *Access-Hollywood*-Tape war uns intern als schmutziger Trick der Clinton-Kampagne dargestellt worden, als ein strategischer Schachzug. Warum war das Video ausgerechnet jetzt aufgetaucht? Warum war es nicht schon im Juli veröffentlicht worden, gleich nach dem Parteitag? Durch das Video sollte nicht nur eine Wahl gewonnen, sondern auch eine Familie erniedrigt und zerstört, die Wahl gestohlen werden. Nach der Veröffentlichung hatten sich Trumps Umfragewerte nach einem kurzen Einbruch wieder erholt und waren wieder auf dem gleichen Stand wie vorher. Seinen Wählern – Männern wie Frauen – war es egal, was er in jenem Bus gesagt hatte. Wir konnten die Wahl immer noch gewinnen, obwohl jede größere Zeitung einen Erdrutschsieg für Clinton vorhersagte.

15. OKTOBER

Auf *Saturday Night Live* wird Beyoncés Song »Lemonade« in einem Videos namens »Melanianade« parodiert, mit Emily Blunt als Ivanka, Cecily Strong als Melania, Vanessa Bayer als Tiffany und Kate McKinnon als Kellyanne. Ich selbst werde von Sasheer Zamata gespielt, als Trumps »einziger schwarzer Fan«. In einer bestimmten Szene tritt sie auf und reicht ihren Rücktritt ein – mit einem Zettel, auf dem steht: »*I quit*«, unterschrieben von Omarosa.

Es war, ehrlich gesagt, zum Totlachen.

Da ich ein großer Fan von Beyoncé bin, habe ich mitgelacht und -getanzt, während die Sendung live im Fernsehen lief. Es war eine dringend nötige und sehr willkommene Dosis Humor.

19. OKTOBER

Für die dritte, von Fox-Anchorman Chris Wallace moderierte Kandidatendebatte reiste die Kampagne nach Las Vegas. Das Format sah vor, dass die Kandidaten auf der Bühne hin- und hergehen konnten, und sein Vorbereitungsteam sagte Trump, er solle den Raum nutzen und ihn mit seiner großen körperlichen Erscheinung dominieren.

Wie Sie sich erinnern werden, hat er das dann ein bisschen übertrieben, indem er sich direkt hinter Hillary aufbaute, während sie sprach. Wir hatten ihm nicht gesagt, er solle sich wie ein Stalker verhalten, aber seine Versuche, körperlich einschüchternd zu wirken, hatten diesen Effekt. Der Punkt ist, dass sämtliche Einzelheiten dieser Debatte vorab besprochen und festgelegt worden waren. Ich hatte mich dazu durchgerungen, das *Access-Hollywood*-Tape – und das *Apprentice*-Tape, falls es denn existieren sollte – als taktische Waffen zu betrachten, die unsere Gegner gegen uns eingesetzt hatten. Sie waren keine Belege für Trumps vulgäres und ungehobeltes Wesen. Wie es Melania und Ivanka in ihrer Reaktion auf das Video gesagt hatten: Was sie dort von ihm hörten, war nicht der Mann, den ich kannte.

Unsere internen Daten, die unser Zahlen-Guru Brad Parscale im Blick behielt, zeigten, dass Trump in umkämpften Bundesstaaten die Stellung hielt. Brad hatte ein Büro und ein Team in unserem Hauptquartier. Eine Frau aus diesem Team, zu der ich immer »Hallo« sagte, hieß Laura Hilger. Sie war die Forschungschefin einer Firma namens *Cambridge Analytica* – ja, genau *der* britischen Firma, die Facebook-Daten gesammelt und dafür verwendet hatte, die Wahl zu beeinflussen. Ein paar Tage später sah ich in der *Washington Post* die Schlagzeile »Donald Trumps Gewinnchancen tendieren gegen null«. Mir wurde schlecht.

27. OKTOBER

Überraschung! FBI-Chef James Comey kündigte an, dass die Ermittlungen zu Hillarys E-Mails wiederaufgenommen werden sollten. In seinem berühmten Brief schrieb er: »Im Zusammenhang mit einem anderen, hiervon unabhängigen Fall hat das FBI erfahren, dass es E-Mails geben könnte, die relevant zu sein scheinen. ... Ich bin der Auffassung, dass das FBI geeignete Schritte ergreifen sollte, um in Erfahrung zu bringen, ob diese E-Mails geheime Informationen enthalten, und um einzuschätzen, inwieweit sie für unsere Ermittlungen wichtig sind.«

Eigentlich sagte er nur, dass sie sich gewisse E-Mails ansehen wollten, aber nicht wussten, ob sie irgendetwas in der Hand hatten. Später kam heraus, dass die potenziell fragwürdige Korrespondenz, um die es ging, zwischen Huma Abedin, einer Assistentin Clintons, und ihrem Mann Anthony Weiner – von dem sie sich bald darauf scheiden ließ – stattgefunden hatte.

In der *Trumpworld* wurde dieser Schritt natürlich begeistert gefeiert. Wenn das *Access-Hollywood*-Tape *NBC*s Versuch gewesen war, uns zur Strecke zu bringen, war Comeys Brief wie ein Todesstoß für Hillarys Kampagne. – Ohne diesen Brief hätte sie vielleicht gewonnen.

Intern waren wir sehr erfreut und erleichtert. Wir ließen zwar nicht gerade die Champagnerkorken knallen, hatten aber schon das Gefühl, es gebe etwas zu feiern. Zu der Frage, was wir öffentlich dazu sagen sollten, berieten wir uns und entschieden uns für eine Strategie der Entschlossenheit. Wir sollten keine Schadenfreude zeigen. An die Pressesprecher wurde die Devise ausgegeben, auf dem Thema herumzureiten und es immer und immer wieder zur Sprache zu bringen: Comey und Hillarys E-Mails. Ganz gleich, was wir gefragt wurden – etwa zur Bildungs- oder Wirtschaftspolitik –, wir sollten immer wieder auf die neu eröffneten Ermittlungen zu sprechen kommen. Freilich wussten wir damals nicht, dass das FBI zu diesem Zeitpunkt auch gegen unsere Kampagne ermittelte. Falls diese Tatsache im Wahlkampf öffentlich geworden wäre, hätte sie womöglich Clintons Problem neutralisieren können. Aber das ist sie nicht.

31. OKTOBER

Ich habe nicht in einem Wahllokal gewählt, sondern an Bord der *Trump Force One*. Ich habe meinen Briefwahlschein im Flugzeug ausgefüllt, während wir zu einem Wahlkampfauftritt flogen. Ich zeigte Trump, dass ich für ihn gestimmt hatte. Er nahm den Wahlzettel und sah ihn sich lange an, drehte ihn um und nahm ihn genau unter die Lupe. Er merkte, dass ich ihn beobachtete, während er den Wahlschein betrachtete. Dann riss er sich zusammen und sagte: »Aber du wählst in Kalifornien, da macht es keinen Unterschied.«

Ich schickte meinen Wahlschein trotzdem ab. Ich wollte unbedingt, dass wir gewinnen. Ja, mein Kandidat hatte große Fehler.

Das galt aber auch für Hillary. Es war ein langer Kampf gewesen, und ich hatte auf dem Weg eine Menge Rückschläge einstecken müssen. Das Einzige, wofür sich das alles gelohnt hätte, wäre, am Wahltag diesen Sieg zu erringen.

In der letzten Woche des Wahlkampfs gaben wir alles. Das bedeutete: Wir absolvierten bis zu acht Wahlkampfauftritte pro Tag. Es war ein irrer Endspurt. Obwohl *jede* Umfrage erwarten ließ, dass Hillary gewinnt, gab es eine einzige – eine von der *Los Angeles Times* veröffentlichte Umfrage der University of Southern California –, die Trump leicht in Führung sah. An diese Umfrage klammerten wir uns. Sie stand immer ganz oben in den E-Mails mit den *MAGA-Talking-Points*, die wir jeden Tag erhielten. Solange noch Hoffnung bestand, konnten wir unseren unerbittlichen Weg zu einem unsicheren Sieg fortsetzen.

Kapitel neun

Der Wahltag

»HuffPost erwartet, dass Hillary Clinton
mit 323 Wahlmännerstimmen gewinnen wird.«
The Huffington Post, 7. November 2016

»Optimismus von Hillary Clinton und zaghafte
Töne von Donald Trump am Ende der Kampagne.«
The New York Times, 7. November 2016

Am 8. November, dem Tag der Wahl, waren wir wieder in New York. Ich kehrte zurück in meine Suite im *Trump International Hotel* an der 59th Street und Central Park West. Am Morgen nahm ich ein Taxi und fuhr durch den Central Park zum *Trump Tower* an der Ecke 57th Street und Fifth Avenue, nahm den Fahrstuhl nach oben ins Hauptquartier der Kampagne und ging in die Pressestelle, um meine Interviewliste abzuholen. Die meisten meiner Interviews waren mit afroamerikanischen Radiostationen und Sendern für andere Minderheiten vereinbart. Bis 14 Uhr gab ich ein Interview nach dem anderen, eines auch für das Klatschmagazin *TMZ*, was eine lustige Abwechslung war zwischen den anderen, eher ernsten Interviews. Im *Trump Tower* hatten wir ein Satelliten-Sendestudio, sodass ich nur vor der Kamera sitzen und Fragen live beantworten musste.

Der *TMZ*-Gründer und Fernsehmoderator Harvey Levin fragte mich, wie denn Trumps Stimmung sei, und ich sagte ihm: »Er ist völlig locker heute. Ich hatte eigentlich gedacht, dass er angespannt sein würde, aber er ist ganz entspannt. Wir alle sind völlig entspannt. Die Stimmung hier ist sehr fröhlich. Seine Enkel waren da und haben sich mit Schokoladenkeksen vollgestopft. Wir genießen einfach nur die Tatsache, dass wir es geschafft haben. Hier gibt's jede Menge Geschenke und Essen, aber auch stapelweise Memos und Unterlagen. Wir sind bereit, dieses Land zu führen.«

Am frühen Nachmittag ging ich nach oben, um kurz mit Trump zu sprechen. Als ich in sein Büro kam, führte er zwei Telefonate, eines über sein Handy und das zweite über den Festnetzanschluss. Ich fragte ihn: »Geht's gut?« – »Alles gut, komm wieder, wenn ich hiermit fertig bin.«

Ich ging wieder nach unten in den Besprechungsraum. Eigentlich wollte ich eine Stunde später wieder nach oben gehen, aber kurz darauf kamen er und Melania zu uns. Als sie den Raum betraten, applaudierten alle Anwesenden. Sie waren beide ganz euphorisch. Sie trugen noch ihre Mäntel – ich glaube, sie waren gerade aus dem Wahllokal zurückgekommen. Trump und seine Frau bahnten sich einen Weg durch den Raum, schüttelten diverse Hände und wechselten hier und da ein paar Worte. Als Trump bei mir angekommen war, hielt er mich an beiden Schultern, küsste mich auf die Wange und fragte: »Wie läuft's?«

»Alles bestens«, sagte ich ihm.

Melania war direkt hinter ihm, und ich erinnere mich, dass ich dachte: *Sie lächelt!* Melania lächelt selten. Berichte, dass Melania den Wahltag weinend in einer Ecke zusammengekauert verbracht hätte, stimmen nicht. Melania war so gut gelaunt, wie ich sie in den 13 Jahren, seit ich sie kenne, kaum einmal gesehen habe, und ließ sich mitreißen von der Stimmung. Auch sie wollte – wie wir alle – unbedingt gewinnen. Vielleicht machte sie sich ein bisschen Sorgen darüber, wie sehr sich ihr Leben ab dem nächsten Tag ändern könnte, aber an diesem Abend fieberte sie unserem Sieg entgegen.

Ich habe zahlreiche Videos und Fotos von diesem Tag, darunter auch ein ganz erstaunliches, das um 15 Uhr in der Datenzentrale gemacht wurde. Es zeigt, wie ich mich über Brad Parscale beuge, der an seinem Arbeitsplatz sitzt. Eric Trump, Pastor Darrell C. Scott und Bruce LeVell stehen alle an seinem Schreibtisch, Rick Gates und Avi Berkowitz, Jared Kushners Assistent, schauen zu.

Brad saß vor seinen Bildschirmen. Er konnte in jeden Wahlbezirk in jedem Bundesstaat hineinzoomen und die ständig eingehenden Daten aufrufen. Schon so früh am Nachmittag zeigten unsere Ergebnisse, dass Trump in den wichtigen umkämpften Staaten, wo uns ein Sieg keineswegs sicher war, in Führung lag. Am meisten interessierte mich die Wahlbeteiligung unter Afroamerikanern. Ich dachte daran, wie Romney sich 2012 geschlagen hatte und wie die Vorwahlen für Trump gelaufen waren, und jetzt beobachtete ich, was sich vor unseren Augen in Echtzeit abspielte. Obwohl die *New York Times* und andere Medien irrtümlich berichtet hatten, in der Trump-Kampagne sei die Stimmung pessimistisch, sahen wir hier sehr ermutigende Ergebnisse.

Unsere Zahlen sahen ganz anders aus als die Ergebnisse von Nachwahlbefragungen, die man zum Beispiel auf *CNN* sehen konnte. Unsere Daten basierten auf Berichten von unseren Wahlbeauftragten in den einzelnen Bundesstaaten, die wiederum ihre Zahlen von den Wahlbezirken vor Ort bekamen. Wir verknüpften die anekdotischen Berichte von unseren Leuten mit unseren eigenen Analysedaten, was auch die Ergebnisse von *Cambridge Analytica* umfasste. Die Firma spielte am Anfang der Kampagne eine wichtige Rolle, weil sie uns half zu erkennen, wo wir in den frühen Phasen des Wahlkampfs unsere Ressourcen am wirkungsvollsten einsetzen konnten.

Natürlich lehne ich jede Form von Wahlbehinderung und jegliche Einmischung in das Grundrecht eines Bürgers, seine Stimme abzugeben, entschieden ab. Bevor ich von Trump auf meine Position im Weißen Haus berufen wurde, war ich im Vorstand der *Transformative Justice Coalition* (TJC), einer Organisation, die das geeignete Equipment hat, um die Durchführung von Wahlen zu beobachten und eventuelle Wahlmanipulationen festzustellen. Während ich also Brads Daten hereinkommen sah, behielt ich gleichzeitig den Feed von TJC im Blick, sowie Informationen von anderen Bürgerrechtsverbänden wie der NAACP, der *National Urban League* und dem *Lawyers' Committee for Civil Rights Under Law*. Sie alle hatten ehrenamtliche Wahlbeobachter vor Wahllokalen postiert, für den Fall, dass Afroamerikaner oder Mitglieder anderer Minderheiten berichteten, sie seien abgewiesen worden. Ich war besorgt, dass die Rechte von schwarzen Wählern beider Parteien, sowohl Demokraten als auch Republikaner, missachtet werden könnten.

Nach der Wahl machte Donald Trump einige kontroverse Statements, die ich sehr beunruhigend fand. Er sagte, dass seine schwarzen Wähler »in großer Zahl« zur Wahl gegangen wären – aber auch, dass diejenigen, die zu Hause geblieben seien, ihm fast ebenso viel genützt hätten. Daraufhin schrieb ich eine E-Mail an RNC-Sprecher Sean Spicer, Jason Miller, Bryan Lanza und Ashley Bell, in der ich warnte: »Wir müssen darauf achten, dass dieses Statement nicht dahingehend interpretiert wird, dass Trump Wahlbehinderungen befürwortet.«

Der RNC unter der Leitung von Reince Priebus wurde vorgeworfen, gewisse Taktiken verfolgt zu haben, die man als Wahlbehinderung bezeichnen konnte. So hatten sich zum Beispiel Republikaner im Bundesstaat North Carolina obskure Vorschriften zunutze gemacht, um überwiegend von Afroamerikanern bewohnte Wahlbezirke ins Visier zu nehmen und dort eine vorzeitige Stimmabgabe zu verbieten, strenge Ausweispflichten für Wähler durchzusetzen, die sich hauptsächlich auf Bürger mit nicht weißer Hautfarbe auswirkten, und schränkten somit die Zahl der Stellen für eine vorzeitige Stimmabgabe erheblich ein, was es arbeitenden Menschen unmöglich machte, ihre Stimme abzugeben. Und sie hatten Tausende von Wählerregistrierungen für ungültig erklärt, wenn von dem Betreffenden auch nur eine Postsendung als unzustellbar zurückgekommen war. Frühen Berichten zufolge waren solche Aktivitäten durchaus erfolgreich.

Worüber Brad und sein Datenteam sich die größten Sorgen machten, waren die Schlüsselfaktoren in seinem Algorithmus für einen Sieg Trumps, unser Wegweiser zu den angepeilten 270 Wahlmännerstimmen. So brauchte Hillary Clinton zum Beispiel den Statistiken zufolge eine hohe Wahlbeteiligung unter Afroamerikanern, etwa so hoch wie 2012 für Barack Obama. Aufgrund der Informationen, die ich bis zum 8. November zusammengetragen hatte, war zu erwarten, dass die Wahlbeteiligung unter Afroamerikanern in traditionellen Hochburgen der Demokraten um 20 Prozent *niedriger* sein würde als bei der vorigen Präsidentschaftswahl. Falls Hillary Clinton über die gleichen Daten verfügte, musste sie wie auf glühenden Kohlen sitzen. Sie brauchte diese 20 Prozent, zumal in Staaten wie Florida und Michigan, um die Wahl zu gewinnen. Wir wussten, dass wir Michigan gewinnen würden, falls die Prognosen sich bestätigen sollten.

Aber da ich ja früher schon für die Clintons gearbeitet hatte, wusste ich, dass sie eine große Trickkiste hatten und womöglich die Wahlbeteiligung erreichen würden, die sie brauchten. Bill Clinton hatte ja immerhin schon *zwei* Präsidentschaftswahlen gewonnen. Sie hatten unglaublich viel Erfahrung, ein ausgedehntes Beziehungsnetzwerk, enorme Ressourcen, viel Energie und eine Botschaft, mit der sie erwarteten zu gewinnen. Ihr schwerster Rückschlag war der Comey-Brief gewesen – niemand wusste, wie der sich auf die Wahlbeteiligung auswirken würde. Und doch war ich vorsichtig optimistisch, dass Trump gewinnen würde. In meinen Interviews sagte ich natürlich immer, wir hätten alle das Gefühl, dass wir ohne Probleme gewinnen würden – so war es uns ja eingetrichtert worden. Aber ich wusste auch, wie mächtig die Clintons waren.

Donald Trump hatte gelegentlich schon von der Möglichkeit gesprochen, die Wahl zu verlieren. Bei einem Wahlkampfauftritt in Nevada sagte er: »Wenn ich nicht gewinne, wird dies die größte Verschwendung von Zeit, Geld und Energie meines Lebens sein, und zwar um den Faktor 100 größer.« Er sicherte sich auch ab; in einem Tweet schrieb er: »Falls sie gewinnen, dann nur, weil sie betrogen haben.« Außerdem machte er kein Geheimnis daraus, dass er das ganze System für manipuliert hielt. Das hatte er schon vier Jahre früher gesagt, nachdem Obama gegen Romney gewonnen hatte, und er hatte es jetzt im Wahlkampf immer wieder gesagt. Dass er die Wahlen immer wieder als »manipuliert« bezeichnete, sie dann aber doch gewann, verschärfte die öffentliche Diskussion um seine Beziehungen zu Russland.

Es wurde oft spekuliert, dass Trump, wenn er denn die Wahl verlieren würde, sich seinem nächsten Projekt zuwenden könnte – *Trump TV*, einem Nachrichtensender nach dem Muster von *Fox News*, mit aktueller Berichterstattung rund um die Uhr. Er hatte schon mit einem Livestream auf Facebook experimentiert, den ich *»Live from Trump Tower Hour«* nannte. Ich hatte dafür ein paar Spots gemacht, und die Zahl der Leute, die zusahen und sich aktiv einbrachten, war sehr beachtlich. Daher war ich mir sicher, dass *Trump TV*, wenn es denn sein Plan B war, ein *riesiger* Erfolg werden würde.

Ich hatte keinen Plan B. Im April 2017 wollte ich die Liebe meines Lebens heiraten, John, einen Pfarrer, und dann zu ihm nach Florida ziehen, um ihm bei seiner Kirchenarbeit zu helfen und dort zusammen mit ihm glücklich und zufrieden den Rest meines Lebens zu verbringen. Mein Plan B war, zu meinem Leben im Dienste Gottes und der Community zurückzukehren – einem wunderschönen Leben. Ich hatte gehört, dass andere Mitglieder des Wahlkampfteams, wie Sean Spicer zum Beispiel, schon vor dem Wahltag begonnen hatten, sich nach einem anderen Job umzusehen. Die meisten der loyalen Soldaten, etwa Michael Cohen, sprachen nie von der Möglichkeit einer Niederlage. An jenem Tag im *Trump Tower* unterhielt ich mich eine Weile mit Cohen, und er war bereit, in den Kampf zu ziehen und alles Notwendige zu tun, um das Wahlergebnis anzufechten, falls Hillary gewann – bis hinauf vor den Supreme Court! Er war in sehr kämpferischer Stimmung, weil er glaubte, »sie werden den Sieg stehlen«.

Alle anderen sagten: »Wir haben den Sieg in der Tasche. Wir werden gewinnen!«, wie in einer Endlosschleife, mit der glühenden Überzeugung der treuesten Gefolgsleute der *Trumpworld*. Dieser Optimismus war nicht nur ein Teil der Loyalität, die gefordert wurde, um in Trumps Dunstkreis willkommen zu sein. Nein, wir hatten ja auch immer wieder gezeigt, dass wir trotz aller Unkenrufe und schlechter Prognosen Wahlen gewinnen konnten, angefangen bei den Vorwahlen in New Hampshire. Monatelang hatten die Schlagzeilen verkündet, er habe nicht die geringste Chance, nominiert zu werden, aber dennoch verlor ein »qualifizierterer« Kandidat nach dem anderen die Vorwahlen gegen Trump. Wir waren darauf konditioniert, die von den Medien verbreiteten Prognosen zu ignorieren, da sie sich immer wieder als falsch erwiesen hatten. Wenn Beobachter Dinge sagten wie »Das hätte ich nie erwartet« oder »Ich war schockiert von den Ergebnissen am Wahlabend«, fragte ich mich, warum.

Tatsächlich führte ich die geringe Wahlbeteiligung in Hillarys Wählerbasis zum Teil auf solche Medienberichte zurück, in denen ihr Sieg als todsichere Sache dargestellt wurde. Das Verhalten von Wählern zeigt zum Beispiel, dass viele von ihnen, wenn sie den Sieg ihres Kandidaten für eine sichere Sache halten, sich keinen Tag von der Arbeit freinehmen und auf den Lohn dafür verzichten, weil sie glauben, ihre Stimme werde nicht gebraucht. Die Presse hat tatsächlich Clintons Wählerbasis demotiviert. Ich habe keinen Zweifel daran, dass die Wahlbeteiligung unter ihren Wählern größer gewesen wäre, wenn die Medien realistisch berichtet hätten – dass es nämlich ein Kopf-an-Kopf-Rennen war.

Am Wahltag gegen 16 oder 17 Uhr hatte ich den *Trump Tower* verlassen und war auf dem Rückweg ins *Trump International*, um mich umzuziehen und mein Make-up aufzufrischen. Das Presseteam hatte alle Interviewanfragen zum Wahltag, die hereingekommen waren, zusammengestellt. Als sie mir die komplette Liste gaben, widersprach ich, da ich auf keinen Fall alle davon übernehmen konnte. Daraufhin wurde mir eine gekürzte Liste gegeben, die jedoch unter anderem zehn Termine für Live-Interviews von der Party im *New York Hilton* enthielt. Also musste ich mich kamerafertig machen. Rings um den Trump Tower drängten sich die Menschen so dicht, dass der Fahrer nicht zu mir durchkam. Also bin ich am Ende zu Fuß von der Fifth Avenue zurück zur Central Park West gegangen.

Ich trug einen Hut, sodass mich niemand erkannte. Allerdings habe ich einmal angehalten, um mit einigen Cops ein Foto zu machen. Ich unterhielt mich einen Moment mit ihnen, um einen Eindruck davon zu bekommen, wie die Stimmung auf der Straße war. Der eine oder andere von ihnen flüsterte mir zu: »Ich habe Trump gewählt.« Das überraschte mich nicht, da er ja der *Law-and-Order-*Kandidat war.

Als ich weiterging, achtete ich darauf, was rings um mich geredet wurde. Es wurde ausschließlich über die Wahl gesprochen. Die meisten Leute, an denen ich vorbeikam, unterstützten Hillary. Aber auch das war kein Wunder, denn New York hat mit überwältigender Mehrheit für sie gestimmt; ihr Wahlkampf-Hauptquartier war in Brooklyn; sie hatte für New York im Senat gesessen. Eine Gruppe von Studentinnen kam an mir vorbei. Sie unterhielten sich ganz aufgeregt darüber, dass sie an diesem Abend ins *Javits Center* gehen wollten, wo Hillary ihre große Party schmeißen würde. Das *Javits Center* ist aus Glas gebaut – sie würde die gläserne Decke durchstoßen, und so weiter und so fort. Diese jungen Frauen hätten sich gar nicht stärker darauf freuen können, Hillarys sicheren Sieg zu feiern. Als ich sie so reden hörte, bildete sich ein Knoten in meinem Bauch.

Trotz der ermutigenden Daten, die hereingekommen waren, konnten wir immer noch enttäuscht werden. Es konnte so oder so laufen, und es war durchaus möglich, dass ich am nächsten Morgen zur Verkündung einer Clinton-Präsidentschaft erwachen würde.

Nachdem ich mich umgezogen und frisch gemacht hatte, musste ich irgendwie ins New York Hilton an der Ecke 54th Street und Sixth Avenue kommen. Die Straßen waren mittlerweile noch stärker verstopft, durch Streuwagen, Einsatzfahrzeuge der Polizei und Demonstranten. Einige Straßen waren abgesperrt. In ganz New York City gab es kaum ein Durchkommen. Ich wollte unseren Unterstützern einen Eindruck davon vermitteln, wie es dort zuging, und postete über Facebook Live eine Reportage von meinem Weg vom *Trump International* zum *Hilton*. Das sind nur etwa sechs oder sieben Straßenblocks, aber ich kam nur sehr langsam voran.

Gegen 18 Uhr kam ich am Hilton an. In der Lobby gab es einen großen Bereich für Wahlkampfhelfer, Unterstützer und die Kamerateams aller TV-Netzwerke sowie für Presseleute aller größeren Zeitungen und Nachrichtenportale. Ich absolvierte meine Medienauftritte im Erdgeschoss, ging aber zwischendurch immer mal wieder auf die geschlossene Party, um mich in den VIP- und VVIP-Räumen umzusehen, wo sich bereits diverse Prominente drängelten, etwa der Milliardär David Koch, der Gouverneur von New Jersey Chris Christie oder der Schauspieler Stephen Baldwin. Auf einer Seite gab es einen abgetrennten Raum mit Snacks, Musik und einem kleinen Sitzbereich, wo ich einfach mal Pause machen und abschalten konnte.

Am Ende erreichten wir unser Ziel. Die Nachwahlumfragen ergaben, dass wir 8 Prozent der Stimmen schwarzer Wähler bekommen hatten, 2 Prozentpunkte mehr als Romney. 13 Prozent der afroamerikanischen Männer hatten Trump gewählt, und ich glaube, das war seinem auf sozialen Aufstieg bedachten Image zu verdanken, den Rappern und schwarzen Schauspielern, mit denen er sich gerne gezeigt hatte. Für die hohe Wahlbeteiligung wurde ich von der

Wahlkampfleitung gelobt. Ich hatte kein großes Team gehabt wie die Clinton-Kampagne, die 25 Vollzeitkräfte für die afroamerikanische Öffentlichkeitsarbeit eingesetzt hatte. Ich hatte nicht die Basis-Infrastruktur der Demokratischen Partei gehabt. Ich war Bruce LeVell, Darrell C. Scott und Michael Cohen dankbar für alles, was sie mit der *National Diversity Coalition for Trump* erreicht hatten.

Wir beobachteten gebannt die Ergebnisse aus den traditionell wahlentscheidenden Bundesstaaten – vor allem Florida und mein Heimatstaat Ohio. Frühere Wahlen hatten gezeigt, dass ein Kandidat, der in Ohio und Florida gewinnt, normalerweise auch die Präsidentschaft gewinnt, und darum herrschte frenetischer Jubel, völliges Chaos und totale Begeisterung im Raum, als diese Staaten an uns fielen. Doch wir warteten immer noch auf Pennsylvania und Missouri; ich wollte noch nicht allzu siegessicher werden.

Doch immer mehr Staaten wählten mehrheitlich republikanisch. Der Enthusiasmus im Raum war körperlich spürbar. Man konnte fühlen, wie aufgeregt und optimistisch die Leute waren, und die Begeisterung steigerte sich immer mehr. Interessanterweise meldeten die Medien immer noch kein Wahlergebnis; sie schienen es hinauszuzögern, als ob die Lage sich noch umkehren könnte. Aus ihrem Zögern wurde Verzweiflung, als klar wurde, dass Trump immer näher an die 270 Wahlmännerstimmen heranrückte. Jedes Mal, wenn er einen weiteren wichtigen Bundesstaat gewonnen hatte, dachten wir, sie würden endlich seinen Sieg verkünden, aber sie schienen es hinauszuzögern. Warum wohl? Wegen der Einschaltquoten? Weil es schmerzhaft war, die Wahrheit zu akzeptieren? Vielleicht beides.

Gegen 2 Uhr morgens nahm Kellyanne Conway in der Wahlkampfzentrale endlich den Anruf von Hillary Clinton entgegen, auf den wir alle gewartet hatten. Es dauerte eine Weile, bis Hillarys Eingeständnis an den Rest der Welt durchsickerte. Ihr Wahlkampfstab sagte den Tausenden, die zum *Javits Center* gekommen waren, erst um 2 Uhr, dass sie nach Hause gehen konnten. Ich musste an jene Studentinnen denken, die ich am Nachmittag auf der Straße gesehen hatte. Ich verstand nicht, warum sie diese jungen Leute so lange dort hatten herumstehen lassen. Es erschien mir unmenschlich, ihre Hoffnungen so lange am Leben zu erhalten, obwohl das Rennen doch schon längst gelaufen war.

Kurz darauf hörten wir, dass die hochrangigen Mitglieder des Wahlkampfteams und die Trump-Familie sich auf den Weg zum *Hilton* machen wollten. Wir mussten uns vom VIP-Raum durch die Sicherheitsschleusen einen Weg zum Lastenaufzug bahnen, mit dem sie heraufkommen würden. Auf dem Weg schloss sich unserer kleinen Gruppe – Lynne, Katrina und mir – eine weitere Person an: Sarah Palin hatte gehört, dass wir die Trumps abholen wollten, und kam mit, als wir zum Lastenaufzug gingen. Sie wollte dabei sein, wenn Trump und seine Entourage eintrafen, um dann mit uns zusammen auf die Bühne im Hauptraum zu gehen.

Um 2:30 Uhr waren sie da, und wir machten uns auf den Weg. Der Saal war voll – Hunderte von jubelnden Unterstützern gerieten außer Rand und Band, als Trump die Bühne betrat. Und ich war dort, direkt neben ihm. Es war einfach unglaublich, ein sehr aufregender Moment für mich. Es war wie ein Rausch, der totale Adrenalinschock. Und es war sehr emotional, die absolute Zuspitzung all dessen, was wir bewältigt hatten – die harte Arbeit, das Herumreisen, die Wahlkampfauftritte, unzählige Interviews, Todesdrohungen. Für diesen einen Moment hatte sich das alles gelohnt.

Eingerahmt von Mike Pence und Barron hielt Trump seine Siegesrede. Auch ich war auf der Bühne, zusammen mit den Familienmitgliedern sowie Kellyanne Conway, Steve Bannon, Stephen Miller und Lynne Patton – also allen, die für diesen Sieg einen wichtigen Beitrag geleistet hatten. Als Trump seine Ansprache beendet hatte, ging er langsam auf der Bühne an uns vorbei, schüttelte Hände und umarmte jeden Einzelnen von uns. Als ich an der Reihe war, umarmte er mich und gab mir einen Kuss auf die Wange. Dieser Moment wurde von einer Kamera eingefangen und in die ganze Welt übertragen. Der Augenblick war einer der Höhepunkte meines Lebens. Für mich war er ein Beweis dafür, wie wundervoll und großartig dieses Land mich behandelt hatte. In diesem Moment lebte ich den amerikanischen Traum. Ich hatte zahlreiche Tiefpunkte in meinem Leben überwunden, musste Sozialhilfe in Anspruch nehmen und mich von Lebensmittelspenden gemeinnütziger Tafeln ernähren, hatte Vater und Bruder durch Mord verloren. Und jetzt stand ich auf dieser Bühne mit dem designierten Präsidenten der Vereinigten Staaten, der bald der mächtigste Mann dieses Landes, wenn nicht sogar der Welt, werden würde. Dass irgendein Mensch so miserable Ausgangsbedingungen überwinden konnte, so viele Hürden und Barrieren, um am Ende dort oben anzukommen, erschien mir unglaublich und machte mich dankbar. Ich hatte mit den Medien fertig werden müssen, mit den Gemeinheiten von engstirnigen Menschen in Online-Foren und den Beleidigungen von Presseleuten, die mich mit Clownsnase auf der Titelseite einer Zeitung verspottet hatten. Das alles hatte ich ausgehalten und mich – wie Trump – nicht von meinen Überzeugungen und meiner Loyalität abbringen lassen. Und jetzt standen wir hier, allen Widrigkeiten zum Trotz, alle zusammen auf dieser Bühne.

Um 3:20 Uhr ging ich mit ihm und seiner Familie zur Wagenkolonne. Ich gratulierte ihm und sagte »Gute Nacht!«, als er sich auf den Rückweg zum *Trump Tower* machte. Es *war* eine gute Nacht, eine verrückte Nacht. Als ich in den frühen Morgenstunden im *Trump International* ankam, immer noch in Feierlaune, erwischte mich ein *TMZ*-Kamerateam. Die Titelzeile für das Video lautete: »*Omarosa Parties After Trump Win.*«

»Es war unglaublich. Ich kann es nicht fassen, dass mein Mentor, mein Freund, jetzt der Präsident der Vereinigten Staaten ist!«, sagte ich ihnen. Ich sah erschöpft aus, aber das war mir egal – ich war überglücklich.

Als ich nach ein paar Stunden Schlaf erwachte, duschte ich, zog mich an und machte mich wieder auf den Weg zum *Trump Tower*, wo um 10 Uhr ein Meeting mit den hochrangigen Mitgliedern der

Kampagne stattfinden sollte. Außerdem wollte ich im Büro des designierten Präsidenten vorbeischauen, um ihm zu gratulieren. Als ich die Lobby des Wolkenkratzers an der 725 Fifth Avenue betrat, wo für mich alles begonnen hatte, wurde mir bewusst, dass sich der Kreis geschlossen hatte. Vor 13 Jahren war ich zum ersten Mal in dieses Gebäude gekommen, bewaffnet mit meinem Koffer, einem Schlachtplan und meinem festen Siegeswillen. Jetzt kam ich erneut hier an und nahm denselben Aufzug in dasselbe Stockwerk, um in derselben Lobby zu warten, bis ich zu demselben Mann vorgelassen wurde – der nun zum Präsidenten gewählt worden war.

Diese Geschichte hätte sich niemand ausdenken können.

Kaum zu glauben, doch am 9. November arbeiteten wir stramm, den ganzen Tag. Bis ich mich auf den Weg zurück in mein Hotel machte, waren Demonstranten über ganz *Midtown* ausgeschwärmt und hatten sich rings um den *Trump Tower* versammelt. Katrina und ich hatten an den *Fox-Studios* zusammen ein Taxi genommen, und als wir so weit gekommen waren, dass Demonstranten hätten Platz machen müssen, um den Wagen bis zum Hoteleingang vorfahren zu lassen, sagte ich, dass ich einfach aussteigen und den Rest des Wegs zu Fuß gehen wolle. Ich gehe gern zu Fuß und war immer noch voller Energie. Ein kleiner Spaziergang, sechs Straßenblöcke am Central Park South entlang bis zum *Trump Tower*, war mir gerade recht. »Bist du sicher?«, fragte sie. »Du musst vorsichtig sein, es ist gefährlich da draußen.«

»Mir wird schon nichts passieren.«

Der Verkehr war völlig zum Stillstand gekommen, und jetzt sah ich auch, warum: Der Columbus Circle war von Demonstranten besetzt worden. Als ich näher kam, bekam ich ein Gefühl dafür, wie viele es waren – es müssen mindestens ein paar Tausend gewesen sein.

Ich hatte keine Angst. Ich kann mich ganz gut unauffällig verhalten, wenn ich mich im öffentlichen Raum bewege. Als das Gedränge jedoch immer dichter wurde und ich kaum noch vorankam, wurde ich nervös, weil ich befürchtete, dass irgendjemand mich erkennen könnte. Ich dachte immer nur: *Okay, konzentriere dich jetzt nur noch darauf, bis zum Seiteneingang durchzukommen.* Der Haupteingang war von einem wütenden Mob total blockiert.

Alle Türsteher und Angestellten des Hotels kannten mich, weil ich seit Monaten dort einquartiert war. Sie würden mich am Eingang neben der Laderampe ins Haus lassen. Als ich durch eine Nebenstraße dorthin ging, bemerkte ich, dass auch ein paar Demonstranten diesen Nebeneingang entdeckt hatten und ihn belagern wollten. Ich ging einfach weiter und war nur noch ein paar Meter von der Eingangstür entfernt. Plötzlich schrie ein Mann: »Da ist Omarosa! Diese Verräterin! Holen wir sie uns!«

Sie rannten auf mich zu. An der Tür stand ein Trump-Sicherheitsmann, und mit perfektem Timing riss er die Tür auf, packte mich, schob mich hinein, schloss die Tür hinter mir und verriegelte sie.

Es war genauso wie damals, als meine Mutter meine Schwester und mich auf dem Spielplatz in Westlake Terrace gepackt hatte, um uns vor einem Drogendealer und dem schießenden Cop in Sicherheit zu bringen.

Heftig zitternd ging ich hinauf in mein Zimmer, schaltete den Fernseher ein und war entsetzt darüber, was ich zu sehen bekam – Luftaufnahmen von einer riesigen Menschenmenge, die sich über viele Straßenblocks hinzog. Es war die Rede von 10 000 Demonstranten, allen voran Filmemacher und Aktivist Michael Moore.

Es war beängstigend. Schnell wich mein Triumphgefühl einer blanken Verzweiflung über die Bilder, die ich sah. Aber ich dachte nicht etwa, *Wow, so viele Leute sind wütend über das Wahlergebnis.* Sorry. Ich dachte nur noch: *Ich will nicht wegen einer Wahl sterben!*

Am Tag darauf war der *Trump Tower* im Belagerungszustand. Es war unmöglich, in das Gebäude hineinzukommen. Als ich dort anrief, um mich für mein abschließendes Wahlkampfgespräch mit Donald Trump anzumelden, wurde mir geraten, nicht zu kommen, weil es zu gefährlich sei. Da ich mich noch nie von einer Gefahr hatte abschrecken lassen, beschloss ich, mich trotz aller Risiken zum *Trump Tower* durchzuschlagen. Ich wollte dieses Abschlussgespräch mit Trump, bevor ich nach Hause flog. Die Proteste schaukelten sich immer weiter hoch, zu einer Woge der Wut, die mit jeder Welle heftiger wurde – die Unruhen eskalierten. Am Abend zuvor hatte mein Verlobter John am Telefon zu mir gesagt: »Du musst aus New York abreisen. Es ist einfach nicht mehr sicher.«

Ich war leicht wiederzuerkennen und wurde mit Trump in Verbindung gebracht, weil die Leute die Fernsehbilder von mir und dem designierten Präsidenten im Kopf hatten. Ich wusste, dass die allermeisten Demonstranten nur dort waren, um ihre Meinung kundzutun. Aber einige von ihnen waren gewalttätig – und als sie am Vorabend auf mich zugerannt waren und »Holen wir sie uns!« geschrien hatten, wollten sie mich wohl kaum um ein Selfie oder Autogramm bitten. – *Das war's*, dachte ich. *Ich verschwinde aus New York.*

An diesem Morgen, dem 10. November, halfen mir die Leute vom Hotel, meine Suite aufzuräumen, und begleiteten mich dann zu einem wartenden SUV. Ich fuhr zum *Trump Tower*, wo ich von Sicherheitsleuten ins Gebäude gebracht wurde. Ich hatte es zu meinem Meeting mit Trump geschafft. Er sagte: »Sie kommen doch mit mir ins Weiße Haus, oder? Ich habe dort ein schönes neues Hotel, das *Trump International*.«

Das wusste ich schon. Ich sagte: »Es wird interessant für mich werden, wieder ins Weiße Haus zurückzukommen.«

»Es wird so viel besser sein als beim letzten Mal, als Sie da waren. Mein Weißes Haus wird großartig, das beste. Hey, Omarosa, ich habe etwas für Sie.« Er holte eine Schachtel mit Trump-Krawatten hervor. »Geben Sie sie Ihrem Verlobten, sie werden ihm gefallen.« Ich bedankte mich für das Geschenk.

Bevor ich zum Flughafen fuhr, um zu John zu fliegen, gab ich dem TV-Nachrichtenmagazin *20/20* ein Interview. Ich war emotional völlig erschöpft und zeigte das auch. »Mir wurde jede nur denkbare Verleumdung an den Kopf geworfen, die sich ein Afroamerikaner für einen anderen Afroamerikaner ausdenken kann. Ich habe Todesdrohungen erhalten«, sagte ich. »Es gibt Menschen, die nicht mehr mit mir reden. Es war eine verdammt lange, einsame Zeit. ... Ich werde nie vergessen, wer sich von mir abgewandt hat, nur weil ich versucht habe, mich für die schwarze Community einzusetzen. Es war so unglaublich hart.«

Die meisten Menschen können so intensive Emotionen in einem privaten Umfeld verarbeiten, mit einer Freundin, einem Familienmitglied oder einem Therapeuten. Diese Möglichkeit hatte ich nicht. Seit Monaten stand ich unter Adrenalin. Ich bangte um meine Sicherheit. Als ich bei diesem Interview zu reden begann, brachen meine Emotionen und meine Verletzlichkeit ungehemmt aus mir heraus.

Ich war immer stolz darauf gewesen, dass ich im Fernsehen stets ruhig und kontrolliert aufgetreten bin, auch unter Druck – aber das alles war jetzt vergessen.

Ich hatte auch nach diesem Interview kaum Zeit, irgendetwas zu verarbeiten, weil ich schnell zum Flughafen musste, um noch den letzten Flug vom LaGuardia Airport nach Jacksonville zu erwischen, wo John auf mich wartete.

An dem Tag, als das *20/20*-Interview gesendet wurde, erhielt ich Hunderte von Anrufen und Textnachrichten von Menschen, die mir sagten: »Du tust mir so leid. Ich hoffe, dass du nicht glaubst, ich hätte dich im Stich gelassen. Ich wusste nicht, dass du dich so einsam gefühlt hast; ich wusste nicht, dass du so gelitten hast. Du warst doch immer so stark.«

Wenn ich verletzt werde, wenn jemand mir Schmerzen zufügt, dann blute ich. Ich bin auch nur ein Mensch, wie wir alle. Seit ich mich für die Kampagne engagiert hatte, war ich sehr isoliert gewesen. Was mir am meisten wehgetan hatte, war das Schweigen einiger Menschen, mit denen ich mein ganzes Leben lang befreundet war. Sie redeten nicht mehr mit mir und hörten auf, mich zu gemeinsamen Aktivitäten einzuladen. Es war immer schlimmer geworden, bis es dann aus mir herausplatzte, live im landesweiten Fernsehen.

Donald Trump war in Washington bei einem Meeting mit Barack Obama. Obwohl er sehr beschäftigt war, verfolgte er natürlich die Nachrichten. Er sah *20/20* und bat sein Tochter Lara, mich anzurufen und zu fragen, wie es mir geht: »Hey. Wir wollten einfach nur mal anrufen, um zu hören, ob alles in Ordnung ist bei dir!«

Zu diesem Zeitpunkt war ich bereits bei John, und es ging mir schon wieder sehr viel besser. Ich dankte Lara Trump für ihren Anruf und versicherte ihr, dass es mir gut ging. Ich wollte nicht, dass ihr Vater von mir den Eindruck gewann, ich würde mit dem Stress, den wir durchgemacht hatten, nicht fertig werden. Er hasst jedes Zeichen von Schwäche. Der Wahlkampf war vorbei, und jetzt war es Zeit, ein Team aufzubauen und die Nation zu führen. Ich freute mich darauf, dabei eine wichtige Rolle zu spielen.

Dritter Teil

Das Weiße Haus

Kapitel zehn

Der Übergang

»Entlassungen und Streitigkeiten stürzen
das Übergangsteam ins Chaos.«
The New York Times, 15. November 2016

Donald Trumps erster Schritt als gewählter Präsident war eine Fahrt nach Washington, D. C., um dort im Weißen Haus mit dem amtierenden Präsidenten Obama die Machtübergabe zu planen. Laut offizieller Erklärung verlief das neunzigminütige Gespräch gut. Trump sagte danach: »Ich habe großen Respekt [vor Obama]. Wir haben viele unterschiedliche Punkte besprochen, manche großartig, andere problematisch. Ich freue mich sehr darauf, mit dem Präsidenten zusammenzuarbeiten, auch was eine Beratung angeht.« In der Presse wurde schon spekuliert, dass sich Trump, weil er keine Erfahrung als politischer Amtsträger hatte, in der Übergangsperiode und auch danach auf Obama verlassen wolle.

Es war das letzte Mal, dass die beiden Männer etwas Substanzielles miteinander besprachen.

Mich wundert das nicht. Trump hat mir anvertraut, er halte Obama für einen Betrüger. Er hat Obamas Nationalität, seine Staatsbürgerschaft, seine wissenschaftliche Qualifikation infrage gestellt. Er wollte Obamas Geburtsurkunde, seinen Reisepass und seine Zeugnisse von der Harvard University einsehen. Noch 2011 sagte er zu *Associated Press*: »Ich habe gehört, er soll ein schrecklich schlechter Student gewesen sein, wirklich schlecht. Wie kommt ein schlechter Student erst an die Columbia, dann an die Harvard University? Das frage ich mich, und ich will der Sache auf den Grund gehen. Er soll seine Zeugnisse vorlegen.«

Immer, wenn ich Trump auf seine falsche Einschätzung Präsident Obamas ansprach, sagte er: »Omarosa, du unterstützt ihn doch nur, weil er schwarz ist! Dabei tut er gar nichts für die Schwarzen. Schau dir nur sein Chicago an: Es versinkt im Chaos, seine Leute sterben – und er tut nichts!« Trump glaubt, Obama habe seinen Ruf als Kommunalreformer bloß erfunden, und das wiederholt er gebetsmühlenartig seit 2007 bis heute. »Er ist ein Schwindler. Ein Hochstapler! Reformer? Was soll das sein? Er wird hochgejubelt, als sei er wer weiß wer, und dabei ist er gar nichts«, zetert er immer und immer wieder, seit Jahren. Ich glaube, Donald Trump wollte einfach nicht glauben, dass ein Schwarzer all das sein kann, was Barack Obama ist, und ihn unbedingt bloßstellen.

Das Ironische daran ist, dass Trump selbst nicht nur sein eigenes Vermögen übertrieben hoch angibt, sondern auch behauptet, unter den Besten seines Universitätsjahrgangs gewesen zu sein – nachweislich eine Falschaussage. Trump ist derjenige mit den Lücken im Lebenslauf, und das überkompensiert er mit Angriffen auf Obama, um seine Wählerklientel zu bedienen.

Dem Trump-Team war seit dem Wahltag klar, dass der Sieg, um es milde auszudrücken, umstritten und die halbe Wählerschaft noch wie betäubt vom Ausgang war. Ein problemloser Übergang von der Administration Obamas zu der Trumps würde viel dazu beitragen, die erregte öffentliche Meinung zu beruhigen. Zwischen der Wahl am 8. November und der Vereidigung am 20. Januar hatten wir aber nur 73 Tage, um eine komplette Regierung auf die Beine zu stellen. Der Countdown lief, und zum großen Nachteil aller im *Trumptrain* bewegten wir uns nur im Schneckentempo voran.

Die Übergabe der Geschäfte von einer Administration an die folgende ist gesetzlich geregelt und eine entscheidende Phase für die neue Regierung. Wie sie ihr Amt antritt, gibt den Ton für die kommenden Jahre vor, sowohl im Führungsstil als auch in der Personalpolitik. Als Obama die Amtsgeschäfte von George W. Bush übernahm, wurde der Übergang als nahtlos gerühmt und festigte seinen Ruf als »*no drama Obama*«.

Trumps Amtsübernahme verlief dagegen vom ersten Tag an chaotisch. Gouverneur Chris Christie, der im Wahlkampf als Leiter des Übergangsteams präsentiert worden war, wurde schon am 11. November entlassen, und mit ihm die meisten Anhänger. Treibende Kraft hinter Christies Entlassung war Jared Kushner, der nicht vergessen hatte, dass Christie 2004 als Bundesanwalt für New Jersey Jareds Vater Charles wegen Steuerhinterziehung angeklagt hatte. Mike Pence, der gewählte Vizepräsident, übernahm das Übergangsteam im Bewusstsein, dass er enorm viel zu tun und verdammt wenig Zeit hatte. Nicht nur musste die neue Administration viertausend Stellen besetzen, von den Ministern und vergleichbar hohen Posten ganz oben bis zu den vielen Büroangestellten, die als Schedule C bezeichnet wurden, sondern auch die bestehenden Behörden überprüfen, politische Agenden aufstellen, den laufenden Betrieb der Amtsgeschäfte sicherstellen und alle geschäftlichen Beteiligungen abstoßen, die Trump in Interessenkonflikte bringen konnten – in seinem Fall waren das nicht wenige.

Eine der wichtigsten Entscheidungen Trumps als gewählter Präsident war die Ernennung eines Stabschefs für das Weiße Haus. Am 13. November wurde Reince Priebus, Vorsitzender des *Republican National Committee*, für diesen Posten nominiert. Paul Ryan und andere republikanische Spitzenfunktionäre hatten Trump hinter den Kulissen gedrängt, Priebus aufzustellen, um, so ihr Argument, das Establishment der Republikaner hinter sich zu bringen. Trump hätte einen seiner eigenen Männer bevorzugt – seinen Schwiegersohn Jared Kushner, den stellvertretenden Wahlkampfleiter David

Bossie oder Corey Lewandowski –, aber Ryan verwies auf die Unerfahrenheit der treuen Gefolgsleute. Von Anfang an stellte die Republikanische Partei Leitplanken um Donald Trump auf, damit er die US-Regierung nicht gegen die Wand fuhr.

Persönlich mochte ich Priebus, aber er und Trump verstanden sich überhaupt nicht. Trump verlangt Loyalität. Er kann nicht mit jemandem zusammenarbeiten, der je ein Zeichen der Schwäche oder des Zweifels gezeigt hat. Genauso aber kannte Trump seinen zukünftigen Stabschef. Als die *Access-Hollywood*-Geschichte ans Licht kam, sollen Priebus und einige weitere wichtige Berater Trump vertraulich getroffen und zu ihm gesagt haben: »Sie haben zwei Möglichkeiten: Entweder fahren Sie das schlechteste Ergebnis in der Geschichte der Präsidentenwahlen ein, oder Sie werfen gleich jetzt das Handtuch.« Teilnehmer dieses Gesprächs sagen, Trump habe sich störrisch gezeigt. Er habe Priebus angestarrt und gesagt: »Ich gebe jetzt nicht auf. Ich gewinne die Wahl.« Er verzieh es Priebus nie, dass er ihn zum Aufgeben gedrängt hatte – so etwas verzeiht er niemandem, niemals. Er machte sich ständig über Priebus und dessen Moment der Schwäche lustig. Gegen Priebus sprachen also von Anfang an zwei Punkte. Warum aber gab Trump der Partei und Paul Ryan, dem Sprecher des Repräsentantenhauses, nach? Weil er ernsthaft vorhatte, ein guter Präsident zu werden und sein Wahlversprechen zu halten, und wenn Reinceys – so nannte er ihn – Ernennung ihm die Never Trumpers und die kritischen Republikaner vom Hals schaffte, dann war er bereit, diesen Preis zu zahlen.

Ungefähr zu dieser Zeit, unmittelbar nach der Wahl, rief mich mein langjähriger Agent John Seitzer von der *Agency for the Performing Arts (APA)* in Beverly Hills immer mal wieder an. Er hatte Angebote mehrerer Hollywoodproduzenten für mich. Sie reichten von der Produktion eigener Fernsehsendungen bis zu Auftritten in Fernsehserien, Unterhaltungssendungen und Nachrichten, von der eigenen Talkshow bis zu einem Posten als politische Korrespondentin. Auch Robert Walker, mein langjähriger Agent vom *American*

Program Bureau in Boston, das meine Vorträge organisiert, kontaktierte mich und bot mir eine landesweite Vortragsreise über die Wahl und Trumps Präsidentschaft an. Er war zuversichtlich, Spitzenhonorare für mich zu verhandeln. Auch meine gute Freundin und Hollywood-Talentmanagerin Tracy Christian meldete sich: Sie habe unzählige Angebote aus dem Ausland, die ich ernsthaft erwägen solle. Bevor ich Mitglied des Leitungsausschusses wurde, flog ich nach Los Angeles und nahm an einer Reihe Gesprächen teil, hörte mir die Vorschläge an und sagte dem Team dann zu, mir alle Angebote gut zu überlegen. Aber als ich dann in die Geschäftigkeit des politischen Übergangs zurückkehrte, kam mir nichts davon so erfüllend vor wie die Aussicht, mich mit meinen Kollegen aus dem Wahlkampf zusammenzusetzen und die Politik, die ganze Ausrichtung des Landes in der neuen Administration mitzugestalten. Ich hätte nach Hollywood zurückkehren können – dorthin, wo ich mich auskannte und wohlfühlte –, in mein Zuhause, zu meiner Kirche und zum Dienst in der Militärseelsorge der California State Military Reserve (CSMR), und damit auch zu meinen Freunden und der Familie. Aber die *Trumpworld* brauchte mich, und ich wollte sie und die Nation nicht im Stich lassen.

Mike Pence war damit beschäftigt, weitere Verantwortliche für die Machtübergabe auszuwählen: loyale Trump-Anhänger wie Michael Flynn, Jeff Sessions, Newt Gingrich und Rudy Giuliani – lauter weiße Männer, lauter umstrittene Persönlichkeiten, lauter Hassobjekte der Demokraten.

Außerdem setzte er einen Leitungsausschuss (*Executive Committee*) ein, dem außer Risikokapitalgeber Peter Thiel, der prominenten Wahlkampfspenderin Rebekah Mercer, Reince Priebus, Anthony Scaramucci, Steven Mnuchin, Donald Trump Jr., Ivanka und Eric Trump sowie Jared Kushner auch ich angehörte. Wie üblich in der *Trumpworld* gab es wenig bis keine Diversität: Ich war die einzige Schwarze in dem Gremium. Die Berufung in diese Gruppe, deren Mitglieder in der *Trumpworld* großes Vertrauen und hohe

Anerkennung genossen, stellte mich zwar auf dieselbe Ebene wie Trumps Kinder und zukünftige Kabinettsmitglieder und war eine große Ehre – aber ich machte mir doch Sorgen, dass das Fehlen unterschiedlicher Ansichten der falsche Anfang sei.

Wenn ich nicht nach Washington zurückgegangen und in der Trump-Administration angefangen hätte, welche andere Schwarze im Umfeld Trumps hätte es dann getan? Ich war die einzige, die in einer Position war, Trump an seine Wahlkampfversprechen gegenüber Farbigen unter dem Slogan »Was habt ihr zu verlieren?« zu erinnern. Sowie ich offiziell zum Übergangsteam gestoßen war, stellte ich sämtliche Versprechen und Selbstverpflichtungen zusammen, die Trump im Wahlkampf gegenüber Schwarzen und Dunkelhäutigen gemacht hatte – von Chicago bis Flint, an junge männliche Schwarze, an Haiti, an schwarze Kirchen: Er werde die Armut bekämpfen, das Schulwesen verbessern, den Bandenkrieg auf den Straßen beenden. Ich betrachtete diese Liste als meinen persönlichen Maßstab für unsere Fortschritte.

Täglich entstanden neue Kontroversen und stahlen uns die knappe Zeit, die wir für die unmögliche Aufgabe gebraucht hätten, ein Team zusammenzustellen, das nach der Vereidigung sofort an die Arbeit gehen konnte. Trump verlangte die höchste *Security Clearance* für Jared Kushner und handelte sich so laute Proteste wegen Vetternwirtschaft ein. Dabei war Trump von Jared zumindest anfangs nicht unbedingt begeistert. Als Jared anfing, mit Ivanka auszugehen, fragte ich Trump, was er von ihm halte. »Er kommt mir ein bisschen sehr süß vor«, sagte er. »Süß« war seine übliche Umschreibung für »schwul«.

In New York ließ Trump die Presse stehen, um ein Steak essen zu gehen, und wurde empört beschuldigt, es mangele ihm an Ernsthaftigkeit. Während er im Trump Tower Gespräche mit Henry Kissinger und dem japanischen Premierminister führte, mühten sich die Leute im Leitungsausschuss um eine Strategie, mit der das Pensum, das wir vor uns hatten, überhaupt zu bewältigen war. Einfacher ausgedrückt: Wir mussten panisch improvisieren. Wir waren erbärmlich unvorbereitet und überfordert, und der Countdown lief. Mike Pence hatte anscheinend keine Ahnung, wie er die Aufgabe anpacken sollte. Es gab einfach zu viel zu tun, zu wenig Zeit, zu wenig erfahrene Praktiker unter unseren neu eingestellten Leuten. Die meisten, die wir anwarben, hatten noch nie zuvor in Washington gearbeitet.

Trump bekam davon nichts mit und war euphorisch. Wir arbeiteten schließlich im Büro des *Presidential Transition Committee*, und er saß weit weg im Trump Tower. Die Berichte, die er vorgelegt bekam, hatten alle einen positiven Tenor. Er musste glauben, alles sei in Ordnung, und wir seien in die Gänge gekommen. Seine Top-Berater gaben ihm zwar Termine und Aufgaben vor – sich mit jemandem zu besprechen oder einen Minister zu berufen –, aber er war nicht an der laufenden Arbeit beteiligt und wusste nicht, wie ungeheuer viel wir zu tun hatten und wie viel davon unerledigt blieb.

Hätte Hillary Clinton die Wahl gewonnen, wäre sie mit ihrem 800 Personen starken Wahlkampfteam eingezogen, verstärkt mit altgedienten Unterstützern aus der Administration ihres Mannes, und hätte die Übernahme problemlos bewältigt. Wir waren nur 130. Sie hatte bereits eine Amtsübernahme mitbekommen und wusste, was zu tun war. Wir hatten das nicht und wussten offen gesagt nicht, was zu tun war. Sogar das Büro des Übergangsteams war auf eine Weise eingerichtet, die offensichtlich einen Sieg Hillarys vorausgesetzt hatte: Die Suite für den Ehepartner war in »männlichen« Farben gehalten, die für den gewählten Präsidenten in »weiblichen«. Melania warf einen kurzen Blick auf ihre Räumlichkeiten und entschied sich, für ihre Arbeit lieber auf die Präsidentensuite des Washingtoner Trump-Hotels auszuweichen. Außerdem fiel uns auf, dass über 900 Arbeitsplätze vorgesehen waren – mehr als genug, um das große Team der Clinton-Kampagne unterzubringen.

Eine Weile schufteten wir vor uns hin, bis am 18. November der

Kongress in die Feiertage rund um *Thanksgiving* ging, woraufhin wir abermals feststeckten. Ich pendelte zwischen dem Trump Tower in New York für Besprechungen, der Arbeit im Büro in Washington und Jacksonville, Florida, wo ich gleichzeitig meine Hochzeit plante, hin und her. Die ständige Fliegerei zehrte an meinen Kräften, und die fast unmögliche Aufgabe, viertausend leere Bürostühle mit qualifizierten Kräften zu füllen und dabei auf Diversität zu achten, desgleichen. Ich holte mir täglich im Personalbüro im vierten Stock Ausdrucke der eingegangenen Bewerbungen zu den neuesten Stellenausschreibungen aus unserer Datenbank. Bewerbungen gab es genug, aber viele stammten von Betrügern oder von Leuten, die uns nur eine beleidigende Botschaft zukommen lassen wollten.

Bei der Besprechung des Übergangsteams am 29. November erklärte ich der versammelten Mannschaft: »Donald Trump will eine Administration, die Amerika widerspiegelt.« Das hatte er mir persönlich so gesagt, und ich glaubte ihm. Im Grunde hätte ich auch sagen können: »Heuert bitte nicht nur weiße Jungs an.« Die Berater Rick Dearborn und Sebastian Gorka sowie Bob Paduchik, der Wahlkampfleiter in Ohio, und Ashley Bell, der im Wahlkampf für afroamerikanische Belange zuständig war, nickten zustimmend. Ich bekräftigte diese Leitlinie öffentlich, indem ich gegenüber dem *Hollywood Reporter* ausführte: »[Donald Trump] hat mich persönlich beauftragt, dass durch die 4000 anstehenden Neueinstellungen seine Administration diejenige mit der größten Diversität aller Zeiten werden soll.« Ich bat landesweit über meine Auftritte in den sozialen Netzwerken, im Fernsehen und im Radio um entsprechende Bewerbungen. Außerdem machte ich mich daran, die Grundlagen für Trumps Amt für Öffentlichkeitsarbeit zu legen, jene Institution, die auch für den Kontakt zu Veteranen, religiösen Gruppierungen, nationalen Minderheiten und Bürgerrechtsorganisationen zuständig war. Ich hoffte, letztlich selbst an ihre Spitze berufen zu werden, und konzentrierte meine Arbeit daher auf sie.

»*Wenn ich über die Besetzung der Kabinetts- und der vielen anderen Posten entscheide, ist das ein sehr durchdachter Prozess. Nur ich selbst weiß, wer in die Endausscheidung kommt!*«
Tweet von Donald Trump, 15. November 2016

Durchdacht? Alles andere als das! Trumps Amtsübernahme war wohl die bizarrste in der Geschichte der USA. Er ist ein Showman aus New York und zieht alles wie eine Broadway-Produktion auf. Seine Kandidaten mussten sich ihm in Bedminster, seinem Golfplatz in New Jersey, im Resort Mar-a-Lago in Palm Beach, Florida, oder im Trump Tower in Manhattan vorstellen und dabei auf dem Weg zu ihrer Audienz bei König Donald vor einer Heerschar Fotografen paradieren wie bei der Wahl zur *Miss USA*. Die Nominierungen für die Ministerposten glichen einer Folge von *The Bachelor*. Die Kandidaten kämpften um die symbolische Rose.

Einer unserer Wahlkampfslogans war »*Drain the Swamp*« gewesen; wir wollten den Sumpf der Gefälligkeitsernennungen trockenlegen. Jetzt aber füllte sich das Kabinett rasch mit genau diesem Sumpf, hauptsächlich männlichen Weißen. Jede neue Nominierung löste einen Hagel von Kritik und Empörung über die Heuchelei aus. Trump freute sich darüber, in die Schlagzeilen zu kommen, und brachte oft besonders umstrittene Kandidaten ins Gespräch, die er gar nicht berufen wollte, nur um die Aufmerksamkeit der Presse zu gewinnen.

Schauen wir uns die Seilschaften einmal an:

Die Nominierung von Senator Jeff Sessions zum Justizminister wurde am 18. November bekannt gegeben, wohl als Gegenleistung für seine Unterstützung Trumps im Wahlkampf. Er war der erste Senator gewesen, der sich für Trump ausgesprochen hatte. Trump ist Loyalität wichtiger als Logik; seine Verblendung treibt ihn zu falschen Entscheidungen. Wer sich Sessions' Laufbahn und sein umstrittenes Vorleben anschaut, hätte gewusst, dass er eine katastrophale Fehlbesetzung war. Schon 1986 war ihm die Berufung zum Bundesrichter unter anderem deshalb verweigert worden, weil er angeblich das N-Wort gebraucht und Witze über den Ku-Klux-Klan gemacht haben sollte. Dennoch wollte Trump ihn als Justizminister und Generalstaatsanwalt. Warum? Weil er loyal zu ihm gestanden, als alle anderen sich über ihn lustig gemacht und seine Kandidatur für lächerlich gehalten hatten. Die öffentliche Empörung war ebenso umfassend wie berechtigt, aber Trump ignorierte sie.

Zur Bildungsministerin ernannte er die Milliardärin Betsy DeVos – Trump nennt sie, wenn sie nicht dabei ist, übrigens Ditzy (»Dummchen«) DeVos. Sie ist die Schwester des Blackwater-Gründers Erik Prince, der enthüllt hat, dass er mit Sonderermittler Mueller zusammengearbeitet hat. Blackwater (heute Academi) ist eine private Sicherheitsfirma, die von der US-Regierung mit der Unterstützung amerikanischer Truppen in Afghanistan und im Irak beauftragt wurde. Die Söldner des Unternehmens haben dort über ein Dutzend Zivilisten getötet. DeVos und ihre Angehörigen hatten, Berichten zufolge, den Republikanern im Laufe der Zeit mehrere Dutzend Millionen Dollar gespendet – darunter fast eine Million an Senatoren, die später für ihre Berufung zur Ministerin stimmten. Die Ankündigung vom 23. November, DeVos solle an die Spitze des Bildungsministeriums treten, führte zu einem allgemeinen Panikausbruch, weil sie nicht nur keinerlei Erfahrung mitbrachte, sondern sich öffentlich für Charter Schools – Privatschulen mit staatlicher Förderung – und die Privatisierung öffentlicher Bildungseinrichtungen ausgesprochen hatte. Trump hatte versprochen, die Bildungschancen in wirtschaftlich benachteiligten Gebieten zu verbessern, aber diese Nominierung stand dazu im direkten Widerspruch.

Rex Tillerson, CEO von ExxonMobil und millionenschwerer Geschäftsmann, wurde von Condoleezza Rice und James Baker sowie von Robert Gates für den Posten des Außenministers empfohlen, von zwei früheren Außenministern und einem ehemaligen Verteidigungsminister also. Alle drei hatten geschäftliche Verbindungen zu ExxonMobil – Bakers Anwaltskanzlei vertrat das Unternehmen, und Rice und Gates waren Mitinhaber der Consultingfirma RiceHadleyGates, die für ExxonMobil arbeitete. Wenn das keine Seilschaft war.

Die Nominierung Steven Mnuchins als Finanzminister am 30. November wurde sofort spöttisch belächelt. Mnuchin war Milliardär und kam von der Investmentbank Goldman Sachs. Trump hatte sich zahllose Male über Hillary Clintons viel zu gute Beziehungen zur Wall Street aufgeregt. Ich war Mnuchin an Bord der *Trump Force One* begegnet, als er Finanzleiter des Wahlkampfs gewesen war, und wir hatten bei meiner ersten E-Mail-Spendenkampagne zusammengearbeitet. Wir unterhielten uns oft über Hollywood und die Filme, die er produziert hatte, etwa *The Legend of Tarzan*, *Batman v Superman: Dawn of Justice* und *Mad Max: Fury Road*. Ich fand ihn sympathisch ... aber trotzdem. Er war der sprichwörtliche Wall-Street-Banker, die Verkörperung all dessen, wogegen wir gekämpft hatten.

Allgemein fiel auf, dass Donald Trump geradezu besessen von Generälen war. Mir vertraute er an, mit der Berufung von Generälen in die Regierung hoffe er, ein Image als »Teufelskerl« zu gewinnen. Wir konnten also zuschauen, wie immer mehr Sterne und Streifen ins Kabinett einzogen: Generalleutnant Michael Flynn als Nationaler Sicherheitsberater – schnell ersetzt durch Generalleutnant H. R. McMaster, der inzwischen wiederum von John Bolton, kein Militär, ersetzt worden ist –, Generalleutnant Keith Kellogg als Stabschef und Generalsekretär des Nationalen Sicherheitsrats, der inzwischen Nationaler Sicherheitsberater des Vizepräsidenten ist, General Jim Mattis als Verteidigungsminister und General John Kelly als Heimatschutzminister, der heute Stabschef ist. Die Linke beklagte sich, Trump installiere eine Militärregierung.

In dieser Phase fiel dem Team auf, dass dem künftigen Präsidenten offensichtlich Schwung, Aufregung und Selbstbestätigung fehlten, wie er sie im Wahlkampf genossen hatte. Daraufhin wurde eine Siegestour durch die Wechselwählerstaaten unter dem Namen »*USA Thank You Tour*« organisiert, die vom 1. bis zum 17. Dezember dauerte, in Ohio begann und Veranstaltungen in North Carolina, Iowa, Louisiana, Michigan, Wisconsin, Pennsylvania, Florida und Alabama umfasste. Auch hierüber wurde viel gespottet. Hatte der gewählte Präsident wirklich Zeit, sein Ego noch mehr zu streicheln als ohnehin schon, während er vollauf beschäftigt sein sollte, eine Regierung zu bilden und die Führung des Landes zu übernehmen? Natürlich nicht. Ließ sich das Team Trump davon aufhalten? Von wegen.

Ich war zur Kundgebung in Hershey, Pennsylvania, am 15. Dezember eingeladen und schaute mir Trumps Auftritt hinter der Bühne gemeinsam mit Steve Bannon und dem Pennsylvania State Director David Urban an, einem führenden Berater im Wahlkampf, dem wir den Sieg in Pennsylvania mit zu verdanken hatten. Mit Bannon hatte ich ein interessantes Gespräch. Ich fragte ihn, ob an den Gerüchten, er sei ein Rassist, etwas dran sei. Er bestritt das und erklärte: »Sie sind stolz darauf, Afroamerikanerin zu sein. Ich bin genauso stolz darauf, Weißer zu sein. Wo ist der Unterschied zwischen meinem und Ihrem Stolz?«

Ich erwiderte: »Weißes Überlegenheitsdenken wird durch Hass bestimmt.«

Er gab nicht nach und begann eine leidenschaftliche Verteidigungsrede auf die Neue Rechte zu halten. Gerade, als er in Schwung kam, wurde auf der Bühne verkündet: »*Ladys and gentlemen* – der künftige Präsident der Vereinigten Staaten, Donald J. Trump!«

Die Zuschauer brachen in Jubel aus. Ich weiß noch, wie gut es mir tat, wieder in die Wahlkampfatmosphäre einzutauchen, als wir so erfolgreich damit gewesen waren, die Botschaft »*Make America Great Again!*« zu verbreiten und noch keine Politik machen mussten – wie jetzt, wo wir eigentlich alle in Washington sein sollten, um genau das zu tun! Ich stand unter enormem Zeitdruck, saß aber ständig im Flugzeug zwischen Washington, New York und Jacksonville, ganz zu schweigen von Hershey.

Am Morgen des 13. Dezember kam Kanye West in den Trump Tower zu einem Termin beim künftigen Präsidenten. Er sagte, er wolle über »Fragen des Multikulturalismus« sprechen und twitterte: »Ich finde es wichtig, einen direkten Draht zu unserem zukünftigen Präsidenten zu haben, wenn wir wirklich etwas verändern wollen.« Das fand ich auch, aber viele Fans von Kanye nahmen ihm das Gespräch mit Trump übel. Am Abend trat ich im Fernsehen auf, um das Treffen zu verteidigen, obwohl ich mir immer mehr Sorgen machte, wie diese Termine mit Prominenten in der Öffentlichkeit ankamen. Aber da war Trump ganz der Showman; Prominente waren sein normaler Umgang. Ich glaube, in seinem persönlichen Übergang, seinem Wandel vom Prominenten zum Präsidenten, steckte er genauso fest wie die Amtsübernahme im Ganzen.

Für den 4. Januar organisierte ich mein erstes offizielles Gespräch mit den führenden Vertretern afroamerikanischer Interessenverbände. Ich lud etwa einhundert Persönlichkeiten aus afroamerikanischen Bürgerrechts- und Bildungsgruppen von der Nationalen Organisation für die Förderung farbiger Menschen (NAACP), den traditionell schwarzen Colleges (HBCU) und schwarzen Kirchengemeinden nach Washington zu einer »Zuhörsitzung« mit zwölf führenden Beratern des Übergangsteams unter Führung Ken Blackwells ein, der für die Innenpolitik zuständig war. Dieses Treffen war äußerst produktiv, mit einem echten Dialog zwischen den Eingeladenen und den Trump-Leuten. Ich war der Ansicht, wir setzten damit einen Maßstab für die Zukunft und legten das Fundament für eine konstruktive Politik. Die Kommentare zum Abschluss waren durchweg positiv, die Teilnehmer lobten das Treffen und wollten den Dialog fortsetzen. Mich stimmte das optimistisch. Endlich, nachdem wir uns einen Monat lang bemüht hatten, Bewegung in die Sache zu bringen und den richtigen Umgangston noch vor der Vereidigung zu setzen, hatte ich Fortschritte zu verkünden. Hilary

O. Shelton, Leiterin des Washingtoner Büros der NAACP, sagte, das Treffen »könnte ein guter Anfang werden. Wie es weitergeht, liegt in den Händen der Administration.«

In der folgenden Woche bekam ich eine E-Mail des Agenten von Steve Harvey, der aus Cleveland, Ohio, stammte. Harvey ließ um ein Gespräch mit dem zukünftigen Präsidenten bitten. »Mr. Harvey weiß, dass der gewählte Präsident Erfolg haben muss, damit das Land Erfolg hat«, hieß es in der Nachricht. Ich leitete die Nachricht mit der Bitte um einen Termin für Harvey an das Büro des Präsidenten weiter und war überrascht, dass das Gespräch schon für den 13. Januar, nur vier Tage später, angesetzt wurde. Das war eine Woche vor der Vereidigung. Ich wusste, dass Trump wichtigere Termine hatte, und war außerdem besorgt darüber, dass die einzigen Schwarzen, mit denen er sich bisher getroffen hatte, männliche Schauspieler, Rapper und Spitzensportler waren. Außenwirkung ist wichtig. Wenn Trump präsidial wirken und die Botschaft, dass ihm Diversität wichtig war, glaubhaft vermitteln wollte, mussten wir die Parade schwarzer männlicher Prominenter im Trump Tower unterbrechen.

Trump unterhielt sich dann eine Viertelstunde lang über dies und das – darunter Golf – mit Harvey und posierte für ein schnelles Foto mit ihm. Nachdem er gegangen war, gab der Moderator ein Presseinterview, in dem er sagte, Barack Obama habe ihn gebeten, sich mit Trump zu treffen, um einen Dialog über die Bewältigung der Probleme in den Innenstadtvierteln in Gang zu bringen. Ich hob die Brauen. Das war eine interessante neue Entwicklung.

Am 10. Dezember 2015 war ich zu Gast in Steve Harveys Fernsehshow gewesen. Damals hatte er Trump gelobt. »Wenn Sie sich fragen, wie ich zu Donald Trump stehe – ich mag seine Golfplätze, ich mag seine Bauwerke, ich mag ihn persönlich. Wenn er in acht Jahren Präsident der USA wird, bin ich dabei!« Nach dem Wahlparteitag hatte sein Mitarbeiter Anfragen an den Kandidaten Trump und an mich als die für Diversität zuständige Leiterin in seiner Kampagne geschickt, in seiner Show aufzutreten.

Die Reaktionen auf seinen Besuch im Trump Tower jetzt, im Januar 2017, kamen sofort, und sie waren vernichtend. Seine Zuschauerzahlen brachen ein, und in seiner Radiosendung gestand er: »Mich mit Trump zu treffen war der schlimmste Fehler, den ich je gemacht habe.«

John Lewis, Abgeordneter des Repräsentantenhauses, führender Bürgerrechtler und Veteran der *Freedom Riders* aus den 1960er-Jahren, erklärte am 14. Januar in der Sendung *Meet the Press*, Trump werde zu Unrecht Präsident, und er persönlich werde die Vereidigung boykottieren. Trump schlug umgehend via Twitter zurück: »Der Abgeordnete John Lewis sollte sich lieber um seinen Wahlkreis kümmern, in dem es katastrophal aussieht und alles in Trümmern liegt (ganz zu schweigen von der Verbrechensrate), anstatt falsche Beschuldigungen wegen des Wahlergebnisses zu erheben. Geschwätz, nichts als Geschwätz – keine Taten, keine Ergebnisse. Traurig!«

Ich war empört und stellte Trump zur Rede. »Was soll das? John Lewis ist einer der angesehensten Männer in Amerika, ganz zu schweigen von einer Bürgerrechtsikone! Sie müssen damit aufhören!« »Er hat mich zuerst angegriffen«, konterte Trump. »Wenn er zuschlägt, schlage ich zurück.« Ich erklärte ihm, dass eine präsidiale Haltung sich nicht nur in Worten äußere, sondern dass man sie auch praktizieren müsse. Wenn man angegriffen wird, dann steht man darüber. Überrascht und verblüfft, wie sehr mich seine Verbalattacken gegen Lewis aufregten, sagte Donald bloß: »Er hat aber angefangen, Omarosa!«

Ich konnte einfach nicht glauben, dass Trump einen Mann beleidigte, der buchstäblich seinen Kopf für die Bürgerrechte hingehalten und mit Polizeihunden und Feuerwehrschläuchen angegriffen worden war. Außerdem war ich gerade dabei – ein typisches Beispiel für Trumps geniales Timing –, eine Gesprächsrunde mit

Martin Luther King III zu planen, dessen Vater die Bürgerrechtsbewegung, der Lewis angehörte, geführt hatte.

Kaum zu glauben, aber Martin Luther Kings Sohn sagte trotzdem nicht ab, und das Gespräch im Trump Tower am 16. Januar, dem Gedenktag für Martin Luther King, wurde zu einem dringend nötigen Erfolg. Es war sachlich und schuf eine gute Atmosphäre für die Zukunft. King sah das auch so und teilte den Reportern in der Lobby des Trump Towers mit: »Wir hatten ein wirklich sehr konstruktives Gespräch.« Es ging dabei hauptsächlich um Wähler, denen die Registrierung verweigert wurde. King stellte eine Lösung für das Problem ungerechter Ausweisgesetze für Wähler vor. »[Trump] hat gesagt, er wolle alle Amerikaner repräsentieren … Wir werden ihn weiterhin danach bewerten … Ich glaube, es ist wirklich seine Absicht. Ich glaube, wir müssen ihn unter Druck setzen, ständig unter Druck. Von alleine passiert es nicht.« Zum Problem der Armut und der ungerechten Einkommensverteilung bemerkte er: »Irgendwann muss die Nation einfach nach vorne blicken. Wenn wir die Ärmel aufkrempeln und zusammenarbeiten, gibt es nichts, das wir nicht schaffen könnten.«

Das erinnerte an die Begegnung seines Vaters Martin Luther King Jr. mit dem damaligen Präsidenten Lyndon B. Johnson, als es um die Stimmrechtsfrage gegangen war. King hatte damals über Johnson gesagt: »Sein Ansatz zur Bürgerrechtsfrage war nicht derselbe wie meiner – das hatte ich auch gar nicht erwartet … Aber ich zweifele nicht, dass der Präsident ernsthaft, realistisch und bisher auch klug an die Lösung herangeht. Ich hoffe, sein Kurs bleibt gerade und ehrlich. Ich werde alles tun, um dafür zu sorgen – durch ausdrückliche Vereinbarung wenn angebracht, und durch entschlossenen Widerstand wenn nötig.«

Das waren genau der Ton und die Botschaft, die ich vermitteln wollte, seit ich zum Wahlkampf und dann zum Übergangsteam gestoßen war – Menschen zusammenzubringen, um die Probleme unseres Landes zu lösen. Ich wünschte mir, mehr schwarze Führer zu Gesprächen mit Trump zu bringen, um den Dialog in Gang zu bringen. Daher lud ich Al Sharpton vom National Action Network, Melanie Campbell, die CEO der *National Coalition on Black Civic Participation* und Veranstalterin des *Black Women's Roundtable* sowie Marc Morial von der *National Urban League* ein. Leider ließ sich keiner der drei auf ein Gespräch ein.

Den ganzen Dezember hindurch, während ich an meiner politischen Agenda für die Amtsübernahme arbeitete, versuchte ich gleichzeitig mit Reince Priebus den Termin für meine offizielle Nominierung festzulegen. Täglich gab das Übergangsteam neue Presseerklärungen mit den Namen künftiger Amtsträger heraus, aber meine hatte Reince noch nicht bekannt gegeben. Wie alle Mitarbeiter, die für hohe Regierungsämter vorgesehen waren, sollte ich dem Präsidenten eine Liste mit drei Wunschposten vorlegen. Ich schrieb nur einen hin: Direktorin des Office of Public Liaison (OPL, Amt für Öffentlichkeitsarbeit). Unter Ronald Reagan hatte unter anderem Elizabeth Dole diese Position innegehabt, unter Obama war es Valerie Jarrett gewesen. Ich war mir so sicher, dass ich den Job bekommen würde, dass ich keine weitere Option angab.

Mitte Dezember wurde ich nach Mar-a-Largo bestellt, um mit dem Stabschef über meine künftige Stellung im Weißen Haus zu sprechen. Ich hielt das für eine Formalität und dachte, es ginge nur noch um das genaue Datum der Bekanntmachung und ein paar Zitate für meine Ernennung zur Direktorin des OPL, aber Priebus verpasste mir eine unerwartete Breitseite: Er habe einschließlich meiner etwa ein Dutzend Kandidaten in der engeren Wahl für den Posten. Er schlug vor, ich könne stattdessen doch, weil ich Erfahrung als stellvertretende Leiterin der Personalabteilung in der Clinton-Administration hatte, einen Posten in dieser Abteilung anstreben. Die Personalabteilung interessierte mich nun aber überhaupt nicht. Ich hatte mich als Vizepräsidentin der *National Diversity Coalition* und als Leiterin des *Afro American Outreach* bewährt, und die logische Fortsetzung dieser Tätigkeit war die Leitung des OPL.

Er meinte, »Wir müssen uns eine Alternative ausdenken, weil es für das OPL schon so viele Bewerber gibt. Welche Erfahrung haben Sie eigentlich in der Öffentlichkeitsarbeit? Haben Sie je einen Interessenverband organisiert?« Musste ich ihn wirklich an die *National Diversity Coalition* erinnern? Wir hatten sie aus dem Nichts aufgebaut, von einer bloßen Website aus, auf eigene Kosten. Wir hatten unzählige Veranstaltungen mit Hunderten Gruppen organisiert. Ich ging für den Stabschef meinen gesamten Lebenslauf durch, einschließlich meiner Kandidatur für den Schulbeirat in Los Angeles, meines Militärdiensts, meiner Erfahrung in Spendenkampagnen und meines Engagements für Diversität. Er gab sich unbeeindruckt. Reince Priebus ist manchmal sehr schwer zu fassen.

Daraufhin fragte ich: »Reince, welche Pläne haben Sie eigentlich für das Thema Diversität im Weißen Haus?« Selbst in dieser frühen Phase war das Kabinett weißer als ein frisch gestrichener Lattenzaun – mit Ausnahme von Ben Carson und Verkehrsministerin Elaine Chao. »Das Kabinett muss Diversität repräsentieren, ebenso wie die Assistenten des Präsidenten«, fügte ich hinzu.

Die höchsten Amtsträger im Weißen Haus neben den Ministern tragen die Bezeichnung *Assistants to the President*, APs. Das ist ein Dienstgrad wie beim Militär. APs stehen in der Hackordnung ganz oben. Die meisten Präsidenten haben 20 bis 25, bei Trump wurden es dann 30. Unter den APs stehen die Stellvertretenden Assistenten, die DAs, und darunter wiederum die Fachassistenten des Präsidenten, SAPs.

»Mir kommt es darauf an, dass ich AP werde«, erklärte ich Priebus. »Darunter tue ich's nicht, und Ashley Bell muss auch AP werden.« Ashley war mein Kollege und Freund und gehörte damals als Leiter der *Afro American Outreach* im *Republican National Committee* (RNC) zu Priebus' Stab. Der Stabschef war allerdings auch von diesem Vorschlag nicht angetan und wollte Ashley nur zum SAP ernennen. Ein weiterer Schlag ins Gesicht. Ashley war überaus qualifiziert und der einzige schwarze Kandidat in der Führungsebene der Administration.

Priebus mauerte, aber ich gab nicht nach.

Wie es das Schicksal wollte, klingelte, als ich kurz davor war, Keith Schiller, Trumps Verantwortlichem für die Arbeitsabläufe im Oval Office, eine Nachricht zu schicken – ich brauche eine fünfminütige Unterredung mit Trump – Priebus' Telefon, und, oh Wunder, es war Trump selbst. »Hallo, Sir«, sagte der Stabschef. »Ja, ich spreche hier gerade mit Omarosa, Sir.«

»Geben Sie sie mir«, muss Trump gesagt haben, weil Priebus mir wortlos das Telefon reichte.

Trump und ich besprachen unsere Pläne für ein gemeinsames Abendessen. Katrina Campins, meine Zimmergenossin bei *The Apprentice*, war mit mir nach Mar-a-Lago gekommen, um unsere Kontakte zur Latino-Gemeinde zu besprechen, und würde sich uns anschließen.

Mit diesem Anruf im Rücken forderte ich von Priebus: »Ich will einen AP-Titel *und* die Leitung des OPL.« Der Stabschef schluckte und meinte: »Ich schaue, was ich tun kann.« Beim Abendessen bemerkte Trump dann: »Reince hat übrigens gesagt, dass Sie versorgt sind.«

Der Monat war mir bisher lang – aber auch unglaublich kurz – vorgekommen, ein Bergaufrennen mit voller Kraft gegen ein Hindernis nach dem anderen, ein empörender Rückschlag nach dem anderen in meinem Kampf um die Mitwirkung der Öffentlichkeit. Trumps Aussage war ein gutes Zeichen, aber in den nächsten Tagen hörte ich weiterhin nichts von Priebus über die offizielle Bekanntgabe meiner Ernennung. Ich ackerte mich weiter mühsam durch die Arbeit, pendelte, organisierte, spielte Feuerwehr.

Als der Stabschef dann anrief, war es, um mich zu informieren, dass jemand energischen Widerspruch gegen meine Ernennung zur Leiterin der OPL eingelegt habe.

»Wer?«, wollte ich wissen.

»Paula White. Sie will Sie lieber auf einem anderen Posten sehen.«

»Was meinen Sie damit? Was hat Paula White mit Personalentscheidungen zu tun?«

»Frage ich mich auch«, stimmte er zu.

Paula White ist Fernsehpredigerin und berät Donald Trump in spirituellen Fragen. Ihre Sekte ist eine von sechs, die vom Finanzausschuss des Senats wegen Unregelmäßigkeiten überprüft worden sind; sie vertritt das umstrittene »Wohlstandsevangelium«, das materiellen Reichtum mit Christentum gleichsetzt. Der luxuriöse Lebensstil der Sektenführung im Zusammenspiel mit der Steuerbefreiung wegen Gemeinnützigkeit hat Fragen aufgeworfen. White sperrte sich gegen die Senatsuntersuchung, die 2011 ohne Strafverfügungen abgeschlossen wurde. Ich hatte Paula White auf dem Wahlparteitag getroffen. Sie war sehr nett zu mir gewesen, deshalb war ich umso entsetzter, dass sie mir jetzt in den Rücken fiel.

Warum maßte sie sich an, Priebus zu sagen, er solle mir diese Position nicht geben? Nun, Trump hatte ihr eine Rolle als *freie* Beraterin in Glaubensfragen gegeben; sie gehörte nicht zum Stab. Die Zuständigkeit des OPL umfasste auch den Kontakt zu religiösen Gruppierungen. Ich war bestallte Pastorin, Militärseelsorgerin und eine Baptistin, die offen zu ihrem Glauben stand. Sie war eine Evangelikale. Zwischen den afroamerikanischen Geistlichen und den Evangelikalen in der *Trumpworld* gab es einen Machtkampf. Ich kam zu dem Schluss, dass Paula White wohl versuchte, die Zuständigkeit für religiöse Angelegenheiten in der Administration einem oder einer Evangelikalen zu sichern.

Reince Priebus war ziemlich leichtsinnig gewesen, mir zu sagen, dass sie dahintersteckte, und hatte mich vollkommen unbekümmert mit der Information konfrontiert. Ich rief sofort Pastor Darrell Scott und den Rechtsanwalt Michael Cohen an und sah meine Befürchtungen bestätigt. Beide teilten mir mit: »Ja, Paula will Sie nicht als Leiterin des OPL, weil Sie keine Evangelikale sind.«

Ich war empört. Als ich Paula anrief, kam es zu einem erregten

Wortwechsel. Ich sagte Sätze wie »Was erlauben Sie sich? Woher nehmen Sie die Befugnis oder die Dreistigkeit dazu?«.

»Das ist ein Missverständnis!«, verteidigte sie sich. »Ich habe Donald nur gesagt, dass Sie vielleicht lieber in der Personalabteilung arbeiten möchten. Wie wäre es, wenn Sie dort die Leitung übernähmen? Ich versuche nur zu helfen.«

Ich fand ihre Herablassung widerlich. Meine Empörung hat wohl auch ein paar Saiten zum Klingen gebracht, allerdings nicht laut genug. Reince Priebus bot mir schließlich den AP-Titel und die Position der Leiterin der Medienarbeit im Office of Public Liaison an. Das sei besser als die Leitung des ganzen OPL, argumentierte er, weil ich so meinen Tätigkeitsbereich im OPL selbst definieren könne und als Pressesprecherin des OPL ein wichtiges Mitglied der Öffentlichkeitsarbeit des Weißen Hauses sein werde. Er sagte, Trump wolle Medienpräsenz für mich, und dazu solle ich auch die nötige Zeit haben.

Ich bekam also den AP-Titel, den ich gewollt hatte, aber nicht die Leitung des OPL. Ich entschloss mich, das Beste aus der Lage zu machen und mich auf meine lange Liste wichtiger Aufgaben zu konzentrieren. Später erfuhr ich, dass damals intensive Verhandlungen mit Anthony Scaramucci stattfanden, der das OPL übernehmen sollte. Dazu kam es nie, weil Scaramuccis geschäftliche Aktivitäten bei seiner Überprüfung auffielen. Das *Ethics Office* des Weißen Hauses fand heraus, dass ein Geschäft, mit dem er die Mehrheitsbeteiligung an seinem Hedgefonds-Netzwerk *SkyBridge Capital* an die chinesische *HNA Group* verkaufen wollte, von der Regierung genehmigt werden musste, was einen potenziellen Interessenkonflikt für Scaramucci bedeutete, wenn er ins Weiße Haus ging. (Noch mehr Chaos, noch mehr Streitigkeiten.) Schließlich übernahm George Sifakis vom RNC die Leitung des OPL, blieb allerdings auch nur ein halbes Jahr im Amt.

Als ich meine Nominierung an Silvester auf Fox News erwähnte, bekam ich einen Rüffel. Reince Priebus kontaktierte mich: »Darüber können Sie noch nicht sprechen; bitte erst nach den offiziellen Ankündigungen.« Aber Donald Trump hielt das Interview für gelungen und rief mich an, um mir zu sagen, er habe es sich in Mar-a-Lago angesehen, und ich hätte die Administration in der Silvester-Sondersendung von *Fox News* sehr gut vertreten. Donald Trump, mein Ein-Mann-Publikum.

Um Neujahr herum rief mich jemand vom Presidential Inaugural Committee an, dem Ausschuss, der die Vereidigung plant und durchführt, und bat mich, dabei zu helfen, für genügend Diversität unter den Teilnehmern zu sorgen. Mein Terminkalender quoll bereits über, aber nachdem ich mich mit Tucker Davis, dem zuständigen Mitarbeiter, abgesprochen und gemerkt hatte, dass wir sehr gut zusammenarbeiteten, gab ich ihm, um ihm zu helfen, unter anderem meine umfangreiche Kontaktliste weiter, die ich über Jahre hinweg aufgebaut hatte.

Die Zeit flog nur so dahin, und wir improvisierten hastig weiter, um das Notwendige zu erledigen, zum Beispiel den Zeitplan für die Vereidigungsfeier selbst. Wieder gab es Probleme – einige Mitglieder der Tanztruppe *Rockettes* weigerten sich aufzutreten, Sänger sagten zu und wieder ab. Tag für Tag mussten wir uns durch zeitraubenden Blödsinn kämpfen, anstatt Stellen zu besetzen und politische Grundsätze festzulegen. Es war fast, als fielen wir zurück, anstatt vorwärtszukommen.

Die Einzelheiten der Vereidigungsfeier hatten oberste Priorität. Der Ausschuss schickte eine Liste mit Aufgaben in den Trump Tower. Darauf stand unter anderem auch, Trump solle sich eine Bibel aussuchen, auf die er schwören wolle. Traditionell besucht der gewählte Präsident mit einem fachkundigen Führer die *National Archives* und wählt eine historische Bibel aus der umfangreichen Sammlung dort, die ihm persönlich etwas bedeutet oder deren ursprünglicher Besitzer eine politische Philosophie oder Weltsicht hatte, an die er anknüpfen möchte. Barack Obama, der aus Illinois stammt und Schwarzer ist, wählte die Bibel, auf die Abraham Lincoln seinerzeit seinen Amtseid ablegte, und dazu die Reisebibel Martin Luther Kings. John Quincy Adams schwor auf ein Kompendium des Verfassungsrechts, weil ihm das viel bedeutete. George Washington nahm seine eigene Freimaurerbibel, auf die auch Warren G. Harding, Dwight D. Eisenhower und George Bush Sen. inzwischen ihre Hand gelegt haben, als sie den Eid ablegten. Andere Präsidenten wählten die Familienbibel, Ronald Reagan zum Beispiel das zerlesene und mit Anmerkungen versehene Exemplar seiner Mutter und John F. Kennedy die Familienbibel der Fitzgeralds.

Trump erzählte mir, dass er eine Wahl treffen müsse, und zeigte sich unzufrieden mit der Auswahl. Es ist zwar nicht gesetzlich vorgeschrieben, dass der Präsident seinen Amtseid auf die Bibel ablegt, aber üblich.

»Omarosa,«, fragte er, »was meinen Sie – kann ich mich auch auf *The Art of the Deal* einschwören lassen?«

»Anstatt auf die Bibel?«, fragte ich.

»Genau. *The Art of the Deal* ist ein Bestseller! Der erfolgreichste Business-Ratgeber aller Zeiten! Da drin steht auch, wie ich für das Land Geschäfte machen will. Stellen Sie sich doch nur vor, wie das den Absatz ankurbeln würde – vielleicht mit einer Gedenk-Sonderausgabe zur Vereidigung?!«

»Ich wusste ja, dass Sie kein Präsident wie alle anderen werden, aber das geht ein bisschen zu weit. Erzählen Sie diese Idee bloß niemandem weiter«, wehrte ich ab.

Wir lachten beide. Er wollte mich glauben machen, er habe nur gescherzt.

Hierzu gibt es zweierlei zu sagen. Erstens weiß Donald Trump absolut nichts über die Bibel. Für ihn könnte sie genauso gut ein Packen Altpapier sein. »Wir lieben die Bibel. Sie ist das Beste«, hat er im Wahlkampf gesagt. »*The Art of the Deal* lieben wir auch, aber die Bibel ist viel, viel besser.« Woher will er das eigentlich wissen? Er sagt, er lese nie in der Bibel. Fragt man ihn, kann er weder sein Lieblingsbuch in der Heiligen Schrift noch überhaupt irgendwelche biblischen Bücher nennen. Wissen Sie noch, wie er im Wahlkampf aus den »zwei Korinthern« zitiert hat? Ich behaupte ja gar nicht, dass der Präsident ein exegetischer Theologe sein müsse, aber er sollte schon wissen, was in der Bibel steht. Weil Donald Trump die Bibel aber nun einmal nichts bedeutet, fühlte er sich unwohl dabei, seinen Eid auf sie abzulegen. *The Art of the Deal* dagegen bedeutet ihm viel. Nichts ist wichtiger für Trump als er selbst.

Zweitens hatte Trump – genau wie Ivanka, die auf dem Wahlparteitag Werbung für ihr Kleid gemacht hatte – innerlich den Wechsel vom Verkäufer zum Präsidenten noch nicht bewältigt. Deshalb leitete er zum Beispiel die Amtsübernahme von seinen Gebäuden aus und ließ beim Wahlparteitag Wein vom Weingut Trump ausschenken. Er war so darauf geeicht, ständig die Trump-Marken, Trump-Immobilien und Trump-Produkte zu bewerben, dass er wohl selbst die Vereidigung als Möglichkeit sah, seine Produkte anzupreisen.

Donald Trump war schon immer von Einschaltquoten besessen. Er ließ sich stundenlang darüber aus, wie viel Geld die Fernsehsender mit den Zuschauermassen machen würden, die an ihren Bildschirmen klebten. Historische Einschaltquoten! Er grübelte, wie er selbst damit Geld machen könne, und ob es vielleicht möglich sei, die Vereidigung als *Pay-per-view*-Sendung zu übertragen, mit einem prozentualen Anteil der Einnahmen für ihn.

Überrascht war ich, als ich hörte, dass Paula White die Eröffnungsworte bei der Vereidigung sprechen solle. Bei Bill Clintons Vereidigung 1997 hatte Pastor Billy Graham diese Ehre gehabt, bei Barack Obama 2009 war sie Myrlie Evers-Williams zugefallen, der Witwe des ermordeten Bürgerrechtlers Medgar Evers. Warum um Himmels willen sollte jetzt Paula White, Pastorin des New Destiny Christian Center, eine solche herausgehobene Gelegenheit bekommen, sich zu präsentieren?

Als ich diese Frage stellte, nahm mich ein Mitglied der Trump-Familie beiseite und warnte, ich solle mich da heraushalten. Ich hakte nach und bekam zu hören, Paula White und Trump hätten eine besondere Beziehung zueinander gehabt. Was das genau heißen sollte, wusste ich nicht. Weder vorher noch seitdem habe ich irgendwelche Gerüchte über eine engere Beziehung der beiden gehört. Aber ich konnte nicht anders, als mich zu fragen, ob Paulas Stellung als spirituelle Beraterin tatsächlich nur eine missionarische war. Das würde ich zwar Trump ohne Weiteres zutrauen, aber sie kenne ich nicht gut genug, um sagen zu können, ob sie sich darauf einließe. Ich jedenfalls beherzigte die Warnung und hielt den Mund.

Allerdings sollte ich noch von Paula White hören. Ein halbes Jahr später, nach Reince Priebus' Entlassung, kam Paula zu einigen Meetings ins OPL, und wir führten ein offenes Gespräch über die Vorgänge während der Amtsübernahme. Sie behauptete, Priebus habe meine Ernennung zur Direktorin des OPL verhindern wollen und nur vorgeschoben, dass Paula gegen mich interveniert habe. Sie bat trotzdem um Verzeihung, und ich legte die Angelegenheit innerlich zu den Akten.

Für die Vereidigungsfeier brachte der Ausschuss meine Familie und mich in einer schönen Suite des historischen Hotels Willard Inter-Continental unter. In der Woche vor der Zeremonie hatte ich mir schmerzhaft den Knöchel verdreht, hatte aber zu viel zu tun, um deswegen zum Arzt zu gehen. Während des Frühstücks schwoll mein Fuß wie ein Ballon an. Ich humpelte zum Sanitätsteam und ließ mich wegen eines, wie ich glaubte, verstauchten Knöchels behandeln. Am Ende wurde es dann etwas weit Ernsteres. Ich musste während der gesamten Vereidigung sowie auf den folgenden Bällen und Feiern einen Gehgips tragen. Weil ich die Verstauchung nicht ausheilen lassen und den Knöchel nicht durch Ruhe und Hochlegen schonen konnte, führte eine chronische Entzündung schließlich zu Nervenschäden im Fuß. Im Dezember 2017 ließ ich mich endlich operieren, aber erst nachdem ich monatelang auf Krücken durch das Weiße Haus gehumpelt war.

Wir Assistenten des Präsidenten wurden der Nation nacheinander persönlich vorgestellt. Ich freute mich, dass ich zusammen mit Rick Dearborn aus dem historischen Tunnel treten durfte und er mir ritterlich auf meinen Platz half. Während der Vereidigung selbst saß ich neben Trumps Executive Assistant Rhona Graff, einer Frau, die ich seit fast fünfzehn Jahren kannte. Sie spielte eine wichtige Rolle in seinem Leben, und ich war froh, den Platz neben ihr zu haben. Als ich mich auf der Tribüne umschaute, fiel mir auf, wie wenig Diversität es hier gab. Außer Senator Tim Scott aus South Carolina und dem designierten Wohnungsbauminister Ben Carson saßen nur wenige Nichtweiße um mich herum. Es hätten mehr sein sollen; ich schwor mir umgehend, die Diversität in der *Trumpworld* zu verbessern.

Nach der Zeremonie blieb ich auf dem Weg zur Wagenkolonne stehen, um dem startenden Hubschrauber der Obamas nachzuschauen – ein emotionaler Augenblick. Hier stand ich auf den Stufen des Washingtoner Kapitols und dachte daran, wie meine Mutter und ich in unserem Heimatstaat Ohio während des Präsidentschaftswahlkampfs für den damaligen Senator Obama in den Wahlkampf gezogen waren, während ich jetzt der friedlichen Regierungsübergabe zusah, um die uns die Welt beneidet. Obamas Abflug markierte das Ende seiner Präsidentschaft und den Beginn derjenigen Trumps. Es war kalt, mich fröstelte, aber innerlich spürte ich die Wärme des Respekts und der Dankbarkeit für Obamas Leistungen.

Wir bestiegen die Limousinen und machten uns auf den Weg die Pennsylvania Avenue hinunter in Richtung Weißes Haus. Ich saß mit meinem Verlobten vorne, eine Reihe vor dem designierten Außenminister Rex Tillerson und seiner Frau. Ich begegnete Rex hier zum ersten Mal, und er war mir sympathisch. Die Wagenkolonne mit ihren Polizeieskorten hatte die Pennsylvania Avenue ganz für sich. Alle anderthalb Meter stand ein Soldat; sie bildeten zwei Kordons, zwischen denen wir dahinrollten. Ein unvergessliches Erlebnis.

Im Weißen Haus erwartete uns ein Orientierungsteam zur ersten raschen Einweisung. Während ich mich auf den Weg zum *Roosevelt Room* machte, um dort meinen Mitarbeiterausweis, den Laptop und das Diensthandy abzuholen, warfen meine Mutter und mein Verlobter einen Blick ins Oval Office. Auch mein neues Büro hatte ich schon – zunächst in Gestalt eines Zettels mit dem Türcode und einem Grundrissplan, auf dem der Raum in Rot markiert war. Beladen mit meiner Ausrüstung und dem Zettel mit dem Code, folgten wir drei dem Plan vom West Wing zum Eisenhower Executive Office Building (EEOB), wo mein neues Reich lag. Dieser Fußweg, den ich in den folgenden Monaten noch oft zurücklegen sollte, war immerhin fünf Minuten lang.

Überall auf den Korridoren stapelten sich Möbel an den Wänden. Die Abteilung, die für Umzüge zuständig war, hatte bisher nur die Einrichtung der Obama-Mitarbeiter ausgeräumt. Als ich mit dem Code die Tür öffnete und mein neues Büro betrat, war ich angenehm überrascht, wie geräumig es wirkte. Das konnte natürlich auch daran liegen, dass es bis auf den Schreibtisch leer stand.

»Wow!«, sagte ich.

»Ja, wow!«, stimmte meine Mutter zu.

»Ich hole uns am besten ein paar Stühle von draußen«, schlug mein Verlobter vor.

Während er sich auf dem Gang draußen nach brauchbaren Möbeln umschaute, drehten meine Mutter und ich eine Runde in dem riesigen Arbeitszimmer, bestaunten die hohen Decken und den Balkon mit Aussicht auf die Siebzehnte Straße und die sogenannte Ellipse, einen ovalen Park.

John kehrte mit einem schönen Schreibtischsessel und zwei rustikalen Stühlen zurück, die er vor dem Public Affairs Office gefunden hatte. Ich behielt sie während meiner gesamten Dienstzeit. Weil ich zu den ersten der Neuankömmlinge gehörte, bekam ich schon bald Besuch von einem Mitarbeiter des Einrichtungsdienstes. »Was darf ich Ihnen bringen?«, fragte er. Ich hatte mir seit meiner Ankunft die künftige Einrichtung ausgemalt. Am Ende enthielt mein Büro ein Sofa, einen Konferenztisch mit Telefonanlage, eine Garderobe hinter der Tür, einen kleinen Kühlschrank und eine Mikrowelle sowie einen schweren Spiegel über dem offenen Kamin. An diesem ersten Morgen hatte ich aber nur wenige Wünsche: »Ich hätte gerne eine Schreibtischlampe, einen Drucker und einen Tisch dazu.«

Währenddessen hatte John weitergestöbert und einen enormen Fernseher mit 60-Zoll-Bildschirm vor einer der Direktorensuiten aufgestöbert. Ich fragte den Mann vom Möbelpool, ob ich den behalten könne, und er meinte nur: »Bedienen Sie sich.« Es war wirklich ein riesiger Fernseher, und weil er Splitscreen-fähig war, konnte ich mir jetzt *CNN*, *Fox News*, *MSNBC* und *C-SPAN* gleichzeitig anschauen.

Wir drei setzten uns, aber wir waren alle zu aufgedreht, um ruhig zu bleiben. Wir unterhielten uns eine Weile, bis mir plötzlich einfiel: »Die Parade! Ich darf die *Marching Band* nicht verpassen!« Ich meinte die *Marching Tornadoes* des Talladega Colleges. Das ist ein kleines HBCU, das 1867 von ehemaligen Sklaven in Alabama gegründet wurde. Ich hatte der Kapelle geholfen, das Geld aufzutreiben, damit sie nach Washington reisen und dort in der Parade nach der Vereidigung mitmarschieren konnte. Diese Parade ist eine historische Tradition, bei der zunächst der Präsident mit Familie die Pennsylvania Avenue entlangschreitet. Später folgt dann eine Prozession von *Marching Bands*, Blaskapellen und Militäreinheiten – einige beritten, andere auf Motorrädern –, und der Präsident nimmt die Parade von einer Tribüne aus ab. Als die *Marching Tornadoes* die Einladung erhielten, hatten viele Ehemalige des Colleges zunächst protestiert, aber Collegepräsident Dr. Billy C. Hawkins war entschlossen, seinen Studenten dieses einmalige Erlebnis nicht vorzuenthalten. Die Einladung komme schließlich nicht vom Präsidenten persönlich, sagte er. Um die 75 000 Dollar aufzutreiben, die es kostete, 230 Bandmitgliedern – von denen die meisten noch nie in Washington gewesen waren – die weite Reise in die Hauptstadt zu ermöglichen, richteten sie eine *GoFundMe*-Website ein. Bill O'Reilly von *Fox News* lud Dr. Hawkins in seine Fernsehshow ein, und auch ich trug meinen Teil bei, um für die Spendenseite zu werben. Insgesamt kamen so mehr als 600 000 Dollar zusammen; mit dem Überschuss wurden Stipendien finanziert.

Wir hasteten einen Fußweg von meinem Büro im EEOB direkt zur Präsidententribüne entlang, die an der Pennsylvania Avenue aufgebaut war, und trafen gerade rechtzeitig ein, um die *Marching Tornadoes* vorbeimarschieren zu sehen. Ich jubelte ihnen zu und war stolz auf sie. Alle diese Studenten glichen im Grunde mir. Auch sie hatten sich an einem HBCU eingeschrieben, um dort Erfahrungen zu sammeln und ihre Karriere zu beginnen, und uns war es zu verdanken, dass sie hier waren und aufrecht ihr College vertraten. Trotz aller Proteste und Behinderungen hatten sie es nach Washington geschafft und paradierten jetzt vor den Augen der Welt.

Am Abend wurde mir die Ehre zuteil, beim Veteranenball der *American Legion* anlässlich der Vereidigung das Gebet zu sprechen. Ich trat vor die versammelten Träger des *Purple Heart*, der höchsten Tapferkeitsauszeichnung der USA, und betete für unser Land, für den Frieden, und für meinen Freund, den 45. Präsidenten der Vereinigten Staaten, Donald J. Trump.

Kapitel elf

Von der eigenen Mannschaft gefoult

Die ersten hundert Tage einer jeden Präsidentschaft sind von besonders hohem Arbeitstempo geprägt. Die neue Mannschaft freut sich darauf, endlich loslegen zu können, befeuert von der Begeisterung des Wahlsiegs und mit der Mehrheit der Amerikaner hinter sich. Trump hatte allerdings die Mehrheit der Wähler nicht hinter sich, und diese Tatsache, sowie der Verdacht, das Wahlergebnis sei durch Russland manipuliert worden, ließen keine ungeteilte Freude aufkommen. Die ersten Tage der Amtszeit Trumps waren, wie vorauszusehen, von Chaos und Streit geprägt und brachten einen Hagel präsidialer Erlasse, umstrittener Tweets und ständiger empörter Reaktionen der Demokraten, eingeleitet von den größten und lautstärksten Protesten des digitalen Zeitalters.

Trump machte sich umgehend daran, mit Obamas Erbe aufzuräumen. Nur wenige Stunden nach seiner Vereidigung unterschrieb er einen Erlass, um den *Affordable Care Act* außer Kraft zu setzen, das unter dem Namen »Obamacare« bekannt gewordene Gesundheitsreformgesetz. Solche präsidialen Erlasse, *Executive Orders*, sind Verfügungen des Präsidenten, die unter Vorbehalt einer richterlichen Überprüfung sofort Gesetzeskraft erlangen.

Am zweiten Amtstag der Administration, dem 21. Januar, fuhr ich wieder ins Weiße Haus, diesmal in einem SUV. Auf der Siebzehnten Straße war mein Wagen auf einmal von Frauen mit rosa

Hütchen umringt. Ich war mitten in den ersten *Women's March* geraten. Die Demonstrantinnen trugen Schilder, auf denen es zum Beispiel hieß: »Liebe Republikaner, lieber Trump: Unsere Mösen gehen euch nichts an!«, »Black Lives Matter« und »Hände weg von unserem Land!« Die Protestaktion war friedlich; ich sah niemanden, der aggressiv gewirkt hätte.

Als ich endlich an meinem Schreibtisch saß, vergaß ich die gehäkelten Hütchen. Aber mir wurde bewusst, was für eine enorme Verantwortung die praktische Regierungsarbeit mit sich brachte. Alles, was ich an diesem Schreibtisch und darüber hinaus tat, würde das Leben vieler Menschen verändern und die Lage der Familien beeinflussen.

Meine erste Amtshandlung als AP war eine Anforderung unentbehrlicher Geräte und Möbel. Wir waren alle erstaunt über den Mangel an Material und Dienstleistungen, die wir brauchten, um unsere Arbeit tun zu können. Wir waren alle bereit anzufangen und freuten uns darauf, endlich die Zügel der Macht in die Hand zu nehmen, aber zuerst mussten wir buchstäblich herausfinden, wie die Telefone funktionierten.

Trotz aller technischer Probleme mussten wir sofort mit voller Kraft durchstarten, aber uns fehlte die Organisation, um die umfangreiche Agenda des Präsidenten und seiner führenden Berater – zu denen auch ich gehörte – umzusetzen. Es war eine Sache zu sagen: »Wir werden das Steuerrecht reformieren!« oder »Wir brauchen ein Infrastrukturgesetz!«, aber eine ganz andere, das auch in die Wege zu leiten. Ohne Personal bewegte sich überhaupt nichts, und Personal war vorläufig knapp. Die Tausenden Arbeitsplätze in untergeordneten Positionen, die wir während der Übergangsperiode hätten füllen sollen, waren noch immer unbesetzt – manche sind es bis heute. Ohne Bürokräfte, die uns zuarbeiteten und die Beschlüsse in konkrete Maßnahmen verwandelten, steckten wir fest.

Trump behalf sich in den nächsten Tagen und Wochen zunächst mit Präsidentenerlassen. Wir hatten ihn aufgefordert, sich »präsidialer« zu geben, und *Executive Orders* zu unterzeichnen gehörte dazu. Ohne Arbeitskräfte und Logistik, sie umzusetzen, hätte er allerdings genauso gut Strichmännchen aufs Papier kritzeln können.

Später an meinem ersten richtigen Arbeitstag im Weißen Haus sprach Trump im Hauptsitz der CIA in Virginia und ließ sich über die Zuschauerzahlen der Vereidigungszeremonie aus. »Wir hatten eine ungeheure Masse Zuschauer. Sie haben sie ja gesehen. Es war gerammelt voll. Aber heute Morgen stehe ich auf, schalte den Fernseher ein, und die Nachrichten zeigen einen leeren Rasen. Ich sage, Moment mal, ich habe da eine Rede gehalten! Ich habe doch gesehen, wie viele gekommen waren – für mich sah das nach einer oder anderthalb Millionen aus. Und die zeigen einen praktisch menschenleeren Platz und kommentieren, ›Donald Trump war kein Publikumsmagnet‹. Lügner! Fake News!«

Als er mich nach der Zuschauerzahl fragte, wollte ich ihm nicht sagen, dass der Vereidigungsausschuss es mir und Tucker Davis praktisch unmöglich gemacht hatte, Eintrittskarten für Schwarze zu bekommen. Sogar Eintrittsgelder hatten im Raum gestanden. Ich hatte in einer Sitzung des Ausschusses offen gesagt, dass die meisten Schwarzen nicht zur Vereidigung kommen wollten und ganz sicher nicht zahlen würden, um Donald Trump zu sehen. Tucker und ich hatten eine Liste nach der anderen mit den Namen möglicher Teilnehmer eingereicht. Nur die Hälfte wurde genehmigt, als ob die Zahl der Plätze begrenzt gewesen wäre. Wir waren enttäuscht und erstaunt über diese Ablehnung gewesen. Ich hätte dem Präsidenten die geringe Zuschauerzahl bei seiner Vereidigung erklären können, aber inzwischen kam es nicht mehr darauf an.

Anstatt eines triumphalen zweiten Tags der Präsidentschaft Trumps erlebten wir eine Flut von Übertreibungen, Protesten und Fotos der Washington Mall, die Trumps bescheidenes Vereidigungspublikum von 306 000 dem Rekord von 1,8 Millionen Besuchern bei Obamas Amtseinführung 2009 gegenüberstellten. Die große Teilnehmerzahl der *Women's Marches* – mindestens 500 000 in Washington, fünf Millionen weltweit – ärgerte ihn ebenfalls. Der Präsident ertrug es einfach nicht, von einem Haufen Frauen mit rosa Hüten oder von einem Schwarzen in den Schatten gestellt zu werden, besonders nicht von *diesem* Schwarzen.

Das Presseteam traf sich umgehend zu einer Besprechung der Sache. Nach zwanzig Minuten gingen die Lichter im Konferenzzimmer aus, und wir kamen nicht darauf, wie man sie wieder anschaltete. Die Obama-Administration hatte nämlich eine Energiesparautomatik einbauen lassen, die nach einer gewissen Zeit das Licht in einem Raum ausschaltete, wenn sich niemand bewegte. Wenn ein Meeting also länger als zwanzig Minuten dauerte, ging unvermittelt das Licht aus. Als wir das herausgefunden hatten, behalfen wir uns, indem jemand vor den Bewegungsmeldern mit der Hand wedelte, das Licht ging wieder an, und wir konnten weitermachen. Das war so lästig, dass wir irgendwann sagten: »Lasst es halt aus.« Irgendwann kam dann die Gebäudetechnikabteilung dazu, die Automatik umzustellen, aber ungefähr eine Woche lang regierten wir buchstäblich im Dunkeln.

Sean Spicer, der frischernannte Pressesprecher, beriet sich mit Präsident Trump im Oval Office und präsentierte uns seine Lösung: »Wir geben dem Präsidenten Rückendeckung. Wenn er sagt, es seien anderthalb Millionen Zuschauer gekommen, dann bestätigen wir das.« An diesem zweiten Tag, dem 21. Januar, saß ich also mit in Sean Spicers erster offizieller Pressekonferenz, neben Stephanie Grisham, Hope Hicks, Kellyanne Conway und Sarah Huckabee Sanders. Wir waren dabei, als Sean erklärte, es sei »die größte Zuschauerzahl bei einer Vereidigung gewesen, Punkt. Sowohl vor Ort wie weltweit.« Es war nicht leicht, unbewegt dreinzuschauen, während Spicer das amerikanische Volk anlog und dann keine Fragen der Reporter zuließ. Als Kellyanne Conway am folgenden Tag bei *Meet the Press* zu Gast war, fragte der Moderator Chuck Todd sie, warum Sean Spicer gleich in seiner ersten Pressekonferenz dem amerikanischen Volk eine Unwahrheit gesagt habe, die sofort auffliegen musste, und ob eine Lüge in einer Nebensache wie dieser heiße, dass man auch bei großen, wichtigen Fragen mit Lügen von ihm rechnen müsse. Kellyanne machte alles noch zehnmal schlimmer, indem sie erwiderte: »Sean hat eben alternative Fakten präsentiert.« Dann wechselte sie das Thema und äußerte sich zu den Mängeln der Obamacare-Gesetzgebung und der öffentlichen Schulen. Mit ihrer Beschuldigung Todds, er sei gegenüber Trump voreingenommen, brachte sie die Administration schon am dritten Tag in ein feindseliges Verhältnis zu den Medien.

Herzlichen Glückwunsch zu Ihrer Ernennung zur Assistentin des Präsidenten für unseren 45. Präsidenten der Vereinigten Staaten, Donald J. Trump. Das wird ein absolut historisches Wochenende! Der Präsident würde sich freuen, Sie und vier Begleiter am kommenden Sonntag (22. 01.) zu einer Feier im kleinen Kreis im Weißen Haus zu empfangen, um damit Sie und Ihre harte Arbeit für ihn und unser Land zu würdigen.

Vielen Dank!
Katie Walsh, Stellvertretende Stabschefin

Am vierten Tag durfte meine Mutter, eine Witwe, die zwölf Stunden täglich in zwei Jobs hatte arbeiten müssen, um in Youngstowns Armenviertel Westlake, Ohio, ihre vier Kinder großzuziehen, dabei sein, als ihre Tochter vereidigt wurde, um auf der höchsten Ebene im Weißen Haus für den Präsidenten zu arbeiten. Begleitet wurde sie von meinen Freundinnen Shannon Jackson und Aisha McClendon, die vor zwanzig Jahren meine Kolleginnen in der Clinton-Administration gewesen waren. Ich erlebte diesen Tag mit den Augen meiner Mutter, voller Dankbarkeit für alles, was sie für mich getan hatte. Dass ich es geschafft hatte, sie stolz auf mich zu machen, war nur ein Bruchteil dessen, was ich noch alles für sie tun wollte, um ihr zurückzugeben, was sie alles an Leid und Opfern für mich auf sich genommen hatte. Wir schossen jede Menge Fotos mit dem Präsidenten, dem Vizepräsidenten und den anderen APs und ihren Familien.

In der Besprechung des Presseteams ging es um das Thema des Tages: den Begriff *alternative Fakten*, den Kellyanne geprägt hatte. Kellyanne war begeistert, dass sich Millionen den Clip ihres Auftritts bei Chuck Todd angesehen hatten, der Schlagzeilen in sämtlichen Zeitungen des Landes gebracht hatte. Ich bekam den Verdacht, dass Kellyanne genauso leidenschaftlich für ihre eigene Medienpräsenz arbeitete wie für die Agenda Trumps.

Derweil wartete ich immer noch auf Tische und Stühle – und auf Mausefallen. Das Weiße Haus ist ein sehr altes Gebäude, und seine dienstältesten Bewohner sind die Mäuse. Jedes Mal, wenn wir ein Möbelstück verschoben, sahen wir sie in kleine Löcher in den historischen Wänden huschen.

Ebenfalls am vierten Tag unterschrieb Trump eine *Executive Order*, um die sogenannte *Global Gag Rule* wieder einzuführen, eine Vorschrift, die Regierungsinstitutionen untersagte, Gesundheitsorganisationen, die Abtreibungen durchführten oder Frauen in Not darüber informierten, mit Steuermitteln zu unterstützen. Während er diesen Erlass unterschrieb, in dem es um den Zugang von Frauen zu Dienstleistungen der Familienplanung ging, umstanden ihn Mike Pence, Jared Kushner, Stephen Miller, Rob Porter, Steve Bannon und einige weitere weiße Männer in dunklen Anzügen. Für einen Mann, der so viel Wert auf sein Auftreten und »passende Besetzung« legt, war das ein Desaster. Weil Frauenangelegenheiten mit in die Zuständigkeit des OPL fielen, musste ich empörte und besorgte Anrufe aus der weiblichen Wählerschaft abwehren. Ich ermahnte die Führungsriege: »Wir dürfen in dieser Administration nie wieder irgendetwas, das mit Frauen oder Frauenrechten zu tun hat, unternehmen, ohne uns zuerst mit den Frauenrechtlerinnen abzustimmen – und schon gar nicht mit einem Haufen Männer hinter dem Präsidenten.«

Als ich so auf Hopes Anfängerfehler und Reince Priebus' unnötige Ausrutscher hinwies, war die Reaktion verärgert, aber ich fühlte mich dazu verpflichtet. Niemand sonst hatte den Mut, das laut auszusprechen.

Mike Pences Anwesenheit war den Frauengruppen ein besonderer Dorn im Auge. Sein Abstimmungsverhalten gegen das Recht auf Schwangerschaftsunterbrechung war schon immer aggressiv. Als Kongressabgeordneter und später als Gouverneur von Indiana unterzeichnete er in weniger als vier Jahren acht Gesetze, die Abtreibungen in seinem Staat einschränkten, darunter auch die *Fetal Anomaly Bills*, die die Anbieter von Schwangerschaftsabbrüchen gezwungen hätten, die abgetriebenen Föten zu kremieren oder zu begraben, die verpflichtende Beratungstermine für Frauen vor einem Schwangerschaftsabbruch eingeführt hätte, in denen Abtreibungswilligen gesagt worden wäre, sie zerstörten menschliches Leben, und hätte die Abtreibung Ungeborener verboten, bei denen körperliche oder geistige Behinderungen oder tödliche Krankheiten diagnostiziert worden waren. Ein Bundesrichter in Indiana setzte dieses Gesetz später als verfassungswidrig außer Kraft, weil es das Recht auf Abtreibung verletzte. Im Kongress gehörte Pence zu den Initiatoren eines Gesetzesvorschlags, der es Krankenhäusern ermöglichte, einer Frau eine Abtreibung zu verweigern, selbst wenn sie bei Fortsetzung der Schwangerschaft sterben würde. Die einzige Ausnahme war eine »erzwungene« Vergewaltigung (als ob nicht alle Vergewaltigungen erzwungen wären). Zum Glück scheiterte dieser Gesetzentwurf. Pence hat für die Einschränkung des Zugangs von Frauen zu Maßnahmen der Schwangerschaftsverhütung gestimmt und die Bereitstellung staatlicher Mittel für *Planned Parenthood* bekämpft.

Trump, Pence und ihre Unterstützer zerstörten jede Hoffnung auf eine Zusammenarbeit mit Frauen und Minderheiten. Der Präsident hatte sich ausschließlich mit einer Elite reicher, weißer, konservativer Männer umgeben. Ich hatte mich bereit erklärt, eine große Verantwortung auf mich zu nehmen, um als Stimme meiner Community im Weißen Haus zu fungieren. Jetzt wurde mir klar, wie mühsam das werden würde.

Am sechsten Tag der Präsidentschaft, dem 25. Januar, wiederholte Trump seine falsche Behauptung, dass drei bis fünf Millionen Menschen bei der Präsidentenwahl illegal abgestimmt hätten. Er kämpfte immer noch juristisch gegen das Ergebnis vom November und sollte auch nie damit aufhören, bis heute nicht. Er war geradezu besessen von der Wahl. Als sich herausstellte, dass er die Mehrheit der abgegebenen Stimmen um mehrere Millionen verfehlt hatte, war er wütend. In den ersten Monaten im Weißen Haus stellte Trump große Schautafeln in seinem privaten Esszimmer, im Wohnzimmer und in seinem Arbeitszimmer auf, die Landkarten mit der Stimmenverteilung in Rot und Blau zeigten. Der flächenmäßig größte Teil des Landes war rot eingefärbt, die dicht besiedelten städtischen Gebiete dagegen meist blau. Wenn jemand hereinkam, zeigte er auf die Schautafel und redete über das Wahlergebnis. Kam man morgens, erzählte er anhand der Karte, wie er gewonnen hatte. Kam man nachmittags, hörte man dieselbe Geschichte noch einmal – Wort für Wort.

Ich war besorgt darüber, wie er im vertraulichen Gespräch immer und immer wieder nur über die Wahlen sprach. Er regte sich furchtbar auf und zog über angebliche »Fake News« in den Nachrichten her. Ich fürchtete, er breche schon in der ersten Amtswoche unter dem Druck zusammen. Wir alle hatten viel zu tun, viel zu besprechen, und er wollte nur über die Wahl reden. Wenn er sich auf Twitter über Sachen wie die angeblichen illegalen Stimmen ausließ, machte ich mir noch mehr Sorgen, weil er damit seine Besessenheit öffentlich machte und wir die Folgen dessen tragen mussten.

Wenn wir ihm nur die richtigen Daten gäben, glaubte ich, würde er diese vertrauenswürdigen Informationen doch sicher annehmen. Schließlich saßen wir hier im Weißen Haus, wo uns die besten Ressourcen zur Verfügung standen, um die zuverlässigsten Daten zu bekommen, die es überhaupt gab. Tagelang glaubte ich, man habe ihm versehentlich falsche Informationen gegeben. Aber er erhielt jeden Morgen die korrekten Informationen in den Ordnern mit dem Pressespiegel – die Schlagzeilen seiner Lieblingshassblätter *New York Times* und *Washington Post* immer obenauf –, ignorierte sie jedoch hartnäckig zugunsten ungeprüfter Behauptungen.

Es stellte sich die Frage, ob er sich diese Behauptungen selbst ausdachte oder sie von außerhalb des Weißen Hauses bekam. Schnell wurde uns klar, dass der Präsident, ein maßloser Medienkonsument, sich auf Twitter Nachrichten aus unzuverlässigen, beliebigen Quellen herausgepickt hatte und das, was er da las, als Fakt betrachtete und es so der Welt präsentierte. Wir brauchten dringend Leute, die diese Fakten überprüften, oder wenigstens einen Filter für POTUS-Tweets.

Reince Priebus verordnete daraufhin, dass wir im Zweifel immer hinter dem Präsidenten zu stehen hätten. Wir würden alles bestätigen, was er sagte oder twitterte, ob es stimmte oder nicht, und tatsächlich verbrachte ich einen großen Teil meiner Arbeitszeit – vom ersten bis zum letzten Tag – damit, Trumps Tweets und Aussagen gegenüber Wählergruppen zu rechtfertigen, die er gerade beleidigt hatte.

Bis zum sechsten Tag hatte ich einen festen Ablauf für den Arbeitstag gefunden:

7 Uhr: Ankunft im Weißen Haus am East Gate
7:30 Uhr: Morgenrunde im kleinen Kreis bei Sean Spicer im West Wing
8 Uhr: Besprechung der Führungskräfte im Stab bei Reince Priebus mit etwa 30 Teilnehmern – APs, Jared Kushner, Ivanka Trump, Gary Cohn, General Keith Kellogg, Sean Spicer, Steve Bannon, Kellyanne Conway und anderen
8 Uhr 45: Frühstück in der Kantine des Weißen Hauses
9 Uhr: OPL-Besprechungen im EEOB

11 Uhr: Vorbereitung auf die tägliche Pressekonferenz, wieder in Sean Spicers Büro

13 Uhr: tägliche Pressekonferenz im *James S. Brady Press Briefing Room*

14 Uhr: zurück ins OPL für telefonische Wählersprechstunde und weitere Besprechungen

17 Uhr: Jour fixe des OPL

18 Uhr: Schlusskonferenz der Pressesprecher aller Abteilungen in Sean Spicers Büro

Während der ersten hundert Tage der Präsidentschaft stand ich bei sämtlichen Fragestunden des Präsidenten im *Roosevelt Room* in seiner Nähe oder saß hinter ihm. Wenn er eine EO unterzeichnete, die sich mit Diversität, Frauenfragen, Veteranen oder einer anderen Gruppe befasste, für die das OPL zuständig war – von Fernfahrern bis zu Collegepräsidenten –, war ich, ob im Oval Office oder woanders, mit dabei. Immer, wenn ich an einer wichtigen Veranstaltung teilnahm – zum Beispiel im Smithsonian Museum während des *Black History Month* –, wies ich ihn vorher mindestens zweimal ein. Ich hatte also dienstlich drei- bis viermal pro Woche mit dem Präsidenten persönlich zu tun.

Zwei oder drei weitere Gespräche wöchentlich ergaben sich, wenn er mich spontan hereinbat – die Tür des Oval Office stand offen, er saß drinnen, sah mich vorbeigehen und rief mich zu sich. So begegnete ich zum Beispiel auch dem kanadischen Premierminister. Ich kam gerade von einem Meeting im *Roosevelt Room*, als Trump mir zurief: »Hey, Omarosa, kommen Sie herein, ich stelle Ihnen Justin Trudeau vor!« Nichts dagegen ...

Bei den meisten Präsidenten konnte man nicht spontan hereinschneien. Sie hielten sich an ihren Terminkalender. Eine Ausnahme waren die Clintons. Das Arbeitsklima in ihrer Administration war entspannter. Betty Currie, Clintons Sekretärin, ließ ebenfalls prinzipiell ihre Bürotür offen und rief einen spontan zu sich herein. Als ich zur mittleren Ebene ihres Personals gehörte, konnte ich einfach zu ihr kommen, um mich mit ihr zu besprechen oder ihr meine Familie vorzustellen. Vielleicht war diese Arbeitsweise allerdings ein wenig zu lässig, weil sie zum Beispiel auch Praktikanten Zutritt zu den Privatbereichen des Oval Office gewährte.

Trump war an das Arbeitsklima gewöhnt, das er im Trump Tower pflegte. Dort stand seine Bürotür grundsätzlich offen; wer eine Frage oder etwas auf dem Herzen hatte, steckte einfach den Kopf zur Tür hinein. Den Übergang zum Protokoll des Weißen Hauses hatte er genauso wenig vollzogen wie ich, und wenn er mich spontan hereinrief, folgte ich der Einladung, auch wenn kein Treffen geplant war. Während unserer ungeplanten Besprechungen sprach der Präsident über alles, was ihn gerade bewegte, von den Einreiseverboten über Obamacare bis zu seinem Mittagessen. Trump redet einfach gerne, und er ist gerne unter Menschen, die ihm zuhören. Ungefähr einmal pro Woche rief er mich an und fragte: »Gehen Sie mir aus dem Weg, oder was? Ich habe Sie lange nicht gesehen. Schauen Sie nach, wann ich frei bin, und kommen Sie vorbei« – auch wenn ich erst am Tag zuvor bei ihm gewesen war. Ich glaube, er fühlte sich einsam und freute sich einfach über ein vertrautes Gesicht.

Während meines einen Jahres im Weißen Haus war ich in der einmaligen Lage, zu zwei Welten gleichzeitig zu gehören – erstens zur Öffentlichkeitsarbeit im West Wing, zweitens zum OPL im EEOB – und war ständig im gesamten Gebäude unterwegs, von einer Besprechung zur nächsten, den ganzen Tag lang bis weit in den Abend.

Am achten Tag der Präsidentschaft war ich zu Gast bei *The View*. Trump bereitete mich auf das Interview vor. Ich solle selbstbewusst auftreten und mir nichts gefallen lassen. »Mach's wie im Aufsichtsrat, Omarosa«, riet er mir – das hieß kühl, gelassen, stahlhart. Wir lachten beide. Er warnte mich besonders vor Joy Beharc, mit der Melania und er einmal befreundet gewesen waren. (Er hatte Fotos, die das bewiesen.) »Aber sie hat sich gegen mich gewandt wie eine Schlange«, klagte er.

Ich bat das Übungsteam des Weißen Hauses um eine Einweisung und die Produzenten von *The View* um eine Liste der Themen, über die sie mit mir sprechen wollten: Es sollte um meine Rolle im Weißen Haus, meine erste Woche im Amt und den *Women's March* gehen. Auch mein Verlobter John wurde eingeladen: Er sollte bei der Aufzeichnung in der ersten Reihe sitzen, um etwas über unsere bevorstehende Hochzeit zu sagen.

Natürlich hatten die Themen, über die die Gastgeber dann tatsächlich redeten, *nicht das Geringste* mit denen auf der Liste zu tun. Joy Behar und Sunny Hostin bedrängten mich mit Fragen zu Steuererklärungen, Beleidigungen Behinderter und Griffen zwischen die Beine von Frauen. Gretchen Carlson, ehemalige Nachrichtenmoderatorin bei *Fox*, war sehr nett, aber sie war die Einzige. Ich verteidigte mich Punkt für Punkt gegen die Angriffe, bis ich sah, dass das Warnlicht »Noch eine Minute« blinkte. Mein Verlobter, der eigens aus Jacksonville eingeflogen war, hatte noch nichts zu unserer Hochzeit sagen können. Mit weniger als einer Minute Sendezeit vor uns unterbrach ich das Gespräch, um ihn wenigstens noch vorzustellen und die Sendung wie versprochen mit einem netten Abschluss zu beenden. Meine Schlussworte gingen viral. Ich sagte über John: »Ich bin so froh, dass er hier bei mir ist, und er bringt mir so viel Freude. Und ich wünsche mir, dass eines Tages auch Sie, Joy, solche *joy* (Freude) in Ihrem Leben finden.« Joy wirkte empört.

Am nächsten Morgen, es war noch nicht fünf Uhr, rief mich Trump an. »Gut gemacht, gut gemacht, toll zurückgeschlagen. Sie haben's immer noch drauf. Ich fand gut, wie Sie es Joy gegeben haben. Früher ist sie uns in den Hintern gekrochen, jetzt ist sie auf einmal Anti-Trump. Scheiß auf sie.«

Am neunten Tag flog mir das »Tagesgespräch« um die Ohren. Trump hatte einen Erlass unterschrieben, der Bürgern des Irak, Syriens, des Iran, Libyens, Somalias, des Sudan und des Jemen die

Einreise in die USA für die folgenden 90 Tage untersagte. Weil diese erste Reisebeschränkung nationale Minderheiten betraf, gehörte sie in meine Zuständigkeit – sie ging ja vor allem Nichtweiße an.

In der Besprechung des Presseteams vermutete ich, das Einreiseverbot müsse die Demokraten – und auch viele Republikaner – in Panik versetzen. Sie würden ihre schlimmsten Befürchtungen bestätigt sehen, dass Trump nämlich ein Monstrum und ein Rassist sei, der Minderheiten verfolge. »Das fördert den Eindruck, diese Administration diskriminiere Nichtweiße weltweit.« Führende Berater hielten dagegen: »›Moslem‹ ist keine Rasse, sondern eine Religionszugehörigkeit.« Das erschien mir noch schlimmer: Die offene Ächtung einer ganzen Religion!

In einer Besprechung auf höchster Ebene in dieser Zeit ging Trumps Berater Stephen Miller eine ganze Reihe Ideen durch, wie man Einreisewillige abschrecken könne. Unter anderem schlug er vor, Kinder von ihren Eltern zu trennen, wenn sie beim Versuch festgenommen wurden, illegal ins Land zu gelangen. Damals besprachen wir das Für und Wider eines solchen Vorgehens nicht, es war nur eine von vielen Ideen auf seiner Liste. Ich hätte mir nie träumen lassen, dass sie umgesetzt würde. Das war das genaue Gegenteil dessen, was wir als Amerikaner sein wollten. Stephen Miller hatte immer neue Ideen, aber manche waren schon sehr extrem.

Mike Pence verteidigte Trump bei diesen Besprechungen. »Gott sagt mir, ich soll den Präsidenten unterstützen. Gott sagt mir, ich bin hier, um zu dienen.« Ein höheres Wesen wies ihn also an, sich hinter Trump zu stellen, gleichgültig was dieser tat. Als Pences Nominierung als Vizepräsident bekannt gegeben worden war, hatte es noch geheißen, er bringe eine andere Perspektive – eine moralische, christliche – mit und werde sich für mehr Menschlichkeit in der Politik einsetzen. Das einzige Mal, dass er empört reagierte, seit er als Trumps Vizepräsidentschaftskandidat antrat, war allerdings, als General Michael Flynn ihn hinsichtlich der russischen Sanktionen belog.

Die Verkündung der Einreisebeschränkungen war zeitlich schlecht abgestimmt, um es milde auszudrücken. Polizei und Zoll an den Flughäfen hatten keine Richtlinien, wie sie die Maßnahme konkret umsetzen sollten. Das Durcheinander an den Flughäfen wiederum überraschte viele. Ein Großteil unserer Schadensbegrenzung hatte mit dem Mangel an Koordination und Absprachen zu tun. Wir wussten selbst wenig bis nichts über die Einzelheiten der Einreisebeschränkungen – die ein Verbot sein sollten, dann wieder nicht, dann wieder doch.

Während des folgenden langwierigen Rechtsstreits um die Einreisebeschränkungen wurde es üblich, sich mit »Reden wir doch mal von …« zu verteidigen. »Reden wir doch mal davon, dass Obama dieselben Länder auf eine Liste gesetzt hat!« »Reden wir doch mal davon, dass auch Obama illegale Einwanderer abschieben lassen hat!« In *Trumpworld* war dieses »Reden wir doch mal von …« – üblicherweise wurden Obama und Clinton genannt – in den meisten Situationen die einzige Abwehrstrategie.

Ich vermutete, dass Trumps Einsatz für Einreisebeschränkungen und Massenabschiebungen eine Reaktion auf Barack Obamas Abschiebezahlen waren. Donald Trump versuchte wieder einmal, Präsident Obama in den Schatten zu stellen, der wegen der in die Millionen gehenden Abschiebungen in seiner Amtszeit auch »Oberabschieber« genannt wurde. Ich bin sicher, dass er sich von Miller oder Heimatschutzminister General Kelly die Zahlen besorgt hatte, wie viele Menschen Obama im ersten, zweiten und den weiteren Amtsjahren abschieben ließ. Trump wollte ein Präsident sein, der hart durchgreift, weil er das im Wahlkampf versprochen hatte, aber auch, weil er Obama übertreffen wollte. Diese ganze Episode war ein trauriger Anfang der Präsidentschaft und außerdem moralisch zweifelhaft.

Ich war verantwortlich für die Organisation der Veranstaltungen des Weißen Hauses zum *Black History Month*, dem jährlichen offiziellen Erinnern an afroamerikanische Geschichte. Ich wollte das

Programm am 1. Februar starten, dem zwölften Tag von Trumps Präsidentschaft, und zwar mit einer Fragestunde des Präsidenten vor Führern der afroamerikanischen Community. Ich hatte Reince Priebus meine Liste der Gäste gegeben; er hatte sie prompt halbiert und außerdem die Namen mehrerer schwarzer Republikaner gestrichen, die ihm Probleme gemacht hatten, als während seiner Zeit im RNC sein gesamtes afroamerikanisches Personal gekündigt hatte – ein Eklat, der als »Exodus der schwarzen Republikaner« bekannt wurde. Als wir die Liste fertig und überprüft hatten, terminierten wir die Veranstaltung. Es konnte losgehen. Ich bereitete die Materialien für die Informationsmappe des Präsidenten vor und legte sie ihm am vorhergehenden Abend vor.

Am Morgen kam ich besonders früh zur Vorbesprechung ins Oval Office. Ich wollte die Eröffnungs- und Schlussansprache mit dem Präsidenten durchgehen, und Trumps Bodyguard Keith Schiller, mit dem ich seit vielen Jahren befreundet war, versprach mir eine zehnminütige Extraaudienz. In Präsidentenzeit gerechnet sind zehn Minuten eine Ewigkeit. Aber Trump konnte sich während der Vorbesprechung einfach nicht konzentrieren. Er war abgelenkt, gereizt und kurz angebunden. Wenn Trump in diese Stimmung geriet, wusste man als Mitarbeiter schon, dass man ihn dann einfach in Ruhe lassen musste. Das ging in diesem Fall aber nicht. Ich ging die Rede mit ihm durch, aber er schaffte es nicht, sich die Stichpunkte einzuprägen. Wieder und wieder erklärte ich ihm, was er während der Veranstaltung und danach bei der Pressekonferenz sagen sollte, aber er konnte sich nicht einmal die zentralen Begriffe einprägen und stolperte über lange Wörter, die wir durchstrichen und durch einfachere Begriffe ersetzten.

Er hatte sich seit seiner besten Zeit dramatisch verändert. In der allerersten Staffel von *The Apprentice* gibt es eine Folge, in der ein Bewerber, der bei einer Aufgabe Verluste gemacht hat, mit Trump in Streit gerät. Donald Trump wies ihm nach, dass er unrecht hatte, indem er auswendig eine Zahlenkolonne wiederholte, sie zügig im

Kopf ausrechnete und zu dem Schluss kam, der rechenschwache Bewerber gehöre gefeuert. So gewandt und clever war er einmal. Aber jetzt? Trump war geistig träge geworden.

Ich bat ihn ausdrücklich, in seiner Rede nicht mehr den Wahlkampfslogan »Was habt ihr zu verlieren?« zu gebrauchen und die Zuhörer auch nicht mit *»you people«* (»ihr Leute«) anzureden, wie er es bei der Predigerversammlung im Wahlkampf getan hatte. »*You people* ist abwertend«, erklärte ich. Er schaute verdutzt. »Es ist schlecht. Sagen Sie's einfach nicht«, drängte ich. »*Nie wieder.*« Als er die Einleitung übte, brachte er nur Bruchstücke heraus statt vollständiger Sätze. Als ich ihn berichtigen wollte, verlor er den Faden und wurde noch gereizter. Als ich das Oval Office verließ, betete ich, dass Donald Trump sich an sein Skript halten und nicht irgendeinen Unsinn von sich geben und die Aufmerksamkeit vom ersten Tag des *Black History Month* ablenken würde. Er spürte meine Besorgnis und beruhigte mich, »Keine Sorge, ich hab's drauf. Die Schwarzen lieben mich!«

Aber wie befürchtet und obwohl ich ihm immer wieder einfache kurze Sätze und Stichpunkte vorgesagt hatte, wich er bei der Einführungsrede vom Manuskript ab und improvisierte. Er schwadronierte über die Wahl, überzog die »Oppositionspartei«, auch als »die Medien« bekannt, mit Hasstiraden, rief den Kohlekumpel in West Virginia anfeuernde Worte zu und stellte seine eigene Unwissenheit bloß, indem er zum Beispiel sagte, »Frederick Douglass ist ein Beispiel für jemanden, der seine Sache großartig macht und dafür mehr und mehr anerkannt wird, wie mir auffällt.«

Es war grauenhaft. Er hatte offensichtlich keine Ahnung, wer Frederick Douglass – ein Kämpfer gegen die Sklaverei – gewesen war, und die Häme in der Presse war gnadenlos. Das war jedoch nur der erste von vielen solcher Fälle, bei denen ich Tage (oder auch Wochen und Monate) an einem Projekt oder einer Benefizveranstaltung für die afroamerikanische Community gearbeitet und enorme logistische Hindernisse überwunden hatte, nur um dann zuschauen zu müssen, wie Trump meine ganze Mühe mit einer ignoranten Bemerkung oder einer Beleidigung zunichtemachte. »Von der eigenen Mannschaft gefoult«, nannte ich das. Ich versuchte den Ball im Spiel zu halten, und er grätschte mir mit seiner Unwissenheit dazwischen. Die Community würde sich fragen: Was tut Omarosa eigentlich da, wenn Trump ständig aus der Rolle fällt? Sie erledigt offenbar ihren Job nicht richtig. Wenn sie nur geahnt hätten, wie schwierig es schon war, Trump Tag für Tag davon abzuhalten, völlig wie ein Rassist zu klingen.

Am dreizehnten Tag war im Weißen Haus die Hölle los. Das *Time Magazine* wollte auf seinem nächsten Titelbild Steve Bannon bringen, mit dem Titel *The Great Manipulator*. Trump drehte völlig durch, als er das Cover sah. Er zog in einem Raum voller Menschen lautstark über Bannon her und brüllte: »Er hält sich für den Strippenzieher? Hält er sich für so verdammt schlau? Er glaubt, er kann mich manipulieren? Der Idiot! Dieses Arschloch!« An diesem Tag fielen viele Schimpfwörter. Derart aufgebracht hatte Trump nur das Titelbild, den Artikel hatte er gar nicht gelesen. Ich war einmal selbst das Opfer eines Wutanfalls Trumps geworden, als es damals Probleme bei den Dreharbeiten zu *The Ultimate Merger* im Hotel *Trump Las Vegas* gab. Wenn die Wut mit Trump durchgeht, dann hält er sich nicht zurück, er könnte es gar nicht – und man bekommt Angst, wenn man dabei ist. Wäre er gegenüber einem Diplomaten oder einem ausländischen Staatsoberhaupt so aus der Rolle gefallen, hätte das böse Folgen haben können.

Donnerstags nahm ich um zwölf Uhr an einer privaten Bibellesegruppe teil, die sich überparteilich und im kleinen Kreis unter der Leitung von Konteradmiral Barry Black traf. Unter den Teilnehmern waren die Senatoren Kirsten Gillibrand, Cory Booker, John Thune und die ehemaligen Senatoren Blanche Lincoln und Tim Scott. Dieses wöchentliche Bibelstudium war ein entscheidender spiritueller Anker für mich und half mir, im unaufhörlichen Gegenwind die Nerven zu behalten.

Am siebzehnten Tag überredete ich Reince Priebus, mich in Zusammenarbeit mit dem Außenministerium eine Delegation nach Haïti zur Amtseinführung Jovenel Moïses führen zu lassen. Als ich mich bei Trump deshalb für einige Tage abmeldete, knurrte er: »Wieso machen Sie Ihre erste Dienstreise ins Ausland ausgerechnet in dieses armselige Ländchen? Sie hätten bis nach den Anhörungen im Kongress warten und dann nach Schottland fahren sollen. Da hätten Sie auf [Trumps Golfplatz] Turnberry ein paar Runden golfen können.«

Ich ermahnte ihn, nicht so abwertend von Haïti zu sprechen, und schilderte ihm die Krisen und Katastrophen, die das Land kürzlich heimgesucht hatten. Außerdem erinnerte ich ihn an die vielen Versprechungen, die er den haïtianischen Immigranten im Wahlkampf gemacht hatte. Wir waren jetzt in der Pflicht, Haïti beim Wiederaufbau zu helfen. Er erinnerte sich überhaupt nicht daran, es war ihm völlig entfallen. Ich beharrte, er habe im Wahlkampf ständig über Haïti gesprochen, besonders in Miami, wo er sich drei oder vier Mal mit der haïtianischen Gemeinde getroffen hatte.

Am achtzehnten Tag wurde Jeff Sessions, den Trump hinter seinem Rücken Benjamin Button nennt, als Justizminister und Generalstaatsanwalt bestätigt, gegen die Stimmen der Demokraten und des *Black Caucus* im Kongress, unter dessen Mitgliedern sich besonders der demokratische Senator Al Franken lautstark hervortat. Die traurige Ironie, dass die Bestätigung ausgerechnet in den *Black History Month* fiel, entging mir nicht. Im persönlichen Umgang mit Sessions blieb ich stets höflich, hielt aber Abstand. So macht man das als Afroamerikaner in einer verantwortlichen Stellung in diesem Land. Wenn jeder Schwarze seinen Arbeitsplatz aufgäbe, weil er es dort mit einem Rassisten zu tun bekommt, wären nicht mehr viele von uns berufstätig. Trotz ihres angeblichen Rassismus verstand ich mich kollegial sehr gut mit Steve Bannon, der zuvor für die einwanderungskritische *Alt-Right*-Seite *Breitbart News* gearbeitet hatte, und mit Trumps Redenschreiber Stephen Miller, einem Schützling Sessions', der in Essays an der High School und im College gegen Minderheiten vom Leder gezogen hatte. Anders als diese »vermutlichen« Rassisten hatte Sessions eine lange, gut dokumentierte Liste mit Beweisen seiner Einstellung: Er hatte zweimal gegen die Aufnahme der sexuellen Orientierung in die Definition von »Hate Crime« gestimmt; er hatte behauptet, *NAACP* und *American Civil Liberties Union (ACLU)* seien »un-amerikanisch« und »kommunistisch angehaucht«; er hatte sich für Englisch als alleinige Amtssprache eingesetzt; er sollte mehrfach das N-Wort gebraucht haben – und das war noch lange nicht alles.

Am zwanzigsten Tag flog ich mit Vizepräsident Mike Pence und seiner Frau Karen in der Air Force Two nach New York, um dort am Henry-O.-Flipper-Festessen zu Ehren des ersten afroamerikanischen Absolventen der Militärakademie in West Point teilzunehmen. Danach hatte ich zunehmend Probleme mit dem Vizepräsidenten. Zuerst fiel mir auf, dass seine Mitarbeiter ihn »Präsident« nannten – manchmal versehentlich, aber immer wieder. Inoffiziell und scherzhaft hörte ich Sprüche wie »Wenn wir erst dran sind ...« oder »Wenn Sie dann Präsident sind ...« Ich fragte ihn unumwunden, ob er etwa nach Trumps zwei Amtszeiten selbst das höchste Amt anstrebe. Pence erwiderte: »Zwei Amtszeiten? Sie trauen ihm zwei Amtszeiten zu? Sehr gut, das ist die richtige Einstellung, Omarosa. Ich bin nur ein getreuer Diener des Präsidenten. Er hat meine ganze Loyalität.« Sein Gang im Gleichschritt mit dem Präsidenten, sein unheimlich strahlender Blick und sein Kadavergehorsam sollten mit der Zeit ein Thema für Late-Night-Comedy und politische Memes im Internet werden. Einige Monate später würde der konservative Kommentator George Will ihn als »dressierten Pudel« bezeichnen. Ich vermutete, dass Pence einfach den richtigen Moment abwarten wollte und den vollkommenen Vize gab, bis Trump entweder von selbst abdankte, aus dem Amt gejagt wurde oder seine Amtszeit regulär zu Ende brachte.

Am 32. Tag, dem 21. Februar organisierte ich für den Präsidenten einen Besuch im Smithsonian National Museum of African American History and Culture an der Constitution Avenue in Washington. Es war der erste Präsidententermin, den ich komplett selbst plante. Der logistische Aufwand war ungeheuer. 62 Personen – darunter der Präsident selbst, Reince Priebus, Ivanka Trump, Keith Schiller, der Leibarzt Ronny Jackson, Sean Spicer, Stephen Miller, Ben Carson mit seiner ganzen Familie, die Aktivistin und ehemalige Abgeordnete des Repräsentantenhauses von Georgia, Alveda King, dazu Personal, Ehrengäste und fünfzehn Reporter – würden in einer Kolonne aus elf Fahrzeugen pünktlich um 8 Uhr 20 am Südportal des Weißen Hauses aufbrechen, um nach fünf Minuten im Museum einzutreffen. Der Secret Service musste für diese Fahrt sämtliche Straßen zwischen Start und Ziel absperren.

Am Tag zuvor bereitete ich Trump auf den Termin vor. Eine weitere Vorbesprechung hatten wir, als wir vom Weißen Haus aufbrachen, und eine dritte, als wir dort ankamen. Noch während der Führung durch das Haus soufflierte ich ihm kleine Bemerkungen vor. Für seine kurze Rede hatte ich von der WHCA, der Kommunikationsabteilung des Weißen Hauses, einen Teleprompter angefordert, aber die Zeit reichte nicht, ihn aufzustellen. Trump las seine Rede von einem Zettel ab. Das kam nicht besonders gut an, war aber immer noch besser als der Fauxpas mit Frederick Douglass.

Als Organisatorin der Veranstaltung blieb ich die ganze Zeit an Trumps Seite und hakte jede Anweisung, Bewegung und Vorstellung ab, die seit Wochen mühsam vorgeplant worden war. Es lief auch alles nach Plan, bis auf das Interview für die Sendung *Today* direkt im Museum, das ich organisiert hatte. Es war Trumps erstes Einzelgespräch mit einem schwarzen Reporter, seit er Präsident geworden war. Der Journalist Craig Melvin hatte zwar seine Themen vorher eingereicht, aber wieder wich Trump vom Skript ab.

Als ich merkte, dass der Präsident und Craig Melvin in unbekannte Gefilde abdrifteten, fing ich an, »Kommt zum Schluss!« zu signalisieren. Aber Trump hatte noch eine Überraschung in petto. Er fing an, über Angriffe auf jüdische Gemeindezentren zu reden, die kürzlich vorgekommen waren. Sie waren Thema in den Nachrichten, und seine eigenen feindseligen Bemerkungen waren für die Zunahme von antisemitischem Vandalismus und antisemitischen Straftaten verantwortlich gemacht worden. Ich fragte mich: Warum fängt er im *National Museum of African American History and Culture* von Antisemitismus an?

Ich war erleichtert, als wir uns auf den Rückweg zu den Autos machten. Trump war beeindruckt. »Gut gemacht, *kiddo*«, sagte er. »Gut gelaufen.«

Für den vierzigsten Tag hatte ich das Team der innenpolitischen Abteilung eingespannt, 75 Präsidenten historisch schwarzer Colleges (HBCUs) zu einem Treffen mit Spitzenbeamten der Administration, Bildungsministerin Betsy DeVos und Vizepräsident Mike Pence einzuladen. Ich hatte gehofft, der Präsident werde vielleicht kurz vorbeischauen, und rief an, ob er Zeit habe. Jared Kushner meldete sich zurück: »Bringen Sie die Gruppe zu ihm.« Diese Einladung war eine Überraschung. Ich fragte die Collegepräsidenten, ob sie mit in den West Wing kommen wollten. Es war ein Angebot, keine Aufforderung. Alle stimmten zu, und unsere große Gruppe machte sich auf den fünfminütigen Fußweg, flankiert von Beamten des Secret Service. Der Präsident nahm sich einige Minuten Zeit, um ihnen die Hände zu schütteln, und wollte auch ein Bild gemacht haben. Der offizielle Fotograf musste auf eine Leiter steigen, um die ganze Gruppe aufnehmen zu können. Dann kamen die Reporter herein und begannen ebenfalls zu fotografieren.

Auch Kellyanne Conway wollte ein paar Aufnahmen der Gruppe machen und stellte sich dazu auf ein Sofa. Reporter lichteten sie dabei ab, wie sie, nachdem sie die Gäste fotografiert hatte, auf dem Sofa kniete. Am nächsten Tag ging es in der Schlagzeile um Conway, die barfuß im Oval Office unterwegs war, anstatt um das historische Treffen mit HBCU-Größen im Oval Office. Historisch war es, weil Obama während seiner achtjährigen Amtszeit nie alle schwarzen Collegepräsidenten ins Weiße Haus eingeladen hatte. Aber das interessierte jetzt nicht mehr, und zwar wegen Kellyanne Conway. Auch dieses Mal hatte mich jemand aus der eigenen Mannschaft wirklich kurz vor dem Tor gefoult.

Am selben Tag unterzeichnete Trump einen Präsidentenerlass, für den ich mich schon seit dem ersten Tag eingesetzt hatte: die *Presidential Executive Order on the White House Initiative to Promote Excellence and Innovation at Historically Black Colleges and Universities* (»Erlass des Präsidenten über die Initiative des Weißen Hauses zur Förderung ausgezeichneter Leistung und Innovation an historisch afroamerikanischen Colleges und Universitäten«). Diese *Executive Order* war wichtig, weil sie die Initiative für die HBCUs aus der Zuständigkeit des Bildungsministeriums in die des Weißen Hauses überführte. Zusätzlich würden wir uns um Drittmittel für die Colleges aus der Privatwirtschaft bemühen. Der *Thurgood Marshall College Fund* und die *National Association for Equal Opportunity* (NAFEO) unterstützten den Erlass und forderten eine Erhöhung der Mittel für HBCUs im Bundeshaushalt. Ich hatte selbst zwei HBCUs besucht, die Central State University und die Howard University. Außerdem hatte ich, vor dem Tod meines früheren Verlobten Michael Clarke Duncan, das *Payne Theological Seminary* besucht. Dieser Präsidentenerlass sollte mein wichtigster politischer Programmpunkt in den ersten vierzig Tagen der Administration sein. Donald Trump unterstützte mich bei meinen Bemühungen. Wir brachten das Thema gerade noch rechtzeitig am 28. Februar über die Bühne. Trump hatte wiederholt geäußert, die Finanzierung der HBCUs sei eine seiner Prioritäten, und er bewies es jetzt.

Ebenfalls noch an diesem langen Arbeitstag hielt Donald Trump seine erste größere Rede: die Ansprache an beide Kammern des Kongresses. Ich hatte hinter den Kulissen mit Redenschreiber Stephen Miller daran gearbeitet, Aussagen zur Anerkennung von Diversität hineinzubringen, und zwar ab der ersten Zeile: »Heute, da wir den Abschluss des *Black History Month* feiern, werden wir an den Weg unserer Nation zu mehr Bürgerrechten und an die Arbeit gemahnt, die auf diesem Weg noch vor uns liegt.« Später sprach er über den Erlass und die Aufgabe, Finanzmittel des Bundes für die Colleges und Stipendien für die Studenten der HBCUs zu sichern: »Wir müssen den Geist und die Seele aller amerikanischen Kinder erweitern. Ich rufe die Mitglieder beider Parteien auf, ein Bildungsgesetz zu verabschieden, das die freie Schulwahl für benachteiligte Jugendliche finanziert, darunter Millionen afroamerikanischer und hispanischer Kinder.«

Was mich bei diesem Auftritt vor den beiden Kammern des Kongresses ein wenig störte, war Mike Pence. Eine geschlagene Stunde lang starrte er verzückt Donald Trumps Hinterkopf an. In der Führungsriege der Administration galt Mike Pence allgemein als »*Stepford Vice President*«, nach den allzu perfekten »Stepford-Hausfrauen« im gleichnamigen Film, die sich als Roboter herausstellen. Er war einfach zu vollkommen, um echt zu sein. Seine Persönlichkeit und sein Weltbild sind das genaue Gegenteil derjenigen Trumps, aber Pence stimmte grundsätzlich allem zu, was Trump sagte oder tat. Im wirklichen Leben strahlt einen niemand ununterbrochen so voller Verehrung an. Wenn doch, würde einem mulmig zumute, und man würde über eine Anzeige wegen Stalkings nachdenken. Aber Trump war eben kein normaler Mensch, und dass Pence ihn scheinbar bedingungslos anbetete, gefiel ihm so sehr, dass er regelmäßig einmal die Woche mit ihm essen ging. Vielleicht war das auch ein Symptom seiner Einsamkeit. Niemand sonst, den er kannte, betete ihn so an – seine Frau jedenfalls nicht mehr. Außer vielleicht Ivanka.

Die Kommentatoren lobten Donald für seine »präsidiale« Ansprache, und genau das sollte sie ja auch sein. Einigen fiel allerdings auch auf, dass er sehr … sehr … langsam von den Teleprompter ablas. Ich wusste schon seit *The Apprentice*, dass Trump nicht gut lesen kann. Wenn ich mit ihm das Material einer Vorbesprechung durchging, hatte ich den Eindruck, dass sein Verständnis der Texte auf dem Niveau eines Acht- oder Neuntklässlers lag. Das genügt für viele Berufe, aber auch für den des Führers der freien Welt? Nach Barack Obama, einem Akademiker und Universitätsdozenten, waren wir jetzt bei Donald Trump gelandet, der gerade eben lesen und schreiben konnte.

Trump ist sehr gewitzt und clever, er kann sich neuen Situationen schnell anpassen. Diese Wendigkeit ist ihm als Geschäftsmann unheimlich zugutegekommen, aber an seinem neuen Arbeitsplatz musste er nun einmal viel lesen, und damit hatte er Mühe. Ich wage einmal zu behaupten, dass Donald Trump keines der großen Gesetze und Grundsatzpapiere und nicht einmal alle seine Erlasse ganz durchgelesen hat. Seine Berater brachten ihm den Inhalt häppchenweise in fünf bis zehn Stichpunkten bei und ließen alles Komplizierte beiseite. Bis heute arbeitet sich sein Team für ihn durch die Details der Erlasse und Gesetzesvorlagen, und Trump selbst weiß nur oberflächlich, was er durch seine Unterschrift zum Gesetz macht.

Als Trump einmal sagte, er wolle einen IQ-Vergleichstest mit Rex Tillerson, dachte ich: *Oh nein, das lässt du mal lieber.* Ich weiß, dass jetzt mit Hinweis auf sein enormes Vermögen der Einwand kommt: »Und wie kann er bitteschön als Geschäftsmann so erfolgreich sein, wenn er, wie Sie sagen, kaum lesen kann?« Nun, Trump verlässt sich von jeher auf seine Ausstrahlung, auf seine Praxiserfahrung und auf vertraute Berater, die ihm sagen, was im Kleingedruckten steht.

Auf der Führungsebene des Weißen Hauses ist allgemein bekannt, dass er mit umfangreichen Dokumenten und komplexen Erklärungen nicht zurechtkommt. Man entschuldigt seine Fehler und rechtfertigt sich dafür, dass man sie deckt, wie es alle loyalen Sektenmitglieder tun. Seine nächste Umgebung sagt, er sei der Verkünder, nicht der Autor (oder auch nur Leser) der Botschaft. Es komme nur auf sein Charisma an, er könne nun einmal gut überzeugen, es werde schon gut gehen. Das glauben die Leute um ihn herum, weil die andere Möglichkeit zu furchtbar wäre – dass er überhaupt nicht fähig ist, grundlegende Entscheidungen zu treffen, die sich auf das Leben von Millionen Amerikanern und Milliarden Menschen auf der Welt auswirken.

Am 41. Tag wurde ich dann aufgefordert, mich für die Presse zu opfern und in einer Erklärung einzuräumen, dass ich Kellyanne aufgefordert hatte, das Bild zu machen, für das sie sich die Schuhe ausgezogen hatte, und dass das anstößige Pressefoto – ihre Barfüßigkeit wurde als mangelnder Respekt vor den im Raum versammelten Collegepräsidenten interpretiert – dadurch irgendwie meine Schuld sei. Das spielte aber schon keine Rolle mehr. Die empörten Reaktionen auf den Fototermin kamen schnell und heftig. Die Studenten an den HBCUs waren wütend, dass ihre Collegepräsidenten sich gemeinsam mit einem Rassisten hatten ablichten lassen. Auf dem Collegecampus der Howard University, meiner Alma Mater, sprühten sie auf einen Bürgersteig: »Willkommen auf der Trump-Plantage. Aufseher: [Collegepräsident] Wayne A. I. Frederick.« Einige Teilnehmer der Veranstaltung, die ich doch als Brückenschlag geplant hatte, brachen den Kontakt zu mir ab und behaupteten gegenüber der Presse, man habe sie gezwungen ins Oval Office mitzukommen.

Am 42. Tag, dem 2. März, zog sich der nicht ganz so loyale Gefolgsmann Jeff Sessions aus Befangenheitsgründen von der Untersuchung zurück, die sein Justizministerium zu den Kontakten der Administration mit Russland während des Wahlkampfs durchführte. Trump tobte. Tagelang wütete er in langen Monologen gegen »Benjamin Button«.

»Wie tief ist Präsident Obama gesunken, während des absolut geheiligten Vorgangs der Wahl meine Telefone anzuzapfen! Das ist Nixon/Watergate. Schlimmer (oder kranker) Junge!«
Tweet von Donald Trump, 4. März 2017, 4:02 Uhr morgens

Am 43. Tag hatte sich der Verfolgungswahn im Oval Office fest etabliert. Jeden Tag, wenn der übliche Tweet-Alarm einging, seufzte ich innerlich: *Weiß er überhaupt noch, dass er das geschrieben hat?* Trump fehlte es einfach an der Selbstbeherrschung, erst einmal innezuhalten, um einen Tweet oder seine globalen Folgen abzuschätzen, bevor er ihn auf die Welt losließ. Der Donald Trump von 2005 hätte sich erst beraten lassen. In *The Art of the Deal* hatte er noch geschrieben, wie gut es sei, wenn man sich vor einer Entscheidung Rat von Fachleuten einholte. Damals konnte er auch noch komplexe Informationen verarbeiten, unterschiedliche Ansichten zuordnen und die Konsequenzen abwägen. Der Donald Trump von 2017 entschied aus dem Bauch heraus, auf der Grundlage eines Anrufs im Morgengrauen, einer Meldung in den Fernsehnachrichten oder einer Behauptung aus dem Internet.

Er twitterte drauflos, und wir durften uns hinterher im berühmten *James S. Brady Press Briefing Room* abmühen, der Presse zu erklären, was er geschrieben hatte. Ich war jedes Mal dabei. Anfangs war es noch aufregend, in diesem historischen Raum den Wortwechsel zwischen den akkreditierten Reportern und dem Pressesprecher zu verfolgen, aber mit der Zeit war es nicht mehr so spannend. Anfangs waren Sean Spicers Pressekonferenzen wirklich Pflichtprogramm im Fernsehen, und der Präsident führte vom Oval Office aus Regie, als produziere er eine Folge von *The Apprentice*. Unser Arbeitstag begann sehr früh mit einer Morgenrunde in Seans Büro. Danach eilten Spicer, Hope Hicks, Kellyanne Conway und ich zu einer Besprechung der Führungsebene bei Reince Priebus, anschließend folgte manchmal noch eine Besprechung der Pressesprecher aller Abteilungen im *Roosevelt Room*. Alle diese Besprechungen dienten dazu, Belege für die Angaben in Trumps Tweets und Äußerungen zu finden und eine einheitliche Fassung zu erarbeiten, mit der wir Sean Spicer bei einem weiteren Meeting um halb zwölf vor seiner Pressekonferenz vorbereiten konnten. Die Presseverantwortlichen der einzelnen Abteilungen hatten dabei die Aufgabe, mögliche Fragen zu stellen, die die Korrespondenten zu den Themen des Tages haben würden. Als Presseverantwortliche des OPL war ich fast jeden Tag dran, weil es nahezu immer um Minderheitenprobleme, Veteranen, Frauen oder Afroamerikaner ging. Ich lernte schnell, eng mit Adam Kennedy zusammenzuarbeiten, der das »Briefing Book« für Spicers Einweisung zusammenstellte.

Wenn die wichtigsten Fragen ausgemacht waren, übten wir sie mit Spicer, wobei wir bestimmte Reporter spielten. Sehr oft mussten Fragen und Antworten auch einem Justiziar vorgelegt werden, um zu klären, was man ansprechen konnte und wie es juristisch korrekt formuliert sein sollte. Manchmal wandte sich Sean Spicer auch direkt ans Oval Office und fragte Trump, wie er eine bestimmte Frage angehen sollte. Bestimmte Wörter konnte der Pressesprecher nur mühsam aussprechen, also übten wir auch die korrekte Aussprache der Antworten mit ihm. Wenn er sehr nervös wurde, stotterte er auch sehr und wirkte dadurch, als lüge er. Daran lag es aber nicht: Es war die reine Nervosität.

Trump trug kaum zu seiner Beruhigung bei. Wie üblich meckerte er nur und machte sich über Spicer lustig, sowohl ihm selbst gegenüber wie auch hinter seinem Rücken. Einmal schaute ich mir gemeinsam mit dem Präsidenten die Aufzeichnung einer Pressekonferenz an, und Trump meinte: »Er sieht aus wie der Pressesprecher von *Men's Warehouse* [einer amerikanischen Bekleidungskette]. Billig und geschmacklos.«

Der Auftritt vor der Pressekonferenz glich dem Einzug in ein Stadion durch den Tunnel für die Gästemannschaft – Lichter, Kameras, Mikrofone. Man wusste, dass die ganze Welt zuschaute. Jedes einzelne Wort, jede Geste, jede Aussage würde im rund um die Uhr laufenden Nachrichtenzirkus bis zum Überdruss seziert und analysiert werden. Dieser Riesenaufwand, um einen katastrophalen Tweet zu stützen, war noch dazu oft verschwendet. Während wir uns bemühten, den Schaden zu begrenzen, den der Präsident angerichtet hatte, twitterte er oft schon, ohne Bescheid zu sagen, einen

Rückzieher. Die Öffentlichkeit erfuhr es etwa zur selben Zeit wie wir selbst, und wir waren gnadenlos bloßgestellt.

Ein Freund sagte mir: »Ihr müsst die Leitplanken für Trump sein, um sicherzugehen, dass er mit seiner hemmungslosen Raserei nicht von der Fahrbahn abkommt.« Aber das Schicksal von Leitplanken ist es nun einmal, dass sie demoliert werden, auch wenn sie den Unfall verhüten.

Melania flog aus New York ein, um ihre erste Veranstaltung im Weißen Haus als Gastgeberin zu leiten, ein Mittagessen im kleinen Kreis zum Internationalen Frauentag am 8. März. Neben Trumps Tochter Ivanka, Senatorin Susan Collins aus Maine, Bildungsministerin Betsy DeVos und Karen Pence mit ihrer Tochter Charlotte war auch ich eingeladen. Das Essen fand im wunderschön geschmückten *State Dining Room* statt. Melania hielt eine leidenschaftliche Rede über Gleichberechtigung und die Unterdrückung von Frauen weltweit. Ich behielt sie während der ganzen Veranstaltung im Auge. Es war immer eine Herausforderung, ihre Stimmung einzuschätzen, weil sie sich hinter einer Mauer verschanzte. Melania und Ivanka verstanden einander wohl ziemlich gut. Wie bei den meisten Stiefmutter-Stieftochter-Beziehungen gab es Höhen und Tiefen, aber meistens kamen die beiden Frauen gut miteinander aus.

Während des ganzen Essens schien Melania guter Laune zu sein – bis zwei Männer in die ausschließlich für Frauen gedachte Veranstaltung platzten. Trump und sein Vize schneiten herein. Der Präsident begrüßte seine Frau, aber es war eine sehr kühle Begrüßung. Wenn sie einander überhaupt berührten oder küssten, dann nur oberflächlich. Die wenigen Minuten, die er blieb, hielt sie Abstand zu ihm. Mir fiel auf, dass sie ihn, während er ein paar Worte zu den Versammelten sprach, mit einem erstarrten halben Lächeln und blitzenden Augen unentwegt anschaute, als ob sie seine Anwesenheit kaum ertrage und ungeduldig warte, dass er wieder verschwand.

Ich beobachtete schon seit Jahren, wie Melania ihren Mann anschaute. Bevor er die Wahl gewann, hatte sie immer eine gefällige Maske getragen. Sie hatte keine Möglichkeit, sein Verhalten zu ändern, also tat sie, als nehme sie es hin. Um sich zu schützen, errichtete sie eine Mauer der Gleichgültigkeit zwischen sich und etwaigen neugierigen Beobachtern. Im Wahlkampf behielt Melania dies bei und ließ sich kaum je zusammen mit ihrem Mann oder überhaupt in der Öffentlichkeit blicken. Die Medien fanden sie einfach nicht.

Das änderte sich natürlich, nachdem ihr Mann Präsident geworden war. Jetzt stand sie permanent im Scheinwerferlicht der Medien. Am Tag der Vereidigung stellte Trump sie peinlich bloß, indem er sie einfach stehen ließ, als er vor dem Weißen Haus aus der Limousine stieg, um Barack und Michelle Obama zu begrüßen. Sie musste alleine hinter ihm die Treppe hinauflaufen, im scharfen Gegensatz zu anderen Präsidentenpaaren, die diesen Weg gewöhnlich gemeinsam gehen. Es gibt Videoaufnahmen von ihr, wie sie später bei der Vereidigung ihrem Mann zulächelt – und wie dieses Lächeln zu einem verbitterten Schmollen wird, sowie er ihr den Rücken zudreht. Als das Paar am Abend auf dem Ball anlässlich der Vereidigung unbeholfen miteinander tanzte, sah es tatsächlich so aus, als ekele sich die First Lady vor der Berührung durch ihren Mann. Das Ergebnis war das Hashtag #FreeMelania.

Es kann sein, dass sie deshalb noch in New York wohnen blieb, bis Barron sein Schuljahr beendet hatte, und erst dann ins Weiße Haus einzog, weil es ihr unangenehm war, ihr Privatleben einzubüßen und die Risse in der (damals) zwölfjährigen Ehe mit Donald von den Medien zur Schau gestellt zu sehen. Allerdings wurde ihr wohl langsam klar, dass es auch seine Vorteile hatte, im Scheinwerferlicht zu stehen. Das glaube ich jedenfalls, nachdem sie sich bei dem Essen zum Internationalen Frauentag nicht mehr die Mühe gemacht hatte, die Verärgerung über ihren Mann zu verbergen. Als First Lady konnte Melania ihre eigene Agenda verfolgen, wenn auch nicht durch große Worte. Nach der Demütigung auf dem Parteitag der Republikaner, wo sie eine teils von Michelle Obama abgeschriebene Rede präsentiert hatte, würde sie nie wieder unbefangen in der Öffentlichkeit sprechen. Aber was sie konnte, war, ihre Miene, ihre Körpersprache und ihren Stil einzusetzen, um damit ihre Meinung auszudrücken, und so ein gewisses Maß an Macht und Kontrolle über ihre Ehe zurückzugewinnen. Ich war neugierig, wie sich diese Veränderung bei Melania – vielleicht unbedeutend für andere, aber wie ein Erdbeben für mich – weiterentwickeln würde.

Am 51. Tag nahm *Saturday Night Live* Ivanka Trump mit routinierter Präzision auf die Schippe. In dem Sketch machte Scarlett Johansson als Ivanka Werbung für ein Parfüm namens *Complicit – Mitschuldig*. Bei der nächsten Besprechung der engsten Mitarbeiter des Präsidenten konnte sich Ivanka gar nicht mehr beruhigen, so beleidigend, so lächerlich fand sie diese Parodie. Nun waren wir alle schon Opfer der Angriffe von *SNL* gewesen. Mich haben während meiner Zeit in der *Trumpworld* schon drei verschiedene Schauspielerinnen karikiert – Maya Rudolph, Sasheer Zamata und Leslie Jones. Steve Bannon wurde als Gevatter Tod porträtiert, Kellyanne Conway wurde von Kate McKinnon aufs Korn genommen. Sean Spicer wurde Woche für Woche von Melissa McCarthy niedergemacht, die dafür einen Emmy bekam. Es hatte uns alle schon getroffen, viele in derselben Sendung wie Ivanka. Aber Ivanka beklagte sich ununterbrochen darüber, dass sie veralbert worden war. Sie war ebenso dünnhäutig wie ihr Vater und verstand keinen Spaß auf ihre Kosten.

Ihr Vater sagte zu ihr: »*Honey*, du nimmst das aber sehr schwer. Warum tust du dir das an? Geh zurück in die Firma, übernimm die Leitung. Hier kann ich dich nicht schützen. Es macht mir Sorgen, wie sehr dich das verletzt.« Er wollte Jared und Ivanka aus dem Weißen Haus herausholen, weil es ihn sehr traf, wenn sie angegriffen wurde. Er wusste, dass die Angriffe eigentlich ihm galten, und sie zeigten Wirkung. Wenn Ivanka zu wichtigen Tagungen und Treffen mitreiste – etwa zum Papst, nach Israel oder zum G-7-Gipfel –, lachte hinter vorgehaltener Hand die ganze Welt über sie. Als unersättlicher Fernsehnachrichtenkonsument wusste ihr Vater das. Auch den Beratern war es klar, aber niemand brachte es über sich, eine Veränderung vorzuschlagen. Trump selbst fühlte sich machtlos, weil er seine eigene Tochter nicht beschützen konnte. Ivanka, seine geliebte, schöne Tochter wurde samt ihrer Familie in den Medien niedergemacht, und er konnte nichts dagegen unternehmen.

Am 63. Tag, dem 23. März, veranstaltete das OPL einen runden Tisch mit Repräsentanten der Gewerkschaft *American Trucking Associations*, Fernfahrern und CEOs zum Thema Krankenversicherung. Um die Gruppe willkommen zu heißen, stieg Trump in die Kabine einer Zugmaschine und tat so, als steuere er den Truck, wobei er Grimassen schnitt, so wie er sich den Gesichtsausdruck eines harten Kerls vorstellte. Es dauerte nur wenige Minuten, bis die Fotos davon im Internet zu Hunderten Memen geworden waren.

Am 69. Tag wurde Ivanka offiziell zur Assistentin des Präsidenten, also ebenfalls zu einer AP ernannt. Zwar gab es Vorwürfe in der Öffentlichkeit wegen Vetternwirtschaft, und die Presse fragte, welche Qualifikation sie für diesen Posten habe, aber mich beruhigte ihr neuer Titel. Ich hatte Trumps geistigen Zustand seit zwei Monaten Tag für Tag mit wachsender Besorgnis beobachtet. Er schien langsam abzubauen. Ich schrieb das hauptsächlich der ungewohnten Umgebung zu, in der er sich nicht zurechtfand, und dem ungeheuren Druck seines neuen Amtes, nachdem er seit Jahrzehnten vom Trump Tower aus die *Trump Organization* geleitet hatte.

Seine Vergesslichkeit und Frustration wurden nämlich immer schlimmer. Jedes Mal, wenn jemand hereinkam, um ihn auf einen Termin vorzubereiten, fragte er irritiert: »Wer ist das denn schon wieder? Was will er?« Er beklagte sich laufend, was für ein schreckliches Team er habe. Er hasste seinen Stab, weil Leaks – nicht autorisierte Informationen über die Zustände im Weißen Haus und zu politischen Themen – zu einer Sturzflut anschwollen. Er fühlte sich verfolgt und war ständig gereizt. Ich hoffte, Ivankas Beförderung von einer Beraterin zur Assistentin würde ihn emotional aufbauen und ihm die Stütze geben, die er brauchte. Die Medien lästerten über ihren neuen Titel, aber mir war er willkommen. Ich kannte Ivanka seit vierzehn Jahren und hatte mit ihr bei *The Celebrity Apprentice* schon zusammengearbeitet; daher wusste ich, wie kompetent und intelligent sie war. Ich nahm mir vor, einen Termin mit ihr auszumachen, um ihr vertraulich auseinanderzusetzen, wie sehr mich die Vergesslichkeit und Verhaltensauffälligkeit ihres Vaters sorgten. Ich sagte oft zu ihr: »Er braucht Sie. Schön, dass Sie hier sind.«

Ich hatte die Idee, am Ende des *Women's History Month* im März eine Podiumsdiskussion zum *Empowerment* von Frauen zu veranstalten. Als ich sie bei einer Besprechung der Führungsriege vorstellte, sagte Kellyanne Conway: »Tolle Idee! Ich übernehme die Moderation!« Ich fand es gut, dass sie sich als Moderatorin zur Verfügung stellte, und plante entsprechend. Kurz darauf rief mich allerdings Reince Priebus zu sich und wies mich an: »Streichen Sie Kellyanne aus der Runde. Wir wollen stattdessen Pam Bondi.« Pam Bondi war Generalstaatsanwältin von Florida und eine alte Kampfgefährtin Trumps. Als ich wissen wollte, warum Bondi statt Conway, zuckte der Stabschef nur mit den Schultern. »Wir halten sie einfach für die bessere Moderatorin.«

Mir blieb die Aufgabe, Conway die schlechte Nachricht zu überbringen. Ich ging in ihr Büro und sagte ohne Umschweife: »Haben Sie kurz Zeit? Ich komme gerade von Reince. Er hat mir gesagt, dass die Führung Sie nicht in der Frauen-Empowerment-Runde haben will.«

Sie starrte mich mit offenem Mund an: »Warum denn?«

»Weiß ich auch nicht.«

»Und wieso nimmt sich Reince heraus zu entscheiden, wer eine Podiumsdiskussion über Frauen-Empowerment moderiert?«

Gute Frage. Vielleicht ging es hier um einen internen Konflikt zwischen den Parteibossen der Republikaner – Priebus und Konsorten – und Trumps Wahlkampfteam, zu dem Kellyanne Conway gehörte. Vielleicht schuldeten Priebus oder Trump Bondi auch bloß einen Gefallen, oder es lag daran, dass Bondi als gewählte Generalstaatsanwältin ein frisches Gesicht ins Weiße Haus bringen würde.

Kellyanne Conway war jedenfalls wütend über diese Zurücksetzung und schmollte tagelang. Sie blieb jedoch kühl und berechnend genug, um zu wissen, wann sie eine Schlacht verloren hatte, und wartete auf die nächste. Die Diskussionsveranstaltung – Bondi erwies sich übrigens als großartige Moderatorin – schaute Conway sich in der ersten Reihe an, umarmte alle Teilnehmerinnen und gab die *Belle* des Balls. Sie wusste, wie sie den Schein wahrte, so beleidigt und übergangen sie sich auch vorkam.

Am 78. Tag, dem 7. April, bestätigte der Senat Richter Neil M. Gorsuch als neues lebenslanges Mitglied des Obersten Gerichtshofs. Für Trump war das ein großer Sieg. Er hielt und hält es für ungeheuer wichtig, Richter zu ernennen, die seine Ansichten vertreten. Jemand hat ihm gesagt, die beste Methode, um sein politisches und ideologisches Erbe weit über seine Amtszeit hinaus fortwirken zu lassen, sei die Erennung von Bundesrichtern, die in seinem Sinn Recht sprechen würden. Er macht vielleicht Witze darüber, die Begrenzung des Präsidentenamtes auf zwei Amtszeiten aufzuheben, aber in Wirklichkeit geht es ihm darum, seine Ansichten auf Jahrzehnte hinaus über Gerichtsurteile durchzusetzen. Wenn Ihnen das keine Angst macht, sollten Sie umdenken, denn mit dieser Strategie ist er erfolgreich.

Am 79. Tag heiratete ich! Am Arbeitsplatz ging es bei mir drunter und drüber, aber mein Privatleben bot einen beruhigenden Ausgleich. Ich würde Anfang April meinen gut aussehenden Verlobten, John Allen Newman heiraten, den Pastor des *Sanctuary at Mt. Calvary Baptist Church* in Jacksonville, Florida. Mehrere Gründe bewogen uns dazu, die Hochzeit von Jacksonville nach Washington zu verlegen. Zunächst waren da die Demonstranten, die uns belagerten, als ich zum letzten Mal in meiner langjährigen Kirche, der *Wel-*

ler Street Missionary Baptist Church in Los Angeles, predigte und feierlich verabschiedet wurde. In dieser Kirche hatte ich unter dem leitenden Pastor K. W. Tulloss fast zehn Jahre gedient. Die Menge blockierte den Eingang und hielt uns Schilder entgegen, auf denen die Trump-Administration kritisiert wurde. Danach erhielten wir eine Reihe telefonischer Drohungen, auch eine Hochzeit in Johns Kirche würde Ziel einer Demonstration werden. Ich wandte mich an den Secret Service und unsere eigenen Personenschützer und erhielt den Rat, die Hochzeit lieber in die Hauptstadt zu verlegen, wo es mehr rechtliche Handhabe gab, sollte es zu Zwischenfällen kommen.

Weniger als zwei Monate vor dem geplanten Termin verlegten wir also die Feier nach Washington. Sie würde nur wenige Querstraßen vom Weißen Haus entfernt stattfinden – das *Trump International Hotel* war aufgrund der besonderen Umstände gerne bereit, uns aufzunehmen. Die Hochzeit war wunderschön. Wir hatten ein Kirschblütenthema gewählt, passend zur Kirschblütenparade mit dem gleichnamigen Festival, die am selben Tag veranstaltet wurde. Einhundertfünfzig Gäste genossen die siebenstöckige Hochzeitstorte. Leider war Trump gerade mit dem chinesischen Präsidenten in Mar-a-Lago und konnte nicht kommen. Am Tag vorher hatten Kellyanne Conway und Sarah Huckabee Sanders in einem Restaurant gegenüber dem Weißen Haus einen Junggesellinnenabschied für mich gegeben. Es war der schönste Tag meines Lebens. Nach der Zeremonie und einem Brunch im Hotel gaben wir einen Empfang mit dem Thema »Afrika« im *Park Hotel* an der Vierzehnten Straße und am folgenden Tag erneut einen Brunch, wieder mit dem Kirschblütenthema, im *Four Seasons Hotel*. Ich freute mich auf die Flitterwochen und einen Urlaub, den ich sehr nötig hatte. Mein Mann hatte Bellagio am Comer See als Ziel der Hochzeitsreise ausgewählt, wo auch George Clooney ein Haus besitzt. Die Woche in Italien verging nur zu schnell, und schon musste ich mich wieder in den Sumpf begeben und meine Verantwortlichkeiten im Weißen Haus wahrnehmen.

Am 83. Tag ließ Donald Trump die »Mutter aller Bomben« – die stärkste konventionelle Bombe im amerikanischen Waffenarsenal – auf ein Netz von Höhlenverstecken in Afghanistan werfen. Er war geradezu besessen davon und sprach wochenlang von nichts anderem. Die Geschichte immer wieder zu erzählen lenkte ihn immerhin eine Zeit lang davon ab, andauernd vom Wahlabend zu reden. Kam jemand in sein Arbeitszimmer, bekam er unweigerlich Folgendes zu hören: »Ich saß da bei einem Stück Schokoladenkuchen, und sie kamen zu mir und sagten: ›Wir machen es!‹ Und ich gab grünes Licht. Ich sagte ihnen, sie könnten die ›Mutter aller Bomben‹ abwerfen ...« Er erzählte das wirklich ein ums andere Mal, als durchlebe er den Moment jedes Mal neu, gleichgültig, wer ihm zuhörte. »Haben Sie den Abwurf der ›Mutter aller Bomben‹ gesehen?« Am nächsten Tag: »Oh mein Gott, diese ›Mutter aller Bomben‹! Haben Sie's gesehen?«

Ich begann ernsthaft zu fürchten, der Präsident leide an Realitäts- oder Gedächtnisverlust und wisse wirklich an einem Tag nicht mehr, was er am vorigen getan hatte. Ging es Donald wie dem bereits im Amt beeinträchtigten Ronald Reagan, dessen Mitarbeiter den Schein aufrecht und den Betrieb am Laufen hielten? War Mike Pence seine Nancy Reagan? Der leere, anhimmelnde Blick war jedenfalls derselbe. – Aber das konnte doch nicht sein. Es war doch Donald Trump! Der Mann, den ich schon ewig kannte und von dem ich wusste, wie aufmerksam und clever er war. Bestimmt überwältigte ihn einfach die ungeheure Verantwortung als Führer der Nation; es ging uns ja allen so.

Am 88. Tag, dem 17. April, fand mit Melania Trump als Gastgeberin zum 139. Mal das alljährliche Ostereier-Wettrollen im Garten des Weißen Hauses statt – eigentlich ein harmloser Spaß jenseits aller Parteipolitik. Trump stand neben einem Mann im Hasenkostüm auf dem Truman-Balkon, wirkte gehemmt und fühlte sich sichtlich unwohl. Wie zu erwarten, waren gnadenlose Internet-Meme die Folge. Als die Nationalhymne gespielt wurde, vergaß der

Präsident, die Hand aufs Herz zu legen; Melania musste ihn mit dem Ellenbogen anstoßen, um ihn daran zu erinnern. Die gesamte Trump-Familie erschien, die Männer allesamt in marineblauen Anzügen, die Frauen in ärmellosen Etuikleidern. Bei einer früheren Gelegenheit hatte Obama den versammelten Kindern *Wo die wilden Kerle wohnen* vorgelesen. Trump vermied es lieber, in der Öffentlichkeit etwas vorzulesen, selbst wenn es nur ein Kinderbuch war. Also fiel diese Aufgabe jetzt Melania zu, die den Kindern auf dem *South Lawn* würdevoll und elegant *Party Animals* von Kathy Lee Gifford vorlas.

Aber selbst diese Feier wurde zum Politikum. Erstens wurden wir die Eintrittskarten nicht los. Zu Obamas letztem Ostereier-Wettrollen waren über 35 000 Zuschauer ins Weiße Haus gekommen, zu Trumps erstem waren es ganze 20 000. Die Zahl der Zuschauer war immer ein Erfolgsmaßstab, besonders wenn Trump mit Obama verglichen wurde. Zweitens gingen nicht nur die Tickets schlecht, sondern es kamen ganz überwiegend Weiße. Der Mangel an Diversität war ziemlich auffällig. Die Veranstaltung wurde in Zusammenarbeit mit dem OPL organisiert, und wir waren für die Einladung unterschiedlicher Gruppen der Wählerschaft zuständig. Ich versuchte eine Woche lang jemanden zu überzeugen, aber niemand wollte kommen!

Immerhin, die ersten hundert Tage hatten wir jetzt hinter uns. Sicher würde jetzt alles seinen geregelten Gang finden. Wir würden keine Tweets mehr rechtfertigen müssen, sondern an unserer Agenda arbeiten. Wenn die Proteste erst einmal abklangen, würde sich schon alles einrenken.

Kapitel zwölf

»Ich glaube, der Präsident verliert den Verstand!«

Wenn ich auf den Umfang, die Tiefe und die Breite meiner Arbeit zurückblicke, wird mir klar, dass ich keinen Augenblick Zeit dafür hatte, einzuschätzen, was außerhalb des Gebäudes vorging. Ich konnte kein einziges Mal durchatmen. Ständig wurde ich von meinen eigenen Leuten herausgefordert – immer war ich in der Defensive. Ich arbeitete so hart und so schnell ich konnte: Mein Terminplan während des *Black History Month* beispielsweise erschöpft mich schon, wenn ich bloß darüber schreibe. Aber die Presse fragte stets nur: »Was macht die eigentlich dort?«

Missgunst und Eifersucht gab es innerhalb und außerhalb des Weißen Hauses. Ich stand von allen Seiten unter Beschuss. Dass mir Trump damals bei der Veranstaltung zum *Black History Month* im Februar den Stuhl zurechtrückte, machte Schlagzeilen. Hochrangige anonyme Quellen wunderten sich: »Können Sie sich vorstellen, der Präsident der Vereinigten Staaten *einer Beraterin* einen Platz anbietet?« Der herablassende und rassistische Unterton war nicht zu überhören. Hätten die Leute auch so reagiert, wenn Hope Hicks an meiner Stelle gewesen wäre?

Der Präsident war höflich zu mir, und die Leute kritisierten dieses Verhalten, um mich in die Schranken zu weisen und zu demütigen. Es versteht sich von selbst, dass die Presse den eigentlichen Zweck der Zusammenkunft, zwischen der Politik und der afroamerikanischen Gemeinschaft eine Brücke zu bauen, völlig ignorierten. Ich stand unter so unglaublich strenger Überwachung, dass ich mir den Luxus, mich bei irgendjemandem darüber zu beklagen, nicht leisten konnte.

In einem Artikel im *Daily Beast* über die Kontroverse wegen meiner Mitgliedschaft in der Regierung Trump, bemerkte Joy-Ann Reid, dass hinter meinem Rücken schon die Messer gewetzt wurden. Und, um es noch einmal zu sagen, ich war die einzige schwarze Frau und überhaupt die einzige Person im *West Wing* des Weißen Hauses, die tagaus, tagein für die Unterstützung von historischen afroamerikanischen Colleges (HCBUs), für Studienzuschüsse an Minderheiten (*Pell Grants*), für den Schutz von Muslimen und für die Familienplanung als Menschenrecht kämpfte. Aber das moralische Urteil, das man über mich fällte, lautete, ich sei entsetzlich ehrgeizig, beschämend opportunistisch, rachsüchtig, durchsetzungsfähig und anspruchsvoll – genau die Eigenschaften, durch die die meisten Kabinettsmitglieder und ranghohen Berater ihre Jobs bekamen und behielten. Vielleicht hätte ich besser dankbar katzbuckeln sollen.

Ende April wurden Kellyanne Conway und ich zum Jahrestreffen der *National Rifle Association* in Atlanta eingeladen. Sie war als Hauptrednerin beim *Women's Leadership Forum* für weibliche Mitglieder vorgesehen. Wenn man als republikanische Mitarbeiterin des Weißen Hauses zur Teilnahme an einem Kongress der NRA aufgefordert wurde, war es keine Frage, dass man hingehen musste. Siebenundsiebzig Prozent der Waffen besitzenden Mitglieder der fünf Millionen Personen starken Organisation waren Republikaner.

Ich war fasziniert von der Leidenschaft der Waffenliebhaberinnen, aber noch mehr beeindruckte mich Kellyanne Conways Vorstellung. Sie lobte den *Law-and-Order*-Ansatz, den Jeff Sessions für sämtliche Probleme vertrat, und die Aufhebung des Verbots von Bleimunition in den der Bundesregierung unterstellten Naturschutzgebieten, die der Innenminister Ryan Zinke verkündet hatte. Ich habe keine Ahnung, welche Positionen Conway vor dem Kongress vertreten hatte, aber auf dem Podium übertraf sie alle anderen Frauen in ihrer Leidenschaft für den zweiten Zusatzartikel der amerikanischen Verfassung, der Bürger den Besitz und das Tragen von Schusswaffen erlaubt. Sie war wie ein Chamäleon, das seine Farbe ändern konnte, je nachdem, welchen Kandidaten sie unterstützte oder in welchem Raum sie gerade war.

Trump sprach auf der Hauptveranstaltung. Er erzählte – wie immer – von der Wahlnacht und versprach der Menge, solange er Präsident sei, werde die NRA einen Freund im Weißen Haus haben. Als er von der Bühne kam, sagte er zu mir: »Tolle Energie, nicht? Klasse Veranstaltung!« Anschließend fuhren wir knapp zwei Kilometer zu einer Benefizveranstaltung. Als Mitarbeiterinnen des Weißen Hauses wäre es für Kellyanne und mich unangemessen gewesen, an einer Benefizveranstaltung teilzunehmen, also wurden wir, um den Anstand zu wahren, in einem Zimmer eingeschlossen und aßen dort eine Kleinigkeit.

Wir flogen in der Air Force One des Präsidenten zurück – mein erstes Mal. Ich fand es aufregend in dieser Maschine zu fliegen, auch wenn es keine zwei Stunden dauerte. Ich ging durch das Flugzeug und machte Fotos von dem berühmten Konferenzraum und vom Oval Office des Präsidenten.

Der Präsident und ich sprachen auf diesem Flug über Waffen, und ich erfuhr, dass er eine Pistole von Heckler & Koch Kaliber 45 und einen Revolver von Smith & Wesson Kaliber 38 besaß. Ich erinnerte mich daran, dass er auf einer der Debatten während der republikanischen Vorwahlen gesagt hatte: »Ich trage gelegentlich eine Waffe, zu bestimmten Zeiten sogar häufig. Ich bin gern unberechenbar.« Mich fröstelte ein bisschen, als ich das mit der berühmten Behauptung zusammenbrachte, die er im Januar 2016 auf einer Wahlveranstaltung aufgestellt hatte: »Ich könnte mitten auf der

Fifth Avenue stehen und jemanden erschießen und würde keinen einzigen Wähler verlieren, stimmt doch!« Das galt mit Sicherheit für die Leute, die ich bei dem NRA-Treffen kennengelernt hatte.

Auf demselben Flug sprach ich das erste Mal ausführlich mit Trumps Arzt Dr. Ronny Jackson, der auch für die medizinische Versorgung im Weißen Haus zuständig war. Er zeigte mir den kleinen Operationssaal der Air Force One, in dem sogar Operationen am offenen Herzen durchgeführt werden könnten, und sagte: »Kommen Sie herein, ich überprüfe Ihre Vitalfunktionen.« Dr. Jackson hatte eine ähnliche Funktion wie ein Leibarzt in Hollywood. Ich hatte dieses Phänomen während meiner Zeit im Los Angeles kennengelernt: Prominente zahlen enorme Summen an einen Arzt, damit er ihnen jederzeit jedes gewünschte Rezept schreibt. Während meiner ganzen Zeit im Weißen Haus konnten alle Kabinettsmitglieder und APs im Rahmen einer wenig bekannten Maßnahme mit der Bezeichnung *Executive Medical Program* jederzeit ein rezeptpflichtiges Medikament bekommen. Wir konnten alles kriegen, direkt aus der Packung, ohne Rezept. Angenommen, man hatte Rückenschmerzen: Dann ging man zum Arzt, klagte ihm sein Leid und kam mit starken Schmerzmitteln für einen Monat wieder heraus. Der Sinn der freien Verfügbarkeit von Medikamenten bestand darin, dass die Kabinettsmitglieder immer fit sein mussten. Wir durften nicht unter Schlaflosigkeit oder Erschöpfung oder Rückenschmerzen leiden. Wir brauchten nur zu fragen, und schon erhielten wir jede gewünschte Pille.

Am 5. Mai wurde Angella Reid, die Chefin aller Hausangestellten des Weißen Hauses entlassen. Sie war die zweite afroamerikanische Person und die erste Frau auf diesem Posten gewesen. Obwohl sie ihr Amt seit 2011 innehatte, also schon unter Obama eingestellt wurde, galt ihre Tätigkeit nicht als politische, und es ist ungewöhnlich, dass der neue Präsident seine Organisationschefin feuert. Ich war über die Entlassung bestürzt, weil sie bedeutete, dass – weniger als zwei Monate nachdem Trump Shermichael Singleton, den dunkelhäutigen Chefberater in Ben Carsons Ministerium für Wohnungsbau, wegen eines Trump-kritischen Artikels im Onlinemagazin *The Hill* gefeuert hatte – das Weiße Haus noch weniger Diversität ausstrahlte. Ich sprach daher alle ranghohen Stabsmitglieder auf Reids Entlassung an: »Wir können nicht noch mehr Schwarze aus fadenscheinigen Gründen feuern«, erklärte ich einer Reihe von Leuten. Als Kommunikationsdirektorin des OPL muss ich erklären, warum diese Frau entlassen worden ist.«

Die offizielle Entgegnung lautete stets: »Wir diskutieren keine Personalangelegenheiten.« Aber inoffiziell hieß es, sie sei nicht sehr beliebt gewesen, und Trump habe es gestört, wie sie mit seinem Solarium umgegangen sei. Ich hatte gehört, er sei unzufrieden mit ihren Bemühungen gewesen, die Sonnenbank zu beschaffen, sie sicher in den Ostflügel zu bringen, einen geheimen Platz dafür zu finden und sie richtig aufzustellen. Außerdem war Trump ihr offenbar schlicht und einfach verhasst, und sie gab sich keine Mühe, ihre Gefühle zu verbergen.

Wie die ganze Welt genau weiß, war die Präsidentschaft Trumps im Mai 2017 durch einen Vorgang belastet, den wir intern mit einem Wort als *the Russian Concussion* – den Russlandschock – zusammenfassten.

Am 9. Mai feuerte Trump James Comey, den Direktor des FBI. Der offizielle Grund war, dass er mit dessen Verhalten bei der Untersuchung wegen Hillary Clintons E-Mails nicht einverstanden war. Trumps berühmter Brief an Comey enthielt folgenden außerordentlichen Satz: »Zwar weiß ich sehr zu schätzen, dass Sie mir bei drei verschiedenen Gelegenheiten mitgeteilt haben, dass nicht gegen mich ermittelt wird, aber dennoch bin ich mit dem Justizministerium darüber einig, dass Sie nicht fähig sind, das Büro effektiv zu leiten.«

Natürlich ging es bei der Entlassung tatsächlich nur darum, dass

Comey ihm die geforderte Loyalität verweigert hatte. Trump hatte schon wochenlang über eine Entlassung Comeys gesprochen, doch ich hatte absolut nicht erwartet, dass er sie auch durchziehen würde. Bei einem meiner Besuche fragte er: »Hey, Omarosa, was meinen Sie zu Comey? Ich musste ihn doch entlassen, nicht wahr? Man konnte ihm nicht trauen; er war nicht loyal«.

Ich sagte besänftigend: »Hey, Sie haben getan, was Sie tun mussten.«

Niemand, und ich meine, *keine einzige Person* im Weißen Haus, war mit seiner Entscheidung einverstanden. Aber keiner wagte, es ihm zu sagen. Er war damals so durcheinander, dass einfach alles einen Wutanfall auslösen konnte, und man wollte nicht die Zielscheibe sein, wenn das passierte. Er konnte sich wahnsinnig über undichte Stellen aufregen. Er war nicht glücklich über seinen Stab; Ivanka und Jared drängten ihn, Priebus und Spicer loszuwerden. Andere bombardierten ihn mit Problemen, die er lösen musste.

Die Briefings des Kommunikationsteams über Comeys Entlassung sind unglaubliche Dokumente, was die Kunst der »alternativen Fakten« betrifft. Die Sprachregelungen müssen sich für jeden Nachrichten-Junkie vertraut anhören, weil sie auf *Fox News* und von Trumps Sprechern monatelang wortwörtlich wiederholt wurden. So etwa hieß es: »Direktor Comey hat das Vertrauen und den Respekt der FBI-Mitarbeiter verloren.« Und: »Präsident Trump kam zu dem Schluss, dass die die Beendigung von Direktor Comeys Amtszeit die einzige Möglichkeit war, das Vertrauen in das FBI, das Kronjuwel der amerikanischen Strafverfolgung, wiederherzustellen.« Im Lauf des Monats schaffte es Trump, die öffentliche Meinung zur Bedeutung des Begriffs »Kronjuwel der amerikanischen Strafverfolgung« entscheidend zu beeinflussen.

Hope Hicks war für alle Interviews mit dem Präsidenten zuständig, auch für diejenigen, die Lester Holt für eine Sondersendung von *NBC* über Comeys Entlassung mit Trump führte. Sie wurden zur besten Sendezeit ausgestrahlt. Hicks und Trumps Rechtsberater schärften ihm ein, jegliche Absprachen in Bezug auf Russland zu bestreiten. Es war die klügste Strategie, weil er sie sich merken konnte. Der Präsident dachte, er könnte einfach »Es gibt keine Absprachen. Es gibt keine Absprachen. Es gibt kein Russland. Es gibt kein Russland« sagen, und das werde genügen, um das amerikanische Volk davon zu überzeugen, dass es diese Dinge wirklich nicht gab. Mit der Zeit jedoch wurde seine Beziehung mit Russland Stück für Stück enthüllt.

Ich sah das Interview auf einem kleinen Fernseher im oberen Presseraum neben dem Büro des Pressesprechers. Der ursprüngliche, untere Presseraum war über dem alten Swimmingpool eingerichtet und diente inzwischen als der Raum, in dem die Pressekonferenzen stattfanden. Während des ganzen sprunghaften und widersprüchlichen Interviews dachte ich immer wieder: *O nein! O nein! Das ist schlecht!*

Trump schweifte ab. Er schwafelte. Er widersprach sich von einem Satz zum anderen. Hope Hicks war die kritischen Fragen ein Dutzend Mal mit ihm durchgegangen und hatte den zentralen Punkt betont, dass er Comey auf Anraten des Justizministeriums entlassen habe – eine Version, die der Vizepräsident und andere ranghohe Mitarbeiter seit Tagen lancierten. Trump hatte schon einen ersten Fehler gemacht, als er dem russischen Botschafter im Oval Office erzählt hatte, er habe Comey entlassen, weil dieser schlechte Arbeit geleistet habe. Und nun, bei Lester Holt, änderte er die Aussage erneut und bekannte: »Ich habe beschlossen, ihn zu feuern.«

Holt versuchte ihm zu helfen. Er erinnerte ihn: »In Ihrem Brief sagten Sie, Sie hätten der Empfehlung [des Justizministeriums] entsprochen.«

»Aber unabhängig von dieser Empfehlung hatte ich vor, Comey zu feuern«, erwiderte Donald Trump. »Tatsächlich sagte ich mir, *als ich einfach entschied es zu tun:* ›Also, dieses Russland-Ding mit Trump und Russland ist eine erfundene Geschichte. Es ist eine Ausrede der Demokraten, weil sie eine Wahl verloren haben, die sie hätten gewinnen sollen.«

Das war alles, was seine Kritiker brauchten, um zu beweisen, dass er gelogen hatte. Ich hatte schon gewusst, dass er übertrieb und prahlte. Er erzählte Notlügen und log durch Auslassung, aus Unwissenheit oder weil er Dinge falsch verstand. Und er bog die Wahrheit absichtlich zurecht, um gut dazustehen. Aber dies war etwas anderes. Es war, als ob er nicht wüsste, was die Wahrheit war, oder sich nicht erinnern konnte, was er zuvor als die Wahrheit bezeichnet hatte. Der Aufschrei der Empörung folgte unmittelbar darauf.

Beim Betrachten des Interviews wurde mir klar, dass sich in Trumps Verstand eine fassbare und schwerwiegende Veränderung vollzog. Sein geistiger Verfall war unbestreitbar. Viele im Weißen Haus sahen das nicht so klar wie ich, weil ich ihn schon lange kannte. Sie dachten, Trump sei eben Trump und habe wie üblich aus dem Stegreif geplaudert. Doch ich wusste, dass etwas nicht stimmte.

Aber was konnte ich tun? Den mentalen Notstand für Donald J. Trump ausrufen? Sollte ich meine Erkenntnis melden … und wenn ja, an wen eigentlich? An Ronny Jackson, den Leibarzt des Präsidenten, der auf Trumps Wohlwollen angewiesen war, wenn er seinen Job behalten wollte und der bereits erklärt hatte, dass ein offensichtlich fettleibiger Mann, der unter Schlafmangel litt, bei exzellenter Gesundheit sei? Oder dem Stabschef, für den ich weder Vertrauen noch Respekt übrig hatte? Oder Don Jr., Ivanka oder Eric, die bestimmt auch sahen, was ich sah, aber nichts unternahmen? Oder Melania? Sie saß selbst rettungslos in der Falle. Und *was* sollte ich sagen? »Ich bin keine Ärztin, aber ich glaube, der Präsident verliert den Verstand?«

Ich schrieb Lara Trump eine SMS. »Hey, können wir uns mal wieder austauschen? Lassen Sie mich wissen, wenn Sie im Gebäude sind.« Als sie etwa eine Woche darauf vorbeikam, sagte ich: »Ich mache mir wirklich Sorgen um ihn.«

Sie sagte: »Ich weiß. Die ganze Lage ist echt verkorkst.«

»Nein, ich meine, seine Äußerungen sind inkohärent. Das ist nicht nur ein –«

»Nein«, sagte sie, als ob sie es nicht hören wollte.

»Ich glaube, man sollte ihn untersuchen.«

Sie schüttelte den Kopf und sagte. »Es ist alles in Ordnung.«

Allein ein solches Gespräch mit einem Familienmitglied zu führen war riskant. Wenn herauskam, dass ich den Präsidenten für wahnhaft oder geistig beeinträchtigt hielt, konnten die Auswirkungen auf die nationale oder globale Stabilität katastrophal sein. Schließlich sprach ich mit mehreren hochrangigen Beamten im Weißen Haus über meine Sorgen, aber sie alle brachten mich schnell und energisch zum Schweigen und warnten mich, die Sache weiterzuverfolgen.

Ich handelte aus Sorge um einen Freund, doch der Freund, um den es ging, war der Präsident der Vereinigten Staaten. Seit dem 17. Mai ermittelte Sonderermittler Robert Mueller wegen des Verdachts heimlicher Absprachen mit den Russen gegen diesen Freund, sein Wahlkampfteam und seine Regierung. Und die Ermittlungen wurden in einem hohen Ausmaß durch die Widersprüche befeuert, in die sich Trump im Zusammenhang mit Comeys Entlassung verwickelt hatte.

Mitte Mai hatte Mika Brzezinski in der *MSNBC*-Nachrichtensendung *Morning Joe* eine schockierende Bemerkung über Kellyanne Conway gemacht.»»Diese Frau war übrigens während des Wahlkampfs in unserer Sendung und hat ausführlich Werbung für Trump gemacht, und als sie nicht mehr auf Sendung war und die Kamera ausgeschaltet wurde, sagte sie: ›Igitt! Ich muss unter die Dusche!‹, weil sie den Kandidaten so sehr verabscheute.« Joe Scarborough, der andere Moderator, fügte hinzu, Kellyanne habe den Wahlkampf als ihren »Sommerurlaub« bezeichnet, und damit gemeint, dass sie den Job angenommen hätte, um einen Urlaub in Europa zu finanzieren. »[Sie sagte:] ›Ich mache es nur für das Geld. Ich höre bald wieder damit auf‹«, behauptete er.

Ich hatte mich gewundert, mit welcher Geschwindigkeit Kellyanne Conway während des Wahlkampfs das Pferd gewechselt hatte. Bei ihrer Arbeit für Cruz' Aktionskomitee (*Super PAC*) zu dessen Wahlkampffinanzierung hatte sie Trump täglich kritisiert und Zweifel an seiner Integrität und seinem Charakter geäußert. Aber nachdem sie das Lager gewechselt hatte, engagierte sie sich total für Trump. Jeder vernünftige Mensch, der Zeuge dieser 180-Grad-Wende wurde, musste zu Recht annehmen, dass sie ihre eigenen Gründe für die Übernahme der neuen Aufgabe hatte und dass diese mit Trumps Überzeugungen und seiner Vision für Amerika nichts zu tun hatten. Die Behauptungen in *Morning Joe* passten gut zu dem berechnenden Monster aus dem Washingtoner Politsumpf, für das ich Conway hielt.

Bei den täglichen Besprechungen mit den führenden Mitarbeitern des Weißen Hauses stimmte Conway allem zu, was Trump sagte. Obwohl es dem Präsidenten nie gefiel, wenn jemand anderer Meinung war als er, glaube ich, dass Kellyanne Conways »Jasagerei« sich für ihn in ein weißes Rauschen verwandelte, in ein Geräusch, das von seinem Gehirn nicht registriert wurde.

Ich erinnere mich, wie ich während des Wahlkampfs in der *Trump Force One* mit ihr und Trump, Jared Kushner und dem Kampagnenmanager David Bossie von Veranstaltung zu Veranstaltung flog. Die Männer diskutierten oft heftig über irgendeine Angelegenheit, und Kellyanne Conway versuchte sich an dem Gespräch zu beteiligen. Sie sagte von ihrem Sitz auf der anderen Seite des Ganges aus: »Hört mal, Jungs ... Also, ich denke ... Nein, hey, wie wär's mit ...« Doch die Männer ignorierten sie total. »Niemand hört mir zu!«, klagte sie.

Natürlich war es unhöflich, dass die Männer sie nicht beachteten, und natürlich hatte sie auch Relevantes zu sagen, aber ich hatte dennoch den Eindruck, dass sie ihren Status im Wahlkampf überschätzte. Es war gut möglich, dass sie ihre Rolle wegen der Optik bekommen hatte. Trump hatte ein Frauenproblem. Und siehe da, eine Frau wurde zur »Leiterin« seines Wahlkampfs ernannt.

In einem anderen Teil von *Trumpworld* twitterte Michael Cohen ein Foto von seiner Tochter Samantha in schwarzem BH und schwarzer Strumpfhose mit dem Kommentar: »Total stolz auf meine Ivy-League-Tochter ... Schönheit und Verstand, wie [das frühere Fotomodell] Edie Sedgwick«. Auf Twitter empörten sich die Leute massenweise darüber, dass Michael in Trumps Fußstapfen trete und damit angebe, wie heiß und sexy seine Tochter sei. Er reagierte wie ein gereizter Pitbull auf einen der Kritiker und schrieb: »Schönheit und Verstand, du A-Loch!« Einem anderen, der schrieb, Cohen habe »seine eigene Tochter als Wichsvorlage« gepostet, antwortete er: »Eifersüchtig?«

Ich kannte Samantha Cohen gut. Sie hatte ein Praktikum in Melanias Büro gemacht, und Cohen war zu mir gekommen und hatte gesagt: »Die lassen sie den ganzen Tag Zeitungsartikel ausschneiden. Kann sie ihr Praktikum in Ihrem Büro zu Ende machen? Sie muss ihren brillanten Verstand benutzen!« Ich beauftragte sie mit dem Rebranding von Michelle Obamas Programm *Let Girls Learn*. Sie leistete hervorragende Arbeit und stellte das Projekt sogar dem Stab des *Peace Korps* vor. Cohen war ein stolzer Vater: stolz auf ihre Intelligenz wie auf ihr Aussehen. Die aggressive Verteidigung seines Tweets war ein Zeichen seiner väterlichen Liebe zu ihr.

Ebenfalls im Mai bildete Mike Pence in aller Stille ein PAC, das *Great America Committee*, das von dem Wahlkampfstrategen Nick Ayers geführt wurde. Laut Ayers bestand die Aufgabe des Komitees darin, andere Kandidaten der Republikaner zu unterstützen und für Pence das Geld für seine Reisekosten und andere Ausgaben aufzutreiben. Vielleicht nicht ganz zufällig waren viele Menschen zu diesem Zeitpunkt überzeugt, Trump werde bald seines Amtes enthoben und »Präsident Pence« habe einen angenehmen Klang. Ayers war schon geraume Zeit ein Pence-Mann. Schon nach kurzer Zeit wurde er Stabschef im Weißen Haus, und der Wahlkampfmanager Corey Lewandowski übernahm die Leitung des PAC.

Mein Misstrauen gegenüber Pence verstärkte sich, als ich von seinem PAC erfuhr. Trump gab ihm beispiellos umfassenden Zugang und genoss sein kriecherisches Lob und seine verträumten Blicke. Wenn er jedoch nicht aufpasste, würde ihm sein Vize einen Dolchstoß in den Rücken versetzen. Als ich wieder einmal in New York war, traf ich mich im Wahlkampfbüro im Trump Tower mit Mike Pences Neffe John Pence. Ich teilte ihm mit, dass ich mir wegen des PAC Sorgen machte, aber er versicherte mir, dass es aufgelöst würde und nicht so verachtenswert sei, wie die Presse es einschätzte.

Am 22. Mai flogen Donald und Melania Trump mit der Air Force One nach Tel Aviv in Israel. Sie landeten auf dem Ben-Gurion-Flughafen, wo sie Ministerpräsident Benjamin Netanyahu und seine Frau Sara mit großem Trara und einem auf der Rollbahn ausgelegten roten Teppich begrüßten. Wie üblich ging Trump vor seiner Frau die Gangway hinunter, eine Gewohnheit, die in den Medien und auf Twitter als rüpelhaft, chauvinistisch oder mindestens gedankenlos kritisiert wurde. Nach einer kleinen Ansprache schritten die beiden Paare auf dem roten Teppich zu den wartenden Limousinen. Erneut ging Trump voraus, langte dann nach hinten und griff nach Melanias Hand. Sie schlug seine Hand mit einer Drehung ihres Handgelenks beiseite und ging elegant weiter. Ich sah mir die Berichte in meinem Büro im EEOB an und durfte den »Klaps mit der Hand« auf vier verschiedenen Kanälen in Großaufnahme betrachten.

Schon am folgenden Tag flog das Paar nach Rom, und Melania vermied es im Angesicht der wartenden Presseleute erneut, mit Donalds Hand in Berührung zu kommen. Sie standen oben auf der Gangway der Air Force One und winkten. Dann versuchte Donald ihre Hand zu nehmen, und sie strich sich schnell das Haar aus dem Gesicht, um die Berührung zu vermeiden.

Es war ausgeschlossen, dass Melania nicht wusste, welch enorme Reaktion sie mit diesen kleinen Gesten auf der ganzen Welt auslöste. Ich glaube, dass da privat zwischen ihnen beiden etwas im Argen war. Man kann nur vermuten, dass es dabei um die zahlreichen Vorwürfe wegen sexuellen Fehlverhaltens gegen ihren Ehemann ging oder um ihren bevorstehenden Umzug ins Weiße Haus. Anders als in der Vergangenheit, in der sie sich nicht hatte wehren können, musste sie sich mit ihrer Machtlosigkeit nun nicht mehr abfinden. Ich glaube, als sie sich in der Öffentlichkeit nicht an der Hand nehmen ließ, erkannte sie das volle Ausmaß ihrer neuen Macht. Wenn sie den Wunsch hatte, konnte sie ihren Mann nun mit kleinen doppeldeutigen Gesten jederzeit öffentlich demütigen, genau wie er sie schon seit Jahren mit seinen Affären und seinem lüsternen Benehmen demütigte. Niemand konnte sie daran hindern.

Als sie Mitte Juni ins Weiße Haus zog, hofften viele Mitarbeiter des Stabes, sie werde einen besänftigenden Einfluss auf ihren Mann haben. Ich jedoch hielt das nicht für möglich. Ihre Beziehung kam mir weder fürsorglich noch intim vor: Schon lange bevor sie aus New York nach Washington DC zog, war klar, dass sie im Weißen Haus ihre eigenen Räumlichkeiten haben würde, wie sie auch im Trump Tower ein separates Schlafzimmer hatte.

Ende des Monats schob Trump auf den NATO-Gipfel in Brüssel den montenegrinischen Ministerpräsidenten Duško Marković beiseite, um in der Mitte des Gruppenfotos zu stehen. Natürlich wurde er für sein Verhalten kritisiert. »Sie sind ein bisschen aggressiv rübergekommen«, sagte ich zu ihm. »Warum haben Sie das getan?« Er erwiderte: »Ach, der ist so ein wehleidiger Bastard.«

Und so ging es weiter. Wir standen alle schon eine gefühlte Ewigkeit unter intensivem Stress, als eine Handvoll ranghoher Berater eine Besprechung im Oval Office hatte und Kellyanne Conway sich entschuldigte und den Raum verließ. Als sie draußen war, machte Trump eine wegwerfende Geste und sagte: »Dieser Ort hier fordert wirklich seinen Tribut von Kellyanne.« Er meinte damit, dass sie nicht gut aussah. Das war absolut typisch für ihn, eine Person zu beleidigen oder ihr Erscheinungsbild zu kritisieren, sobald sie den Raum verlassen hatte.

Wie schon gesagt, betrachtete Donald es immer als eine persönliche Beleidigung, wenn frühere Freunde seine Feinde wurden. Er hatte mich einmal gefragt, wer meiner Ansicht nach geheime Informationen weitergebe, und ich hatte sofort mit »Katie Walsh«, dem Namen der früheren Vizestabschefin, geantwortet. Trump meinte daraufhin: »Ich wollte sie sowieso nicht haben. Reincey hat diese ganzen Leute vom RNC mitgebracht. Alles illoyale, undankbare Leute.« Trump war also im Begriff, das Haus zu säubern, und er wollte wissen, wer loyal war und wem er nicht trauen konnte. Sein Paranoia-Pegel stand auf einem Allzeithoch.

Auch Joe Scarborough und Mika Brzezinski betrachtete er als Verräter. Wenn sie in der Sendung *Morning Joe* von *MSNBC* über ihn sprachen, schimpfte er oft: »Keine Loyalität! Nicht die geringste.«

»Ich hörte, der schlecht bewertete @MorningJoe spricht schlecht über mich (schau es nicht mehr an). Wie kommt es dann, dass die grenzdebile Crazy Mika und Psycho Joe ...«

»... um Neujahr herum drei Abende hintereinander in Mar-a-Lago aufkreuzten und mich unbedingt besuchen wollten. Sie blutete stark wegen eines Facelift. Ich sagte Nein!«
Tweets von Donald Trump, 29. Juni 2017, 5:52 und 5:58 Uhr

Er sah sich die Sendung natürlich an, und sie machte ihn wütend. Die Tweets über Psycho Joe und den Facelift der grenzdebilen Mika waren natürlich beleidigend und sexistisch. Doch keiner der Berater stellte Trump einmal zur Rede. – Aber ich.

Ich wurde dafür verantwortlich gemacht, dass Trump die Tweets geschrieben hatte. In Presseberichten hieß es, ich hätte ihn dazu angestachelt, doch das entsprach einfach nicht der Wahrheit. Er rief mich und andere häufig an, damit wir ihm »einen Artikel aufhoben« oder etwas recherchierten und ausdruckten, das er auf *CNN* gesehen hatte. Er fragte auch nach verschiedenen Zeitungsausschnitten. Der von Spicer und seinem Stab vorbereitete Ordner für die morgendliche Pressekonferenz enthielt nur positive Nachrichten über ihn. Der Pressesprecher und seine Mitarbeiter glaubten, er werde keine verrückten Tweets absetzen, wenn er nur positive Nachrichten läse. Doch diese Strategie hatte keinen Sinn, weil Trump ständig fernsah. Wenn er nicht gerade in einer Besprechung oder einer Veranstaltung war, saß er mit der unvermeidlichen Diät-Cola und den Snacks, die er von seinem Schreibtisch aus in der Küche bestellt hatte, vor einer Wand von Bildschirmen und schaute Nachrichten. Donald J. Trump war der Präsident der Vereinigten Staaten. Wenn er mir befahl, einen Artikel auszudrucken und ihm zu geben, tat ich es. Ich war weder seine Kinderfrau noch seine Krankenschwester, nicht seine Sekretärin oder seine persönliche Assistentin. Er wusste, dass er diese Leute um eine Zeitung bitten konnte. Aber er wollte nicht, dass andere wussten, was er las oder recherchierte, insbesondere wenn es sich um Klatsch handelte.

Jedes Schriftstück, das an den Präsidenten gerichtet war, musste laut *Presidential Records Act* zuerst an seinen Stabssekretär Rob Porter oder an seine persönliche Assistentin gehen, damit alles, was er in die Hand bekam, dokumentiert und archiviert wurde. Anfang 2018 schilderten einige frühere Büroangestellte des Weißen Hauses den mühsamen Prozess, die Fetzen von Artikeln, die Trump zerrissen hatte (eine alte Gewohnheit aus der Zeit der *Trump Organization*), mit Tesafilm wieder zusammenzukleben, um dem *Records Act* Genüge zu tun. Vermutlich wussten sie nicht, dass er heikle Notizen in die Hosentasche steckte oder sie schlichtweg aufaß. Ich hatte einmal gesehen, wie er nach einem Treffen mit Michael Cohen im Oval Office einen Zettel in den Mund steckte. Da Trump krankhafte Angst vor Bakterien hatte, war ich schockiert, als er das Papier offensichtlich zerkaute und schluckte. Es musste etwas wirklich Geheimes gewesen sein.

Die Tweets über Mika und Joe waren jedenfalls ein gefundenes Fressen für die undichten Stellen alias »verschiedene Quellen im Weißen Haus«. Sie hängten sich ans Telefon und behaupteten, es sei gang und gäbe, dass bestimmte Berater sich ins Oval Office schlichen und den Präsidenten absichtlich mit ablenkenden oder ärgerlichen Presseberichten versorgten. Ich wurde dabei als die »schlimmste Missetäterin« genannt.

Wenn dem so war, dann nur weil mich Donald ständig direkt anrief oder jemanden schickte, um mir Folgendes auszurichten: »Der Präsident will, dass Sie bei ihm vorbeischauen; er will Ihnen etwas sagen.« Ich ließ dann alles stehen und liegen und tat, was der Präsident befahl. Dabei ging ich selten durch den Haupteingang, den man in der Serie *The West Wing* sieht, den mit den davorstehenden Wachsoldaten, die einem die Tür aufhalten. Dort waren immer Kamerateams oder Presseleute, die beobachteten, wer hineinging oder herauskam. Ich lief hinten herum, einen Weg, den fast niemand kennt. Meine übliche Route ging vom EEOB durch einen Gang, eine Treppe hinauf zu einem weiteren Gang, dann bog ich beim Büro des Vizepräsidenten nach rechts ab, direkt vorbei an den Büroräumen des Stabschefs und der vielen Referenten und Schreibkräfte, die in seinem Vorzimmer saßen, dann um eine weitere Ecke bei den Büros von Jared Kushner und Steve Bannon und den Vorzimmern mit ihrem Personal, zum Eingang von Trumps Speisezimmer, das über ein privates Arbeitszimmer mit dem Oval Office verbunden ist. Ich hinterlegte das gewünschte Dokument auf dem Tresen in der kleinen Küchenecke und eilte zurück in mein Büro.

Im Gegensatz zu Reince Priebus und Sean Spicer, die versuchten, Trump nur mit positiven Nachrichten zu konfrontieren, trennte ich die schlechten nicht von den guten. Er vertraute mir und glaubte, dass ich ihn nicht zu manipulieren versuchte. (Erinnern Sie sich, wie er ausflippte, als das *Time Magazine* Steve Bannon, »den großen

Manipulator«, auf der Titelseite brachte?) Oft erzählte er nostalgisch von der schönen Zeit, als er mit einem loyalen Team – Corey Lewandowski, Hope Hicks, Dan Scavino, Keith Schiller – seinen kleinen Wahlkampf geführt hatte und jeder in seinem Büro im 26. Stock im Trump Tower vorbeischauen konnte. Im Weißen Haus, wo er isoliert in seinen Privaträumen saß, mit einem Sicherheitsmann alle zwei Meter und einem riesigen Stab von Sumpfmonstern, Informanten und Leuten, die seinen Abfall für ein Archiv sammelten, fühlte er sich verfolgt und war voller Misstrauen.

Ich hätte mich schützen sollen. Doch es gibt keine Gebrauchsanweisung dafür, wie du damit umgehst, wenn der Mann, der 15 Jahre dein Mentor war, Präsident der Vereinigten Staaten wird. Ich hätte Grenzen einhalten und die vorgeschriebenen Kanäle nutzen sollen. Aber ich glaubte, dass Trump mich schützen würde, falls irgendetwas herauskam. Wenn man es in seinen inneren Zirkel schaffte, setzte er Himmel und Erde in Bewegung, um einen zu schützen. Aber dann kam ein Punkt, an dem er mich nicht mehr schützen konnte – und sich selbst auch nicht.

Mein wichtigstes Anliegen in Bezug auf den Haushalt von Trumps Regierung war die Wiedereinführung ganzjähriger *Pell Grants*. Barack Obamas Regierung hatte die Studienzuschüsse auf das Herbst- und das Frühjahrssemester beschränkt, und im Sommer hatten die Studierenden allein zurechtkommen müssen. Ich ging zu Mick Mulvaney, dem Direktor des Büros für Verwaltung und Haushaltswesen, und warb dafür, die *Pell Grants* für zwei Milliarden Dollar pro Jahr ganzjährig einzuführen. Als der Haushalt stand, war mein Wunsch in Erfüllung gegangen. Ich hatte mich erfolgreich für ganzjährige Studienzuschüsse eingesetzt, die im ganzen Land etwa einer Million Studierenden helfen konnten, auch den Studenten an allen 101 HBCUs. Darauf bin ich sehr stolz. Im selben Zeitraum hatte ich versucht, eine Erhöhung der Zuschüsse für HBCUs zu erreichen.

Ihre Finanzierung blieb so wie im Jahr zuvor: keine Kürzung, keine Steigerung.

Als Betsy DeVos, die Bildungsministerin, ihren ersten Besuch an einer Universität machte, entschied sie sich für meine Alma Mater, die Howard University. Ich war glücklich, dass ich sie zu ihrem Treffen mit dem Präsidenten Wayne Frederick an die Hochschule begleiten durfte, in der ich meinen Master und meine Doktorarbeit gemacht hatte. Ich brannte darauf, ihr das »Mekka« der afroamerikanischen Bildung zu zeigen. Als sich die Nachricht von dem Treffen mit Wayne Frederick verbreitete, protestierten die Studenten der Universität. Sie wollten DeVos nicht an ihrer Uni sehen und forderten die Entlassung des Präsidenten, weil er sich mit ihr getroffen hatte. Im selben Jahr hatte DeVos bereits die *Jefferson Middle School Academy* in Washington D. C. besucht und war auch dort von Demonstranten empfangen worden, die sogar kurze Zeit eine Tür blockiert hatten. Niemand wollte DeVos an seiner Schule als Rednerin haben, ihre Besuche wurden als reine Fototermine gewertet. Ich dagegen war auf einer Mission, um höhere Zuschüsse für HBCUs zu erreichen, und nicht bereit, auf eine Beteiligung der Bildungsministerin in diesem Kampf zu verzichten. Am 10. Mai besuchte ich mit ihr die Abschlussfeier an der Bethune-Cookman University, einem historischen afroamerikanischen College in Daytona Beach, Florida.

Betsy betrat die Bühne, um ihre Rede zu halten, und wurde von allen Zuschauern sofort laut ausgebuht. Die Studenten, deren Abschluss gefeiert wurde, und ihre Familien standen auf und wandten ihr demonstrativ den Rücken zu. Ich saß auf der Bühne und sah dem perversen Schauspiel zu. Sie hätte aufgeben sollten, als die ersten Buhrufe kamen, aber sie machte weiter und weiter und redete 20 Minuten gegen die Buhrufe an. Ich dachte: *Es geht nicht um dich! Verzichte darauf, deine ganze Rede zu halten! Pass dich an, Frau!* Ich finde HBCUs gut, und es tat mir weh, mit Betsy DeVos auf der Bühne zu sein und zu erleben, dass sie vom gesamten Publikum –

Studierenden und Eltern – ausgebuht wurde, obwohl eigentlich Trump und seine Regierung gemeint waren.

Ich fragte sie später, was sie über die Veranstaltung dachte. Sie sagte: »Ich habe meine Sache großartig gemacht!« Ich muss verblüfft ausgesehen haben. Sie fuhr fort: »Die Studierenden kapieren es einfach nicht. Sie haben nicht die intellektuelle Fähigkeit zu verstehen, was wir erreichen wollen.« Sollte heißen: All diese schwarzen Studenten waren zu dumm, um ihr Anliegen zu begreifen. Ich widersprach: »Aber nein, Frau Ministerin. Sie verstehen es sehr gut, aber sie sind nicht glücklich über Sie und Ihre Ziele.« DeVos hatte eine Erklärung herausgebracht, in der sie HBCUs als eine Form von frei gewählter Schule bezeichnete. »Nein, Frau DeVos«, informierte ich sie, »es war nicht immer eine freie Entscheidung, an ein schwarzes College zu gehen. Schwarze Studenten mussten Colleges für Schwarze besuchen, weil die meisten PWIs, *predominantly white institutions*, erst seit den Sechzigerjahren schwarze Studenten aufnehmen.«

Der Plan der Bildungsministerin ist es, kurz gesagt, das öffentliche Schulwesen durch private, profitorientierte Schulen zu ersetzen. Sie glaubt, das wäre besser für die Studenten, aber in Wirklichkeit geht es um Gewinne. Sie ist so auf *ihre* Agenda fixiert, dass sie keinen Gedanken an den Ausbau unserer öffentlichen Schulen und insbesondere nicht an die Finanzierung der Infrastruktur verschwendet. Im ganzen Land schließen Schulen in wirtschaftlich schwachen Vierteln und werden durch Privatschulen ersetzt, kulturelle Zentren der Stadtviertel werden ausgelöscht, und die Kinder müssen weite Schulwege zurücklegen, obwohl es kaum Beweise gibt, dass Privatschulen eine bessere Ausbildung bieten können. Meiner Ansicht nach müssen Eltern die Wahl haben. Sie sollten entscheiden, was das Beste für ihre Kinder ist, nicht Betsy DeVos.

Am folgenden Tag waren wir in Florida, wo sie bei einer Veranstaltung im *Amway Center*, einer Mehrzweckhalle in Orlando, als Gastgeberin fungierte. Ich erhielt die Anweisung, um 8 Uhr in der

Hotellobby zu sein. Ich war um 7:52 Uhr zur Stelle, aber Betsy und ihr Autokonvoi waren nirgends zu finden. Ich schickte mehrere SMS an ihren Stab mit der Frage, wo denn alle seien. Schließlich rief sie mich an und sagte: »Sorry, wir mussten früh aufbrechen. Eine Planänderung. Nehmen Sie ein Uber.« Ich machte genau das – und fuhr direkt zum Flughafen. Ich hatte genug.

Wir waren von einem ganzen Saal ausgebuht worden. Die Leute waren wütend. Sie hatten demonstriert. Ich hatte täglich Drohungen bekommen. Und sie hatte mich einfach alleingelassen, ohne Sicherheitsleute! Sie sollte wirklich nicht Bildungsministerin sein. Nach meiner Rückkehr erzählte ich Trump, was passiert war, und er schüttelte voller Abscheu den Kopf. Er sagte: »Sie ist Ditzy DeVos, was haben Sie da erwartet? Ich werde sie bald los. Das können Sie mir glauben.« Doch sie ist immer noch im Amt und zerstört das Bildungssystem dieses Landes. Das riesige Ausmaß ihrer Unwissenheit ist eine Katastrophe für die Kinder. Ich saß in jeder Kabinettssitzung in ihrer Nähe und beobachtete sie. Mit Fug und Recht kann ich behaupten, dass sie ihrem Job in keinster Weise gewachsen ist. Sie ist genauso schrecklich, wie man es vermutet hat. Als sie kürzlich in New York war, besuchte sie mehrere Schulen, aber keine einzige städtische. New York hat mehr als eine Million Schüler an öffentlichen Schulen, aber sie stattete nicht einer einzigen einen Besuch ab. Amerikanische Kinder sind ihr nicht wichtig. Ich kann nur sagen: Habt Angst. Habt große Angst.

Trotz des ständigen negativen Covfefe der Presse,
Tweet von Donald Trump, 31. Mai 2017, 0:06 Uhr.

Die verblüffenden Tweets hörten nie auf, sei es, dass sie von einem Transgender-Verbot beim Militär, der Hexenjagd wegen Russland, (immer noch) der verlogenen Hillary oder von Fake News handelten. Intern, in meinem Austausch mit ranghohen Beratern und Mitgliedern der Familie Trump, reagierten wir mit einem Stöhnen und mit Kommentaren wie: »O nein. Twitterfingers greift wieder an.« Das mysteriöse Covfefe-Tweet war vermutlich schlicht und einfach durch einen Tippfehler entstanden, wie wir vermuteten. Trump hatte etwas anderes schreiben wollen und versehentlich auf »Senden« geklickt. Er löschte den Tweet bald wieder, aber da war er schon auf die Welt losgelassen, und das Internet stürzte sich sofort darauf. Drei Stunden später, um 3:09 Uhr, twitterte er, voller Freude über die Verwirrung und das Rätselraten, das er durch den Tippfehler seiner Wurstfinger ausgelöst hatte: »Wer kriegt die wahre Bedeutung von ›Covfefe‹ heraus??? Viel Spaß.«

Man muss sich den Präsidenten vorstellen, wie er allein in seinem Zimmer im Weißen Haus sitzt, nur seine Sonnenbank leistet ihm Gesellschaft. Melania schläft in ihrem eigenen Zimmer am anderen Ende des Ganges. Er amüsiert sich köstlich über das Chaos und die Schlagzeilen, die er mitten in der Nacht durch einen versehentlich abgeschickten Tweet verursacht hat. Er verwirrte die Welt mit einem Tippfehler. Das war mehr Macht, als ein Mensch haben sollte, jedenfalls kein Mann mit der Seele eines Anarchisten.

Am 5. Juni wurde dann auch das Einreiseverbot 2.0 abgelehnt, und Donald Trump twitterte: »Das Justizministerium hätte bei dem ursprünglichen Einreiseverbot bleiben sollen, statt der verwässerten, politisch korrekten Version, die es dem S. C. [*Supreme Court, Oberster Gerichtshof*] vorgelegt hat.«

Kellyannes Mann George Conway, in Harvard und Yale ausgebildetes Mitglied einer führenden New Yorker Anwaltskanzlei, beantwortete den Tweet mit einem eigenen: »Diese Tweets sorgen vielleicht dafür, dass sich ein paar Leute besser fühlen, aber sie werden dem OSG [*United States Solicitor General*, Oberster Anwalt der Vereinigten Staaten] bestimmt nicht helfen, 5 Stimmen im SCOTUS [*Supreme Court of the United States*] zu bekommen, und das ist es, worauf es eigentlich ankommt. Traurig.« – Das »traurig« am Ende war besonders fetzig. Es sollte nicht das letzte Mal sein, dass Conway den Chef seiner Frau öffentlich kritisierte.

Kurz darauf war ich bei Donald Trump im Oval Office: Er nahm einen Artikel über George Conways Konter zur Hand und wetterte: »Können Sie sich diesen Artikel von George Conway anschauen? F**king FLIP! Illoyal! Fucking Goo-goo.«

Ich ließ mir später erklären, dass »Goo-goo« und »FLIP«, ein Akronym für »f**king little island people«, verfickte kleine Inselbewohner, rassistische Ausdrücke für Filipinos sind. George Conway ist halb Filipino. Als Trump die Ausdrücke gebrauchte, hatte ich noch keine Ahnung, was sie bedeuteten.

Im Juni hatte ich Betsy DeVos abgeschrieben und mir die Priorität gesetzt, im Kongress um Unterstützung für die HBCUs und eine insgesamt für die Interessen der Afroamerikaner aufgeschlossene Politik zu werben, indem ich den *Congressional Black Caucus* (CBC) erneut zu einem Treffen mit dem Präsidenten einlud.

Mein erster Versuch war misslungen. Schon dass ich das Treffen überhaupt arrangiert hatte, war umstritten gewesen. Im März, kurz nachdem ich die Präsidenten der HBCUs ins Oval Office eingeladen hatte und erleben musste, dass sich das Bild von Kellyanne Conway, die ohne Schuhe auf dem Sofa kniet, wie ein Lauffeuer verbreitet hatte, meinte Cedric Richmond aus Louisiana, der Vorsitzende des *Congressional Black Caucus*, auf einem Dinner der *Washington Press Klub Foundation*: »Ich würde wirklich gern wissen, was da los war, ... weil sie mit dieser Haltung wirklich irgendwie vertraut wirkte.« Er meinte kniend. Ein paar Tage später entschuldigte er sich in einer Pressemitteilung.

Zwei Wochen nach meiner ersten Anfrage hatten sich Richmond und der Vorstand des CBC bereit erklärt, Trump zu treffen, aber sie wollten weder auf derselben Seite des Tisches wie Trump sitzen noch mit ihm zusammen fotografiert werden mit dem Argument, dass sie sich nicht würden instrumentalisieren lassen wie die Präsidenten der HBCUs. Eine Stunde vor dem Treffen überbrachte

Richmonds Stabschef einem jungen Mitarbeiter in der Abteilung Innenpolitik in einer Heftmappe ein 125-seitiges Gutachten mit dem Titel »Wir haben viel zu verlieren« – eine Anspielung auf die Frage »Was habt ihr zu verlieren?«, die Trump im Wahlkampf dem schwarzen Amerika gestellt hatte. Der Mitarbeiter übergab mir die Mappe erst zehn Minuten vor dem Treffen. Ich raste los und ließ das Dokument, das an den Präsidenten adressiert war, beim Stabssekretär registrieren und versuchte dann, es zusammenzufassen. Bei der Besprechung am 22. März, an der außer dem Präsidenten auch Vizepräsident Mike Pence teilnahm, bezog sich Richmond immer wieder auf das Gutachten, bis ich mich gezwungen sah zu sagen: »Entschuldigen sie, Herr Abgeordneter, nur damit es keine Missverständnisse gibt. Sie haben uns das Gutachten vor weniger als einer Stunde zugestellt. Wir hatten keine Zeit, um es zu lesen. Wir wissen nicht, was drinsteht. Was sind bitte Ihre konkreten Forderungen?«

Das zu spät eingereichte Gutachten war ein politisches Manöver, mit dem das Treffen sabotiert werden sollte. Zuvor hatte der CBC die Strategie verfolgt, Trump zu boykottieren, gegen ihn zu protestieren, sich Begegnungen mit ihm und seinem Team zu verweigern und sich anklagend und aggressiv zu verhalten. Diese Strategie konnte bei Donald Trump niemals funktionieren.

Mitte Juni schickte ich eine Einladung und ein Folgeschreiben an alle 48 CBC-Mitglieder und bat sie um ein Treffen im Weißen Haus. Obwohl einzelne Mitglieder Interesse bekundeten, mit der Administration zusammenzuarbeiten, lehnte der Vorsitzende in ihrer aller Namen ab. Er schrieb in seinem Antwortbrief: »Aufgrund der Maßnahmen, die Sie und Ihre Administration [seit dem Treffen am 22. März] eingeleitet haben, lässt sich schließen, dass unsere Anliegen, obwohl Sie sich aufgeschlossen gezeigt haben, auf taube Ohren gestoßen sind.« Er zählte alles auf, was die Regierung zu tun versäumt hatte, und alle Maßnahmen, mit denen sie den schwarzen Amerikanern schadete – so den Vorschlag, die Ausgaben für Pell

Grants und HBCUs wieder zu kürzen beziehungsweise einzufrieren, Jeff Sessions' verschärften Krieg gegen die Drogen und die daraus resultierende massenhafte Inhaftierung nicht-weißer Menschen, und die Anstrengungen, Obamacare aufzuheben und durch ein anderes Gesundheitsgesetz zu ersetzen. Ich kämpfte im Weißen Haus für die gleichen Anliegen, die Richmond vorbrachte, und stimmte inhaltlich mit dem CBC und fast all seinen Beschwerden überein. Aber zwischen unserem ersten Treffen am 22. März und Richmonds Brief vom 21. Juni waren nur drei Monate vergangen. Washington bewegt sich langsam. Der CBC brach den Kontakt mit uns ab, bevor wir die Chance hatten, uns seinen Anliegen zu widmen.

Richmond nahm auch Anstoß daran, dass ich meinen Brief mit »honorable« unterzeichnet hatte, dem Titel, den alle APs erhielten und verwendeten. Mein Brief war der Korrespondenzabteilung des Weißen Hauses zur Genehmigung vorgelegt worden, bevor er abgeschickt wurde, und sie hatte den Titel hinzugefügt. Gemäß dem Protokoll des Weißen Hauses musste ich meine Briefe durch diese Abteilung absegnen lassen, bevor sie versandt wurden. Ich war dankbar dafür, dass ein paar Leute darauf hinwiesen, dass ich für die Verwendung des mir zustehenden Titels angegriffen worden sei. Als kurz darauf weiße Mitarbeiter des Präsidenten auf einem Staatsdinner als »the Honorable« bezeichnet wurden, regte sich niemand auf. – – Ein starkes Argument!

Zwischen dem *Congressional Black Caucus* und Donald Trump fand seit meinem Abschied aus dem Weißen Haus kein Treffen mehr statt. Der CBC will vier bis acht Jahre durchhalten, ohne den Präsidenten noch einmal zu treffen. Ich sage nur, das Motto des CBC lautet: »Schwarze haben keine permanenten Freunde und keine permanenten Feinde ... nur permanente Interessen.« Ich vermute, das gilt seit Trump nicht mehr. Wie ich später erfahren sollte, hatte selbst Präsident Obama eine schwierige Beziehung zum CBC. Also nahm ich es nicht persönlich, obwohl mich Richmond persönlich angegriffen hatte.

Der Präsident fragte mich: »Warum versuchen Sie immer noch, mit *diesen Leuten* zu arbeiten? Es ist klar, dass sie mich hassen.« Zu meinem Entsetzen verwendete er immer noch gern den Ausdruck »diese Leute«. »Selbst wenn sie Sie nicht mögen, vertreten sie Wahlkreise mit Amerikanern, denen es schlecht geht. Wir müssen einen Weg finden, mit gewählten Volksvertretern zu arbeiten, die eine andere politische Agenda haben«, sagte ich.

Er insistierte: »Aber die greifen Sie persönlich an, Omarosa! Warum?«

Ich wurde von der Gruppe kritisiert, für die ich zu kämpfen versuchte, als ob es dem Präsidenten schaden würde, wenn man mir schadete. Es hatte einfach keinen Sinn und diente keinem Zweck. Es ist traurig und frustrierend, wenn ich jetzt darüber nachdenke. Ich war in der richtigen Position, und als ich die Hand ausstreckte, damit wir einander helfen konnten unsere gemeinsamen Ziele zu erreichen, wurde sie mir immer wieder weggeschlagen.

Die Russland-Ermittlungen schwelten den ganzen Sommer. Am 11. Juli veröffentlichte Don jr. seinen E-Mail-Verkehr über sein Treffen mit einer russischen Anwältin. Als ich Trump an diesem Tag traf, sagte ich: »Tut mir leid, was ich über Don gehört habe.« Trump antwortete: »Er ist so ein F**kup. Er hat es wieder vermasselt, aber dieses Mal reitet er uns alle mit rein, und zwar heftig!«

Am 24. Juli sprach Trump auf dem jährlichen *Boy Scouts Jamboree* in West Virginia, einem riesigen Ferienlager der Pfadfinder. Obwohl sein Publikum aus Tausenden von Teenagern bestand, schwafelte er über Fake News, über den politischen Sumpf in Washington. Letzteren wollte er lieber als »Jauchegrube« oder auch »Kloake« bezeichnet wissen. Weiter schwadronierte er über die Abschaffung von Obamacare, über eine Partei mit den »heißesten Leuten von New York«, über die Börse, den Arbeitsmarktbericht und die »unglaubliche Nacht der Landkarten«, womit er die Wahlnacht meinte. Anschließend erzählte er die Geschichte von William Levitt, der durch die »Levittowns« berühmt geworden war, aber nur folgenden Ausschnitt: »Er kaufte sich eine große Jacht und hatte ein sehr interessantes Leben. Ich erzähle euch nicht mehr darüber, denn ihr seid Pfadfinder, also sage ich euch nicht, was er getan hat. Soll ich es euch sagen? Ihr seid Pfadfinder, aber ihr kennt das Leben. Ihr kennt das Leben.« Er verschwieg wohlweislich, dass Levitts Jacht eine Art *Playboy Mansion* aus der Zeit des Zweiten Weltkriegs war, *zwinker zwinker*. Das Thema war aus mehreren Gründen nicht das richtige für die Veranstaltung, vor allem jedoch weil es sexistisch und lüstern wirkte. Trump dachte, er hätte eine fantastische Rede gehalten und tobte wegen der Kritik an der Anekdote.

Ich riet ihm: »Sie müssen darauf achten, vor wem Sie reden.«

Er meinte: »[Die Pfadfinder] sollten sich ermannen und sich ein paar Haare auf der Brust wachsen lassen. Sie sind keine kleinen Jungen mehr. Sie sollten sich ermannen!« Danach verwendete er noch tagelang ständig dieses Wort: »ermannen«.

Der andere zentrale Begriff für das Weiße Haus unter Trump im Frühjahr und Sommer 2017 war »Leaks« – undichte Stellen. Im Kommunikationsteam wurde es so schlimm, dass Spicer uns in seinem Büro mit einem Mitarbeiter der Rechtsabteilung auflauerte. Er sagte, alle Mitglieder des Teams müssten ihre persönlichen Telefone und ihre Regierungstelefone inspizieren lassen. Er suchte nach Verbindungen zu einem bestimmten Reporter. Spicer und der Anwalt durchkämmten unsere Mobiltelefone. Heute bedaure ich, dass ich mich nicht wehrte. Es war ganz eindeutig eine Verletzung meiner Privatsphäre, dass sie meine persönlichen Geräte kontrollierten. Sie sagten, wir dürften nicht gehen, bis die Inspektion zu Ende sei. Ich wollte keinen unnötigen Ärger, also übergab ich mein Telefon dem Anwalt des Weißen Hauses. Er arbeitete sich durch meine Privatfotos, hielt bei einem meiner Hochzeitsfotos inne, sagte »Gratuliere« und machte danach mit meinen SMS und E-Mails weiter. Ich war angewidert. Es war demütigend, ich fühlte mich machtlos. Hätte ich protestiert, hätten mich alle für die undichte Stelle gehalten.

Berichte kamen heraus, dass angeblich viele ranghohe Mitarbeiter Informationen an bestimmte Personen in den Medien weitergaben. Kellyanne Conway hatte ihre Quellen. Sie war seit Jahrzehnten in Washington, eine echte Sumpfkreatur, und sie hatte jede Menge Leute, denen sie sich anvertrauen konnte. Steve Bannon hatte seine Leute, einschließlich des inzwischen berühmten Michael Wolff [Autor des Enthüllungsbuchs *Feuer und Zorn*]. Ivanka Trump und Jared Kushner ließen den Gesprächsfaden zu Joe Scarborough und Mika Brzezinski, New Yorkern, die den größten Teil des Wahlkampfs für Trump gewesen waren, nicht abreißen. Hope Hicks verstand sich sehr gut mit der *New York Times*-Korrespondentin Maggie Haberman. Wir hatten alle den Verdacht, dass Ivanka Informationen weitergab, doch sie tat sehr empört, wenn andere Leute etwas durchsickern ließen, besonders wenn es ihr nicht schmeichelte. Ihr Vater zog nicht einmal in Erwägung, dass sie die undichte Stelle sein könnte. Dass ständig Informationen preisgegeben wurden, wurde jedenfalls der Ursprung der feindseligen Atmosphäre am Arbeitsplatz. Jeder hatte jeden im Verdacht, jeder war auf jemanden wütend. Jeder war täglich mit schädlichen Leaks konfrontiert. Trump tobte jeden Tag vor Wut. Es war wie in *Die Tribute von Panem*: Verschiedene Fraktionen führten Krieg gegeneinander: Bannon gegen Jared Kushner; die RNC-Fraktion von Spicer und Priebus gegen die »ursprünglichen Trumper«; die Leute aus dem Wahlkampf gegen den etablierten Washingtoner Sumpf.

Trump war außer sich wegen der Leaks. Sie führten bei ihm zu extremen Stimmungsschwankungen und »atombombenhaften« Ausbrüchen. General John Kelly berichtete, dass Trump ihn mit einer Vehemenz anschrie, die er noch bei keiner anderen Person erlebt hatte. Kirstjen Nielsen, die Ministerin für innere Sicherheit, berichtete, Trump habe sie so beleidigt, dass sie einen Rücktritt in Erwägung gezogen habe. Sean Spicer war Trumps persönlicher verbaler *Punching Ball*. Und der Präsident beschimpfte Reince Priebus, verpasste ihm abwertende Spitznamen, machte sich über ihn lustig. Es war demütigend für alle, die es erlebten.

Um mich zu schützen und aus den Kämpfen herauszuhalten, ging ich nur noch zu Besprechungen, an denen ich unbedingt teilnehmen musste. Ich wollte bestimmte Informationen gar nicht erst bekommen, denn wenn sie durchsickerten und man im Raum gewesen war, konnte man unter Verdacht geraten. Falls sich jemand verächtlich über Trump äußerte, sagte ich: »Nur damit das klar ist, ich ziehe mich aus diesem Gespräch zurück«, selbst wenn die Äußerung nur als Scherz gemeint war. Ich hob sozusagen warnend die Hand, um den anderen zu zeigen, dass ich etwas nicht hören wollte und nicht mitmachen würde.

Wenn einer sagte: »Ich scherze doch nur«, antwortete ich: »Sagen Sie, was Sie wollen, aber ich bin draußen.«

Unter allen ranghohen Mitarbeitern war ich eine der ganz wenigen, die nie verdächtigt wurden, die undichte Stelle zu sein. Als Sprecherin des OPL musste ich Reportern Hintergründe oder Zitate oder Zusatzinformationen liefern. Aber ich ließ nie etwas durchsickern. Wer heimlich Informationen weitergab, war für Trump ein Verräter. Wer sein heiligstes Ideal der Loyalität verletzte, für den gab es keine Vergebung. Der Illoyale verlor nicht nur seinen Job, sondern ruinierte auch seinen Ruf. Ein Verrat in Trumps innerem Kreis wäre noch viel schlimmer gewesen als die Tat von Priebus' Stellvertreterin Katie Walsh. Sie hatte angeblich von Anfang an, vermutlich auf Betreiben von Priebus, Informationen durchgestochen und war Ende März gefeuert worden.

Unterdessen war endlich Anthony Scaramucci eingestellt worden. Er hatte schon seit Monaten in den Startlöchern gestanden. Ich weiß noch, dass ich, kurz nachdem er den Job bekam, mit ihm in der Air Force One nach Ohio flog. Ein solcher Flug ist an sich eine ausgesprochen coole Erfahrung, aber Anthony konnte sich nicht beherrschen. Er lief durch das Flugzeug, als ob es ihm gehörte. Er war frech und arrogant ... aber seltsam sympathisch. Mit dem Segen von Ivanka Trump und Jared Kushner entließ Donald den Kommunikationsdirektor Michael Dubke. (Er hatte ihn ohnehin nie gemocht und einmal in einem Saal voller Leute gesagt, dass er ihn »total nervig« finde, sobald Dubke den Saal verlassen hatte. Mit Dubke feuerte er auch »*Mr. Men's Warehouse*« Sean Spicer und engagierte Scaramucci, um die Aufgaben der beiden zu übernehmen. Sean durfte noch ein paar Wochen im Weißen Haus bleiben, nur um herumzuschwafeln und mithilfe seines Büros einen neuen Job zu suchen. Er wurde eines friedlichen Übergangs für würdig gefunden – mir sollte das nicht vergönnt sein.

Meine persönliche Beziehung zu Scaramucci nahm schon am ersten Tag Schaden, als er mich beschuldigte, ich hätte sechs Monate zuvor gegen seine Anstellung als Direktor des OPL intrigiert. Mein erster Gedanke: *Er schmeißt mich mit den Leakern in einen Topf. Er ist hier, um sie zu feuern. Er will mich feuern.* Dann dachte ich: *Das ist die Paranoia. Jeder verdächtigt jeden.* Ich musste den Verdacht im Keim ersticken. Wer erst einmal als undichte Stelle galt, dessen Tage waren gezählt. Ich sagte: »Gehen wir gleich zum Präsidenten und besprechen das.« Dann marschierte ich los Richtung Oval Office. Nach ein paar Schritten drehte ich mich um, aber Anthony war nirgends zu sehen. Er wusste, dass es Trump nicht gefallen hätte, wenn er in seiner ersten Arbeitswoche mit mir Streit angefangen hätte.

Um mit der Feindseligkeit klarzukommen, mit der ich wegen meiner langjährigen Beziehung zum Präsidenten (und dem doppelten Makel, als AP schwarz und eine Frau zu sein) bei der Presse und den weißen Männern in meinem Umfeld zu kämpfen hatte, musste ich eine Maske des Schweigens aufsetzen. Es gab Beschwerden wegen meines Titels und meines Gehalts. »Warum hat sie das gleiche Einkommen wie der Stabschef und der Pressesprecher?«, wurde gefragt. Ich musste mich und meine Sprache zensieren, um die Situation zu bewältigen. Hätte ich mich so leidenschaftlich verteidigt, wie ich wollte, wäre ich schnell als »zornige schwarze Frau« eingestuft worden. Man hätte mich dann nicht mehr ernst genommen und mich beschuldigt, Streit anzufangen und wegen meiner Rasse übersensibel zu sein. Bei einem Weißen heißt es, im Zweifel für den Angeklagten; bei einer schwarzen Frau gilt das an ihrem Arbeitsplatz nie, und zwar ohne Rücksicht auf die Umstände.

Viele der älteren weißen Männer im Stab des Weißen Hauses zeigten im privaten Gespräch mit mir eine offene Verachtung, die vermutlich eine Menge Leute schockieren würde, wenn sie sie erlebten. In der Öffentlichkeit waren diese Männer freundlich. Aber wenn sie niemand sonst hören konnte, wurde ihr Ton erniedrigend und feindselig – mit zwei bemerkenswerten Ausnahmen: Tom Bossert, dem früheren Berater in Fragen der inneren Sicherheit, und dem Präsidenten selbst.

Anthony Scaramucci hielt seine erste Pressekonferenz, die ich auf keinen Fall versäumen wollte. Ich saß auf einem der Stühle für die Mitarbeiter an der Wand neben Kellyanne Conway und wartete gespannt darauf, dass etwas Aufregendes passierte. Ich wusste, dass Scaramucci ein guter Redner war, aber auch dass er – genau wie sein Idol, der Präsident – gern vom Manuskript abwich.

»Ich mache es sehr kurz ...«, sagte er, und ab ging die Post. Als er zu reden begann, konzentrierte ich mich auf seine Hände. Die Gesten erinnerten mich an jemanden ... es dauerte einen Moment, bis mir klar wurde, dass sie mit denen von Trump identisch waren, der gleiche wie eine Kobra zustoßende Finger, die gleiche wie ein Seestern gespreizte Hand. Scaramucci dankte Sean Spicer und sagte: »Ich hoffe, er macht ordentlich Geld, wenn er geht.« Er sagte, Priebus und er seien »wie Brüder«, die gelegentlich gern miteinander rauften. Andere seiner Weisheiten waren: Der Präsident habe mehrmals den besten politischen Instinkt »der Welt und vielleicht der Geschichte« bewiesen, er sei »der konkurrenzfähigste Mensch«, den er je kennengelernt habe, könne »einen Football so durch einen Reifen werfen, dass er sich dabei um die eigene Achse dreht« und habe kein Problem, im Basketball »einen Freiwurf so zu versenken, dass er weder das Brett noch den Rand des Korbs berührt«. Ich hätte fast laut losgelacht. Es war einfach total unpassend, ein völlig übertriebener Personenkult.

Nach einer halben Stunde signalisierte ihm Sarah Sanders aufzuhören. Er hatte eigentlich nur sieben Minuten sprechen sollen. Nun sagte er: »Ich spüre, dass ich zum Schluss kommen sollte. Ist es in Ordnung, wenn ich noch ein paar weitere Fragen beantworte?« Er amüsierte sich köstlich auf dem Podium – und er wollte es nur aus eigenem Antrieb verlassen. Zum Schluss warf er dem Pressekorps doch tatsächlich eine Kusshand zu!

Danach fragte er: »Na, wie war ich?«

Es war die unkonventionellste Pressekonferenz, die ich je erlebt hatte, aber er hatte wenigstens nicht die falschen Worte gewählt oder die Presse angegriffen wie Sean Spicer. Ich antwortete also: »Sie waren recht unterhaltsam, mal sehen, was DJT davon hält!« … Es war die letzte Pressekonferenz, die er im Weißen Haus halten sollte.

Außer dem Posten als Kommunikationsdirektor hatte Scaramucci noch einen zweiten Job. Er war offensichtlich der Auftragskiller, der die Leaker aus dem Weg räumen sollte. Ivanka ging unauffällig zu den ursprünglichen Trumpern, den loyalen Soldaten, und bat sie, eine Liste mit möglichen Leakern zusammenzustellen. Ich hatte ja bereits meine Vermutung bezüglich Katie Walsh direkt mit Trump besprochen, und sie war entlassen worden. Aber Ivanka wollte eine neue Liste, und als sie fertig war, gab sie sie Scaramucci, damit er alle, die darauf standen, entlassen konnte. Diese endgültige Zusammenstellung, die mir am 22. Juni gesimst wurde, enthielt zehn Namen: Vanessa Morrone (Spicers Sekretärin), Lindsay Walters (Priebus' Pressesprecherin), Janet Montesi (Dubkes Assistentin), Raj Shah (stellvertretender Kommunikationsdirektor), Kelly

Sadler (die über John McCain »Der stirbt sowieso« gesagt hatte; Leb vom Leak, stirb durch den Leak), Ory Rinat (ein Techniker Dubkes), Kate Karnes und Lara Barger (Informatikerinnen vom RNC), Michael Short (ein Pressereferent, der zurücktrat, bevor ihn Scaramucci kündigen konnte) und Jessica Ditto (stellvertretende Direktorin beim Kommunikationsteam). Scaramucci sollte sie alle nach einer Veranstaltung in Ohio feuern.

Die Kundgebung – unter dem Motto *Make America Great Again*, MAGA, sollte am 25. Juli in meiner Heimatstadt Youngstown, Ohio, stattfinden. Sie war nicht nur ein Fest, sondern auch eine Heimkehr für mich. Ich beschloss, die beunruhigenden Gedanken über das Chaos im Weißen Haus aus meinem Kopf zu verbannen und den Tag einfach zu genießen.

Wir fuhren in einem Konvoi von 14 Fahrzeugen vom Weißen Haus zur Andrews Air Force Base mit Dutzenden von Stabs- und Kabinettsmitgliedern: Energieminister Rick Perry, Innenminister Ryan Zinke, Reince Priebus, Kellyanne Conway, Hope Hicks, Rob Porter, Corey Lewandowski, David Bossie, Anthony Scaramucci, Sarah Huckabee Sanders, Stephen Miller, der Direktor für Soziale Medien Dan Scavino, der politische Direktor Bill Stepien und viele andere. Als wir auf dem Stützpunkt neben dem Flugzeug hielten, konnte ich der Versuchung nicht widerstehen, von Hope Hicks, Kellyanne Conway und mir in unseren schicken Outfits ein paar Fotos zu schießen; ich trug ein stahlblaues Kleid, das perfekt zu meiner Stimmung passte.

Mein zweiter Flug mit der Air Force One war nicht weniger aufregend als der erste. Wir bekamen feste Plätze für den Start zugewiesen. Ich saß neben Bill Stepien und einem Militärberater gegenüber. Aber sobald das Fahrwerk eingefahren war, ging ich in den Konferenzraum des Flugzeugs und hängte mich ans Telefon. Wenn man von der Air Force One aus einen Anruf macht, sagt die Telefonvermittlung bei Zustandekommen der Verbindung: »Ich habe hier Omarosa Manigault Newman auf der Air Force One, nehmen

Sie den Anruf an?« Ich wollte meiner Mutter, meinem Mann und ein paar Freunden diese kleine Freude gönnen.

Ich war noch nicht lange in dem Raum, als weitere Personen kamen: Kellyanne Conway und Ryan Zinke, Hope Hicks und Rick Perry. Corey Lewandowski, David Bossie und ich erkundeten das riesige Flugzeug, und ich machte ein paar Fotos vom Oval Office im Flugzeug, von den Privaträumen des Präsidenten und von seinem Badezimmer: geräumig und makellos.

Obwohl der Flug nur eine Stunde dauerte, wurde ein Essen serviert; die Speisekarte war ausgedruckt und in Leder gebunden. (Nur zur Information: Wenn Sie mit der Air Force One fliegen, bekommen Sie eine Rechnung für die Mahlzeit, egal ob Sie sie essen oder nicht.) Nach dem Essen ging ich zu einem kleinen Arbeitsbereich und tätigte meine letzten Anrufe. Dann beobachtete ich in Echtzeit im Fernsehen, wie wir auf dem Warren Regional Airport in Youngstown landeten.

Wir verließen das Flugzeug über die berühmte Gangway und gingen zu den wartenden Limousinen, die uns zu dem mit 5000 Personen voll besetzten *Covelli Centre* brachten. Ich platzte schier vor Glück, als wir in Ohio landeten. Da war ich, ein Kind aus Westlake. Ich kam mit der Air Force One, fuhr in der Autokolonne des Präsidenten durch die Straßen und saß mit Lara, Eric und Melania Trump als Ehrengast in der VIP-Loge bei einer Veranstaltung für den Mann, dessen Wahl ich unterstützt hatte. Die Stimmung war sehr gut. Von den vier älteren Kindern Trumps war Eric der Lockerste, immer nett und ein angenehmer Gesellschafter. Ich glaube, Melania mochte ihn am liebsten.

Auf allen Fotos dieses Tages strahle ich! Als ich die Halle betrat und winkte, jubelten mir die Leute zu. Meine Tante Evelyn McClendon und mein jüngerer Cousin Darian Rushton besuchten mich im *Green Room*, dem Aufenthaltsbereich hinter der Bühne. Ich hatte schreckliche Sehnsucht nach meiner Familie, aber sie waren die einzigen Angehörigen, die ich zu Gesicht bekam. Ich saß sofort nach der Veranstaltung wieder im Wagen und dann mit dem Präsidenten im Flugzeug. In der Lokalpresse machte meine triumphale Rückkehr Schlagzeilen. So schwierig die Lage im Weißen Haus auch sein mochte, die Veranstaltung war Balsam für meine Seele. Sie erfüllte mich wieder mit Sinn und erinnerte mich an meine größeren Ziele. Alle schienen an diesem Tag von Optimismus erfüllt. Nachdem Melania Trump ihren Mann angekündigt hatte, küssten sich die beiden sogar auf dem Podium. Auf einigen Fotos vom folgenden Tag sah es ganz so aus, als würde Melania lächeln. Auf anderen grimassierte sie nur. Ich hatte im Flugzeug bemerkt, dass die beiden auf Abstand blieben, und bei der Veranstaltung war die Stimmung zwischen ihnen eisig.

Aber nichts hätte mich an diesem Tag stören oder von meinem Glück ablenken können. Es war das aufregendste Ereignis des ganzen Jahres für mich. Ich schäme mich nicht zu sagen, dass ich mich wie ein Glückspilz und als jemand ganz Besonderes fühlte und dass es eine enorme Befriedigung für mich war, in so großem Stil nach Hause zurückzukehren.

Dann, am 27. Juli – einen Tag bevor Scaramucci alle Personen seiner Abschussliste feuerte –, sprach er mit Ryan Lizza von der Zeitschrift *New Yorker*, der das Interview aufnahm. Es ging nur um unbestätigte Informationen, etwa jene, dass der Präsident strategische Ratschläge von Fernsehmoderator und Autor Sean Hannity bekomme. Anthony prahlte, dass Köpfe rollen würden. Er bezeichnete Reince Priebus als einen »verdammten paranoiden Schizophrenen« und machte ein paar Bemerkungen über die Anatomie von Steve Bannon, einen Mann, der meines Wissens kein Yoga macht und nicht annähernd so biegsam ist, wie ihn Anthony schilderte. Als ich das vulgäre Gespräch erstmals hörte, fand ich, dass die Wortwahl für eine Person, die denselben feierlichen Eid wie ich abgelegt hatte, unangemessen war.

Reince Priebus wurde am folgenden Tag gefeuert: Er wurde an einem Flughafen buchstäblich aus dem Autokorso des Präsidenten entfernt. Als Nachfolger engagierte Trump General John Kelly. Anthony Scaramucci blieben noch drei Tage. Am 31. Juli, zehn Tage nachdem er eingestellt worden war, rief ihn Trump zu sich und teilte ihm mit: »Sie sind entlassen.« Anthony verließ den Raum, bog bei den Büros des Stabschefs und seiner zahlreichen Referenten und Schreibkräfte nach links ab, betrat ein kleines abstellkammerartiges Büro und fing an zu weinen. Eine der Schreibkräfte hörte ihn. Sie berichtete, dass er »weinte wie ein Mädchen«. Mir gefällt die Vorstellung, dass Sean Spicer, der irgendwo im *West Wing* die letzten Tage seiner Gnadenfrist verbrachte, Scaramuccis hohes, klagendes Wimmern hörte und lächelte.

Kapitel dreizehn

Die Entzauberung

John Kelly, der neue Stabschef, gilt als Vorbild an Disziplin …
New York Times, 28. Juli 2017

Die Besprechungen der leitenden Mitarbeiter finden ab sofort im Roosevelt Room statt.

Eine der ersten Maßnahmen des neuen Stabschefs General Kelly bestand darin, die täglichen Besprechungen der leitenden Mitarbeiter vom Büro des Stabschefs, wo Reince Priebus sie abgehalten hatte, in den *Roosevelt Room* zu verlegen, in dem die gut 30 Personen bequem Platz hatten. Ich saß stets am Tisch, die meisten anderen weiblichen leitenden Mitarbeiter an der Wand oder auf Sofas.

Kelly führte seine Besprechungen wie eine Militäroperation. Er rief jeden Mitarbeiter namentlich auf und unterbrach ihn, wenn er zu ausführlich wurde. Besonders streng war er mit Generalleutnant H. R. McMaster. Er unterbrach ihn grob mitten im Satz und sagte: »Kommen wir ein anderes Mal darauf zurück.« Oft beklagte er sich über die Presse, und ständig erinnerte er uns daran, dass er die Aufgabe hatte, für Ordnung und Disziplin zu sorgen.

Kelly wollte die totale Kontrolle über den Westflügel. Um dies zu erreichen, musste er ihn gliedern wie ein Schlachtfeld und die verschiedenen Bereiche voneinander abgrenzen. Er informierte alle leitenden Mitarbeiter, dass sie nicht mehr einfach so im Oval Office vorbeischauen dürften. Wer den Präsidenten sehen oder Gäste zu ihm bringen wollte, musste nun einen formellen Termin beantragen. Mir war die Veränderung recht, weil ich es sehr anstrengend fand, dauernd zwischen dem Westflügel und dem EEOB hin- und herzurennen. Wenn der Präsident etwas brauchte, musste er von nun an zu seinem Stabschef gehen. Kelly verlangte außerdem, dass ihn ein jeder in seinem Büro aufsuchen und Bericht erstatten solle, der außerhalb des vorgeschriebenen Protokolls Kontakt mit dem Präsidenten hatte, ganz gleichgültig, wie kurz das Gespräch oder wie trivial das Thema gewesen war. Die meisten APs verdrehten die Augen angesichts dieser Vorschriften. Ich erkannte sofort, wie schlecht Kelly die Aufgabe verstand, die er übernommen hatte. Er hatte keine Ahnung, worauf er sich eingelassen hatte.

Als ich um 5 Uhr morgens den ersten Anruf des Präsidenten nach Kellys Dienstantritt bekam, sagte ich Trump, er müsse seine Kommunikation mit allen Mitarbeitern einschränken, insbesondere Handytelefonate. Er fragte, warum. Ich erklärte ihm, Kelly wolle, dass alles über offizielle Kanäle laufe, und ich sei damit einverstanden. Doch der Präsident fiel in den Stil der New Yorker Zeit zurück: »Scheiß auf Kelly! Ich mache, was ich verdammt noch mal will!«

Ich unterrichtete Kelly natürlich nicht über dieses Gespräch mit dem Präsidenten. Dafür sprach ich oft mit Trumps altgedientem Leibwächter Keith Schiller, den ich schon genauso lang wie diesen kannte. Er sagte, er habe es satt, wie er behandelt werde. Offenbar versuchte Kelly auch, Barrieren zwischen dem Präsidenten und seinem Leibwächter zu errichten. Ich bat Keith trotzdem zu bleiben. »Wenn Sie gehen, schnappt DJT vollends über.«

Das Gute an Kellys Amtsübernahme war, dass ich bei ihm direkt für eine Verlängerung des befristeten Asyls (*Temporary Protected Status*, TPS) werben konnte, das die Abschiebung von Einwanderern aus Haiti und mehreren Ländern, in denen sich bewaffnete Konflikte abspielten oder die von einer Naturkatastrophe betroffen waren, verhinderte. Die Gesetzgebung zum TPS sollte demnächst auslaufen.

Wir verpflichteten uns, eng mit der haïtianischen Community zusammenzuarbeiten, insbesondere während meines Besuches dort. Die Sache hatte Top-Priorität für den haïtianischen Präsidenten Jovenel Moïse, der eine Verlängerung des TPS forderte.

Der neue Stabschef nahm sofort einige entscheidende Veränderungen vor: Er sorgte dafür, dass die Tür des Oval Office geschlossen blieb, sodass Trump nicht mehr sehen konnte, wer gerade an seinem Büro vorbeiging. Der einzige Weg zum Präsidenten führte nun an Madeleine Westerhout, Keith Schiller und John McEntee vorbei. Diese Maßnahme sollte auch Besuche durch den Hintereingang über Trumps Esszimmer verhindern und damit ein Privileg aufheben, das vertraute Berater bis dahin genossen. Dank meinem vom Secret Service ausgestellten »*Kiss Pin*«, so genannt, weil er mir zu allen führenden Persönlichkeiten im Weißen Haus persönlichen Zugang verschaffte, konnte ich mich dennoch im ganzen Komplex frei bewegen.

In Berichten, die an die Presse durchgestochen wurden, wurde ich als die erste Testperson für Kellys Versuch, Personen vom Präsidenten fernzuhalten, beschrieben. Seit man mich für den Tweet zu Mika Brzezinskis Facelift verantwortlich gemacht hatte, waren bestimmte Personen im Weißen Haus der Überzeugung, die von mir gelieferten »schmutzigen Dossiers« seien die Ursache für Trumps Wutausbrüche, die ihn oft den ganzen Tag arbeitsunfähig machten. Ich wollte diese Berichte und andere OPL-Probleme mit General Kelly besprechen, aber er gab mir keine Gelegenheit dazu. Wenn ich in seinem Terminkalender stand, sagte er ab. Von seiner Ankunft Ende Juli bis zu meiner Entlassung Mitte Dezember, sprachen wir genau zweimal miteinander. Das erste Mal, als er mich bei einer Besprechung in seinem Büro darüber informierte, dass Bildungsministerin Betsy DeVos die für den Herbst geplante HBCU-Konferenz (mehr darüber später) absagen wollte, und das zweite

Mal, als er mich im *Situation Room* einsperrte und mir mit dem Kriegsgericht drohte.

Der Gedanke, den Zugang zu Präsidenten zu beschränken, mochte auf den ersten Blick klug erscheinen. Tatsächlich jedoch wurde er dadurch von Freunden abgeschnitten, denen er vertraute und die seinen Realitätsbezug und in gewisser Hinsicht auch seine geistige Gesundheit aufrechterhielten. Dass Kelly den Präsidenten isolierte, trieb diesen in den Wahnsinn; er schaute noch mehr Nachrichtensendungen und griff noch mehr als zuvor auf Telefonanrufe und soziale Medien zurück, um sein tiefes Bedürfnis nach positivem Feedback, nach persönlicher Bestätigung seiner Größe und nach Zuhörern, bei dem er Dampf ablassen konnte, zu befriedigen.

Jedes Stück Papier, das der Präsident in die Hand bekam, musste zuerst den zuständigen Mitarbeitern und dann Kelly persönlich vorgelegt werden. Aber der Stabschef konnte Trump nicht daran hindern, über sein privates Telefon oder mit seinem persönlichen Handy Anrufe zu tätigen. Noch konnte er verbieten, dass Trump bestimmten Personen die Genehmigung gab, ihn direkt über die Telefonzentrale des Weißen Hauses anzurufen. Als Reaktion auf Kellys Maßnahmen rief uns Trump manchmal mit nicht staatlichen Mobiltelefonen an, die er sich von Sekretären oder Besuchern borgte und die nicht immer sicher waren.

Kelly ließ außerdem verlauten, dass insbesondere APs die Pflicht hätten, ihn gemäß dem *Presidential Records Act* über jedes mit Trump geführte Gespräch zu unterrichten. Wenn wir dies nicht täten, gingen wir ein juristisches Risiko ein – eine Drohung, die uns einschüchtern oder von Gesprächen mit dem Präsidenten abhalten sollte.

Die meisten meiner damaligen Kontakte mit dem Präsidenten bestanden darin, dass ich zuhörte, wie er inkohärent daherredete, unzusammenhängendes Zeug von sich gab, von einem Gedanken zum nächsten sprang und ständig das Thema wechselte: die Wahl,

Fake News, Hillary Clintons E-Mails, der Handel, Obama, der seine Telefone abhörte, und die vielen Leute, die ihn beleidigten.

Hier ein Ausschnitt aus einem dieser Gespräche, so wie ich mich daran erinner: »Hey, Ich werde jemanden treffen, wissen Sie, wen? Dieser Mann ist ein guter Mann. China, die Leute, passen Sie auf, China kriegt uns. Diese Leute taugen nichts. Aber die Mauer, die Mauer.« Es wäre lächerlich gewesen, über den Inhalt all dieser Gespräche Memos zu schreiben. Damals war mir unbehaglich dabei, für die gesamte Nachwelt Beweise für seine geistige Beeinträchtigung beziehungsweise seinen geistigen Verfall zu dokumentieren.

Kelly beschränkte also die Besuche im Oval Office. Jedes Dokument ging durch seine Hände. Über jeden Anruf musste Bericht erstattet werden. Nichts ging hinaus oder kam herein, dem er nicht vorher zugestimmt hatte. Da fragt man sich doch: Wer war nun Präsident? Kelly schien sich als eine Art Dick Cheney zu positionieren, als der Mann, der die Fäden zog, den Präsidenten kontrollierte und bestimmte, was lief. Ich hatte aber nicht geschworen, John Kelly zu dienen. So schlecht die Dinge im Weißen Haus und außerhalb auch standen, ich vergaß nicht, wozu ich mich verpflichtet hatte, und machte meinen Job, so gut ich konnte.

Am 11. August flog ich nach New Orleans, wo ich an einer Podiumsdiskussion der *National Association of Black Journalists* (NABJ) teilnahm. Die Veranstaltung hatte das Thema »Black and Blue: Raising Our Sons, Protecting Our Communities« und wurde von Ed Gordon von *Bounce TV* moderiert. Ich war gebeten worden, erstmals öffentlich über die Ermordung meines Vaters und meines Bruders zu sprechen und darüber, wie Gewalt mein Leben beeinflusst hatte.

Aus den Berichten über die Veranstaltung erfuhr ich, dass einige Podiumsgäste abgesagt hatten, als sie von meiner Teilnahme hörten. Manche Journalisten der schwarzen Presse berichteten nicht objektiv über mich. Etwa drei Monate vor dieser Podiumsdiskussion hatte man mich anlässlich der Jahrestagung des *National Action*

Network in New York zum Frauen-Power-Lunch der Organisation eingeladen. Nach meiner kurzen Ansprache über meine Anstrengungen zur Unterstützung schwarzer Hochschulen stand der Bürgerrechtler Al Sharpton auf und sagte: »Sie befinden sich in einer ausgesprochen prekären Position, weil Sie eine Regierung vertreten, mit der viele von uns nicht einverstanden sind. Aber ich würde meine Überzeugungen verraten, wenn ich diese Probleme nicht ansprechen und Sie bitten würde, dieser Regierung bei Ihrer Rückkehr Folgendes mitzuteilen: Ja, Sie haben mich respektvoll behandelt … Nein, Sie haben mich nicht zum Schweigen gebracht, aber Sie haben mir die Botschaft mitgegeben, dass Sie als Schwarze und als Frau die ersten hundert Tage der Regierung in Washington als Katastrophe empfanden.« Sharpton putzte mich in einem Saal voller Frauen wie ein Kind herunter. Die Veranstaltung wurde live von *CNN* und *C-SPAN* übertragen. Ich war enttäuscht, dass es mir wieder einmal nicht gelungen war, Kontakt mit der Bürgerrechtsbewegung herzustellen, und verließ den Termin, sobald ich konnte.

Und nun war ich bei der *NABJ* – schon wieder in der Höhle des Löwen. Ich saß gerade einmal fünf Minuten auf dem Podium, als mich der Moderator Ed Gordon auch schon aufforderte, Trump wegen der hetzerischen Äußerung zu verteidigen, dass die Polizei in Long Island Verdächtige, bei denen es sich vor allem um Nicht-Weiße handelte, »hart« anfassen solle. Ich war mit Trumps Aussage jedoch keineswegs einverstanden! Nicht im Geringsten! Also blieb ich bei meinem Anliegen und sagte, ich könne den Schmerz, wenn man ein Familienmitglied durch Gewalt verliere, sehr gut verstehen und ich hätte Mitgefühl mit den Familien der Menschen, die von der Polizei getötet oder geschlagen worden seien. In dem randvoll gefüllten Ballsaal standen daraufhin einige Aktivisten von *Black Lives Matter* auf und wandten mir den Rücken zu. Andere beschimpften mich laut und drohten mir mit den Fäusten, wieder andere kreischten und lachten, als hätte ich einen Witz gemacht. Diese Art von Protest war ich nicht gewohnt. Sharpton hatte mich wenigstens gebeten, eine Botschaft zu überbringen. Doch bei der *NABJ* wollten einige Leute ihre Wut einfach nur an mir auslassen. »Wenn Sie eine Person zu sich einladen«, sagte ich, »macht es keinen Sinn, wie wild auf sie einzuschlagen. Sie sollten sie informieren, was in Ihrer *Community* los ist, damit sie sich für Ihr Anliegen einsetzen kann. Sie sollten nicht aufstehen und den Tisch verlassen, denn wer nicht mit am Tisch sitzt, der wird den Herrschaften zum Fraß vorgeworfen.«

Gordon warf mir vor, Trump zu verteidigen. Er kam hinter seinem Rednerpult hervor und stellte sich direkt vor mich hin. In dem auf *YouTube* geposteten Video kann man sehen, wie er über mir aufragt und auf mich losgeht. In der Podiumsdiskussion ging es um Gewalt, und ironischerweise fühlte ich mich körperlich bedroht auf dem weißen Ledersessel, in den man mich gesetzt hatte. Während Gordon hinter dem Podium hervorkam und sich vor mir aufbaute, versuchte ich auf das Thema zurückzukommen, wie man Familien gegen Gewalt schützen könnte. Aber er bedrängte mich weiter, indem er mich zum Beispiel aufforderte, Jeff Sessions' Position zur Einwanderung zu kritisieren. Es bestand keine Hoffnung auf eine fruchtbare Diskussion, also stand ich mit meinem Mikrofon in der Hand auf und stellte mich dem einschüchternden Moderator entgegen. »Seien Sie nicht so aggressiv«, sagte ich. »Stellen Sie Ihre Frage, aber belehren Sie mich nicht ... Sie können mich nach dem Tod meines Vaters und meines Bruders fragen: Fragen Sie mich nach meiner Geschichte. Ich werde mich hier nicht hinstellen und jedes einzelne Wort und jede Entscheidung [der Regierung Trump] verteidigen ... Wenn Sie nicht hier sein wollen, dann lassen Sie es bleiben, aber missachten Sie nicht die Geschichte meines Vaters und meines Bruders.« Schließlich stand der Präsident der NABJ auf und beendete die Diskussion. Ich machte, dass ich wegkam.

ARME @OMAROSA. Beleidigt, als sie nach Trump gefragt wird, am selben Tag, an dem die Naziveranstaltung an der UVA [University of Virginia] stattfand. Sie hat nie bemerkt, dass sie nur als Trumps Schoßtier von Bedeutung ist.
Tweet von Keith Olbermann, 12. August 2017, 7:45 Uhr

»Schoßtier? Sein Tier? Keith! Wirklich? Diese Art extrem beleidigender, unangemessener Äußerungen sind die Erklärung dafür, warum man Sie beim Fernsehen fallen gelassen hat! #FireHimGQ
Meine Reaktion, 13. August 2017, 4:45 Uhr

Unterdessen hatte in Charlottesville, Virginia, die Veranstaltung *Unite the Right* begonnen, eine Demonstration, die sich angeblich gegen die Entfernung der Statue von Robert E. Lee wandte, des Helden der Südstaaten im amerikanischen Bürgerkrieg. Sie sollte aus dem ehemaligen Lee Park, den der Stadtrat zwei Monate zuvor in *Emancipation Park* umgetauft hatte, entfernt werden. Doch das war nur eine Ausrede für einen Auflauf von Leintuch tragenden, Waffen schwingenden, Hakenkreuz schwenkenden Suprematisten, Neonazis, Ku-Klux-Klan-Mitgliedern, Südstaatenmilizionären und Leuten, die eine gemalte Südstaatenflagge auf dem Dach ihres Pickups haben.

Ich war derweil noch in New Orleans auf einem kleinen Empfang mit Führungspersönlichkeiten, der vom Präsidenten der NABJ veranstaltet wurde. Im Fernsehen sahen wir Bilder wütender, hasserfüllter junger Männern, die Petroleumfackeln trugen und brüllten: »Ihr werdet uns nicht ersetzen.« Mit »ihr« (*You*), waren alle Nicht-Weißen und Nicht-Christen gemeint. (Allmählich verwandelte sich das *»You«* in dem Sprechchor in *»Jews«* wie ein viral gegangenes Video von *VICE News* auf Youtube zeigt [https://news.vice.com/en_us/article/qvzn8p/vice-news-tonight-full-episode-charlottesville-race-and-terror]).

Ich schickte sofort eine Notiz an das Weiße Haus und fragte, ob sie die Situation beobachteten. Man antwortete mir, dass man die Sache im Auge habe. Die Medien machten Donald Trump und Stephen Bannon für die Demonstration verantwortlich. Sie zitierten rassistische Aussagen, die der Präsident schon am allerersten Tag seines Wahlkampfs gemacht hatte, und vertraten die Ansicht, dass er durch seine Politik und seine Reden die Rassisten ermuntert habe, aus ihren Löchern zu kriechen. Damals, in den ersten Tagen des Wahlkampfs, hatte ich im Fernsehen Trumps Sprüche mit dem Argument verteidigt, er sei »nicht rassistisch, sondern rassebewusst«. Ich verwies auf unsere gemeinsame Geschichte in den 14 Jahren zuvor und darauf, wie gut er mich behandelt, was er beruflich für mich getan und wie er in meine Fernsehsendung und meine Karriere investiert hatte. Angesichts dieser Beziehungen konnte ich nicht glauben, dass er ein Rassist war, doch die Leute auf der Demo waren offensichtlich dieser Ansicht! Die Neonazi-Website *Daily Stormer* hatte für die Veranstaltung geworben, und der Neonazi und ehemalige Ku-Klux-Klan-Führer David Duke und der Suprematist Richard Spencer hatten sich für die Veranstaltung eingesetzt und an ihr teilgenommen. Ich fand keine Hinweise darauf, dass *Breitbart News* für die Veranstaltung geworben hatte, aber Bannons Nachrichtenseite gilt seit Langem als die Basis von *Alt-Right*, der sogenannten alternativen Rechten, mit der sich viele der Demonstranten identifizierten.

Am folgenden Tag schickte ich eine Botschaft an Trumps Berater in Heimatschutzfragen Tom Bossert und fragte: »Haben Sie die Situation im Auge? Beobachten sie die Entwicklung?« Es ging um die nationale Sicherheit, soweit ich das beurteilen konnte. Bossert und Jared Kushner waren mit dem Präsidenten in Bedminster, New Jersey.

Als Antifaschisten, die sogenannte Antifa, *Black Lives Matter*, kirchliche Gruppen, Sozialisten und andere eine Gegendemonstration veranstalteten, kam es zu gewaltsamen Auseinandersetzungen, und etwa 30 Personen wurden verletzt. Gegen 13:45 Uhr raste der 22-jährige James Alex Fields Jr., ein Neonazi aus Ohio, mit dem Auto in eine Gruppe von Gegendemonstranten. Er verletzte 19 und tötete Heather D. Heyer, eine 32-jährige Rechtsanwaltsgehilfin. In einer amerikanischen Stadt wurde also am helllichten Tag auf offener Straße eine Frau von einem Neonazi getötet, ohne dass die in Kampfausrüstung angetretene Polizei eingegriffen hätte. Es war unvorstellbar. Ich rief erneut Bossert an. Die Demonstrationen dauerten nun schon zwei Tage, ohne dass der Präsident sie kommentiert hatte. Bossert sagte mir, er sei, nachdem Fields in die Menge gefahren sei, in Bedminster in das Zimmer gegangen, in dem Trump nach einer Runde Golf ein Nickerchen gemacht habe, und habe gesagt: »Wachen Sie auf, Sir. Diese Sache ist eskaliert, und wir müssen etwas unternehmen.« Während die ganze Nation voller Empörung und Entsetzen über die Geschehnisse vor dem Fernseher hing und sich verzweifelt nach der starken Hand des Staates sehnte, machte der Präsident ein Nickerchen.

Es wurde diskutiert, den Gouverneur Terry McAuliffe anzurufen und ihm Unterstützung durch die Zentralregierung anzubieten. Dann jedoch beschloss man, die operative Antwort den lokalen und bundesstaatlichen Kräften zu überlassen und den Konflikt nicht zu einer nationalstaatlichen Angelegenheit zu machen. McAuliffe rief den Notstand aus, und die *Virginia State Police* griff ein, aber die Nationalgarde kam nicht zum Einsatz. Das Weiße Haus entschied, sich in Sachen Charlottesville zurückzuhalten und die Lösung des Problems Virginia zu überlassen. McAuliffe lobte seine Einsatzkräfte zwar, aber zwei unabhängige Gutachten bewiesen, dass die lokalen Polizeikräfte gravierende Fehler machten. Sie griffen nicht ein, als es zwischen Demonstranten und Gegendemonstranten zu Kämpfen kam, und sie hatten nichts getan, um die Kämpfe zu verhindern. Sie waren über die Gewaltbereitschaft der Teilnehmer des Fackelzugs informiert gewesen und hatten dennoch nichts unternommen, um ihn aufzuhalten. Und sie standen nicht unter einem zentralen Kommando, was zu Verwirrung führte.

Als mir das ganze Ausmaß der Ereignisse in Charlottesville vor dem Fernsehen klar wurde, fürchtete ich, dass unser Versagen in dieser Angelegenheit zu einem der schlimmsten Schandflecke auf Trumps Präsidentschaft werden konnte. Das, was geschehen war, war bezeichnend für seine Unfähigkeit und Unzulänglichkeit im Umgang mit den Komplexitäten der Rassenbeziehungen in diesem Land. Trumps erster schrecklicher Fehler bestand darin, dass er 24 Stunden lang schwieg. Wenn etwas schiefgeht, wird die *Trumpworld* dunkel. Das ist ihr Modus Operandi. Auch all seine Mitarbeiter zogen sich aus der Öffentlichkeit zurück. Der Einzige, der am Sonntag, dem 13. August, in den Fernsehnachrichten auftrat, war Tom Bossert. Danach versuchte man ihn als Marionette von Donald Trump darzustellen, doch das hat er nicht verdient. Er war der Einzige, der den Mut hatte, an die Öffentlichkeit zu gehen, sein Mitgefühl mit den Opfern zum Ausdruck zu bringen und die Vorgänge zu diskutieren.

Am Montag, dem 14. August, erklärte der Präsident, dass er die Gewalt verurteile, weiter hieß es: »Rassismus ist böse. Und Personen, die in seinem Namen Gewalt anwenden, sind Gangster und Kriminelle, dazu gehören auch die Mitglieder des KKK, Neonazis, Suprematisten und andere hasserfüllte Menschen. Sie handeln allem zuwider, was uns Amerikanern lieb und teuer ist.« Er erwähnte Heather Heyer und zwei Angehörige der Polizei von Virginia, die bei einem Hubschrauberabsturz im Zusammenhang mit den Ereignissen ums Leben gekommen waren. Für viele war die Erklärung zu dünn, kam zu spät und klang nicht aufrichtig.

Am Dienstag, dem 15. August, fand im Trump Tower eine Pressekonferenz des Präsidenten statt, in der er eine Deregulierung verkünden wollte, die Bestandteil seines Infrastrukturgesetzes war. Ich war inzwischen nach Washington zurückgekehrt und sah mir die Pressekonferenz auf einem Fernseher im Weißen Haus an. Wie mir einer der Anwesenden später berichtete, zeigte sich Trump ehrlich überrascht, wie viele Presseleute zu einer Diskussion über Bauvorschriften gekommen waren. Er hatte keine Ahnung, wie explosiv die Lage in Charlottesville in den vier Tagen zuvor geworden war. Man hatte ihn auf die Pressekonferenz nicht ordentlich vorbereitet, und als er im Trump Tower aus dem Aufzug stieg, stand er den Hunderten von Pressevertretern aus der ganzen Welt gegenüber.

Die Sorge der Öffentlichkeit war real und berechtigt. Menschen auf der ganzen Welt hatten mit großem Entsetzen zugesehen, wie Neonazis vor einer Kirche Unschuldige zusammenschlugen, wie Mitglieder des Ku-Klux-Klans an einem Fackelzug teilnahmen, wie Milizionäre mit unverhüllten Maschinenwaffen auf Virginias Straßen marschierten. Diese Bilder weckten im kollektiven Bewusstsein die schlimmsten Erinnerungen an rassistische Gräueltaten, ließen die schändliche Vergangenheit unserer Nation in der Gegenwart wieder lebendig werden. Eine gute Freundin rief mich an und sagte: »Ich habe Angst um meine Kinder und meine Community.« Ich dachte, sie hätte Angst vor den Suprematisten, aber sie meinte: »Nein, ich habe Angst vor deinem Chef, Trump.«

Ich wollte sagen, sie brauche keine Angst zu haben, ich sei ja da, die Leitplanken seien gesetzt. Aber mitten in einer amerikanischen Stadt hatte zwei Tage lang ein offener Rassenkrieg getobt. Bis Charlottesville hatte ich mich der Tatsache nicht gestellt, wie schlimm alles geworden war, weil ich mich dann mit den Dingen hätte auseinandersetzen müssen, die ich schon die ganze Zeit an Trump wahrgenommen, aber ignoriert hatte. Während der Pressekonferenz jedoch fiel es mir wie Schuppen von den Augen: Ich erkannte, dass Trump keine Ahnung hatte, warum die Menschen so verstört waren. Er begriff es einfach nicht. Er hatte den Kontakt zur Realität verloren.

Er kam mit dem Aufzug in die Lobby des Trump Tower heruntergefahren. Die Türen gingen auf: Vor ihm eine Armada von Presseleuten. Hinter ihm die geschlossene Aufzugtür. Er konnte nicht entkommen. So blieb ihm keine andere Wahl, als die vorbereitete Ansprache über die Bauvorschriften zu halten. Er stand in der Kritik, ohne einen Ausweg zu haben, und er war verärgert, weil die ganze Angelegenheit immer noch nicht ausgestanden war. Nach seiner Ansprache, einer einzigen Prahlerei über die hervorragenden Eigenschaften seiner Gebäude, nahm er Fragen der Journalisten an. Einer fragte, warum er so lange gebraucht habe, bis er die Neonazis und die Suprematisten verurteilt habe. Er antwortete, es sei wichtig, die Dinge »schön ruhig anzugehen« und er habe abwarten wollen, bis er genügend Informationen gehabt habe. Das war Unsinn. Ich wusste, dass er alle Informationen von Tom Bossert bekommen hatte. Er war 24 Stunden abgetaucht. Er hatte das getan, was er und die *Trumpworld* immer taten, wenn sie es mit komplizierten Problemen oder Krisen zu tun bekamen.

Seine Gestik verriet ihn: Er wedelte aggressiv mit den Händen und fuchtelte mit den Fingern. Er bewegte sich, als ob er angegriffen würde. Eine junge Frau war tot, aber er dachte nur an sein eigenes Unbehagen. Er versuchte es nochmals: »Wie wäre es mit ein paar Fragen zur Infrastruktur?« Er hatte keine Vorstellung davon, welche Bedeutung Charlottesville besaß, und wollte zur Tagesordnung übergehen. Dieser Mann besaß keine Spur von Empathie. Jeder normale Mensch hätte gewusst, dass er über die Ereignisse seit der ersten Demonstration in Charlottesville hätte reden müssen. Er hätte die Nationalgarde entsandt, um die Ordnung wiederherzustellen, und er hätte der Lokalregierung bei der Bekämpfung der Gewalt geholfen anstatt zuzusehen, wie sich die Lage mehr und mehr aufheizte. Er hätte all den Amerikanern, die nonstop Fernsehbilder sahen, die sie an die dunkelsten Stunden der amerikanischen Geschichte erinnerten, die Angst genommen. Er hätte zu einem Tag der Trauer, einem Tag des Gebets und einem nationalen Symposium über Rassenprobleme aufgerufen. Er hätte über die Einheit gesprochen, die wir verzweifelt benötigten. – Doch er adressierte nichts von alledem. Trump wünschte sich eine Frage zur Infrastruktur.

Als er in Bedrängnis geriet, erwähnte er Heather Heyer und sagte: »Ihre Mutter hat mir auf Twitter für meine Erklärung gedankt.« Das Leben dieser Frau war zerstört, und er prahlte mit einem Tweet? Es ging immer nur um ihn. Er besaß nicht einmal ansatzweise die Fähigkeit zu verstehen, wie es Heathers Mutter ging. Sein größter Charakterfehler ist sein absoluter Mangel an Mitgefühl, der wiederum ein Ausdruck seines extremen Narzissmus ist. Trump konstruiert seine eigene Wirklichkeit, um sich selbst in schrecklichen Situationen gut zu fühlen, und dann wiederholt er die Konstruktion immer wieder, bis die derart verzerrte Realität die einzige ist, die er noch kennt. Bei seinen Lügen und Prahlereien geht es stets und ständig nur darum, dass er selbst gut aussieht, siehe »Ihre Mutter hat mir gedankt«. Der Unterschied zwischen Trump und anderen führenden Politikern, die nicht selten auch recht ichbezogen sind, besteht darin, dass er nur dann funktioniert, wenn sich alles um ihn dreht. Er muss bei allem und jedem im Mittelpunkt stehen. Wenn er nicht im Mittelpunkt steht, erzwingt er, dass er im Mittelpunkt steht. Es ging also nicht darum, dass eine junge Frau gestorben war, sondern darum, dass ihrer Mutter sein Tweet gefallen hatte.

Beim Zusehen dachte ich, dass man die Pressekonferenz über die Bauvorschriften hätte absagen oder wenigstens abbrechen und Trump in Sicherheit hätte bringen sollen. Seine Gesten wurden fahrig, und ich konnte sehen, dass er wütend wurde. Es ging ihm nicht gut. Er agierte gestört. Als er gefragt wurde, ob er eine Gelegenheit verpasst habe, das Land zusammenzubringen, schrie ich »*YES!*« Richtung Bildschirm, aber er reagierte auf die Frage, indem er mit wirtschaftlichen Erfolgen prahlte. »Ich habe, seit ich Präsident bin, mehr als eine Million Arbeitsplätze geschaffen«, verkündete er. »Das Land erlebt einen Boom. An der Börse gibt es Rekorde. Wir haben die besten Beschäftigungszahlen in der Geschichte unseres Landes!«

Nichts davon hatte etwas damit zu tun, dass Rassisten mit dem Auto in Menschenmengen rasten. Als er nach seinem Chefberater Steve Bannon gefragt wurde, antwortete er: »Ich mag Mr. Bannon. Er ist ein Freund von mir. Aber Mr. Bannon ist sehr spät dazugestoßen. Sie wissen das. Ich habe mich gegen 17 Senatoren und Gouverneure durchgesetzt und alle Vorwahlen gewonnen.* Mr. Bannon ist erst viel später dazugestoßen. Und ich mag ihn; er ist ein guter Mann. Er ist kein Rassist, das kann ich Ihnen sagen. Er ist ein guter Mensch. Tatsächlich wird er in der Presse in dieser Hinsicht sehr ungerecht behandelt.« Da stand er und verteidigte Steve Bannon. Das wurde natürlich als Verteidigung eines Rassisten wahrgenommen. Außerdem konnte er nicht einmal jetzt der Versuchung widerstehen, die Wahl zur Sprache zu bringen.

Während dieser unglaublichen Selbstenthüllung griff er außerdem Senator John McCain heftig an, weil dieser gegen sein Gesundheitsgesetz gestimmt hatte; er beschuldigte die Journalisten, Fake News zu verbreiten; er wies darauf hin, dass George Washington und Thomas Jefferson Sklavenhalter gewesen seien, er bezweifelte, dass es Sinn mache, rassistische Symbole wie Statuen der Konföderierten zu entfernen; er verteidigte die Suprematisten und Neonazis, weil sie eine Genehmigung für ihre Demonstration gehabt hätten (was nicht stimmte); er versetzte Obama einen Seitenhieb, weil dieser in acht Jahren als Präsident das Rassenproblem nicht gelöst habe; und er prahlte damit, eine Autofabrik nach Wisconsin gebracht zu haben. Sein geistiger Verfall war auf dieser Pressekonferenz deutlich sichtbar. Ich war mir sicher, dass alle es bemerkten und es am nächsten Tag Schlagzeilen machen würde. Die die Proteste am meisten befeuernde Äußerung aber lautete: »Ich finde, beide Seiten müssen sich schämen. Sie müssen beide Seiten ansehen, und beide Seiten müssen sich schämen. Und ich habe kei-

---

* Anm. der Übersetzers: Von den 52 Vorwahlen gewann Donald J. Trump tatsächlich nur 37, 11 gingen an Ted Cruz, 3 an Marco Rubio und 1 an John Kasich.

nen Zweifel daran, und Sie haben auch keinen Zweifel daran. Und wenn Sie korrekt darüber berichten würden, würden Sie dasselbe sagen … Es gab ein paar sehr böse Leute in dieser Gruppe. Aber es finden sich auch sehr gute Menschen auf beiden Seiten.«

Ich konnte nicht glauben, dass er so herumlavierte, dass er nicht verstand, was für eine gefährliche Zeitbombe er damit legte. Ich erkannte an seiner Körperhaltung und seinem Ton, dass er – wäre er in seinen eigenen vier Wänden gewesen – einen seiner gigantischen Wutanfälle bekommen hätte. Er redete weiter und machte damit alles immer schlimmer. Niemand schützte Trump vor Trump an diesem Tag. Er griff die Presse an, weil sie nicht »akkurat« berichtet hätte, und beharrte: »Ich habe recht. Sie haben unrecht. Sie lügen alle, um mich schlecht aussehen zu lassen.« Es war ein schreckliches Beispiel dafür, wie verfehlt sein Denken war. Er war unfähig, das Leid, den Schmerz und die Furcht zu sehen, die er mit seinen Worten und seinem Mangel an Empathie im Land auslöste.

Matt Lauer von der *Today Show* bei *NBC* bat mich, in der Sendung über Charlottesville zu sprechen. Ich lehnte ab. Ich weigerte mich, etwas zu verteidigen, das nicht zu verteidigen war.

Wer also würde der wartenden Menge dieses Mal zum Fraß vorgeworfen? – Am 18. August verließ Steve Bannon das Weiße Haus. Seine Anwesenheit war für viele Leute Beweis genug für Trumps Rassismus gewesen. Doch der einzige Grund, warum Bannon überhaupt ins Weiße Haus gekommen war, hatte nichts mit Ideologie zu tun gehabt. Viele in der *Trumpworld* hatten den Verdacht, dass es nur ums Geld gegangen war. Die Großspenderin Rebekah Mercer hatte darauf bestanden, dass Trump Steve Bannon, Kellyanne Conway und David Bossie engagierte, und er hatte gehorcht. Nun jedoch, da Bannons Verbindungen zur *Alt-Right* der Präsidentschaft schaden konnten, musste er gehen. Letztlich war es eine gute Lösung für Bannon. Er hatte sich in der Administration ohnehin ausgebremst gefühlt und schon einige Zeit erwogen, zu *Breitbart* zurückzukehren, wo er der Chef war und tun und sagen konnte, was er wollte. Sein Abschied vom Weißen Haus erfolgte allen Berichten zufolge in gegenseitigem Einverständnis. Trump twitterte: »Ich danke Steve Bannon für seine Dienste. Er stieß während meines Wahlkampfs gegen die betrügerische Hillary Clinton zu uns – das war großartig! Danke S.«

Etwa um diese Zeit begann auch ich meinen Absprung zu planen. Nach Charlottesville konnte ich Trumps Verhalten nicht mehr ertragen. Es war verwerflich. Strategisch gesehen, musste ich den perfekten Zeitpunkt finden, um die Regierung mit möglichst geringem Aufsehen zu verlassen.

Einige Monate später, als Michael Wolffs *Feuer und Zorn* erschien und sich herausstellte, dass Bannon seine wichtigste Quelle gewesen war, wurde Trumps Ton weniger liebenswürdig. In einer Erklärung, die er am 3. Januar 2018 herausbrachte, hieß es: »Als er gefeuert wurde, verlor er nicht nur seinen Job, sondern auch seinen Verstand.« Und zwei Tage darauf twitterte er: »Michael Wolff ist ein totaler Verlierer, der seine Geschichten erfunden hat, um dieses total langweilige und unwahre Buch zu verkaufen. Er benutzte den schmuddeligen Steve Bannon, der weinte und um seinen Job bettelte, als er gefeuert wurde. Inzwischen scheißen fast alle auf den schmalzigen Steve. Was für ein Jammer!«

Wer kündigt oder den Trump-Kult verrät, wird als verrückt und bemitleidenswert abgestempelt. Trump war es egal, dass er zuvor positive Dinge über seinen ehemaligen Chefberater getwittert hatte und sich nun total widersprach. Er änderte seinen Ton, sobald Bannon offenbar gegen ihn arbeitete. Nach diesem Muster wird im Weißen Haus oft verfahren. Lügen ist die zweite Natur dieser Administration.

Nach Charlottesville und Bannons Entlassung entspannte sich die Lage ein wenig, und wir schafften eine ganze Woche ohne Skandal – bis zum Tag der Sonnenfinsternis am 21. August. Louise Linton, die 37-jährige schottische Schauspielerin und Frau des Finanzministers Steven Mnuchin, postete auf Instagram ein Foto, das sie und ihren Mann beim Verlassen eines Regierungsflugzeugs zeigte, mit dem folgenden Kommentar: »Toller #Tagesausflug nach #Kentucky! #netteste #Leute #wunderschöne #Landschaft, Hosen #Rolandmouret, Sonnenbrille #Tomford, Schal #Hermes, Schuhe #valentinorockstudheels #Valentino #USA.«

Jenni Miller, eine Mutter von drei Kindern aus Portland, Oregon, kommentierte: »Freut mich, dass wir für euren kleinen Ausflug zahlen durften. #Erbärmlich.« Und dann schoss Louise zurück: »Ich bin mir ziemlich sicher, dass wir mehr Steuern für unseren ›Tagesausflug‹ gezahlt haben als Sie. Ziemlich sicher, dass die Summe, die wir jedes Jahr opfern, sehr viel größer ist, als Sie zu opfern bereit wären, wenn Sie die Wahl hätten. Sie sind bewundernswert realitätsfremd.« Die Online-Community war sich allerdings einig, dass nicht Jenni Miller, sondern Louise Linton »realitätsfremd« sei. Das politisch Brisante daran war, dass Lintons Mann an einer Steuerreform zugunsten der Reichen arbeitete und Trumps gesamtes Kabinett mit Millionären und Milliardären vollgestopft war, die keinerlei Bezug zu den »vergessenen« einfachen Männern und Frauen hatten oder haben wollten, die Trump in sein Amt gewählt hatten.

Louise Linton entschuldigte sich schließlich öffentlich bei der Frau aus Portland. Danach nahm sie über Kelly Day, eine gemeinsame Bekannte in Los Angeles mit mir Kontakt auf und lud mich zum Mittagessen in ihr Haus in Washington ein. Ich fand sie sehr glamourös, sehr hollywoodmäßig, ganz anders als die typische Washingtoner Ehefrau. Sie sagte mir, sie sei dem Rat ihres Presseagenten gefolgt, als sie die Designer getaggt habe, mit denen sie arbeite. Ich erklärte ihr, sie habe als Vertreterin der US-Regierung mit ihrem Mann, einem Kabinettsmitglied, vor einem Regierungsflugzeug gestanden und dürfe weder Geschenke annehmen noch eine öffentliche Plattform zu Werbezwecken verwenden. Sie erklärte mir den Vorfall ganz offen als ein kleines Missverständnis und sagte, sie werde »in diesen Dingen« künftig gewissenhafter sein. »Ich verstehe nur nicht, wie Washington funktioniert«, sagte sie mit ernster

Miene. Linton war naiv, aber nicht böswillig. Ich hatte Mitleid mit ihr. Sie wurde in der Presse angegriffen, so wie es mir auch jeden Tag passierte. So dumm ihr Posting auch gewesen war, sie litt, das wurde mir während unseres Essens klar. Nur wenige Leute begreifen wirklich, wie es sich anfühlt, wenn die ganze Welt gegen dich zu sein scheint.

Am 25. August begnadigte Trump den Sheriff Joe Arpaio aus Arizona, der wegen Missachtung einer gerichtlichen Anordnung zu einer Haftstrafe verurteilt worden war. Zuvor war sein Department wegen *Racial Profilings* angeklagt worden. In seinem Revier wurden Latinos an Verkehrsampeln ohne Grund festgenommen und in KZ-artigen Einrichtungen interniert, wo sie öffentlich gedemütigt wurden, aneinandergekettet Zwangsarbeit leisten mussten und ungenügend mit Nahrungsmitteln und Medikamenten versorgt wurden.

Trump hatte es noch nicht geschafft, Zweifler zu überzeugen, dass er definitiv kein Rassist war, und schon tat er sein Möglichstes, um einem Mann zu helfen, der ohne jeden Zweifel ein Rassist war. Für mich war die Begnadigung daher ein weiteres Indiz für Trumps Rassismus, und ich durchschaute ihn endlich. Der Unterschied zwischen *rassebewusst* und *rassistisch,* den ich in Bezug auf ihn immer gemacht hatte, war eine Selbsttäuschung gewesen. Es sollte noch eine Weile dauern, bis ich das Ganze vollständig durchschaute, aber ich machte Fortschritte.

Während des Wahlkampfs hatte ich seine Äußerungen als taktisch motiviert gerechtfertigt, als einen Schachzug, um mit seiner Basis Kontakt zu knüpfen und sie aufzustacheln. Angesichts seiner politischen Maßnahmen und seiner Begnadigungen konnte ich seine Taten jedoch nicht mehr rechtfertigen. Es tat weh, der Wahrheit ins Auge zu blicken. Stellen Sie sich vor, sie hätten einen Mentor, einen Freund, zu dem Sie seit fast 15 Jahren aufblickten, jemanden, für den Sie eine Menge geopfert haben, um ihm beizustehen, wenn er unter Beschuss geriet, und plötzlich würde sich dieser Mann als Ihr schlimmster Albtraum entpuppen. Ich wollte es nicht glauben. Ich hatte nicht geglaubt, was andere Leute über ihn sagten, weil ich glaubte, sie würden ihn nicht so gut kennen wie ich. Ich musste mich dem Schmerz stellen, seinen Rassismus mit meinen eigenen Augen zu sehen und mit meinen eigenen Ohren zu hören, und zwar so oft, dass ich ihn nicht mehr leugnen konnte.

Dieser Erkenntnisprozess nahm einige Zeit in Anspruch. Ich wehrte mich verzweifelt gegen ihn, bis es nicht mehr möglich war. Einer der Gründe, warum ich so lange brauchte, lag darin, dass ich mit dem Begriff *Rassist* nicht leichtfertig umgehe. Es ist ein Unterschied, ob jemand ein Rassist ist, ob er rassebewusst ist oder ob er ethnisiert, das heißt, Personen wegen ihrer Herkunft, ihres Aussehens oder ihrer Lebensgewohnheiten einer vermeintlich homogenen sozialen Gruppe zuordnet. Während eines Seminars hatte ich das Buch *Divided by Faith* von Emerson und Smith gelesen, in dem das erklärt wird.

Wenn man offen anerkennt, dass wir in einer ethnisierten Gesellschaft leben, kann man damit arbeiten. Ich wollte mit Trump arbeiten, um seine gebrochene Weltsicht zu verstehen, und ich dachte, ich hätte ihm klargemacht, wie gefährlich es war, einen Krieg der Kulturen, einen Rassenkrieg, heraufzubeschwören, und wie gefährlich es war, diese finsteren Elemente in unserer Gesellschaft aufzuscheuchen. Als jedoch die Indizien für seine rassistische Haltung immer zahlreicher wurden, musste ich mir die Frage stellen, ob er nicht doch im Gegensatz zu allem, was ich zuvor geglaubt hatte, einen Rassenkrieg beginnen wollte. Die einzige andere Erklärung wäre gewesen, dass sich sein Geisteszustand so verschlechtert hatte, dass der Filter zwischen den schlimmsten Impulsen seines Geistes und seinem Mund völlig verschwunden war.

Ich wollte das Weiße Haus, die *Trumpworld* und Washington D. C. verlassen.

Ende August war ich schon mit einem Fuß aus der Tür. Ich telefonierte mit Armstrong Williams – seines Zeichens Ben Carsons wichtigster Berater, Zeitungskolumnist, politischer Kommentator, Schöpfer eines konservativen Medien- und Marketing-Imperiums –, der seit etwa 20 Jahren mein Freund war, und bat ihn um Rat. »Das war's«, sagte ich zu ihm. »Charlottesville ist der Tropfen, der das Fass zum Überlaufen gebracht hat. Ich gehe.«

Armstrong sagte: »Es ist fast September. In drei Wochen findet deine HBCU-Konferenz statt. Willst du diese Studenten wirklich im Stich lassen?« Für die *National HBCU Week Conference* vom 17. bis 19. September 2017 hatte ich seit meinem ersten Tag im Amt gearbeitet. Sie war das Aushängeschild meiner Arbeit, angefangen bei meinem Einsatz für die *Executive Order* die HBCU-Colleges betreffend in den ersten 40 Tagen von Trumps Präsidentschaft, durch die das HBCU-Amt vom Bildungsministerium zurück ins Weiße Haus verlegt wurde, wo ich es beaufsichtigen und Veranstaltungen wie die kommende Konferenz fördern konnte. Zusätzlich zu den Sitzungen und Podiumsdiskussionen für Studenten und Verwaltungsbeamte der HBCUs wurden bei der Konferenz 100 *HBCU-All-Stars* nach Washington D. C. eingeladen, von denen einige erstmals in der Stadt waren.

»Willst du wirklich all diese Studenten im Stich lassen?«, wiederholte Armstrong. »Du solltest den Hass nicht gewinnen lassen. Wenn du jetzt gehst, kriegen all diese jungen Leute nicht, was sie brauchen.« Er lotste mich einen Schritt vom Abgrund weg, aber ich war immer noch bereit zu springen. Ich musste die Sache mit Trump selbst besprechen.

Als ich mit Trump über Charlottesville diskutierte, war er defensiv. »Omarosa, du weißt, was in dem Bericht stand«, sagte er. Er meinte damit die Informationen über Antifa-Gruppen, die an den Gegendemonstrationen teilgenommen hatten. Tatsächlich hatte es ein paar lautstarke Gruppen gegeben, aber es war dennoch nicht in Ordnung, Faschisten und Antifaschisten moralisch gleichzusetzen. Trump aber versteht nicht, dass man sie politisch und moralisch nicht auf eine Stufe stellen kann. Wegen seines Mangels an Empathie und seines Narzissmus fehlte ihm die Fähigkeit, zwischen verschiedenen Gruppen aufgebrachter Menschen Unterschiede zu machen, und er hatte keine Ahnung, was in unserem Land während dieser Krise passiert war. Am Ende des Gesprächs vergab ich ihm nicht, ich verteidigte ihn nicht, und ich entschuldigte mich nicht für ihn. Stattdessen stürzte ich mich in die Arbeit und machte eine Liste jener Aufgaben, die ich vor der dreitägigen Konferenz, bei der ich als Gastgeberin für Hunderte Konferenzteilnehmer fungieren würde, noch zu erledigen hatte.

Am letzten Tag dieses langen, schrecklichen Monats weigerte sich der Finanzminister Steven Mnuchin, die Initiative von Obama, den auf dem Zwanzigdollarschein abgebildeten siebenten Präsidenten der USA, Andrew Jackson, durch die afroamerikanische Abolitionistin und Fluchthelferin Harriet Tubman zu ersetzen, umzusetzen. Seine Ausrede war fadenscheinig: »Ich bin momentan nicht fokussiert auf diese Angelegenheit«, sagte er *CNBC*. Ich wusste, dass Trump Obamas Erbe demontieren wollte, aber wollte er diesen Schritt wirklich tun? Ich stellte rasch Material für die Entscheidung zusammen und gab es Trump. Als er die Akte durchblätterte, stieß er auf ein Bild von Tubman, der Frau, die eigenhändig mehr als 300 Sklaven in die Freiheit gebracht und dabei jedes Mal ihr Leben riskiert hatte. Und er sagte: »Sie wollen *dieses* Gesicht auf den Zwanzigdollarschein setzen?«

Du musst nur noch durchhalten, bis die Konferenz vorbei ist, dachte ich. *Übersteh noch den September, und dann bist du frei.*

Kapitel vierzehn

Der Absturz

Meine Herbstmonate im Weißen Haus können nur als bizarr bezeichnet werden. Wenn die vorangegangenen Phasen für ihre Krisen, Konflikte und Intensität berüchtigt waren, war meine letzte Zeit einfach nur befremdlich und voller seltsamer Überraschungen.

Die erste große Krise kam in Form von Hurrikanen – gleich dreien davon, sauber einer nach dem anderen: *Harvey, Irma* und *Maria*.

Harvey traf Texas und Louisiana in den letzten Augusttagen und richtete schwere Schäden an. Präsident Trump besuchte Texas zweimal in einer Woche, am 29. August und am 2. September. Innerhalb von 30 Tagen wurden über 1,5 Milliarden Dollar Katastrophenhilfe an die Texaner ausgezahlt. Alles in allem setzte Trump mehr als 31 000 Bundes- und FEMA-Mitarbeiter ein. Die Katastrophenschutzbehörde FEMA stellte 3 Millionen Mahlzeiten und 3 Millionen Liter Wasser bereit und stellte für über 30 000 Vertriebene in Texas und Louisiana provisorische Unterkünfte bereit.

Irma schlug, was mich betraf, näher zu Hause auf und zog am 10. September eine Spur der Verwüstung durch Florida, Alabama, Georgia sowie South und North Carolina. Vier Tage später besuchte Trump Florida. Die FEMA und andere Bundesbehörden entsandten mehrere Dutzend Hilfsteams, mobile Einsatzteams und Such- und Rettungsteams in die fünf Bundesstaaten und verteilten innerhalb weniger Tage 7,2 Millionen Mahlzeiten, 41 Stromgeneratoren und 5,5 Millionen Liter Wasser. Der Sturm traf auch Jacksonville und verursachte große Schäden sowie Überschwemmungen. Solange mein Mann, meine Mutter und unsere Gemeindemitglieder und die Nachbarschaft in unmittelbarer Gefahr schwebten, fiel es mir schwer, mich zu konzentrieren.

Und dann kam *Maria*. Der Hurrikan traf Puerto Rico am 20. September. Trump besuchte das US-Territorium jedoch erst am 3. Oktober, zwei Wochen später. Es dauerte eine geschlagene Woche, bis die ersten Nahrungsmittellieferungen der FEMA eintrafen, und als sie es taten, enthielten die Pakete hauptsächlich Schokoriegel, Kekse und Kartoffelchips. Die Behörde beauftragte unabhängige Auftragnehmer, um 30 Millionen Fertigmahlzeiten bereitzustellen, aber nach fast einem Monat waren gerade einmal 50 000 von ihnen ausgeliefert. Bis heute sind weite Teile der Insel ohne Strom. »Ich sage es dir nur sehr ungern, Puerto Rico«, verkündete Trump auf einer Pressekonferenz, »aber du hast unser Budget aus dem Gleichgewicht gebracht.« Die Zahl der Todesopfer wurde ursprünglich mit 16 beziffert, was Trumps Meinung nach nichts sei im Vergleich zu einer »echten Katastrophe« wie Katrina. »16 bestätigte Todesfälle«, sagte Trump. »16 Leute im Vergleich zu Tausenden [durch Katrina; die tatsächliche Zahl der Opfer betrug 1833]. Du kannst sehr stolz darauf sein, dass alle deine Leute und alle unsere Leute zusammenarbeiten. 16 gegen buchstäblich Tausende von Menschen. Ihr könnt sehr stolz sein. Alle Zuschauer können sehr stolz auf das sein, was in Puerto Rico geleistet wurde.«

Als Trump und Melania schließlich die Insel besuchten, wählten sie für ihren Besuch ein Hilfszentrum in der Nähe der *Calvary Chapel* von San Juan. Trump warf den Not leidenden Opfern während des Pressetermins Papierhandtuchrollen zu – Menschen, die ihre Häuser verloren und weder genug Essen noch Wasser hatten. Er verteidigte dieses unbekümmerte Verhalten im Angesicht der menschlichen Tragödie in Mike Huckabees Sendung beim *Trinity*

Broadcasting Network: »Sie hatten dort diese schönen weichen Handtücher. Sehr gute Handtücher. Als ich reinkam, waren da eine Menge Leute. Sie schrien und sie liebten, was ich tat. Ich hatte Spaß, sie hatten Spaß. Sie riefen: ›Werfen Sie sie mir zu! Werfen Sie sie mir zu, Mr. President.‹ Am nächsten Tag behaupteten sie dann: ›Oh, das war so respektlos gegenüber den Menschen.‹ Es war also nur eine erfundene Sache. Als ich hereinkam, war der Jubel unglaublich.«

Genau wie in Charlottesville ging es Trump nur um sich selbst. Die vom Schicksal schwer getroffenen Menschen liebten ihn! Er wurde von den Medien zu Unrecht verfolgt. Alle hatten eine tolle Zeit! Sein völliger Mangel an Einfühlungsvermögen ist schlimm genug, aber ich glaube, dass viele der Probleme und die immensen Verzögerungen bei der Hilfe für Puerto Rico wenigstens zum Teil politischer Natur waren. Die Bürgermeisterin von San Juan, Carmen Yulín Cruz, hatte nämlich offen die zögerliche Reaktion der USA kritisiert. Ich würde es Trump durchaus zutrauen, die Einwohner von Puerto Rico leiden zu lassen, nur um dieser Frau eine Lektion zu erteilen.

In Puerto Rico herrschen immer noch völlig chaotische Zustände. Denn egal, wie laut der Aufschrei ausfiel, die Regierung reagierte lethargisch. Ich bin sicher, dass Puerto Rico später einmal mit zu den schlimmsten Flecken auf Donald Trumps Präsidentschaft zählen wird. Gott segne jedenfalls Tom Bossert, der versuchte, die Ressourcen zu beschaffen, der kämpfte. Er und ich bemühten uns Hand in Hand um Puerto Rico, damit die Menschen dort mit dem versorgt werden konnten, was sie brauchten. Doch John Kelly machte uns einen Strich durch die Rechnung. »Ihre Infrastruktur war bereits am Arsch«, sagte er in der Sitzung des Nationalen Sicherheitsrats und deutete an, die bankrotte Regierung der Insel wolle den Hurrikan dazu missbrauchen, den Vereinigten Staaten die Rechnung für den Wiederaufbau ihres Stromnetzes aufs Auge zu drücken. Wie Trump bezog sich Kelly häufig mit abfälligen Begriffen auf die Puerto Ricaner.

Die genaue Anzahl der Toten – also die unmittelbaren Todesfälle plus spätere Todesfälle durch das Versterben Schwerverletzter sowie durch Folgekrankheiten – ist nach wie vor unbestätigt, aber in einer Analyse der Harvard University von 2018 wird die tatsächliche Opferzahl mit 4645 angegeben. Viele dieser Todesfälle sind bedingt durch den ungenügenden Zugang zu medizinischer Versorgung und zu Strom, durch die Tatsache, dass viele Menschen von der Hilfe abgeschnitten sind und unter extremem Stress und anderen hurrikanbedingten Nachwirkungen leiden.

Ungefähr um die Zeit, als *Maria* über Puerto Rico hinwegfegte, nahm Trump an der Generalversammlung der Vereinten Nationen teil. Ich schloss mich der Delegation an, um den Sitzungen zum Thema Hungersnot beizuwohnen. Ich war erfreut über den Beitrag der USA zur Bekämpfung des Hungers für zwanzig Millionen Nigerianer, Somalier, Südsudanesen und Jemeniten, aber ich drängte auch auf mehr Hilfe und bat die US-Regierung um die Einrichtung einer Nothilfekommission. Meine Treffen und Sitzungen waren ertragreich und spiegelten die Art von Arbeit wider, die ich als Erweiterung meines persönlichen Kirchendienstes verstand. Ich knüpfte enge Verbindungen zu den Delegierten der einzelnen Länder und freute mich darauf, den Prozess weiter voranzutreiben.

Auf der Generalversammlung sollte Trump eine große Rede vor dem gesamten Gremium halten. General Kelly saß mit Melania im Publikum. Als Trump sagte: »Die Vereinigten Staaten besitzen große Stärke und Geduld, aber wenn sie gezwungen werden, sich selbst oder ihre Verbündeten zu verteidigen, bleibt uns keine andere Wahl, als Nordkorea vollständig zu zerstören«, schlug sich General Kelly die Hände vor den gesenkten Kopf, eine Geste, die inzwischen weltweit unter der Bezeichnung »*Facepalm*« firmiert. Tatsächlich aber war Kelly gar nicht unbedingt so entsetzt, wie das nach außen hin wirkte. Im Westflügel kursierten Gerüchte, dass Kelly an heftiger Migräne leidet, die möglicherweise aus der Zeit seines Militärdienstes herrührt. Ein enger Vertrauter Kellys berichtete, dass

Kelly während Trumps Rede einen Migräneanfall erlitten hatte – ausgelöst durch den Stress seiner neuen Rolle, den Lärm, das Licht im Raum und den Druck, der auf ihm lastete. Es sei ihm nichts anderes übrig geblieben, als sitzen zu bleiben und zu warten, bis es vorüber war. So schlimm es auch war, dass er das Gesicht in den Händen vergrub, noch viel schlimmer hätte es ausgesehen, wenn er aufgestanden und gegangen wäre. Für einen ranghohen Offizier stellt dieses Leiden eine Gefahr für seine Dienstfähigkeit dar, kein Wunder also, dass er nicht darüber spricht und es vorzieht, so zu tun, als wäre er aus Stein gemeißelt. Aber wenn ihn bei der Arbeit die Kopfschmerzen überfallen, wird er bösartig und in seinem Verhalten gegenüber seinen Mitarbeitern fast schon grausam.

HBCU-Konferenz im Weißen Haus findet trotz
Forderungen nach Abbruch statt.
Associated Press, 25. August 2017

Ich hatte alle Hände voll zu tun mit der Organisation der ersten HBCU-Konferenz in Trumps Präsidentschaft. Nach Charlottesville hatten die parlamentarische Interessengruppe der schwarzen Kongressabgeordneten, der *Congressional Black Caucus* (CBC), und andere Gruppen Forderungen erhoben, die HBCU-Konferenz abzusagen. Ich wehrte mich sofort gegen diese Überlegungen und machte weiter wie geplant. Immerhin fand diese Konferenz seit zwanzig Jahren jährlich statt. Trump hatte im Wahlkampf versprochen, dass die Konferenz auch unter seiner Präsidentschaft fortgesetzt würde und hatte im Februar per Exekutivanordnung ihre Ausrichtung angeordnet. Die Studierenden, die als *HBCU-All-Stars* ausgewählt worden waren, freuten sich bereits auf die Reise nach D. C., und ich wollte die 1500 angemeldeten Teilnehmer, insbesondere die einhundert Studentenvertreter, auf keinen Fall enttäuschen.

Die wichtigste treibende Kraft hinter den Forderungen nach einem Abbruch der Konferenz war niemand anders als Betsy DeVos,

Trumps Bildungsministerin. Vielleicht hatte sie es immer noch nicht überwunden, dass sie bei der Abschlussfeier der Bethune-Cookman University ausgebuht worden war und verspürte nun wenig Lust, diese traditionelle Veranstaltung zu unterstützen. Kein Wunder also, dass sie bei John Kelly vorstellig wurde und ihn bat, mich zur Absage der Konferenz zu zwingen. Man zitierte mich in sein Büro und eröffnete mir, dass er etwas sehr Ernstes mit mir zu besprechen habe. Um mich einzuschüchtern, baute er sich kerzengerade vor mir auf und erklärte: »Ministerin DeVos will mit der Veranstaltung nicht weitermachen. Also werde ich sie absagen.«

»Wir können die Konferenz nicht absagen, nur weil sie das will«, erklärte ich, ohne mit der Wimper zu zucken. »Wir können die Studenten unmöglich enttäuschen.« Ich legte meine Argumente dar und wies ihn darauf hin, dass es sich um eine Veranstaltung des Weißen Hauses handelte und DeVos nichts damit zu tun haben müsse, wenn sie das nicht wolle, aber dass die Veranstaltung auf jeden Fall stattfinden sollte. Daraufhin erteilte er mir die Erlaubnis, die Konferenz wie geplant auszurichten, warnte mich aber, dass, sollte die Sache in die Hose gehen, ich allein die Verantwortung dafür tragen würde. Wie mir ein Mitglied des HBCU-Organisationsteams steckte, tobte DeVos, als sie erfuhr, dass die Vorbereitungen für die Konferenz weiterliefen.

Eine Woche nach meinem Treffen mit General Kelly unternahm die Bildungsministerin einen weiteren Versuch, die Konferenz zu verhindern, und verschickte nicht nur eine Eilmeldung, dass selbige abgesagt sei, sondern stornierte auch noch den Vertrag mit dem Hotel, in dem die Veranstaltung stattfinden sollte – und bürdete der US-Regierung damit 75 000 Dollar an Stornogebühren auf. Es war ihr egal! Ich war wütend und aufgebracht, ließ aber nicht zu, dass sie mit ihren Störmanövern das zerschlug, wofür ich so hart gearbeitet hatte. Wir konterten eilends mit einer Erklärung des Präsidenten, dass der Gipfel stattdessen im Weißen Haus stattfinden und nun drei statt fünf Tage dauern sollte.

Da das Konferenzzentrum des Weißen Hauses nur Platz für dreihundert Gäste bot, improvisierte ich und beschloss, die Sache eine Nummer kleiner aufzuziehen und die Konferenz auf mehrere kleine Sitzungen aufzuteilen. Wir beschlossen, Anmeldungen für jede Sitzung anzunehmen, bis die Kapazitäten erschöpft waren, und dann die Meldeliste zu schließen. Dass die Konferenz im Weißen Haus stattfand, löste auf einen Schlag alle Sicherheitsprobleme, da sowieso jeder, der das Gebäude betreten wollte, peinlich genau überprüft wurde, bevor er eine Freigabe erhielt.

Zum Entsetzen aller Kräfte, die gegen mich arbeiteten, hatte ich einen Joker: Präsident Trump. Nach einem Meeting traf ich ihn im *Roosevelt Room*, wo er mich fragte, was ich gerade so trieb. Es gebe da, gestand ich ihm, im Zusammenhang mit der HBCU-Konferenz ein paar kleinere Probleme. Dabei erwähnte ich niemanden im Besonderen, um ihn nicht durcheinanderzubringen. Ich ließ ihn einfach wissen, was ich benötigte. Er tätigte einen Anruf, und schon waren alle Hindernisse aus dem Weg geräumt. Plötzlich wurden Unterkünfte bereitgestellt, Geldmittel freigegeben, das Catering organisiert und das Konferenzzentrum abgesichert.

In einem Treffen der Kommunikationsleute, bei dem es darum ging, die zentralen Botschaften für die Konferenz endgültig festzulegen, musste ich mich mit Kelly Sadler herumschlagen. »Sind Sie sicher, dass Sie das machen wollen? Sie holen da ein paar sehr wütende Leute ins Weiße Haus. Nach dem, was in Charlottesville passiert ist, traue ich denen alles zu. Vielleicht fackeln die uns sogar die Bude ab.« Sadler war berüchtigt für ihre unangemessenen Kommentare in Kommunikationsmeetings. Als Trump über das Transgender-Verbot im Militär twitterte, stimmte sie aus Prinzip zu und höhnte in einer Sitzung, an der ich ebenfalls teilnahm: »Warum sollten wir Soldaten Geld dafür geben, sich ihre Sch***ze abschneiden zu lassen?«

Ich sagte zu Sadler: »Die Studenten, die wir einladen, sind die Besten und Klügsten in unserer Community und werden mit Würde und Klasse auftreten. Falls sie überhaupt protestieren, werden sie das friedlich tun.« Nach all diesen Verrücktheiten liefen die Vorbereitungen für die Konferenz weiter. In ihrem Briefing wurden Sarah Sanders dazu Fragen gestellt, und sie bestätigte, dass ich mit den Vorbereitungen vorankam. »Die Konferenz wird stattfinden, und die Registrierung der Teilnehmer ist abgeschlossen«, sagte sie. Dieselben Leute, die zunächst angerufen und abgesagt hatten, bettelten jetzt darum, doch teilnehmen zu dürfen.

Als DeVos sich weigerte, eine Willkommensrede vor den *HBCU-All-Stars* zu halten, wandte ich mich erneut an den Präsidenten. Mit dem Resultat, dass Kabinettschef Bill McGinley sie dazu verdonnerte, die Eröffnungsrede zu halten. Danach gab es keine weiteren Probleme mehr, und die Konferenz selbst verlief völlig reibungslos: ein Erfolg, über den ich selbstredend sehr erleichtert war. Ein Großteil der Berichterstattung drehte sich um den reduzierten Umfang der Konferenz und die Kontroversen, die es im Vorfeld gegeben hatte, aber die Studenten waren begeistert. Für mich war es einer der Höhepunkte meiner Zeit im Weißen Haus.

Unmittelbar auf diesen Erfolg folgten jedoch schlechte Nachrichten. Ende September verließ uns Keith Schiller, Trumps Bodyguard und langjähriger Freund. Ohne Keith, das wusste ich, würde der Präsident höchstwahrscheinlich völlig aus der Spur geraten. Ich sprach mit meinem Mann und ein paar Freunden darüber. Wir waren uns alle einig, dass es am besten wäre, wenn ich im Januar meinen Hut nehmen würde – sprich, im Rahmen des üblichen »Exodus zum einjährigen Amtsjubiläum«, wenn traditionell viele Mitarbeiter ihre Positionen im Weißen Haus verlassen. Das würde mir mehr Zeit geben, einen möglichen Nachfolger für den Kontakt mit der afroamerikanischen Community zu finden.

Am 22. September, Trump unterstützte gerade den Wahlkampf von Luther Strange bei den republikanischen Vorwahlen in Alabama, äußerte sich der Präsident über die *NFL*-Spieler, die während des Abspielens der Hymne vor Spielbeginn in die Knie gingen:

»Das ist eine totale Missachtung unseres Erbes. Das ist eine totale Missachtung von allem, wofür wir stehen. Würden Sie nicht gerne sehen wie einer dieser NFL-Besitzer zu einem Spieler, der unsere Flagge missachtet, sagen würde: ›Holt mir diesen Hurensohn sofort vom Feld. Raus mit ihm! Er ist gefeuert!‹?«

Trump hatte dieses Thema erstmals vor einem Jahr, während des Wahlkampfs im September 2016, angesprochen, als der Footballspieler Colin Kaepernick von den *San Francisco 49ers* beim Abspielen der Nationalhymne sitzen blieb und damit für einen Eklat sorgte. Sein Protest war der Startschuss für eine Protestbewegung gegen Polizeigewalt gegenüber Afroamerikanern gewesen. Als Trump bei einer Kundgebung Kaepernicks Verhalten anprangerte, jubelte die Menge ihm begeistert zu – und damit war die Sache entschieden. Er spielte daher wieder und wieder die gleiche Leier, wann immer er seine Basis schnell aufrütteln wollte. Sein an afroamerikanische Sportler gerichteter Vorwurf des unpatriotischen Verhaltens zielte allein darauf ab, die bei vielen Amerikanern vorhandenen latenten rassistischen Ressentiments zu schüren. Solche Leute fanden, dass die reichen, schwarzen Sportler nicht genügend Dankbarkeit für ihr vom Glück begünstigtes Leben zeigten. Man konnte den Tenor der Forderungen mit dem Satz »Halt die Klappe und spiel!« zusammenfassen.

Im Grunde lief Trumps Taktik darauf hinaus, das Thema in einen neuen Kontext zu setzen. Die Spieler gingen für die soziale Gerechtigkeit in die Knie. Trump formulierte es als eine Frage des Patriotismus und sagte, wenn sie sich für die Nationalhymne nicht erhoben, waren sie nicht patriotisch, waren sie gegen das Militär. Sie werden keinen einzigen Spieler finden, der dem zustimmen würde.

Anfangs dachte ich noch, Trump würde einfach nicht kapieren, warum sich die Spieler und mit der Zeit auch viele Klub-Besitzer durch seine Bemerkungen so sehr beleidigt fühlten. Ich verfasste ein ausführliches Memo für den Präsidenten, um sicherzustellen, dass er über das Thema richtig informiert war. Ich bin mir sicher, dass er es nie gelesen hat. Solange die Leute dem Präsidenten zujubelten, wann immer er auf diese prominenten schwarzen Sportler eindrosch, würde er damit nicht aufhören.

> *»Trump hat laut früherem Produzenten in aufgezeichneten ›Apprentice‹-Meetings ›abscheuliche‹ rassistische Dinge über Schwarze und Juden gesagt.«*
> Newsweek, 5. Oktober 2017

Im Oktober fing der *Apprentice*-Produzent Bill Pruitt an, wieder über das N-Wort-Tape zu sprechen, diesmal auf dem von Kelly McEvers moderierten *NPR*-Podcast *Embedded*. McEvers erinnerte dabei an Pruitts Tweet vom Oktober 2016 über die Tapes und brachte deren beleidigende Ausdrücke zur Sprache. Hier nun eine Wiedergabe der entscheidenden Passage aus dem Podcast.

MCEVERS: Ging es nur um Frauen?
PRUITT: Nein.
MCEVERS: Vor allem um Frauen?
PRUITT: Ein hauptsächlich rassistisches Thema.
MCEVERS: Also ging es um die Rasse.
PRUITT: Ja.
MCEVERS: Um Afroamerikaner, jüdische Menschen, einfach alles, worüber wir hier reden.
PRUITT: Ja. Wenn man diese Dinge hört, es gibt da dieses hörbare Keuchen, auf das schnell ein Husten folgt, eine Art von (Keuchen), äh, und dann (Husten) – ja, also, wie auch immer. Und dann machst du irgendwie einfach weiter.
MCEVERS: Kommt es jemals vor, dass Sie denken, ich wünschte, ich hätte ihm gesagt, solche Dinge nicht zu sagen?
PRUITT: Das ist eine wirklich gute Frage. Es war nicht meine Aufgabe zu sagen: »Hey, TV-Star, äh, deswegen sind wir alle hier, halt einfach deine [verdammte] Klappe, und

wiederhole nie, nie wieder, was du da gerade gesagt hast.« Natürlich, äh, denkst du das. Du gehst zurück in dein Hotelzimmer oder in das Apartment, in dem sie dich untergebracht haben. Und dann, äh, betreibst du etwas Gewissenserforschung.

Pruitts Interview muss dazu geführt haben, dass sogar in den Weiten der *Apprentice*-Welt einige Leute ihr Gewissen zu den Vorgängen befragten. Denn bald darauf kursierten mehr Gerüchte über das N-Wort-Tape. Während des Wahlkampfs hatte das Büro des Produzenten Mark Burnett uns alle nochmals an unsere Geheimhaltungsvereinbarungen erinnert. Die Botschaft war unmissverständlich: Gewisse Kräfte wollten Trump schützen.

Eine wirklich einzigartige Situation entstand am 9. Oktober, als Ivana Trump, die Ex-Frau des Präsidenten, in der *ABC*-Show *Good Morning America* ihre neuen Memoiren, *Raising Trump*, promotete und sagte: »Im Grunde genommen bin ich die erste Trump-Ehefrau. Okay. Ich bin die First Lady.« Über Melania sagte sie: »Ich glaube, dass es für sie schrecklich in Washington sein muss.« Nachdem ich das Interview gesehen hatte, wollte ich wissen, wie Melania es aufnahm und ging sofort hinüber in den Ostflügel. Sie war fuchsteufelswild. Meine Empfehlung an eine Mitarbeiterin ihres Stabes? »Melania muss diese Ivana in die Schranken weisen! Was sie gesagt hat, ist eine Kampfansage!« Niemand wusste, wie man Melania wieder beruhigen konnte.

Ich verstand nicht, warum Donald nicht einschritt. Indem er Ivana nicht zum Schweigen brachte, erteilte er ihr praktisch die Erlaubnis, vor den Fernsehschirmen der Nation über Melania oder ihn zu sagen, was immer sie wollte! Donald hätte twittern müssen, dass er nur eine First Lady hatte, Melania. Ich persönlich glaube, dass ihm dieser *Real Houswives of the White House*-Streit gefiel. Er liebt es, Menschen gegeneinander auszuspielen und dann zuzusehen, wie sie den Konflikt miteinander ausfechten, selbst wenn es um die Menschen geht, die ihm nahestehen. Wann immer zwischen

Donald und Melania Trump Funkstille herrschte – was übrigens sehr oft der Fall war –, rief er seine Ex-Frau an und bat sie um ihren Rat. Was könnte die aktuelle Ehefrau mehr auf die Palme bringen als ein Ehemann, der seine frühere Frau anruft und um Rat bittet?

Schon damals, in den vergleichsweise friedvollen Oktobertagen vor der Stormy Daniels-Geschichte, zählte Melania die Minuten, bis er aus dem Büro verschwand und sie wieder eine Privatperson sein konnte.

»Die blöde Kongressabgeordnete [Frederica] Wilson ist ein Geschenk, das der Republikanischen Partei einen Gefallen nach dem anderen erweist, ein Desaster für die Dems [Demokraten]. Schaut sie euch in Action an, und wählt R[epublikaner]!«
Tweet von Donald Trump, 22. Oktober 2017, 5:02 Uhr

Mitte Oktober erschütterte eine Krise das Weiße Haus, insbesondere General Kelly. Der Hintergrund: Am 4. Oktober wurden vier US-Soldaten durch einem Hinterhalt im Niger getötet. Einer von ihnen war *Army Sergeant* La David Johnson, verheiratet mit seiner Jugendliebe Myeshia Johnson, der Mutter seiner beiden Kinder, gerade schwanger mit dem dritten. Die Kongressabgeordnete Frederica Wilson aus Florida kannte La David Johnson seit seiner Jugend, also schon lange vor ihrer Zeit im Kongress. Sie war in einem speziellen Programm für junge Männer, die eine Karriere im Militär anstrebten, seine Mentorin gewesen.

Nachdem viel Druck auf Trump ausgeübt worden war, den gefallenen Soldaten sein Beileid auszusprechen, rief er am 17. Oktober Myeshia an. Wie der Zufall es wollte, war Wilson gerade zu Besuch bei ihr und hörte das Gespräch über Lautsprecher mit. Wie sie anschließend auf *CNN* in zwei Interviews berichtete, zeigte Trump keinerlei Mitgefühl für die Witwe und sagte: »[Ihr Ehemann] wusste, für welche Art von Einsatz er sich gemeldet hat, aber ich schätze, es tut trotzdem weh.« Dabei erinnerte sich Trump offensichtlich nicht mal an La Davids Namen. Sobald er aufgelegt hatte, brach Myeshia Wilson zufolge zusammen.

Am 18. Oktober um 4:25 Uhr twitterte Trump: »Demokratische Kongressabgeordnete hat völlig frei erfunden, was ich zu der Frau eines Soldaten sagte, der im Dienst starb (und ich habe Beweise dafür). Traurig!« Sarah Sanders beschuldigte Wilson der Politisierung und verurteilte es als »ungeheuerlich und ekelhaft«, dass sie den Anruf mitgehört hatte. In Reaktion auf Trumps Tweet erklärte die Mutter des gefallenen Soldaten, Cowanda Jones-Johnson, die den Anruf ebenfalls über Lautsprecher mitbekommen hatte, der *Washington Post*: »Präsident Trump hat gegenüber meinem Sohn und meiner Tochter und auch mir und meinem Mann keinerlei Respekt gezeigt.«

Die Sache spitzte sich weiter zu: Am 19. Oktober gab General John Kelly eine Pressekonferenz im Weißen Haus, bei der er erneut auf die trauernde Witwe losging. Er erläuterte den anwesenden Medienvertretern das Protokoll für die Benachrichtigung von Familienmitgliedern nach dem Tod eines Soldaten und legte die Umstände des Todes seines eigenen Sohnes im Irak dar. Er sei, betonte er, derjenige gewesen, der Trump erklärt hatte, was er bei seinen Beileidsanrufen sagen sollte. »Ich war«, fuhr er fort, »schockiert, als ich gestern Morgen zur Arbeit kam und erfuhr, was ein Mitglied des Kongresses getan hatte. Ein Mitglied des Kongresses, das bei einem Telefonat des Präsidenten der Vereinigten Staaten mit einer jungen Frau zuhört ... Es schockiert mich, dass ein Mitglied des Kongresses einem solchen Gespräch zuhört. Schockiert mich absolut. Und ich dachte, wenigstens das wäre heilig.«

So verwandelte Kelly Trumps Mangel an Einfühlungsvermögen bei einem Kondolenzanruf in einen Akt moralischer Verworfenheit der Kongressabgeordneten Wilson, der er nicht einmal den Respekt erwies, sie bei ihrem Namen zu nennen. Und damit nicht genug. Er ließ es sich nicht nehmen, weiter auf Wilson einzuprügeln, und verunglimpfte sie im Zusammenhang mit einer anderen Geschichte als »ein leeres Fass, das einen Riesenlärm veranstaltet«. So, wie er das darstellte, habe sich die Kongressabgeordnete bei der Benennung eines neuen FBI-Gebäudes in Miami nach zwei im Dienst ums Leben gekommenen Agenten erhoben, für sich in Anspruch genommen, die Gelder für den Bau des Gebäudes beschafft zu haben, und damit sich selbst in den Mittelpunkt der Zeremonie gestellt. Auch das habe ihn, so der General, »schockiert«.

Am nächsten Tag stellte der *Sun Sentinel* aus Fort Lauderdale ein Video der von Kelly angesprochenen Zeremonie ins Netz, das bewies, dass die Kongressabgeordnete Wilson bei der Feier weder aufgestanden war noch behauptet hatte, die Finanzierung des Gebäudes veranlasst zu haben. Kelly hatte also gelogen – oder seine Erinnerung daran, von einer schwarzen Frau angegriffen worden zu sein, obwohl sie nichts Unangemessenes getan hatte, hatte deutlich rassistische Züge.

Am Tag danach, bei der täglichen Pressekonferenz mit Sarah Sanders, wollten Reporter wissen, ob Kelly sich entschuldigen oder zugeben würde, dass er Falsches behauptet hatte. Worauf sie antwortete: »Wenn Sie hinter General Kelly her sind, ist das Ihre Sache, aber ich denke, wenn Sie eine Auseinandersetzung mit einem Vier-Sterne-Marinegeneral vom Zaun brechen wollen, ist das meiner Meinung nach höchst unangemessen.« Mit anderen Worten, wenn ein General lügt, um eine schwarze Frau in den Dreck zu ziehen, ist das »*Business as usual*«.

Falls Sie diese Geschichte in den Nachrichten verfolgt haben, haben Sie das alles schon einmal gehört. Was Sie nicht wissen, ist, was hinter den Kulissen gesagt wurde. In einer Sitzung des leitenden Personals, gleich nachdem Wilson Trumps Anruf publik gemacht und gesagt hatte, dass der Präsident mit seiner herzlosen Art eine Kriegswitwe zum Weinen gebracht hatte, sprach Kelly mit solcher Verachtung über Myeshia, dass ich und viele andere im Raum schockiert waren. »Was fällt ihr ein, den Anruf laut zu stellen?«, tobte er.

»Was fällt ihr ein, nicht einfach dankbar dafür zu sein, dass sie überhaupt angerufen wurde?«

Der Präsident ließ von diesem Zeitpunkt an noch zwei Wochen verstreichen, bis er sich überhaupt zu diesem Anruf aufraffte. In der Zwischenzeit beschimpfte er NFL-Spieler und war fuchsteufelswild, weil herausgekommen war, dass Rex Tillerson ihn »einen Idioten« genannt hatte. Er war völlig besessen davon und tobte: »Tillerson ist der Idiot! Ich bin ein Genie! Mein IQ ist der eines Genies. Er hält sich für einen großen Fisch! Ich fordere ihn zu einem IQ-Test heraus!« Seine Schimpfkanonaden wiederholten sich so oft und waren so endlos, dass ich mir angewöhnte, sie – wann immer möglich – auszublenden. Wenn Sie ihn damals auf Tillerson angesprochen hätten, hätte Sie das einen ganzen Tag gekostet.

Er würdigte den Tod dieser vier Soldaten nur aus einem Grund: Weil die Medien ihn aufgefordert hatten, den Hinterbliebenen sein Beileid auszusprechen. Genau wie bei seiner Erklärung zu den Vorgängen in Charlottesville ärgerte er sich auch dieses Mal darüber, dass er genötigt wurde, das Richtige zu tun. Und Kelly war wütend und »schockiert«, dass es möglich war, dass zwei schwarze Frauen – eine schwangere Witwe und eine fünfundsiebzigjährige Großmutter von fünf Kindern – nach diesem Schlamassel in der Öffentlichkeit moralisch integrer und würdevoller dastanden als er selbst.

An dieser Geschichte fand ich jeden einzelnen Aspekt ekelhaft und abstoßend, ganz besonders aber die Tatsache, dass Kelly den Tod seines eigenen Sohnes benutzte, um von Trumps Versagen abzulenken – das und seine irrationale Wut auf die beteiligten Frauen. Das war der Mann, der sich in Meetings weigerte, mich anzusehen, der sich drei Monate lang geweigert hatte, mehr als ein paar Worte mit mir zu reden, und der beizeiten versuchen würde, meinen Ruf zu schädigen. Kellys abgrundtiefe Aversion gegen die Kongressabgeordnete Wilson konnte nur auf seinem Hass auf schwarze Frauen beruhen. Das, was sie getan hatte, konnte dafür unmöglich verantwortlich sein. Aber schließlich ist Kelly auch ein Mann, der die Ansicht vertritt, dass es mangelnde Kompromissfähigkeit war, die Amerika in den Bürgerkrieg geführt hat.

Am 15. November sorgte Trump schon wieder für Schlagzeilen, als er während einer Rede im *Map Room* zuerst ungeschickt nach einer Flasche Wasser griff und dann beide Hände benutzte, um aus dem Glas zu trinken. Die Leute machten sich darüber lustig, aber ich fand es vor allem beunruhigend. Ich machte mir nämlich schon seit geraumer Zeit Sorgen um seine Gesundheit. Bereits während des Wahlkampfs hatte ich meine Besorgnis über seinen körperlichen Zustand zum Ausdruck gebracht und mich gefragt, was eine eingehende medizinische Untersuchung wohl zutage fördern würde. Trumps Familie beruhigte mich: »Keine Sorge, sein Arzt wird ihn schon nicht hängen lassen.« Bei dem Arzt handelte es sich um Harold Bornstein – eben den Bornstein, der Trump im September 2016 in einem Attest eine dermaßen robuste Gesundheit bescheinigt hatte, dass es schon zu gut klang, um wahr zu sein. Das entsprach natürlich nicht der Wahrheit. Auf *CNN* gab Bornstein im Mai 2018 zu, dass Trump »mir diesen ganzen Brief diktiert hat. Ich habe ihn nicht geschrieben. Ich habe einfach geschrieben, was mir gerade in den Sinn kam.« Er berichtete auch, dass im Februar 2017, kurz nach Trumps Amtseinführung, drei Männer in sein Büro gekommen seien und sämtliche, 35 Jahre zurückreichende Patientenakten Trumps eingepackt und mitgenommen hätten. Auslöser für die »Razzia« könnte Bornsteins Bericht in der *New York Times* gewesen sein, dass Trump das Medikament *Propecia* gegen Haarausfall und ein Mittel gegen Rosazea nehme. »Ich hätte nicht gedacht«, sagte der Arzt gegenüber *NBC News*, »dass jemand wegen eines Medikaments, das die Haare wachsen lässt, so einen Aufstand macht.« Bornstein bekundete weiter, er fühle sich »genötigt, verängstigt und traurig«, und dass er die Sache hätte weiterverfolgen können, aber dann darauf verzichtete. Offenkundig wusste er, wie gefährlich diese Leute sein können.

Zurück zu dem peinlichen Moment mit der Flasche im *Map*

Room: Sobald die Veranstaltung vorbei war, trat Dr. Ronny Jackson, der Leibarzt, an den Präsidenten heran. Wir verließen gleich darauf den Raum, und ich weiß nicht, was passierte, nachdem ich gegangen war. Aber für mein ungeschultes Auge sah es so aus, als hätte Trump einen leichten Anfall erlitten.

Ich glaube, dass Donald Trump körperlich krank ist und seine höchst ungesunde Lebensweise so langsam ihren Tribut fordert: seine Weigerung, Sport zu treiben (außer Golf); seine Sucht nach Big Macs und Brathähnchen; eine tägliche Sonnenbank-Sitzung (am liebsten morgens, damit er den ganzen Tag »gut aussieht«). Trump mag mit seinen überlegenen Genen prahlen, aber selbst sie können dem, was er seinem Körper antut, auf Dauer nichts entgegensetzen. Er ist eindeutig fettleibig. Während der ersten Staffel von *The Apprentice* war er groß und schlank. Im Laufe der folgenden Staffeln wurde er langsam, aber sicher dick. 2007 hatte er noch keinen Bauch oder Hängebacken. Doch bis 2012 hatte er gut und gerne dreißig Pfund zugelegt und ernährte sich nur noch von Junk-Food. Mit seiner Vorliebe für ein gut durchgebratenes Steak mit Ketchup hat er schon viele Köche auf der ganzen Welt beleidigt. Wovon die Welt dagegen noch nichts weiß, ist das Ausmaß von Donald Trumps *Diet Coke*-Sucht. Seit ich ihn kenne, hält er immer eine *Diet Coke* in der Hand. Er bringt es locker auf acht Dosen täglich. Acht Dosen pro Tag über 15 Jahre hinweg macht unter dem Strich 43 800 Dosen *Diet Coke*, die er in dieser Zeit in sich hineingeschüttet hat.

Auf seinem Schreibtisch im Weißen Haus gibt es einen Knopf in einer Holzkiste, mit dem er sich alles bestellen kann. Wann immer ich für ein Briefing vorbeikam, drückte er auf den Knopf und orderte uns als Erstes zwei Dosen *Diet Coke*.

Als ich dann anfing, mir ernsthafte Sorgen um seine geistige Gesundheit zu machen, wurde mir bewusst, dass all die Symptome mit seiner körperlichen Gesundheit und seinen schlechten Angewohnheiten, insbesondere seinem excessiven Diet Coke-Konsum, zu tun haben. Ich stellte Nachforschungen an und stieß auf eine brandneue Studie eines Neurologenteams von der *Boston University*, die einen Zusammenhang zwischen dem Konsum von *Diet Coke* und Demenz sowie einem erhöhten Schlaganfallrisiko herstellte. – Demenz. Sich an nichts mehr erinnern können, Orientierungslosigkeit, Sprachfindungsstörungen und Beeinträchtigung der Fähigkeit, Informationen zu verarbeiten. Schlaganfall. Unbeholfene, zitternde Hände, die sich abmühen, eine Flasche Wasser an die Lippen zu führen ... – Ich druckte die Studie aus und legte sie auf seinen Stapel. Er las sie nicht. Rob Porter schon, und er warnte mich. Nach einer Versammlung der leitenden Angestellten sagte er: »Hören Sie auf, einfach Artikel in den Ordner des Präsidenten zu legen. Sie müssen damit zuerst zu mir kommen. Tun Sie das nie wieder.«

Es war genau wie damals, als ich versucht hatte, mit den Leuten im Weißen Haus über Trumps kognitive Probleme zu sprechen. Niemand wollte es hören, geschweige denn dokumentieren. Falls Dr. Jackson wusste, was wirklich mit Trumps Gehirn und Körper los war, erzählte er es niemandem. Im Januar verkündete er, dass der Präsident sich einer exzellenten Gesundheit erfreue und großartige Gene habe, ein Echo dessen, was Trump immer über sich selbst sagte. Jacksons Loyalität wurde belohnt, und Donald berief ihn zum Minister für Veteranenangelegenheiten, was aber nicht funktionierte. Ihm wurde vorgehalten, ein instabiler Vorgesetzter zu sein, der seine Untergebenen schlecht behandelte, zum Alkoholmissbrauch neigte, einmal im Suff ein Auto zu Schrott gefahren hatte, betrunken an die Hotelzimmertür einer Kollegin trommelte und verschreibungspflichtige Medikamente so freigiebig verteilte, dass er den Spitznamen »Candyman« verpasst bekam.

Stabssekretär Rob Porter war ein weiterer Mann, den Trump schätzte, da der seine Geheimnisse bewahrte und eine sehr dunkle Seite hatte. Ich empfand Rob als zugeknöpft, steif, aber es gab auch etwas an ihm, das mir zu denken gab. Er hatte so einen *seltsamen* Blick in den Augen. Er war einfach nicht die Art Mann, mit dem man allein in einen Aufzug steigen wollte. Und doch kam er bei den Frauen im Weißen Haus gut an, beispielsweise bei Hope Hicks, seiner damaligen Freundin. Ich hakte bei Porter wegen der Demenzstudie nicht nach und achtete ab da darauf, ihm möglichst aus dem Weg zu gehen.

Die *Trumpworld* war bevölkert mit fragwürdigen Männern. Zum Beispiel unterstützte Trump den Senator Roy Moore bei seiner Bewerbung um einen Senatorenposten – einen Mann, der von mehreren Frauen des sexuellen Fehlverhaltens beschuldigt wurde, darunter einigen, die zum Zeitpunkt der mutmaßlichen Übergriffe minderjährig gewesen waren. Ich fand Trumps Unterstützung für Moore abscheulich. Einfach ekelhaft. Und da gab es noch mehr als nur seine mutmaßliche Belästigung von Frauen. In einer Wahlkampfrede bezeichnete Moore Asiaten als »Gelbe« und Indianer als »Rote«. Er hatte den Koran mit *Mein Kampf* verglichen und gesagt, dass es dem Kongressabgeordneten Keith Ellison, einem Muslim, nicht erlaubt sein sollte, seinem Land zu dienen. Ich konnte mir einfach nicht vorstellen, dass Donald tatsächlich einem Typen wie diesem dabei helfen wollte, in den Senat der Vereinigten Staaten einzuziehen! Und doch tat er genau das. Der erste Jahrestag am 20. Januar konnte gar nicht schnell genug kommen. Ich musste unbedingt hier raus.

Nach Charlottesville hatten wir ein paar Wohlfühl-Events dringend nötig. Eine der Veranstaltungen, bei deren Organisation mein Büro, das *Office of Public Liaison*, mithalf, war ein Meeting am 27. November, bei dem die *Navajo-Code-Talkers* geehrt werden sollten – Veteranen, die den US-Marines geholfen hatten, während des Ersten und Zweiten Weltkriegs codierte Nachrichten zu senden. »[Ihre] Tapferkeit, Fähigkeit & Hartnäckigkeit half, unseren klaren Sieg über Tyrannei & Unterdrückung zu sichern«, wie John McCain twitterte.

Donald unterhielt sich im Oval Office mit den drei Code-Sprechern, allesamt ältere Herren. Dummerweise stand das Podium direkt vor einem Porträt des Sklavenbesitzers Andrew Jackson, siebter US-Präsident und Trumps Liebling, der 1830 den *Indian Removal Act* unterzeichnet hatte, das Gesetz zur Umsiedlung der Indianer, das für die Deportation der amerikanischen Ureinwohner auf dem Pfad der Tränen verantwortlich war, auf der Tausende Cherokee starben. Das war der erste Lapsus. Ein weiterer unglücklicher Moment folgte, als Trump diese stolzen Männer lobte. »Ich möchte euch einfach danken, weil ihr ein sehr, sehr besonderes Volk seid«, erklärte er. »Ihr wart hier, lange bevor irgendeiner von uns hier war. Obwohl wir eine Vertreterin im Kongress sitzen haben, die ebenfalls schon eine lange Zeit hier ist... länger als Sie. Sie nennen sie ›Pocahontas‹.« Ebenso ein völlig unnötiger Fehltritt. Und ein weiteres Beispiel dafür, wie einem vom eigenen Team ein Bein gestellt wird.

Ich war entsetzt. Erstens, was hatte Senatorin Elizabeth Warren aus Massachusetts mit der Veranstaltung zu tun? Warum erwähnte er sie überhaupt? Warum einen negativen Bezug zu den Ureinwohnern Amerikas bei einer Zeremonie zu Ehren eben dieser Ureinwohner herstellen? Eine absolute Unverschämtheit.

Unmittelbar nach der Veranstaltung führten wir wieder eines unserer frustrierenden Gespräche. Ich sagte: »*Mr. President*, Sie haben diese Männer beleidigt. Dabei wollten wir sie doch ehren!« Er darauf: »Ich habe sie nicht beleidigt. Ich habe Elizabeth Warren beleidigt.« Warren hatte einmal behauptet, von amerikanischen Ureinwohnern abzustammen, konnte dies auf Nachfrage aber nur ungenügend nachweisen. Trump konnte nicht nachvollziehen, dass er mit dem Verweis auf Pocahontas, um Warren lächerlich zu machen, in Wahrheit die Ureinwohner als Ganzes beleidigte, dass er sie für seine Zwecke missbraucht hatte. Meiner Meinung nach war es Trump egal, wenn er mit dem, was er sagte – ob nun diese Männer oder irgendjemanden sonst – beleidigte. Er war tatsächlich überzeugt, er hätte Elizabeth Warren damit ordentlich eins ausgewischt.

Am nächsten Tag twitterte Eric Trump in bestem *Whataboutism* wie ein Olympiasieger: »Die Ironie in den Worten eines *ABC*-Reporters, dessen Muttergesellschaft *Disney* dank des Films ›Pocahontas‹ fast eine halbe Milliarde Dollar eingesackt hat, ist in meinen Augen wahrlich atemberaubend. Er folgert tatsächlich, dass der Name ›beleidigend‹ sei.« Der wirkliche, drängende Punkt bestand für Eric keineswegs darin, dass sein Vater amerikanische Helden in einem Weißen Haus beleidigte, das mit Rassismusvorwürfen zu kämpfen hatte. Sondern darin, dass Disney vor 22 Jahren einen Animationsfilm gedreht hatte. Der Tweet war unter Erics Niveau. Aber um in *Trumpworld* zu bleiben, mussten seine Bewohner – Trumps Kinder eingeschlossen – ihre eigene Integrität kompromittieren, um Trump zu verteidigen.

Ich musste hier *wirklich* raus.

Ende November wurde Kellyanne Conway öffentlich zur neuen Hauptverantwortlichen für den Kampf gegen Drogen im Zuge der Opioidkrise gekürt. Zur gleichen Zeit, als das Justizministerium von Jeff Sessions die Bereitstellung von zwölf Millionen Dollar zur Unterstützung der einzelstaatlichen und lokalen Strafverfolgungsbehörden bei der Verfolgung von Drogendelikten ankündigte, wurde der nationale Notfallfonds für die Bekämpfung der Krise auf 60 000 Dollar eingedampft. Conway war eine ungewöhnliche Wahl für diesen Posten, da ihr jegliche Erfahrung oder Expertise in den Bereichen öffentliche Gesundheit, Drogenpolitik oder Strafverfolgung fehlte. Bereits im Oktober hatte sie Trumps und Sessions' Ansicht, dass der Schlüssel zur Überwindung der Krise in der Prävention lag, über den grünen Klee gelobt und auf *Fox News* verkündet, dass »der beste Weg, um zu verhindern, dass Menschen an Überdosen und an Drogenmissbrauch sterben, darin besteht, erst gar nicht damit anzufangen. Das ist eine wichtige Kernbotschaft für unsere Jugend.« Prävention ist zweifelsohne ein notwendiger Bestandteil jeder Drogenpolitik, aber was ist mit den zwei Millionen Amerikanern, die verschreibungspflichtige Schmerzmittel missbrauchen und den fast 600 000 Heroinsüchtigen, die bereits auf unseren Straßen sind? War eine »*Round 'em up*«-Strafverfolgung im Stile

Jeff Sessions' wirklich die beste Strategie? Ich war mir da nicht so sicher.

Sofort arrangierte ich ein Treffen mit Kellyanne Conway für mich und den *Surgeon General* Jerome M. Adams, dem mit der Aufsicht über das Gesundheitswesen betrauten Sanitätsinspektor der Vereinigten Staaten. Wir kamen herein und setzten uns. »Dr. Adams und ich wollten mit Ihnen über die Auswirkungen von Opioiden auf verschiedene Communities sprechen«, eröffnete ich das Gespräch. Dr. Adams, Anästhesist und Afroamerikaner, informierte Conway ein wenig über Sucht und die Verbreitung von Opioiden unter Afroamerikanern. Ich erwähnte, dass es während der Crack-Epidemie in den 1990er-Jahren keinen humanitären Ansatz zur Behandlung von Suchtkranken in den Innenstädten gegeben hatte. Opioide galten als ein vornehmlich weißes, vorstädtisches und ländliches Problem, und dafür standen auch Ressourcen zur Prävention und Behandlung zur Verfügung. »Es ist auch in den Innenstädten eine der Hauptursachen für Tod und Leid. Wir müssen auch den Minderheitengruppen Mittel zur Verfügung stellen«, sagte ich und präsentierte meinen Briefing-Ordner mit Statistiken. Anschließend umriss Dr. Adams seine Strategie. Conway hörte höflich zu, aber ich konnte deutlich sehen, dass unser leidenschaftliches Plädoyer sie nicht wirklich erreichte. »Ich werde das alles untersuchen und mich bei Ihnen melden«, sagte sie, um uns zu beruhigen.

Bis heute wurden kaum Anstrengungen unternommen, um den afroamerikanischen Communities Mittel zur Bekämpfung der Opioidkrise zukommen zu lassen. Conways Opioid-»Kabinett« – gespickt mit aus vornehmlich politischen Gründen berufenen »Experten« – wurde im Januar 2018 von dem Drogenexperten und Kongressabgeordneten Patrick Kennedy als »Schwindel« bezeichnet.

Am 5. Dezember erschien Corey Lewandowskis gemeinsam mit David Bossie verfasstes Buch: *Let Trump Be Trump*. In einem der ersten Kapitel beschrieben die Autoren eine Szene, in der Hope Hicks Donalds Hose bügelte, während er sie noch trug. Hicks war außer sich vor Wut. Die Autoren stellten sie in einem servilen, erniedrigenden Licht dar. Gut möglich, dass Lewandowski sich damit ein wenig dafür rächen wollte, dass Hicks ihn wegen eines Polizeibeamten verlassen hatte. Nachdem diese Romanze vorüber war, fing sie etwas mit Rob Porter an. (Übrigens war Hope Hicks nicht die einzige Assistentin des Präsidenten, die Affären im Weißen Haus hatte. Derzeit könnte eine weitere im Rampenlicht stehende Assistentin des Präsidenten ihre Affäre fortführen.)

Ein paar Monate später folgten in den Medien Berichte über Vorwürfe, Rob Porter habe seine beiden Ex-Freundinnen (und eine weitere Frau, eine Freundin aus dem Jahr 2016) missbraucht. Die Ex-Frauen hatten dem FBI bei Befragungen im Rahmen von Porters Sicherheitsfreigabe berichtet, dass er sie wiederholt misshandelt habe, doch passiert ist seitdem nichts. Und Porter wurde trotzdem als Trumps Stabssekretär ins Weiße Haus berufen. General Kelly hatte die Vorwürfe monatelang geheim gehalten.

Apropos, als die ganzen Vorwürfe gegen Porter schließlich doch ans Licht kamen, sträubte sich General Kelly dagegen, ihn gehen zu lassen. Der Stabschef war seit Monaten über Porters Geschichte häuslicher Gewalt informiert, schien sich daran aber nicht zu stören. »Rob Porter ist ein Mann von wahrer Integrität und Ehre, und ich kann nicht genug Gutes über ihn sagen«, erklärte Kelly am Tag von Robs Rücktritt. »Er ist ein Freund, ein Vertrauter und ein vertrauenswürdiger Profi. Ich bin stolz, meinen Dienst an seiner Seite geleistet zu haben.« Sprich, trotz allem, was er getan hatte, war Rob Porter in Kellys Augen zutiefst integer. Mich dagegen sollte Kelly später wegen so genannter »Integritätsprobleme« eiskalt abservieren. Offenkundig hat er ein sehr flexibles Verständnis davon, was »Integrität« bedeutet.

Donald nannte Porters Abgang »sehr traurig« und verteidigte ihn, indem er sagte, er sei unschuldig.

Den ganzen Herbst hindurch fühlte ich mich angesichts des Wahnsinns, der sich um mich herum abspielte, unglücklich im Weißen Haus. Die Moral der Mitarbeiter war auf einen historischen Tiefstand gesunken, und die Atmosphäre war vergiftet. Mir wurde klar, dass Trump das größte Hindernis für seine eigene Präsidentschaft war. Donald Trump, das Individuum, der Mensch würde eben weil er ist, wie er ist, und steht, wofür er steht, und arbeitet, wie er arbeitet, für uns immer das größte Hindernis darstellen. Donald Trump, der Bürgerrechtsikonen und Profisportler attackiert, der trauernde schwarze Witwen beschämt, der sagt, dass es auf beiden Seiten gute Menschen gibt, der einen angeklagten Kinderschänder unterstützt; Donald Trump und seine Entscheidungen und sein Verhalten schaden diesem Land. Ich ertrug es nicht, noch länger Teil dieses Wahnsinns zu sein.

Und so war das, was General Kelly an diesem winterlichen Tag im Dezember 2017, nur ein paar Tage vor Weihnachten, tat, als er mich in den *Situation Room* einbestellte – obwohl moralisch verwerflich, faktisch falsch und von der ganzen Art und Weise zutiefst widerlich –, ein Silberstreif am Horizont. Als er an diesem Dienstagabend seinen Plan ausführte, meinen Abgang aus dem Weißen Haus zu beschleunigen, war es, als hätte der Assistent eines Hypnotiseurs mit den Fingern geschnippt und damit auf einen Schlag die Verzauberung aufgehoben. – Zum ersten Mal seit fast fünfzehn Jahren war ich frei vom *Trumpworld*-Kult.

Am Tag *nach* meinem Rauswurf rief mich der Präsident an. »Was ist los?«, sagte er. »Ich habe gerade aus den Nachrichten erfahren, dass du überlegst, uns zu verlassen. Was ist passiert?« Wusste er nicht, dass ich schon weg war?

»General Kelly sagte, ihr wollt, dass ich gehe«, antwortete ich.

»Nein! Niemand hat mir etwas davon erzählt. Das wusste ich nicht. Verdammt noch mal. Ich mag es nicht, wenn du gehst.« Er fing an herumzuschwafeln. »Um die Wahrheit zu sagen, das ist eine große Sache.« Er redete noch ein bisschen weiter und meinte dann, er würde mit Kelly sprechen und mich dann zurückrufen. Offenbar wollte er diesem Missgeschick auf den Grund gehen. Nachdem er aufgelegt hatte, versuchte ich aus diesem Gespräch schlau zu werden.

Entweder er *war* im Bilde und log mich an, spielte mit mir und bewies mir damit, dass der Treueschwur völlig einseitig war. Oder er wusste *nicht*, dass Kelly von langer Hand geplant hatte, mich zu bedrohen, in den *Situation Room* zu sperren und mir zu sagen, dass er nicht wollte, dass die Dinge für mich »hässlich« werden. Hatte Trump die Kontrolle über das Weiße Haus an den General abgegeben? Wenn dem so wäre, dann war Trump machtlos, und das wäre in höchstem Maße alarmierend.

Während des Anrufs hörte ich echte Trauer aus seiner Stimme heraus. Er schien am Boden zerstört, dass ich weg war. Er war unglücklich. Keith Schiller war weg. Seine beiden alten Freunde, nun getrennt von ihm. In seiner Stimme konnte ich hören, dass er sich wirklich um mich sorgte. Aber das reichte nicht. Ivanka Trump und Jared Kushner riefen mich als Nächstes an. »Ich weiß, dass mein Vater mit Ihnen gesprochen hat«, sagte sie. »Er hat einen netten Tweet rausgebracht. Ich wollte nur sichergehen, dass es Ihnen gut geht.«

»Ich halte schon durch.«

»Wir haben viel an Sie gedacht«, fuhr sie fort.

»Wie wir gelernt haben, ist es ein brutales Geschäft«, fügte ihr Mann hinzu.

»Die Berichte über meinen Ausstieg waren völlig verrückt«, antwortete ich.

»Wir sind hier.« Wieder sprach Jared Kushner. »Und was immer Sie als Nächstes tun wollen, wenn wir Ihnen irgendwie helfen können ...«

»Omarosa, wir sind immer für Sie da«, ergänzte Ivanka Trump. »Wir lieben Sie wirklich, und wenn wir Ihnen irgendwie helfen können.«

»Hundertprozentig«, bekräftigte er. »Passen Sie auf sich auf. Rufen Sie uns jederzeit an, egal aus welchem Grund.«

Und dann, endlich, meldeten sich Lara und Eric Trump. Während dieses Anrufs versicherte mir Lara Trump die Liebe und das Mitgefühl der ganzen Familie – »Sie wissen, wie sehr wir Sie lieben, wie sehr DJT Sie liebt« – und offerierte mir, wie bereits erwähnt, einen Job in Trumps Wiederwahlkampagne.

Ich gab mich zögerlich. Ich wollte nicht wieder einsteigen, aber ich wollte sehen, was sie mir anboten.

Wir besprachen meine Pläne für die Feiertage und wann wir die Sache in trockene Tücher bringen könnten. Ich sagte ihr, dass ich über die Weihnachtstage nach Florida fahren würde und wir danach über alles reden könnten.

»Ich habe den Artikel in der *New York Times* gelesen«, platzte sie plötzlich heraus. Sie meinte den Beitrag, den ich in der Einleitung erwähnte, den von Katie Rogers und Maggie Haberman, in dem es hieß, ich hätte »eine Geschichte zu erzählen«. Ich hatte ihn noch nicht gelesen; ich war damit beschäftigt, mich von der Operation an meinem Fuß und den Medienangriffen zu erholen, und hatte eine Reihe von Angeboten von Fernseh- und Radiosendern und aus dem Print-Bereich.

»Welcher Artikel?«, fragte ich.

»Direkt auf der Titelseite, den, den sie über Sie geschrieben haben. Das ist etwas, das man den Leuten nicht erzählen sollte. Wenn Sie wieder an Bord kommen, dürfen solche Dinge auf keinen Fall erwähnt werden ... alles ist positiv, oder? Warum unterhalten wir uns nicht am Montag?«

Das ist etwas, das man den Leuten nicht erzählen sollte. Wenn Sie wieder an Bord kommen, dürfen solche Dinge auf keinen Fall erwähnt werden ...

Meinte sie die fast fünfzehn Jahre von Donald Trumps verrückten Possen, deren Zeuge ich geworden war? Denn davon gab es *eine Menge*.

Innerhalb von vierundzwanzig Stunden schickte mir Lara einen Vertrag für einen Job bei der Kampagne 2020, dotiert mit 15 000

Dollar pro Monat, genauso viel, wie ich im Weißen Haus verdient hatte. Das *NDA*, das Geheimhaltungsabkommen, das der E-Mail angehängt war, war so strikt und restriktiv wie alle anderen, die mir in all meinen Jahren im Fernsehgeschäft vorgelegt worden waren. Es besagte, dass es mir verboten war, jemals über irgendein Mitglied der Trump-Familie oder der Pence-Familie zu sprechen, bis in alle Ewigkeit und gegenüber jedem im gesamten Universum.

Ich lehnte das Angebot ab. Ich war fertig mit der *Trumpworld*.

Aber sie waren noch nicht fertig mit mir. Zwei Tage später erhielt ich eine Flut von Briefen von Anwälten, die den Präsidenten der Vereinigten Staaten vertraten und mich beschworen, ja kein Wort über Trump zu verlieren, sonst …

Nach meinem Abschied vom Weißen Haus konnte ich monatelang keine einzige meiner Quellen über das N-Wort-Tape erreichen. Doch dann, ich war gerade von meinem Abstecher nach Hollywood zurückgekehrt, rief ich aus einer spontanen Eingebung heraus eine meiner Quellen an. Und zu meiner großen Überraschung nahm diese Person, die ihren Namen lieber nicht genannt sehen möchte, doch tatsächlich den Hörer ab.

Wir unterhielten uns. Bei diesem Telefongespräch erfuhr ich im Detail und Wort für Wort, was und wann genau Donald Trump es jeweils gesagt hatte. – Ja, das N-Wort war genauso dabei wie weitere verbale Aussetzer in einem von Trumps typischen atombombenhaften Ausbrüchen. Während der Produktion hatte er ein Mikrofon getragen, und ja, es existiert definitiv eine Audioaufnahme davon.

Über ein Jahr lang hatte ich solche Angst davor gehabt, die Details von jemandem zu erfahren, der damals mit im Raum gewesen war. Doch als ich endlich die Wahrheit zu hören bekam, befreite mich das von dieser Angst. Und erst jetzt, da sie weg ist, wird mir bewusst, wie groß und übermächtig sie war.

Nachwort

Während der Liveübertragung der 60. Grammy-Verleihung auf *CBS* wurde überraschend angekündigt, dass ich an einem *Special* der Reality-TV-Show *Celebrity Big Brother* teilnehmen werde. Die Meldung machte im ganzen Land Schlagzeilen, verbreitete sich rasch über die Social-Media-Kanäle und wurde zum Tagesgespräch in Washington, D. C.

Die Gründe für meine Entscheidung, an der Show teilzunehmen, waren ganz einfach: Ich wollte Washington und jene traumatische Begebenheit im *Situation Room* möglichst weit hinter mir lassen. Die Idee, von der Außenwelt abgeschnitten zu sein, würde den meisten Prominenten nicht gefallen – für mich war sie Musik in meinen Ohren. Keine Telefone, kein Fernsehen, kein Internet für 30 Tage. Es klang wie genau die Entgiftung, die ich brauchte, nachdem ich fast zweieinhalb Jahre damit zugebracht hatte, Wahlkampf zu machen, den Wechsel ins Weiße Haus zu vollziehen und dann mit Donald Trump zu arbeiten. Ich brauchte eine totale Trump-Entgiftung, und *Celebrity Big Brother* bot mir eine einzigartige Gelegenheit dazu.

Während der Show konnte ich im Luxus schwelgen, mit anderen Prominenten abhängen und mich zur Abwechslung einfach mal entspannen. Und da ich in dieser gelösten Atmosphäre nicht auf der Hut war, sagte ich ein paar Dinge, die Schlagzeilen machten. Die Wirkung wurde mir erst bewusst, als ich wieder draußen war. Unter anderem habe ich gesagt: »*Wenn du im Auge des Hurrikans bist, kannst du nur schwer erkennen, welche Zerstörung er weiter draußen anrichtet.*«

Ich nehme stark an, dass manche Beobachter das als Rechtfertigung sehen werden, aber es ist einfach nur die Wahrheit. Ich fühlte mich ständig unter Beschuss durch negative Schlagzeilen über das, was ich eigentlich im Weißen Haus machte oder nicht machte, attackiert von Außenstehenden, die den Präsidenten und seine Administration hassten, aber auch von anderen Amtsträgern und selbst im Weißen Haus. Jeden Tag wurde ich von Teamkollegen angegriffen. Es war schwierig, mich damit auseinanderzusetzen, welche Ängste und Schmerzen andere Menschen wegen der Administration erlitten hatten.

Als sich im Januar der Skandal um die Schweigegeldzahlung an Stormy Daniels entwickelte und in aller Welt Schlagzeilen machte, tat Michael Cohen mir leid. Sein größter Fehler war seine hundertprozentige Loyalität gegenüber Donald Trump; er betete ihn geradezu an. Das wurde ihm zum Verhängnis. Wäre Trump nicht gewesen, würde Michael seinen Geschäften nachgehen: wahrscheinlich ebenso fragwürdig, aber nicht im Brennpunkt des öffentlichen Interesses. Eigentlich waren Cohens Nebentätigkeiten nicht viel anders als das, was Jared Kushner und seine Familie machen, oder als die Tatsache, dass Ivanka Trump in China sieben neue Trademarks für Küchenausstattungs- und Möbelprodukte erhielt, während ihr Vater mit diesem Land über Handelsbeziehungen verhandelte. Viele Leute aus der *Trumpworld* machen ständig zweifelhafte Deals – das ist eben ihr Arbeitsstil.

Cohen hat einfach nur das getan, was ihm gesagt wurde. Er war Mittelsmann. Er hätte kein Geld an Stormy Daniels gezahlt, wenn Trump ihm das nicht aufgetragen hätte. Cohen war nicht der erste Kollateralschaden in der *Trumpworld*, und er wird nicht der letzte sein. Er hat sich einfach nur erwischen lassen, und sobald er Trump nicht mehr nützlich war, wurde er fallen gelassen. Trump-Loyalität war – in diesem und in anderen Fällen – eine Einbahnstraße.

Bei *Celebrity Big Brother* offenbarte ich auch: »*Ganz egal, wie schlimm du Trump findest, du solltest dir eher wegen Mike Pence Sor-*

gen machen. Alle Leute, die sich eine Amtsenthebung von Trump wünschen, sollten sich das gut überlegen. Wenn Pence Präsident wird, würden wir darum betteln, dass die Tage von Trump wieder da wären.«

Als der Stormy-Skandal ausbrach, fragte ich mich, was Mike Pence dazu sagen würde. Gewiss würde er sich aufgebracht zeigen – aber nichts dergleichen. Wo blieb seine Empörung über das Pornosternchen, das Schweigegeld und das Verhalten des Präsidenten?

Pence sagte dazu gar nichts. Er und sein Team warten einfach ab, bis Trump seines Amtes enthoben wird oder zurücktritt. Er ist definitiv eine Kreatur des politischen Sumpfs in Washington, er öffnet Lobbyisten die Tür zum Weißen Haus, und er wird gesteuert von Spendern, die seine diversen Kampagnen für einen Sitz im Kongress oder das Amt des Gouverneurs von Indiana unterstützt haben.

Aus diesem und aus vielen anderen Gründen, die in diesem Buch bereits erwähnt wurden – die Tatsache, dass die geistige und körperliche Verfassung unseres Präsidenten beeinträchtigt ist, dass Betsy DeVos das staatliche Bildungssystem dieses Landes zerstören will, dass Jeff Sessions es gutheißt, Kinder von ihren Eltern zu trennen, dass Washington nach wie vor von dubiosen Spendengeldern kontrolliert wird und es im Weißen Haus von Leuten wimmelt, die ausschließlich ihre eigenen Interessen verfolgen –, sagte ich zu einer *Big-Brother*-Mitbewohnerin: »*Es wird nicht okay sein, definitiv nicht. Dafür ist es viel zu schlimm.*«

Als ich im Februar 2018 in *The Late Show with Stephen Colbert* andeutete, dass ich damit nur die Einwanderungswelle gemeint hatte – wir sollten sehr in Sorge sein über das, was Trumps Berater Stephen Miller in dieser Hinsicht tut –, musste ich mich ein bisschen korrigieren. Ich habe damals mit John Kelly darüber verhandelt – und tue das immer noch –, meine persönlichen Sachen zurückzubekommen, die immer noch im Weißen Haus unter Verschluss gehalten werden. Ich wollte nicht allzu viel Staub aufwirbeln … jedenfalls damals nicht.

Eine Person, die besser weiß als alle anderen, wie kaputt und gestört Donald Trump ist? Melania. Die ganze Zeit hat sie versucht, der Welt das mitzuteilen, und am 22. Juni 2018 brachte sie ihre Empörung über ein Kleidungsstück zum Ausdruck. Als sie nach der Kontroverse um die von Stephen Miller verfasste »Nulltoleranz«-Familientrennungspolitik auf dem Weg zu einem Besuch bei Einwandererkindern war, die in einer Einrichtung nahe der texanischen Grenze festgehalten wurden, trug sie eine Jacke von *Zara*, auf deren Rückseite zu lesen war: *I REALLY DON'T CARE. DO U?* (»Mir ist es wirklich egal. Und dir?«) Über diese Botschaft auf der Jacke wurde in den Medien tagelang diskutiert. Nur Melania weiß, was sie damit wirklich sagen wollte, aber ich habe eine Theorie, auf die anscheinend niemand anderer gekommen ist.

Melanias Style-Rebellionen während der gesamten Zeit von Trumps Kampagne und Präsidentschaft sind bewusst irreführend gewesen. Als mode- und imagebewusste Frau weiß sie ganz genau, dass jedes Detail ihrer Kleidung unter die Lupe genommen und öffentlich diskutiert wird. Warum wählte sie für die Kandidatendebatte unmittelbar nach Ausbruch des *Access-Hollywood*-Skandals eine rosa Schluppenbluse von Gucci, die auf Englisch auch »*Pussy bow*«-Bluse genannt wird? Womöglich, um Trumps »*Grab them by the pussy!*« zu kritisieren? Hat sie zu Trumps erster Rede zur Lage der Nation absichtlich einen weißen Hosenanzug getragen, der aus Hillary Clintons Kleiderschrank hätte stammen können? Wollte sie realitätsfremd und unsensibel wirken, als sie bei einem Besuch im von einem Hurrikan verwüsteten Texas in Schlangenleder-Stilettos auftauchte? Die Botschaften, die sie mit der Auswahl ihrer Kleidungsstücke zum Ausdruck bringen will, sind vielleicht nicht immer eindeutig, aber keineswegs zufällig.

Zusammengenommen, haben alle ihre Style-Rebellionen demselben Zweck gedient: Sie sind keineswegs nur Irreführung und Ablenkung – Strategien, die ihr Mann nur allzu gut kennt. Ich glaube, dass Melania ihre Outfits nutzt, um ihren Mann zu strafen. Meiner Meinung nach wurde Melania zum Beispiel an jenem Tag im Juni gezwungen, sich an der texanisch-mexikanischen Grenze zu zeigen – letztlich um das Chaos in Ordnung zu bringen, das ihr Mann angerichtet hatte. Sie trug die Jacke, um Trump zu verletzen. Sie wollte eine Kontroverse in Gang setzen, die er würde beschwichtigen müssen. So verschärfte sie die Debatte um die mangelnde Sensibilität der Administration, ruinierte die Reise als Ganzes, und wollte dafür sorgen, dass niemand sie noch einmal zu einer solchen Reise auffordern würde. Ich kann mir nicht vorstellen, dass Melania kein Mitgefühl für Immigrantenkinder hat, ganz im Gegenteil. Aber sie hat genüsslich und rebellisch die Absichten ihres Mannes durchkreuzt, um ihn zu blamieren.

Unter *Trumpworld*-Insidern wurde oft diskutiert, ob Donald etwas damit zu tun gehabt haben könnte, dass Melania ein nur selten erteiltes Einstein-Visum erhalten hatte, ein sogenanntes *EB-1*, mit dem Immigranten mit »außerordentlichen Fähigkeiten« oder »anhaltender nationaler und internationaler Anerkennung« die US-Staatsbürgerschaft verliehen wird. Vielfach wurde infrage gestellt, ob sie qualifiziert genug sei, ein solches Visum zu bekommen, und es wurde spekuliert, ob Trump es mithilfe seiner Beziehungen und Geldmittel geschafft haben könnte, die Vergabe ihres Visums einzufädeln oder zu beschleunigen. Da Trump genau weiß, wie sie ihre unbefristete Staatsbürgerschaft erhalten hat, könnte er, falls dabei irgendetwas nicht mit rechten Dingen zugegangen sein sollte, die Einzelheiten des Bewilligungsverfahrens veröffentlichen und es dadurch ungültig machen. Er ist ein rachsüchtiger Mensch, und ich würde ihm alles zutrauen. Falls Melania ihn völlig blamieren und demütigen wollte, indem sie ihn noch während seiner Präsidentschaft verlässt, würde er Möglichkeiten finden, um sich dafür an ihr zu rächen. Er ist ein Mann, der gesagt hat, er könne sich hinsichtlich strafrechtlicher Konsequenzen aus Muellers Ermittlungen selbst begnadigen. Warum sollte er sich nicht auch selbst begnadigen, wenn er wegen Bestechung zwecks Vergabe eines Visums verurteilt würde?

Meiner Meinung nach zählt Melania die Minuten, bis er aus dem Amt geschieden ist und sie sich von ihm scheiden lassen kann.

Es ist einige Monate her, dass ich gesagt habe, »es wird nicht okay sein«, und inzwischen hatte ich Zeit zum Nachdenken. Als ich diese Worte aussprach, habe ich kurzfristig gedacht. Zwei Jahre habe ich immer nur von Minute zu Minute gelebt, von Krise zu Krise, ohne jemals Zeit zu finden, etwas Abstand zu gewinnen und das große Ganze zu sehen. Daher konnte ich auf kurze Sicht mit meinem Wissen über die Trump-Administration keine Möglichkeit erkennen, wie wir »okay sein« würden. Aber jetzt, da ich Gelegenheit hatte, Abstand zu gewinnen und die langfristigen Aussichten für unser Land zu sehen, kann ich eine klarere Perspektive anbieten.

Wir befinden uns in einer sehr kritischen Phase unserer Geschichte, einer Zeit mit Rassenkonflikten, sozialen und kulturellen Verwerfungen, Problemen durch Einwanderung und wirtschaftliche Ungleichheiten. Dennoch bin ich davon überzeugt, dass wir als Nation den Willen aufbringen werden, diese Hindernisse zu überwinden. Die Geschichte lehrt uns, dass uns das stets gelingt. Wir haben die Sklaverei und das negative Rassenstereotyp des faulen, stehlenden, tumben Schwarzen überwunden; im Kampf gegen Ungleichheiten zwischen Rassen und Geschlechtern haben wir Fortschritte gemacht. Und das wird uns auch in Zukunft gelingen, obwohl es nicht einfach und leicht sein wird. Unsere Nation zu perfektionieren ist ein Streben und ein Prozess, um es mit Abraham Lincoln zu sagen. Wir werden Fortschritte machen, aber auch Rückschläge erleiden. Wir werden über Gipfel und durch Täler gehen, doch am Ende werden wir dort ankommen, wohin wir reisen müssen.

Ich glaube, dass wir uns gegenwärtig in einem tiefen Tal befinden, und ich bekenne, daran nicht ganz unschuldig zu sein. Ich glaube aber auch daran, dass wir es durchschreiten und hinter uns lassen werden, und das schon sehr bald.

Ich glaube an unser Land, und ich glaube an die Menschen dieser Republik.

Ich glaube, dass wir diese Phase überwinden und die Erkenntnis gewinnen werden, dass Spaltung für politische Zwecke töricht und sinnlos ist. Es ist kein nachhaltiges Modell für eine gesunde Demokratie, die Ängste der Menschen zu schüren, um auf legislativer Ebene Nutzen daraus zu ziehen, und letztlich werden wir dieses Modell verwerfen. Wir werden zu dem Schluss kommen, dass der vermeintliche Nutzen von gesellschaftlicher Spaltung gegenüber den Vorzügen von Einheit und Streben nach Gemeinwohl verblasst.

Ich klammere mich an das unerschütterliche amerikanische Ideal von Gerechtigkeit und Glauben. Ich bin Patriotin und liebe mein Land genug, um es zu kritisieren, wenn es von seinem besseren Ich abkommt, ich halte aber auch an dem Glauben fest, dass unsere besten Tage noch vor uns liegen.

Der Wandel kommt. Um ihn herbeizuführen, müssen wir uns aktiv in das gemeinsame Streben nach Gleichheit und Einheit einbringen, statt nur Zuschauer zu sein. Zusammen können wir erreichen, dass dieses Land den Opfern, die unsere Vorfahren gebracht haben, ein würdiges Andenken bewahrt. Ob sie nun mit der *Mayflower* kamen, über Ellis Island einwanderten oder mit Gewalt an Bord eines Sklavenschiffs hergebracht wurden – heute sitzen wir alle im selben Boot.

Werden wir Trump überstehen?

Wird das Amt des Präsidenten jemals wieder das gleiche sein?

Ist unsere Demokratie sicher?

Die Antwort auf alle drei Fragen ist Ja! Wir haben Kriege überstanden, Rassentrennung, Wirtschaftskrisen und Terroranschläge. Wir werden auch dies überstehen.

Als jemand, der Trumps Trickkiste kennt und die politische Maschinerie seit langen Jahren von innen gesehen hat, habe ich einige Vorschläge, wie das gelingen kann.

Wir müssen nur daran denken, dass Trump den Hass *liebt*. Er genießt Kritik und Beleidigungen. Er hat Freude an Chaos und Verwirrung. Wird er auf Twitter beschimpft, treibt ihn das nur an und versetzt seine Basis in Aufruhr. Um ihn zu entwaffnen, müssen wir sein Ego aushungern: Wir dürfen es nicht füttern.

Darüber hinaus muss die Erkenntnis ins öffentliche Bewusstsein dringen, dass nicht alle Trump-Unterstützer aus dem gleichen Holz geschnitzt sind. Wenn Sie über die eine oder andere politische Maßnahme schimpfen, können Sie nicht wissen, ob Sie vielleicht mit einem heimlichen Trump-Fan sprechen. Als ich kreuz und quer durch das Land gereist bin, haben mir immer wieder völlig unverdächtige Menschen ins Ohr geflüstert, sie hätten ihn gewählt – Menschen aus allen gesellschaftlichen Schichten, Rassen und Religionsgemeinschaften. Es ist gefährlich, alle seine Wähler in dieselbe Schublade zu stecken und sie zu beleidigen; stattdessen sollte man ihnen zuhören, ihren Standpunkt verstehen und versuchen, Gemeinsamkeiten zu finden.

Ich kann Ihnen versichern, dass es eine ganze Armada von Menschen gibt, die ihn und seine Politik ablehnen. Sie setzen sich heimlich und unermüdlich dafür ein, dass er den Vereinigten Staaten keinen Schaden zufügt. Viele Mitglieder dieser stillen Armee sitzen in seiner eigenen Partei, in seiner Regierung, sogar in seiner eigenen Familie.

Wir werden täglich daran erinnert, dass Trump nach wie vor im Mittelpunkt der Ermittlungsarbeit von Robert Mueller steht. Die Sonderermittler befragen Menschen, die etwas über ihn aussagen können. Anfang 2018 erhielt auch ich einen Anruf vom FBI. Wir werden sehen, was sich daraus entwickelt.

Ich jedenfalls kann jetzt, 15 Jahre später – nach *The Apprentice*, Wahlkampf und Weißem Haus – endlich tief ausatmen. Ich bin der *Trumpworld* entkommen.

Ich bin frei.

Danksagung

Mom, ich ehre dich und danke dir, weil du mir mein ganzes Leben lang ein Vorbild an Würde und Schönheit gewesen bist. Ich bin dir dankbar für dein bemerkenswertes Leben als begabte Künstlerin, Schriftstellerin, Rednerin, Geistliche, Vertrauensperson und Freundin. Du bist meine Heldin!

Ich möchte meinem wunderbaren Mann John danken, für seine Liebe und Unterstützung, während ich an diesem Projekt gearbeitet habe. Deine Liebe, deine Hilfe, dein Rat und vor allem deine Gebete waren mir die ganze Zeit eine große Stütze. Wie du ja immer sagst: »Liebe ist, was du tust.« Ich danke dir, genau das getan zu haben, John – ich liebe dich, mein Schatz.

Ich möchte auch den Mitgliedern unserer Gemeinde an der *Sanctuary at Mt. Calvary Church* danken. Ihr habt mich immer unterstützt und wart verständnisvoll, wenn ich nicht für euch da sein konnte, weil ich an diesem Buch arbeitete. Selbst aus der Ferne habe ich eure Liebe und Unterstützung gespürt, die ganze Zeit. Ich danke euch von ganzem Herzen.

Mein Agent John Seitzer ist klasse! Vielen Dank, Sheva Cohen. Ein besonderer Dank geht an meinen Literaturagenten Steve Fisher. Vielen Dank euch allen bei der *Agency for the Performing Arts* in Beverly Hills.

Robert Walker und das ganze Team vom *American Program Bureau*, ich danke euch dafür, dass ihr die letzten zehn Jahre zu mir gestanden habt. Flip Porter, ich freue mich auf alles, was du für mich auf Lager hast.

Ich möchte Leslie Moonves, Julie Chen, Kelly Kahl, Sharon

Vuong, Brian Speiser, Thom Sherman, Peter Golden, Dustin Smith, Allison Grodner und Shawn O'Neil danken.

Valerie Frankel, wie ich es damals schon jeden Tag mehrmals gesagt habe, ich schätze dich sehr und kann dir gar nicht genug danken, mir bei dieser Erfahrung zur Seite gestanden zu haben. Trotz des großen Zeitdrucks und der – manchmal – unerfreulichen Inhalte haben wir auf jeden Fall eine Menge gelacht und hatten viel mehr Spaß, als ich es beim Schreiben eines Buches für möglich gehalten hätte. Vielen Dank noch mal, dass du mir geholfen hast, meine Erinnerungen zu Papier zu bringen und fröhliche neue hinzuzufügen.

Ich bin dem gesamten Team bei *Gallery* zutiefst dankbar. Ich fühle mich euch allen sehr verpflichtet, Carolyn Reidy, Jonathan Karp, Jennifer Bergstrom, Aimee Bell, Jen Long, Jennifer Robinson und vor allem Natasha Simons, für euren kenntnis- und hilfreichen redaktionellen Rat. Hannah Brown und Laura Waters haben mich auf unvergleichliche Weise unterstützt.

Für Produktion und Design geht mein herzlicher Dank an Navorn Johnson, John Paul Jones, Irene Kheradi, Monica Oluwek, Caroline Pallotta, Larry Pekarek, Lisa Litwak, John Vairo, Math Monahan, Jaime Putorti und Bryden Spevak. Vielen Dank für die kluge Beratung durch Felice Javit und Elisa Rivlin.

Ohne die Recherchen von Beatrice Hogan und Lucy Rosenberg und die Transkriptionen von Bliss Blood und Stephen Quint wäre dieses Buch nicht möglich gewesen. Ich danke euch für eure harte Arbeit und euren Blick fürs Detail.

Ein besonderer Dank geht an Ann Billingsley, für ihre herzliche Gastfreundschaft.

Pastor K. W. Tulloss und meine Weller-Street-Familie, vielen Dank für alles!

Ich kann kaum in Worte fassen, wie dankbar ich meinem Freund und persönlichen Redakteur Bryan Monroe bin. Bryan ist ein preisgekrönter, landesweit renommierter Journalist, Schriftsteller und

Pädagoge, aber für dieses Projekt war er mein Sparringspartner. Obwohl Bryan regelmäßig und aggressiv meine Positionen infrage stellte, meine politische Haltung kritisierte und alles ablehnte, was mein verrückter Ex-Chef tat, war er doch immer – und ich meine *immer* – auf meiner Seite.

Auch die Hilfe von *Scotton Communications Network* sei dankend erwähnt.

Wo wäre ich ohne mein Dorf: Ervin Bernard Reid, Aisha, Shannon, Esdra, Richard und Ari, Steve, Mary Love und Vivian, Damola, Lashawn, Ashley, Astrid, Betty, Mwenza, Charita, Kionna, Jawalyn, Chris, Jackie, Kimra, Kim und Paul Long, J. Wyndal, Monique, Myran, David, Lezli, Krita, Ella, Martin, Cliff, Wayne Fredrick, Kim Wells, Dean Barron Harvey, Verna, Lynne, Jerri und Pat, Kris, Pella, Pastor H. B. Hicks, Ivan, Tom, Shirmichael, Armstrong Williams, Earl, Tucker, Joe, Harold, Najee Ali, Brandon, Natasha, Heaven, Keenan Towns, Mrs. Dabney, Stephanie, Althea, Donna, Gerry und Matt, Minyon, Hanny, Dione und Kenny, Kent und Ashlea, Carlton, Emil, Turk, Don Anthony, Ashley Bell, Bruce, Darrell, Dee, Malesa, Pam, Michael Todd, Andrew Coppa, William, Barbara, Sam, Kevin Parker, DeeDee, Derrick, Vanessa und Estee, meine JCREW: Michael, Sonja, Donald, Donald und Sherman. Jackson, Wendy und Roosevelt, Cynthia, Alexis und Max, Quentin und Terri, Craig Kirby, Qasim, Dest'n, Marcia, Kevin, Uncle Robert und Aunt Sherry, Aunt Evelyn, Darian, ReRe, Avia, Alix, Kera, Nathaniel, Justice, Melky, Wyclef, Claudinette, Cleve, Katrina Campins, Rob, Marie und Laila, Brad, Noel und Loretta, Rick, Trystin, Michelle, Nina, Joanie, Datari, John Guns und Sonjanique, Rudy, Freddy, Keisha, Marrissa, Metta, Shannon, Mark, Wendell und Kym, Kelly Day und Robin Eisner, Dr Dea und Michelle. The Walker Family, The Manigault Family, The Niccole Family, Michael und Penny. Ich bin gesegnet, euch alle in meinem Leben zu haben.

Ehre sei Gott in der Höhe!

»Herausragend.«
Boston Globe

Jon Krakauer
Die Schande von Missoula
Vergewaltigung im Land der Freiheit

Aus dem amerikanischen
Englisch von Hans Freundl und
Sigrid Schmid
Piper, 480 Seiten
€ 26,00 [D], € 26,80 [A]*
ISBN 978-3-492-05756-1

Vergewaltigungen kommen häufiger vor, als den meisten Menschen bewusst ist. Die Strafverfolgung und die Suche nach der Wahrheit sind so komplex und undurchsichtig wie bei kaum einem anderen Gewaltverbrechen, zumal die meisten Vergewaltiger ihre Opfer kennen. Jon Krakauer beschäftigt sich mit solchen Vergewaltigungsfällen in der amerikanischen Universitätsstadt Missoula. Minutiös und doch einfühlsam skizziert er die Ereignisse, spricht mit den Beschuldigten und den Opfern und schildert packend, wie schmerzhaft die Suche nach Gerechtigkeit und Sühne sein kann.

Leseproben, E-Books und mehr unter www.piper.de

»Bryan Stevenson ist Amerikas junger Nelson Mandela«

Desmond Tutu

Bryan Stevenson
Ohne Gnade
Polizeigewalt und Justizwillkür in den USA

Aus dem Amerikanischen von Jürgen Neubauer
Piper Taschenbuch, 416 Seiten
€ 11,00 [D], € 11,40 [A]*
ISBN 978-3-492-31003-1

13-jährige Kinder, die Jahre in Isolationshaft verbringen müssen, willkürliche Verhaftungen und rassistische Vorurteile durch Polizei und Justiz: Diese Geschichten sind Alltag in den USA. Der Anwalt Bryan Stevenson gibt diesen erschütternden Fällen aus Amerikas Gerichtssälen und Todeszellen eine Stimme und kämpft für sie. Ein notwendiges Buch, das den Rassismus einer Gesellschaft und das Versagen eines Strafsystems anprangert – und erschreckende Einblicke in die amerikanische Gesellschaft gibt.

Leseproben, E-Books und mehr unter www.piper.de

Was bedeutet Chinas Griff nach der Macht für uns?

*Cover- und Preisänderungen vorbehalten

Kai Strittmatter
Die Neuerfindung der Diktatur
Wie China den digitalen Überwachungsstaat aufbaut und uns damit herausfordert

Piper, 288 Seiten
€ 22,00 [D], € 22,70 [A]*
ISBN 978-3-492-05895-7

China ist längst einer der Motoren der Weltwirtschaft. Innenpolitisch stets autoritär, außenpolitisch zurückhaltend. Doch unter Xi Jinping marschiert China nun selbstbewusst in die Welt, gleichzeitig gewährt sich sein System ein Update mit den Instrumenten des 21. Jahrhunderts: Big Data und künstliche Intelligenz machen aus dem Land den perfektesten Überwachungsstaat, den die Erde je gesehen hat. Kai Strittmatter beschreibt die Mechanismen der Diktatur und zeigt, was diese Entwicklung für uns bedeutet.

Leseproben, E-Books und mehr unter **www.piper.de**

PIPER

Altmanns Daseinsenthusiasmus ist mitreißend

Franz Schuh, WDR

Andreas Altmann
In Mexiko
Reise durch ein hitziges Land

Piper, 288 Seiten
€ 20,00 [D], € 20,60 [A]*
ISBN 978-3-492-05766-0

Gewiss, Mexiko verfügt über einen bestechenden Trumpf: Wer hier entlangreist, wird gleichzeitig an einem Crashkurs zum Thema »Wer bin ich?« teilnehmen. Links und rechts warten Erfahrungen, die jeden überhäufen. Mit dem, was wir alle ersehnen: vehemente Gefühle und Erkenntnisse, die ganz hellblauen, die ganz dunkelschwarzen. Reisen ist auch eine Reise nach innen. Der Schatz Mexiko gehört jedem, der noch immer hungert. Mehr kann ein Land der Welt nicht schenken.

PIPER

Leseproben, E-Books und mehr unter www.piper.de